中国会展经济研究会
《中国展览业大事记1949—2019》编辑委员会

- **名誉主任** 袁再青
- **主　任** 储祥银
- **副主任** 陈先进　陈泽炎　仲　刚　潘建军
- **主　编** 张　凡
- **委　员** （以姓氏笔画为序）

万　涛	王　涛	王永国	王曲径	王利锋	王明亮
王春雷	毛　艳	尹　禄	巴桑卓嘎	田丽红	白　琳
白立杰	冯　玮	吕玉贵	任志刚	刘大可	刘文武
刘松萍	刘海莹	刘崇文	祁沐江	李　宏	李　益
李　涌	李　宇	李建波	李霞辉	杨　琪	杨金才
应丽君	沈　平	初连玉	张　力	张　铭	张　敏
张　羚	张红梅	张武民	张学山	张定国	张亮哲
张效林	陈若薇	陈树中	陈铁鹰	范培康	岳学宁
周　颖	周宇宁	郑　智	郑琦泽	赵慰平	胡　星
姜　淮	姚　歆	袁拥军	徐成里	徐合如	徐惠娟
唐　强	桑建民	黄　彪	蔡　俏	蔡卫民	蔡东霞
魏明乾					

中国展览业大事记

（1949—2019）

主编 张凡

中国会展经济研究会编辑委员会 编

华中科技大学出版社
http://www.hustp.com
中国·武汉

图书在版编目(CIP)数据

中国展览业大事记:1949—2019/张凡主编;中国会展经济研究会编辑委员会编. —武汉:华中科技大学出版社,2020.9(2021.3重印)

ISBN 978-7-5680-6557-3

Ⅰ.①中… Ⅱ.①张… ②中… Ⅲ.①展览会-经济发展-大事记-中国-1949—2019 Ⅳ.①G245

中国版本图书馆 CIP 数据核字(2020)第 183562 号

中国展览业大事记(1949—2019) 张　凡 主编
Zhongguo Zhanlanye Dashiji(1949—2019) 中国会展经济研究会编辑委员会编

策划编辑:李　欢　王　乾
责任编辑:李　欢　王　乾
封面设计:刘　婷
责任校对:李　琴
责任监印:周治超

出版发行:华中科技大学出版社(中国·武汉)　　电话:(027)81321913
　　　　　武汉市东湖新技术开发区华工科技园　　邮编:430223
录　　排:华中科技大学惠友文印中心
印　　刷:武汉科源印刷设计有限公司
开　　本:787mm×1092mm　1/16
印　　张:21.75　插页:2
字　　数:518 千字
版　　次:2021 年 3 月第 1 版第 2 次印刷
定　　价:150.00 元

本书若有印装质量问题,请向出版社营销中心调换
全国免费服务热线:400-6679-118　竭诚为您服务
版权所有　侵权必究

前　言

新中国建立七十年来,经贸展览在国家的社会经济文化建设中发挥了不可或缺的促进作用。与此同时,新中国经贸展览业由小到大,自21世纪成为国民经济中现代服务业的重要组成部分。

据中国会展经济研究会统计,到2018年,全国181个展览城市的286座展览场馆,总共举办1.09万场经贸展会,展览总面积达1.43亿平方米。其中,展览面积达10万平方米及其以上的超大型展会超过300个,数量为全球之冠。据中国贸促会统计,2019年全国出境参展的企业超过6.1万家,91家中国机构在73个国家参展办展项目超过1700个。中国业已成为全球展览业规模最大的国家。以中国国际进口博览会2018年在上海成功创办为标志,中国开启了从展览大国迈向展览强国的新征程。

编辑并出版《中国展览业大事记(1949—2019)》,旨在通过重大历史事件客观反映新中国经贸展览业的发展脉络。其将发挥三方面功能:一是存史。此书将分散的历史资料通过耙梳、考证,按年以事件呈现,使大量珍贵的历史资料得以汇集和保存。二是资治。此书将为研究中国展览业的历史与发展提供资料,发挥"以史为镜,可知兴替"的作用。三是教化。此书可为讲好"中国故事"提供素材,助力展览业的职业教育。

作为中国展览业首部大型历史资料工具书,《中国展览业大事记(1949—2019)》由中国会展经济研究会组织编辑。其历时四年,获得各地政府展览业主管部门、会展协会、学会、商会、会展企业以及专家、学者的大力支持,充分体现了集思广益、众手成书的编辑特点。在此,代表中国会展经济研究会致以诚挚感谢。

谨以此书纪念中华人民共和国建国七十周年!

中国会展经济研究会会长

凡　例

一、《中国展览业大事记(1949—2019)》(以下简称《大事记》)所指中国展览业,系中国(不含港澳台地区)的经济贸易展览行业,包括服务于经济贸易展览的展览组织、展览场馆、展示工程、物流、信息经营企业以及教育科研、专业媒体、社会团体等机构。

二、《大事记》所记事件的时间,上迄1949年10月1日,下至2019年12月31日,即中华人民共和国成立至2019年,凡七十年。

三、《大事记》所记经济贸易展览,指服务于经济贸易、投资贸易和技术交流的展览活动,既包括博览会、展览会、交易会、展销会等称谓的展览活动,也包括以会议或节庆名义举办的经济贸易展览。

四、《大事记》所记事件,涉及展览项目及其组织机构,展览场馆建设经营,展览业行政主管机构及其政策、法规,展览服务,展览教育科研,展览行业活动等方面。

五、《大事记》所记展览,除在中国境内举办的经济贸易展览之外,还包括中国主办方在境外主办的经济贸易展览,以及中国企业或机构出境参加的经济贸易展览。

六、《大事记》所记展览,包括国际展览局在中国主办的世界博览会和其认可的A1级世界园艺博览会。

七、《大事记》记录事件,采用编年体与纪事本末体相结合的方法。

八、《大事记》采用阿拉伯数字纪年,计量单位采用国家统一标准。

九、《大事记》秉持客观记述、避免评论的编写原则。

目 录

- 1949 年 …………………………… (1)
- 1950 年 …………………………… (1)
- 1951 年 …………………………… (2)
- 1952 年 …………………………… (4)
- 1953 年 …………………………… (6)
- 1954 年 …………………………… (7)
- 1955 年 …………………………… (9)
- 1956 年 …………………………… (11)
- 1957 年 …………………………… (14)
- 1958 年 …………………………… (15)
- 1959 年 …………………………… (18)
- 1960 年 …………………………… (21)
- 1961 年 …………………………… (23)
- 1962 年 …………………………… (24)
- 1963 年 …………………………… (25)
- 1964 年 …………………………… (26)
- 1965 年 …………………………… (29)
- 1966 年 …………………………… (31)
- 1967 年 …………………………… (32)
- 1968 年 …………………………… (33)
- 1969 年 …………………………… (34)
- 1970 年 …………………………… (34)
- 1971 年 …………………………… (35)
- 1972 年 …………………………… (36)
- 1973 年 …………………………… (38)
- 1974 年 …………………………… (40)
- 1975 年 …………………………… (42)
- 1976 年 …………………………… (44)
- 1977 年 …………………………… (46)
- 1978 年 …………………………… (48)
- 1979 年 …………………………… (49)
- 1980 年 …………………………… (52)
- 1981 年 …………………………… (56)
- 1982 年 …………………………… (59)
- 1983 年 …………………………… (62)
- 1984 年 …………………………… (65)

- 1985 年 …………………………… （71）
- 1986 年 …………………………… （78）
- 1987 年 …………………………… （86）
- 1988 年 …………………………… （89）
- 1989 年 …………………………… （96）
- 1990 年 …………………………… （100）
- 1991 年 …………………………… （104）
- 1992 年 …………………………… （110）
- 1993 年 …………………………… （114）
- 1994 年 …………………………… （120）
- 1995 年 …………………………… （123）
- 1996 年 …………………………… （129）
- 1997 年 …………………………… （132）
- 1998 年 …………………………… （136）
- 1999 年 …………………………… （139）
- 2000 年 …………………………… （143）
- 2001 年 …………………………… （148）
- 2002 年 …………………………… （154）
- 2003 年 …………………………… （159）
- 2004 年 …………………………… （164）
- 2005 年 …………………………… （171）
- 2006 年 …………………………… （176）
- 2007 年 …………………………… （185）
- 2008 年 …………………………… （196）
- 2009 年 …………………………… （201）
- 2010 年 …………………………… （208）
- 2011 年 …………………………… （215）
- 2012 年 …………………………… （224）
- 2013 年 …………………………… （230）
- 2014 年 …………………………… （239）
- 2015 年 …………………………… （243）
- 2016 年 …………………………… （252）
- 2017 年 …………………………… （261）
- 2018 年 …………………………… （271）
- 2019 年 …………………………… （287）
- 编后说明 …………………………… （299）
- 中国展览业大事记（1949—2019）

  事件标题索引 …………………… （300）

中国展览业大事记(1949—2019)

1949 年

1. 天津举办工业展览会

11月4日,天津市工业展览会开幕,展品1.7万余件。河北、山西、察哈尔、平原四省代表及北京、上海等十个城市参观团应邀参观,接待观众70万人次。

2. 大连举办工业展览会

11月30日,大连工业展览会闭幕。展会于9月18日开幕,展览面积4.7万平方米,设置机械、化工、造船等17个展区,数百件(套)机械和模型、数千件展品参展,包括来自苏联的拖拉机、收割机、大型汽车和小汽车。东北、华北、华东、华中、西北等地区及北京、上海、天津、南京、武汉等城市组成181个代表团共4000余人参观。中共旅大区委、旅大行政公署于5月做出《关于一九四九大连工业展览会的决定》,明确办展目的、方针,组成筹备委员会。展会原定11月18日闭幕,后根据群众要求延长展览时间。共接待31万人次参观。

3. 沈阳举办农机具展览会

12月22日,东北人民政府农林部在沈阳举办农机具展览会。1950年3月1日,中共中央主席、中央人民政府主席毛泽东出访苏联回国途经沈阳时参观了展览,指示将半机械化农具和改良农具各选一套送北京展览。东北局在1951年选送32种农具参展。华北农业机械总厂所产的21种半机械化农具同时参展。

1950 年

1. 华东区第一次农业展览会在上海开幕

1月1日,华东区第一次农业展览会在上海跑马厅广场(今人民公园)开幕。展会占地190亩,临时搭建的展棚长约1.5公里。展会分设农艺、病虫与药械、园艺、土壤肥料、纺织与纤维、农业工程、水产、林牧、苏联农业介绍等九部分。展会历时15天,参观者达30万人次。

2. 新式农具展在北京中南海举办

5月18日,政务院在北京中南海举办新式农具展览,共有53台(套)新式农具(包括苏联产品)参展。展览历时40天。党和国家领导人、各民主党派领导人和各大行政区党政领导人1000余人参观。

3. 武汉举办工业展

7月5日,武汉市工业展览会在汉口中山公园举办。展会分设电力、纺织、机械、船舶、化工、轻工、铁路7个展馆,105家公营、私营工厂的3348件产品参展,参观人数达20多万人。展会于8月5日结束。

4. 罗马尼亚展览会在上海、武汉举办

11月11日,题为"向社会主义迈进的罗马尼亚人民共和国展览会"在上海文化广场展览馆举办。此展1951年10月移址武汉市汉口中山公园举办。此为新中国最早接待的外国来华展。

5. 华北地区举办城乡物资交流会

11月24日,华北局召开华北土产会议,内蒙古、河北、山西、察哈尔、平原、绥远等省和北京、天津市商业厅和合作社的代表与会。会议讨论新形势下举办物资交流会活跃城乡市场的工作。1950年12月至1951年1月,北京、河北、山西、察哈尔、平原等5省市23个专区89个县先后举办城乡物资交流会。

1951年

1. 西北经济建设展在西安举办

2月15日,西北经济建设展览会在西安开幕。设置农林、水利、畜牧、工业、交通、贸易、金融7个陈列室,展品9416种。展会以低于市场价10%的价格销售商品,并推广新式农具。展会共接待118万人次,成交额33亿元。

2. 中国组团参加莱比锡国际博览会和布拉格国际博览会

3月4日,政务院中央贸易部组团参加民主德国莱比锡(春季)国际博览会。5月20日,中国展团在捷克斯洛伐克参加布拉格国际博览会。此为新中国首次组团出境参加国际展会。

3. 各地贯彻中共中央《关于召开土产会议推销土产的指示》

3月22日,中共中央发出《关于召开土产会议推销土产的指示》(以下简称《指示》)。《指示》指出,有计划地召开土产会议或者土产代表会议,组织城市和乡村间、地区与地区间的物资交流,打开国内市场,活跃城乡经济,是解决各地农村日益恢复和发展的农副土特产品销路问题的关键。《指示》要求,各大行政区、各省(市)、各专区、各县(市)、各区和各乡,均应有准备地在两个月以内召开一次土产会议。此后,各地掀起举办物资交流展览的热潮。《人民日报》1951年11月28日登载《华北区城乡物资交流展览会的成就》报道,称:"全国各大行政区和省、市举办的各种物资展览会已有三十一起。据不完全统计,其中二十一个展览会的观众达一千零七十万人,二十三个展览会中成交的货物价值五万二千二百余亿元。"

4. 西南区土产展在重庆举办

4月20日,西南区土产展览会在重庆开幕。分为山货、畜产、食品、药材、油脂、纺织、

手工艺品、花纱布、矿产 9 个展室,4200 多种产品参展。展会 18 天共接待 10 万人次参观,成交额 10 亿元。

5. 江苏举办物资交流展览会

5 月 8 日,苏南区物资交流展览会在无锡开幕。同月 18 日,苏北区物资交流展览会在扬州开幕。7 月 25 日,南京市举办物资交流大会,成交额 2290 万元。1952 年 7 月 15 日至 25 日,江苏省苏北区、苏南区、南京市先后召开城乡物资交流大会,苏北区成交额 400 万元,苏南区成交额 4477 万元,南京市成交额 2200 万元。

6. 西安召开物资交流会

5 月 17 日,西安市首次召开物资交流大会。

7. 中南区土特产品展览交流大会在武汉举办

6 月 28 日,中南区土特产品展览交流大会在武汉中山公园开幕。展会分设总馆、农林、畜产、纺织、食品、交通、油脂、烟茶、国药、工矿、手工艺、合作、手工业、水产、区际等 15 个展馆。大会由中南军政委员会主办。筹备工作于 3 月启动,2314 人参与组织工作,参展展品 3 万余件。华北、华东、西北、西南军政委员会组团参展。展会现场设置 102 间铺面零售商品,另在六渡桥民众乐园设交易市场。展会成交 8129 亿元,共有 70 万人次参观。

8. 西南工业展在重庆举办

8 月 10 日,西南工业展览会在重庆开幕。

9. 东北物资交流展览大会在沈阳举办

9 月 15 日至 11 月 15 日,东北物资交流展览大会在沈阳举办。展会设置综合、工业、工业原料馆、粮谷、水产、森林木材、水果蔬菜、农具、畜产等 16 个馆,观众达 65 万多人次。

10. 毛泽东参观华北区城乡物资交流大会

10 月 5 日,华北区城乡物资交流大会在天津开幕。大会历时 45 天。设有 17 个展览馆和 14 个交易所,展出 13000 多种产品,全国除新疆、西藏外,各大行政区、各省市及重要城市共 103 个代表团计 2300 余人与会交易,观众达 100 万人次,成交总额达 15600 亿元。中共中央主席、中央人民政府主席毛泽东在天津参观物资交流会,予以称赞。大会由中共中央华北局委托天津市对外贸易管理局举办。

11. 华南土特产展览交流会在广州举办

10 月 14 日至次年 2 月 14 日,华南土特产展览交流会在广州举办。展会场地利用广州西堤 4 万平方米的空地,设置物资交流、食品(食料)、水果蔬菜、手工业(手工艺)、山货林产、水产、工矿、农业、日用品工业、省际、交易服务和娱乐饮食等馆舍,集展览、交易、饮食、娱乐于一体。各地与会的代表团或参观团(包括港澳人士)共 641 个,人数达 3 万余人。参观总人数达 153 万余人次,成交总额达 11831 亿元。

1952 年

1. 中国馆在印度、巴基斯坦博览会上亮相

1 月 11 日,中国馆在位于孟买的印度国际博览会亮相,展览面积为 5000 平方米。45 天后,中国展团转往巴基斯坦卡拉奇,参加 3 月 9 日开幕的巴基斯坦工业博览会,在巴展出 35 天。赴印巴的展品包括冶金、机械、化工、轻纺、食品、土畜及工艺品。其中包括一件 5 吨重的钢锭。行前,政务院总理周恩来在北京审看预展。

2. 中共中央决定在北京、上海建设苏联展览馆

2 月,政务院经济委员会副主任李富春率团访问苏联期间,苏方提出在中国举办苏联建设成就展览。为此,中共中央决定在北京、上海建设苏联展览馆,用以学习、借鉴苏联的社会主义建设经验。

3. 政务院财政经济委员会发出《关于必须立即进行生产、恢复交流、活跃经济的指示》

3 月,针对全国工业品积压、市场呆滞现象,政务院财政经济委员会发出《关于必须立即进行生产、恢复交流、活跃经济的指示》,强调"组织农村土产收购,恢复物资交流,是推动生产、活跃市场的基本关键"。

4. 全国各地举办物资交流大会

4 月 21 日,华北区物资交流大会在天津开幕。为期一个月。同年 9 月 27 日至 11 月 15 日,第 2 届华北区物资交流大会在天津举行。除华北五省二市贸易代表团参加外,各专区、县镇也组团与会。大会设立百货、文教用品、五金、机械、农资、医药、食品、粮油、山货、畜产等 14 个交易所。同年,浙江省物资交流大会在杭州举办(5 月 21 日至 6 月 20 日),华东区城乡物资交流大会在上海举办(5 月 25 日至 6 月 13 日),安徽城乡物资交流大会在合肥举办(6 月 20 日至 7 月 3 日),福建省物资交流大会在福州举办(6 月 26 日至 7 月 5 日),山东省城乡物资交流大会在济南举办(6 月 29 日至 7 月 12 日),中南区物资交流大会在武汉举办(7 月 10 日至 31 日),西南区物资交流大会在重庆举办(7 月 21 日至 8 月 5 日),陕西省物资交流大会在西安举办(10 月 13 日至 31 日),河南省第三届物资交流大会在郑州举办(11 月 11 日至 27 日),华南物资交流大会在广州举办(11 月 17 日至次年 2 月 6 日)。其中,华北、华东、中南、华南、西南区的大会被划为高级,各省的大会划为中级,省以下地方的大会被划为初级。初级物资交流大会包括:江苏省新海连市物资交流大会(6 月 30 日至 7 月 20 日),南京市城乡物资交流会(7 月 25 日至 8 月 4 日),安徽省舒城南岗物资交流大会(8 月 13 日至 24 日),福建省浦城县物资交流大会(8 月 16 日至 18 日),山东省黄县物资交流大会(8 月 20 日至 22 日)。据不完全统计,1952 年全国各地举

办高、中、初级物资交流大会7789次,成交总额达33.93万亿元,比1951年增加2倍以上。

5. 中国贸促会设立展览部

5月4日,中国国际贸易促进委员会成立。中国人民银行行长南汉宸为主席,中国银行副董事长冀朝鼎为秘书长。该委员会作为全国民间对外经贸组织,由中国经济贸易界代表性人士、企业和团体组成。同月,经政务院总理周恩来批准,中国赴印度、巴基斯坦展团工作人员30余人转为中国贸促会展览部首批工作人员。9月1日,政务院会议决定以中国贸促会为基础,组建国际经济事务局,作为政务院财经委员会的下属机构,对外仍使用贸促会名义。会议明确该局职能包括负责我国在国外举行经济性展览、接洽或代办外国在我国举行经济性展览。

6. 上海市土产展览交流大会举行

6月10日,上海市土产展览交流大会开幕,设置16个展馆。大会为期63天,接待305万人次,成交额6677亿元。

7. 中南物资交流大会在武汉举行

7月,中南物资交流大会在武汉举行,交易总额达2.3万亿元,成交总值达4.6万亿元。许多滞销产品通过交易会找到销路。武汉市私营经济的50家企业与会交易,成交额6000万元。

8. 中国工农业展在蒙古举办

10月1日,中国工农业展览会在蒙古人民共和国首都乌兰巴托开幕。展出面积2300平方米,展期15天,共14万人次参观。此为新中国政府首次在境外举办经济贸易展览会。

9. 陕西省、西安市联合举行物资交流大会

10月11日,陕西省、西安市联合举行的首届物资交流大会开幕。会址设在西安市新城广场。华东、中南、华北等大区,甘肃、宁夏、青海、新疆四省(区)和陕西省各专区及西安市贸易代表团与会交易。

10. 贵州省举办农业展

11月11日,贵州省农业展览会开幕,展出烤烟、棉花以及农业合作社图片,并介绍农业抗灾知识。展会在贵州省第二届农民代表大会期间开幕,观众达2.25万人次。

11. 广州举办华南物资交流大会

11月20日,华南物资交流大会在广州中山纪念堂开幕。中南各省、市贸易代表团和华北、华东、西南、西北行政区代表参加大会,成交总额15999亿元。其中,广州市私营工

业企业成交额达1230亿元。大会至12月6日闭幕。据《南方日报》报道,广州市组织贸易代表团(组)先后参加中南及各地共20个地区的物资交流会,打开滞销商品销路,成交额达5170亿元。1955年5月12日,华南物资交流大会在广州市岭南文物宫再度举行。

12. 中国组团参加普罗夫迪夫国际博览会

是年,中国贸促会组团赴保加利亚参加普罗夫迪夫国际博览会。到1960年,中国贸促会共5次组团参展,每次参展面积为2000—3000平方米。

1953年

1. 政务院成立国外来华经济展览委员会

2月12日,国外来华经济展览委员会成立,负责外国来华经济展览的接待工作。该委员会经政务院批准设立,由外交部、对外贸易部、中国贸促会、第一机械工业部、交通部、铁道部、建筑工程部、对外文化联络局和北京市政府组成。中国贸促会会长南汉宸、秘书长冀朝鼎分任主任委员和副主任委员。委员会下设办公室,负责具体事务。委员会办公室先在北京劳动人民文化宫办公,后在苏联展览馆办公。1956年,该委员会办公室改组为中国贸促会来华展览部。

2. 民主德国工业展在北京举办

4月27日,德意志民主共和国工业展览会在北京劳动人民文化宫开幕。展览面积6300平方米。展品包括民主德国生产的机床、纺织机械、印刷机械、医疗器械、电机、锅炉、通讯器材、精密仪器、纺织品、化工产品、玻璃器具、陶瓷等工业品。全部展品重约900吨。此为中国贸促会成立后接待的首个来华展览。

3. 治理黄河展览在北京举办

5月,水利部与黄河水利委员会在北京故宫东华门城楼上举办治理黄河展览,以纪念中共中央主席、中央人民政府主席毛泽东1952年10月视察黄河时发出的"一定要把黄河的事情办好"的号召。1955年7月30日,第一届全国人民代表大会第二次会议期间,为配合讨论根治黄河水害和开发黄河水利的综合规划,该展移至北京怀仁堂展出,以便人大代表观看。中共中央主席、中央人民政府主席毛泽东特来参观。

4. 中国工农业展在苏联开幕

7月11日,中华人民共和国工农业展览会在莫斯科高尔基中央文化休息公园开幕。展览分为序厅、中苏友好馆、重工业馆、纺织工艺馆、农林食品馆五部分。原计划展出20天,后应苏方要求延长5天,至8月4日闭幕,观众达60万人次。苏联党和国家领导人参观展览。此展根据中苏两国于1952年5月签订的在两国首都互办展会协议而举办。1952年10月,政务院财政经济委员会指定中国贸促会、对外贸易部、外交部、文化部、建筑工程部、对外文化联络局、统计局、中苏友好协会等部门及中央美术学院组成赴苏展览筹备委员会。经筹备,预展在北京广安门外货运火车站仓库(现为西麦克展览公司办公楼所在地)举行。由于缺乏经验,展示效果不佳。经改进后的第二次预展获审查通过。党和国家领导人周恩来、朱德、陈云、邓小平、陈毅等审查预展。此展美工总设计师由中央美术学院实用美术系主任、教授张仃担任。

5. 中国展团赴莱比锡参加国际博览会

8月,中华人民共和国工农业展览会在莫斯科闭幕后,中方展团部分人员前往民主德国莱比锡,筹备参展莱比锡国际秋季博览会。中国馆为展览面积5000平方米的单独展馆,展出工业机械、农林土特产、轻工纺织品等中国产品,以宣传新中国建设成就。中国馆大门采用民族风格的牌楼设计,十分醒目和喜庆,广受参观者和舆论好评。这一设计风格后被出境展览外观形象设计沿袭采用。

6. 波兰经济展在北京举办

9月26日,波兰人民共和国经济展览会在北京劳动人民文化宫开幕。展览面积6500平方米,展品1838件,展期30天,观众达61万余人次。

7. 广州举办工业产品品质规格技术改进展

11月11日,广州市工业产品品质规格技术改进展览会在岭南文物宫开幕。展会旨在展示新中国成立后广州工业生产成就,推广先进技术,鼓励发明创造。展会至1954年1月2日闭幕。

8. 一机部设立产品展览处

是年,第一机械工业部设备成套局设立产品展览处,负责该部及所属企业参加国内外展览的组织工作事宜。1970年,该处划转部情报所管理,称一机部展览办公室。此后随机构改革相继称为国家机械工业委员会、机械工业部和机械电子工业部展览办公室。1979年,该办公室划转中国机械设备进出口总公司。1983年,农机部展览办公室并入中国机械设备进出口总公司展览办公室。

9. 全国百货供应会在北京召开

是年,中央商业部中国百货总公司在北京召开第一届全国百货供应会(百货会)。1995—2011年,百货会转以巡回展形式每年举办两届,先后在广州、上海、天津、北京、重庆、沈阳、武汉、青岛等城市举办,累计举办34届。

1954年

1. 华北区工业品交流会在石家庄开幕

5月10日,华北区工业品交流会在石家庄开幕。

2. 上海举办工业生产展

5月16日,上海市工业生产展览会在上海工人文化宫开幕。展会由上海市总工会主办。前来我国参加五一劳动节北京观礼的苏联、民主德国、匈牙利、罗马尼亚、英格兰、意大利等国工会代表团在5月21日参观展会。展出期间,举办技术讲座和技术座谈会。

3. 北京兴建苏联展览馆

9月,北京苏联展览馆竣工。该工程于1953年10月动工。在筹建阶段,苏联指派建筑专家来华指导选址、设计、施工等方面工作。该工程由财政部预算投资2700万元(包括建设西苑大旅社和西郊商场),实际耗资2400万元。展馆占地面积约13.2万平方米,主要建筑物占地面积8.85万平方米,建筑总面积5.04万平方米。展馆主体建筑以中央大厅为中心,附设影剧院、餐厅、电影馆及铁路专用线。中央大厅正门上部镶有中共中央主席、国家主席毛泽东题写的苏联展览馆五个镏金大字。该馆采用俄罗斯古典主义建筑风格,外部装饰兼用罗马式、哥特式造型元素(建筑外形与圣彼得堡海军部大厦相似),以体现中苏友好主题。1958年,"苏联展览馆"更名为北京展览馆。

4. 党和国家领导人参观苏联展会

10月2日,苏联经济及文化建设成就展览会在北京苏联展览馆开幕。中共中央主席、国家主席毛泽东为展览会题词:"我们要在全国范围内掀起学习苏联的高潮,来建设我们的国家。"苏联领导人赫鲁晓夫、布尔加宁、米高扬出席开幕式。党和国家领导人刘少奇、周恩来、林伯渠、李济深、黄炎培、彭真、陈叔通、赛福鼎·艾则孜、陈云、彭德怀、邓小平、邓子恢、贺龙、陈毅、乌兰夫、李富春、李先念等出席开幕式。国务院总理周恩来为展览会开幕剪彩。苏联参展商品共1.15万多件,包括机械、冶金、燃料、电器、纺织、化学工业的新型设备与产品;手工业品和日用品;农畜产品及其制品;各种书刊、教材、美术作品、图片等。展会至12月26日结束,参观者达276万人次。其中,来自京外13个省(区、市)的观众达45.4万人次。邮电部发行《北京苏联经济及文化建设成就展览会开幕纪念》邮票。这是我国为展览会发行的第一套邮票。为接待此展,中方成立苏联来华展览工作委员会,成员包括政务院、中共中央国际活动指导委员会、中共中央宣传部、中央文教委员会、国家计委、外贸部、外交部、商业部、文化部、人事部、公安部、一机部、建工部、中国贸促会、华北行政委员会、北京市、中苏友好协会等单位。主任委员由外贸部部长叶季壮担任,副主任委员分别由政务院副秘书长齐燕铭、北京市副市长薛子正、外贸部副部长雷任民担任。中国贸促会负责展览工作和苏方展团人员的生活安排。

5. 波兰经济展在上海举办

是年,波兰人民共和国经济展览会在上海举办。

1955 年

1. 捷克斯洛伐克工业展在武汉举办

1月6日,捷克斯洛伐克工业展览会在武汉中山公园图书馆开幕。展会最后三天专为武汉市电气、机械、建筑、纺织等行业112个单位的技术人员开放。展会至2月2日结束。

2. 上海中苏友好大厦建成

3月5日,上海中苏友好大厦(现为上海展览中心)建成。大厦由苏联专家设计,体现俄罗斯古建筑风格。项目占地面积8万平方米,建筑面积2.2万平方米(其中,室内展览面积2万平方米)。1954年初,中共上海市委举行专题会议讨论建造中苏友好大厦事宜,决定参照北京苏联展览馆建造经费2500万元的水平,由市财政分两年拨付;建筑设计原则上参照北京苏联展览馆风格;决定成立建馆委员会,负责具体事宜。工程于1954年5月动工。

3. 捷克斯洛伐克建设成就展在北京、上海、广州举办

4月15日,捷克斯洛伐克十年社会主义建设成就展览在北京苏联展览馆开幕。展出面积1.8万平方米,展期32天,观众达123.4万人次。其后,该展转至上海、广州展出。

4. 中国组团参加法国里昂国际博览会

4月,中国贸促会应邀组团参加法国里昂国际博览会,展览面积2000平方米,接待观众87万人次。此为新中国政府首次组团在西方大国参加经贸展览。

5. 匈牙利纺织试验仪器展在北京举办

5月21日,匈牙利纺织试验仪器展览会在北京天坛开幕。这是新中国接待的首个国别专业展。展览面积480平方米,展品220件,专业观众9300人次。展览期间举行专题讲座13次,听众达3000余人。展会至6月18日结束。

6. 天津市物资交流大会开幕

6月8日,天津市物资交流大会开幕。北京、河北、陕西、甘肃、黑龙江、内蒙古等地贸易代表1700多人参加洽谈贸易。

7. 中国组团参加大马士革博览会

9月,中国贸促会组团参加叙利亚大马士革博览会。参展展品中,机电五金占39%,轻工纺织及手工艺品占44%,农副产品占9%。

8. 广州中苏友好大厦建成

9月,广州中苏友好大厦建成。其占地面积11.4万平方米,建筑面积1.83万平方

米,室内展览面积 9600 平方米。该工程于 4 月 5 日动工。

9. 苏联建设成就展在广州开幕

10 月 5 日,苏联经济及文化建设成就展览会在广州中苏友好大厦开幕。1.17 万件展品反映了苏联工业、农业、文化方面的建设成就。

10. 广州举办工业产品展

10 月 11 日,广州市工业产品展览会在岭南文物宫开幕,参观者达 25 万人次。展会至 12 月 15 日结束。

11. 广东举办出口物资展览交易会

10 月,为解决国家经济建设急需外汇的需要,广东省外贸系统在广州举办出口物资展览交易会。至 1956 年 5 月,一共举办三次。由于成效明显,对外贸易部驻广州特派员办公室向对外贸易部和广东省委建议,在广州举办全国出口商品交易会。

12. 中国商品展在东京、大阪举办

10 月、12 月,根据第三次中日贸易协定,中国贸促会分别在东京、大阪举办中华人民共和国商品展览会。东京观众 67 万人次,大阪观众 123 万人次。这是新中国政府首次在西方国家举办的经贸展会。

13. 匈牙利探矿设备展在北京举办

11 月 18 日,匈牙利探矿设备展览会在北京开幕。展览面积 480 平方米,展出设备 40 余种。中国科学界及高等院校 7400 余人次参观。

14. 中国组团参加印度工业博览会

是年,中国贸促会组团参加印度工业博览会。该博览会在新德里举行,时为亚洲最大的博览会之一。中国馆面积为 5300 平方米,展品 4100 余种,有 300 余万人次参观。

15. 全国糖酒商品交易会发端

是年,商业部在北京西苑大旅社(今西苑饭店)召开全国糖酒供应会。此为全国糖酒商品交易会的发端。1958 年,在京召开全国糖业烟酒专业计划会议,取代以往的糖业糕点专业计划会议。1964 年,在上海召开的全国三类商品供应会上,首次设立糖烟酒商品展厅。1972 年,全国糖酒计划会议单独召开。1984 年,全国糖酒计划会议改为每年春秋举办两次。1990 年,全国糖酒三类商品交流会更名为全国糖酒商品交易会,由中国糖业酒类集团公司主办。1984—2018 年,先后在石家庄、安阳、柳州、郑州、成都、长沙、大连、西安、沈阳、长春、济南、哈尔滨、南京、重庆、福州等地巡回举办。春季全国糖酒商品交易会自 2003 年起固定于成都举办,秋季在其他城市流动举办。2018 年在成都举办的第 98 届(春季)全国糖酒会,展览面积 21 万平方米;在长沙举办的第 99 届(秋季)全国糖酒会,展览面积 10 万平方米。

1956 年

1. 华润公司在香港举办中国出口商品展

1月1日,华润公司在香港办公地举办的中国出口商品展览会开幕。展品来自国内七家出口公司,吸引大批客商及香港市民参观。该公司前身为1938年中共中央在香港创立的"联和行"。1948年更名为华润公司。1952年隶属关系由中共中央办公厅转为中央贸易部。1954年成为中国各进出口公司在香港地区的总代理。

2. 上海举办日用工业品质量比较展

2月18日,上海日用工业品质量比较展览会开幕,展览会由上海市商业三局组织7个物资采购供应站主办,参观人数达9.2万余人。此展受到国务院重视,后移址北京展出。朱德、陈云等党和国家领导人参观后,肯定办展做法,要求认真抓好产品质量管理工作。

3. 广东省举办农业生产展

2月24日,广东省农业生产展览会在广州文化公园开幕。

4. 武汉建成中苏友好宫

3月15日,中苏友好宫(1966年改称武汉展览馆)在武汉建成。该工程于1955年12月开工,仅用90天建成。建筑风格与北京苏联展览馆和上海中苏友好大厦相似。室内展厅总面积2.2万平方米。1995年,此馆以改造需要被拆除。

5. 中国出口商品展在开罗举办

4月1日,中华人民共和国出口商品展览会在埃及首都开罗开幕。这是中国首次在非洲国家举办商品展览会。展览面积5000平方米,展品包括工业、农业、手工艺产品共3000多种。展会原定4月20日闭幕,应埃及观众要求延期至4月25日。为期25天的展览吸引20多万人次参观。中国展商达成贸易金额计400万英镑。

6. 湖北工农业展在武汉举办

4月7日,湖北省工农业展览会在武汉中苏友好宫开幕。展会由湖北省人民委员会主办,分设基本建设、工业、交通运输、农业、气象、水利、林业、水产、农具、文化、保卫等展馆。展期三个多月,24.9万人参观。

7. 广州举办服装棉被展

4月20日,广州市服装棉被展览会在文化公园开幕。共展出2000多种衣料、500多件新式服装。

8. 苏联建设成就展在武汉举办

5月5日,苏联经济文化建设成就展览在武汉中苏友好宫开幕,展出1.2万余件苏联展品;至7月5日,18个省(自治区)的参观者累计达230万人次。展览期间举办48个学习班,学习专业涉及铁路、机床、纺织、矿山、筑路、汽车、服装、农业等方面。

9. 中国组团参加巴黎国际博览会

5月5日,中国贸促会组团以"中华人民共和国国际贸易促进委员会展览馆"的名称参加巴黎国际博览会。中国馆展览面积为1080平方米,展品1430种。在17天展览中共有80万人次参观,5500多位观众在留言簿上留言赞扬中国及中国馆的展览。法国总统科蒂参观中国馆。展出期间,中国展团共接待621位客商,洽谈贸易合同金额约1000万美元。在法期间,展团工作人员应邀参观了30多家法国工厂。

10. 广州举办名菜美点展

6月1日,由广州市第三商业局主办的广州名菜美点展览会开幕。展期一个月。展览会委员会同时编印《广东名菜、美点介绍》一书。

11. 苏联原子能科学技术展在北京举办

6月15日,苏联和平利用原子能科学技术展览会在北京开幕。展览面积1900平方米,分为原子原料、原子反应堆及发电站、化学、工业、农业、生物及医学等7个单元。20余万人参观。其中,科技人员超过1万人。11位苏联专家作了14场专题报告,举办9次座谈会和4次问题解答会。展会至8月15日结束。此为中国贸促会接待的首个大型专业展会。共抽调250名科技干部和专业翻译参与接待,另组织首都8所高校的76名学生参加展览讲解工作。

12. 中国贸促会成立美术工厂

7月,中国贸促会美术工厂成立,厂址位于北京西郊景王坟,专事制作出国展览的展具、模型及装饰品。其前身为中国贸促会展览部美工科下属的业务组。该厂于1988年迁址大兴县黄村镇。此工厂为国内最早从事展览展示工程服务的专业工厂。

13. 中国商品展在河内举办

9月3日,中国贸促会在越南首都河内举办的中国商品展览会开幕。展览面积达5000平方米,展品共3200余种。32天展期内共有92万人次参观。展会至10月10日闭幕。

14. 中国组团参加伦敦手工艺品展

9月6日,中国贸促会组团参加第4届伦敦手工艺品展览会。中国馆占地面积460平方米,是该展会规模最大的国家馆。展出中国传统手工艺品32类共900余件,观众达24万人次。中国展团共售出4470多英镑的商品,成交贸易合同金额6090英镑。参加伦敦手工艺品展览会,由中国驻英国代办处代办宦乡经调研后提议。中国馆展品于10月8日至20日至苏格兰展出,观众达5万人次。

15. 中国组团参加萨格勒布国际博览会

9月,中国贸促会组团参加南斯拉夫萨格勒布国际博览会。展览面积4500平方米,观众达60万人次。

16. 毛泽东参观日本商品展

10月6日,日本商品展览会在北京苏联展览馆开幕,展览面积1.8万平方米,807家日本客商参展,共展出5万余件日本商品。5000余人参加开幕典礼。陈云、彭真等党和国家领导人出席。开幕典礼上宣读了国务院总理周恩来和日本首相鸠山一郎的贺电。7日下午,中共中央主席、国家主席毛泽东临时决定到场参观。毛泽东参观了所有展台,称赞展览办得很好,并在贵宾题词簿上写道:"看了日本展览会,觉得很好,祝日本人民成功。"8日下午,国务院总理周恩来和中央各部部长前来参观。展览至29日结束,观众累计125万人次。为筹备展会,日本国际贸易促进协会在1955年底成立组展领导机构。中方由中国贸促会负责接待事宜。

17. 中国出口商品展在广州举办

11月10日,中国出口商品展览会在广州中苏友好大厦开幕。为期两个月的展会,共接待37个国家和地区的2736位境外客商,出口成交5380万美元。组团参展的中国企业共13家,分别是中国丝绸公司、中国茶叶出口公司、中国矿产公司、中国畜产出口公司、中国粮油出口公司、中国食品出口公司、中国土产出口公司、中国杂品出口公司、中国进口公司、中国五金进口公司、中国机械进口公司、中国运输机械进口公司和中国仪器进口公司。同日,《人民日报》在头版发表《祝中国出口商品展览会》社论。1955年8月15日,外贸部向国务院副总理李先念汇报举办中国出口商品展览会意见,对于展会名称、主办单位、展览内容、客商邀请、贸易方式、组织领导、经费提出具体意见。经周恩来总理同意,国务院批准外贸部和广东省政府共同以中国贸易促进会的名义,在广州主办中国出口商品展览会。

18. 中国科学院科研成果展在京举办

11月,中国科学院科研成果展览会在北京举办,中共中央主席、国家主席毛泽东前往参观。

19. 日本商品展在上海举办

12月1日,日本商品展览会在上海开幕。日本国际贸易促进协会领导人以及各地议员和工商界人士160余人组成的访问团,在沪访问一周。

20. 中国贸促会派员参加社会主义国家展览技术工作会议

12月13日,中国贸促会派员以观察员身份参加在布拉格举行的社会主义国家展览技术工作会议。

1957 年

1. 全国农业展在北京开幕

2月20日,首届全国农业展览会在北京苏联展览馆开幕。3000余人出席开幕式。十多万种展品来自全国各省(区、市),观众达56万人次。全国人大常委会委员长刘少奇陪同苏联最高苏维埃主席团主席伏罗希洛夫参观展览。

2. 广交会创办

4月25日,首届中国出口商品交易会在广州中苏友好大厦开幕。展览面积9600平方米,外贸部直属外贸公司组成13个交易团参展,另有吉林、辽宁、贵州、湖南、浙江、江苏、广西、广东等省区的27家内贸企业参展,分设工业品、纺织品、食品、手工艺品、土特产品五个展馆,展出商品1.09万种。来自19个国家和地区的境外客商共1223人到会洽谈贸易(其中,港澳客商1021人),出口成交1754万美元,大部分为现货贸易。在交易额中,农副产品与手工艺品占63.91%,出口港澳占64.33%。展会至5月25日闭幕。国务院总理周恩来到会考察。在听取外贸部负责人汇报时,周恩来表示,中国出口商品交易会这一名称太长,既然在广州举办,干脆简称广交会。3月4日,外贸部下发《同意4月份举办出口商品交易会》文件,明确中国出口商品交易会由广东省人民委员会与外贸部双重领导,以广东省为主。文件指出,考虑到国内货源紧张,要求以推销新小商品为主,规模不宜太大,邀请客商范围不宜太宽。首届广交会按各交易团成交额的1%收取手续费,用作承办经费;剩余部分用于中国出口商品陈列馆扩建工程或日常经费。此做法沿用至1967年。

3. 中国代表团参访参观汉诺威工博会

4月30日,由中国贸促会副主席冀朝鼎任团长的中国访问团11人,应邀参观联邦德国汉诺威国际工业博览会。团员中包括冶金、机械、电机、化工、无线电行业的专家。在德期间,访问团参观了97家工厂。

4. 辽宁省农业展在沈阳举办

8月25日,辽宁省农业展览会在沈阳开幕。1959年3月再次举办。

5. 中国组团参加马来西亚国际商品展

8月28日,中国贸促会通过香港华润公司组织中国商品参加马来西亚国际商品展览会。华润公司委托马来西亚、新加坡的代理商报名参展,中国商品馆占地面积约3700平方米,吸引50多万人次参观。

6. 党和国家领导人参观印度展览会

9月19日至10月19日,印度展览会在北京苏联展览馆举行。这是印度在国外举办的最大规模的展会。展览占地面积1.04万平方米,展品总重量达1200余吨,共有108万人次参观。党和国家领导人毛泽东、刘少奇、周恩来、朱德亲临参观。

7. 秋季广交会举办

10月15日,第2届广交会在广州中苏友好大厦开幕。展期15天。此届设5个展馆,展出商品万余种。33个国家或地区的境外客商共1923人到会洽谈贸易(其中,港澳客商占54.55%),出口成交6933万美元。成交的商品中,有137种是新产品,包括国产的解放牌汽车、造纸成套设备、缝纫机、钢琴等。本届广交会邀请轻工业部、化工部、商业部以及25个省市区供货部门与会。至此,广交会每年春秋两季在广州举办成为惯例。

8. 民主德国塑料展在北京举行

是年,民主德国塑料展览会在北京举行,接待观众9.3万人次。

1958年

1. 日本商品展在武汉举行

4月1日,日本国际贸易促进会、日本日中输出入组合会、国会议员促进日中贸易联盟三团体联合举办的日本商品展览会,在武汉中苏友好宫开幕。日本1000多家厂商提供6.7万件商品参展。展览分为工业综合技术设备、电气、仪器、化学纤维、塑料等8个馆,观众达70多万人次。展会至24日结束。

2. 中国出口商品陈列馆在广州竣工

4月10日,中国出口商品陈列馆竣工。该馆位于广州市侨光路,楼高五层,占地面积0.36万平方米,建筑面积1.45万平方米,室内可供展览面积1.3万平方米。国务院副总理陈毅题写馆名。该馆为中国出口商品交易会的常设机构,为外贸部驻广州特派员办公室和广东省外贸局下属的处级事业单位。其职责包括为中国出口商品交易会提供展览、洽谈场地、组织陈列布置、联系接待国内外来宾等。

3. 毛泽东参观武汉地方工业展

4月11日,武汉地方工业产品展览会在武昌东湖翠柳村客舍开幕。展会设机电、农具、轻工业、纺织、家具、水利等展馆,小型拖拉机、发动机、沼气灶、纺织印染品等数百种产品参展。中共中央主席、国家主席毛泽东参观展览。

4. 周恩来视察第3届广交会

4月15日,第3届广交会在新建成的中国出口商品陈列馆开幕。国务院总理周恩来到会视察。本届广交会开幕式与中国出口商品陈列馆落成典礼同时举行。国内15个交易团(较上届增加技术和书刊邮政2个交易团)与会,带来1.4万余种产品参展,宣传品2700余种。英法等36个国家和地区的2256位境外客商应邀与会。出口成交额首次突破1亿美元,为1.53亿美元(未含对日成交额926万美元),比上届增长120%。根据周恩来指示，本届广交会首次采取进出口兼营"有买有卖、以进带出"的方针，进口成交额达1229万美元。为解决交易团之间抢生意、争客户、降价销售的问题，广交会制定《在会期间交易工作注意事项》，对于价格、客户、市场安排三方面实行统一管理。

5. 罗马尼亚经济展在北京举办

4月29日，罗马尼亚经济展览会在北京开幕。展览面积9000平方米，共接待观众47万余人次。8月，展会转往上海举办。

6. 毛泽东参观广东省农具改革展览会

4月30日，中共中央主席、国家主席毛泽东在广州参观广东省农具改革展览会。此前，刘少奇、陆定一、邓子恢等中央领导曾参观此展。

7. 贵州举办工业交通运输展

5月6日，贵州省工业交通运输业展览会在贵阳的煤炭工业展览馆开幕，展品254件，观众2.56万人次。展会至7月5日结束。

8. 广州主办番薯制品展览会

5月20日，番薯制品展览会在广州市文化公园开幕，以推广食用番薯，节约主粮。

9. 苏东国家产品样本展在上海举办

5月22日，苏联及东欧国家产品样本展览会在上海开幕。

10. 武汉举办工业技术革新展

6月20日，武汉工业技术革新展览会在中苏友好宫开幕。由武汉市委、武汉市人民委员会共同主办。为期两个月的展会共有30万人参观。

11. 毛泽东参观机床工具展

7月2日，中共中央主席、国家主席毛泽东在北京参观小型机床工具展览。展会由第一机械工业部在中南海瀛台举办。毛泽东仔细观看机床操作演示后说，"原材料按照人们的意愿，通过了机床与工具，改变成需要的机器零件，充分体现了工业生产中人、机、物三者的辩证关系"。1959年冬，按毛泽东的要求，机械工业部再次在中南海瀛台组办机床工具展览。

12. 毛泽东参观天津进出口商品陈列馆和天津市工业技术革命展

8月11日至12日，中共中央主席、国家主席毛泽东分别参观天津进出口商品陈列馆、天津市工业技术革命展览会。11日下午，毛泽东用三个多小时参观天津进出口商品陈列馆，其间不时询问展品的质量、性能、产地及出口创汇等情况。他期望天津搞好进出口贸易，多出口多创汇。毛泽东得知天津市工业技术革命展览会刚完成布展尚未开幕，次日即去参观。毛泽东仔细观看重工业、化工、纺织、手工业等展馆的展品，询问天津工业生产和技术革命进展情况。参观后,毛泽东提出"应该自己想办法建立独立的工业体系"。

13. 中国馆亮相洛桑国际博览会

9月13日,中国以贵宾国身份参加第39届洛桑国际博览会,这是瑞士联邦政府首次邀请社会主义国家作为贵宾国参展。中国馆占地810平方米,展品2000余件。来自欧、亚、非、美各大洲的55个国家的观众80万人参观中国馆。展览期间,中国展团达成贸易合同金额达1380余万瑞士法郎。

14. 全国工业交通展在北京开幕

9月15日,全国工业交通展览会在北京苏联展览馆开幕。展会共设冶金、机械、原子能、石油、地质、煤炭、电子、化学、森林、纺织、轻工、建筑、铁道、交通、邮电等15个分馆(建筑、交通分馆安排在建筑工程部展览馆),展览面积4万平方米。该展用大量的图片和实物展示新中国成立以来工交战线所取得的成就。展会由国家计划委员会、经济委员会及15个工业交通主管部门共同筹办。邮电部为此发行纪念邮票。1959年12月1日,第2届全国工业交通展览会在北京开幕。

15. 周恩来陪同金日成参观第4届广交会

10月15日,第4届广交会在中国出口商品陈列馆开幕。国务院总理周恩来陪同首相金日成率领的朝鲜政府代表团参观展览。本届共有40个国家和地区的境外客商3096人应邀与会。广交会成立临时党组和临时党委会,负责广交会举办期间国内与会人员的思想政治工作。本届广交会在工作总结时,提出商品的陈列和展览要体现政治性、商品性和艺术性。

16. 樟树举办全国药材药品交易会

10月,全国药材交流会在江西清江县招待所举行。到会代表100人,成交金额150万元。至1965年,全国药材交流会在该县召开10次。1980年11月,该县恢复举办交易会,更名为全国药材药品交易会,称为第11届。到会单位1041个计2673人,交流品种7000多种。1988年12月,清江撤县设立樟树市。市药业管理局负责筹办全国药材交流会。2002年,交易会主会场设于樟树中药材专业市场内的商务会展中心,布置标准展位300多个,另搭建临时展棚。2018年10月举办的第49届全国药材药品交易会,由江西省政府、中国中药协会主办,江西省食品药品监督管理局、宜春市政府、樟树市政府承办,交易会占地面积1.8万平方米,80余家企业参展,展品超过2.3万种,全国各地7600多位药商赴会。

17. 陕西省举办农业展

11月1日,陕西省农业展览会在西安北关农展馆开幕。展会分综合、粮食、经济作物、增产措施、水利水保、农具等12个馆。

18. 湖南省经济建设展在长沙举办

11月,湖南省经济建设展览会在湖南省展览馆举办。展出面积1.3万平方米,展品超过2.3万件。

19. 中国农垦展在越南举办

12月7日,中国农垦展览会在越南河内巴亭广场开幕。越南国家主席胡志明前往参观。赴越展览的组织工作由农垦部及新疆生产建设兵团负责。展会至1959年1月19日结束,参观人数超过33万人次。展会结束后,中方将全部展品无偿赠予越方。

20. 中国建设展在金边开幕

12月20日,中华人民共和国建设展览会在柬埔寨首都金边开幕。柬埔寨王国亲王西哈努克亲临开幕式并剪彩。之后,中国展团又到柬埔寨三省巡展至1959年2月25日。

21. 第2届全国农业展在北京开幕

12月25日,第2届全国农业展览会在北京农业展览馆(为1957年的临时建筑)开幕,全国人大常委会委员长朱德出席剪彩。该展览会展览面积1.5万平方米。其中,室内面积0.7万平方米,优良畜禽陈列场0.25万平方米,室外广场农机展览0.6万平方米。该展会至1959年5月闭馆,参观者达200万人次。1958年5月,农业部向各省、市、自治区和相关部委发出《讨论1958年全国农业展览会方针之具体问题》的特急文件,定于6月1日在农业部召开专题会议讨论。

1959年

1. 全国机械工业土设备土办法展在北京举办

2月25日,全国机械工业土设备土办法展览会在北京展览馆开幕。

2. 周恩来批示《国务院关于出国经济展览工作的指示》

3月3日,国务院总理周恩来对《国务院关于出国经济展览工作的指示》做出批示:一、中国国际贸易促进委员会受国务院委托负责组织出国展览工作;二、中央各部委、公司和各省、市、自治区应根据出国展览年度计划,按照既出产品也出干部的原则,积极完成指定任务;三、出国展览工作的方针是宣传我国社会主义工农业建设成就,增进各国人民对我国的了解和友谊,促进各国与我国经贸关系发展;四、对每起展览必须认真准备,认真搞好。宣传应本着借机主动和实事求是的精神,力戒虚报浮夸。在社会主义、民族主义、资本主义国家举办或参加展览时,宣传重点应有所区别。

3. "大跃进"导致广交会货源短缺

4月15日,第5届广交会在中国出口商品陈列馆开幕。"大跃进"造成的虚火致使参展货源短缺,并累及上年签约合同不能履约,到会客商对此反映强烈。鉴于1958年与外商签订的2166件合同货值2455万美元尚未履约,本届广交会不得不优先处理相关事宜。经采取撤销原合同、重新签订新合同或经济赔偿等措施,处理并履行1803件合同货值1961万美元(剩余合同因相关客商未赴会而搁置处理)。本届广交会展期一个月,参展商品1.6万余种,比上届减少30%。来自31个国家或地区的2451位境外客商应邀与会,较上届减少645人。出口成交额为0.76亿美元,比上届下降39.8%。进口成交额比上届下降60%。为挽回影响,广交会强调"重合同、守信用",要求所签合同必须落实货源。6月18日,外贸部通知建立广交会合同审查制度,授权中国出口商品陈列馆负责广交会所签合同的检查和综合统计工作。同年11月1日,第6届广交会在广州市起义路新馆举办。2.28万种商品在新馆分6层楼展出,由下至上按重工业、农产品、轻工业品、手工艺品布展。此届广交会正值新中国建国十周年,正式开幕前举办了十天预展,安排国内观众参观。此届广交会出口成交额1.44亿美元,进口成交额3417万美元,均好于上届水平。根据国务院总理周恩来关于"重质先于重量""提高品质规格,挽回信誉"的指示,广交会配合轻工业部、纺织工业部、商业部等部门对参展产品质量进行了检查。

4. 民主德国仪器和电工展在北京举办

4月,民主德国精密仪器和电工器材展览会在北京举办,历时20天,展出展品682项。近6.4万人次参观,其中,专业观众达1.4万人。

5. 匈牙利电讯展在北京举办

5月6日,匈牙利电讯展览会在北京开幕,展览面积600平方米,展出精密仪器产品31种,专业观众达1万人。展会至5月31日结束。

6. 山东举办三类物资交流大会

8月6日,山东省首次三类物资交流大会在济南召开,交流物资750余种,成交额达1.2亿元。大会由山东省商业厅、工业厅联合主办。

7. 广交会新馆竣工

8月,位于广州市起义路的广交会新馆竣工。其分为六层的展览场地总面积达3.54万平方米。时为国内室内可供展览面积最大的展馆。

8. 全国农业展览馆在北京落成

9月17日,作为建国十周年首都十大建筑之一的全国农业展览馆在北京落成。其占地50公顷,总建筑面积2.88万平方米。工程总体设计采用琉璃瓦屋顶、重檐、亭阁、柱廊、栏杆等中国宫殿和庭院的建筑手法,将展览建筑空间的需求与中国传统的建筑风格相结合,时为国内唯一的园林式大型展览场馆。全国农业展览馆的选址、规模、布局和设计风格经由国务院总理周恩来审定。2005年5月,农展馆扩建的新馆投入使用,新增展厅面积1.3万平方米。

9. 第3届全国农业展在全国农业展览馆开幕

9月27日,第3届全国农业展览会在新落成的全国农业展览馆开幕。展览分为综合、农作物、园艺特产、水利、工具、畜牧、水产、气象、林业以及人民公社工业、农村电气和沼气等分馆。展出面积2万平方米,接待观众200万人次。展会至1960年12月31日结束。

10. 江苏省举办工农业展

9月28日,江苏省工业交通展览会开幕。展览面积7890平方米,分为冶金、煤炭、地质、化工、机电、电讯仪器、纺织、轻工、手工艺品、交通、邮电、建筑12个展馆,展品7000余件。同年10月5日,江苏省农业展览会开幕。设置综合、农业作物、种子、植保、林业特产、水产、畜牧、土壤肥料、气象、农具等馆。两展旨在反映新中国建国十周年江苏省工农业的发展成就。

11. 湖北省经济文化建设成就展在武汉举办

9月28日,湖北省经济文化建设成就展览会在武汉中苏友好宫开幕,展览面积3.1万平方米,展期5个多月,270多万人参观。

12. 中国组团参加维也纳国际博览会

9月,中国贸促会应邀组团赴奥地利参加第70届维也纳秋季国际博览会。

13. 董必武为贵州省10年经济建设成就展提诗

10月3日,贵州省10年经济建设成就展览会在贵州省博物馆开幕。国家副主席董必武参观展览并提诗:"斩棘披荆辟坦途,十年生聚有规模。若论地下资源富,天府名应属此区。"展览至1960年1月30日闭幕,接待观众16.28万人次。

14. 毛泽东参观天津市街道工业展

10月,中共中央主席毛泽东参观天津市街道工业展览会。

15. 中国组团参加世界农业博览会

12月11日,中国贸促会组团参加在印度新德里举行的世界农业博览会。中国馆是博览会上三大馆之一,展览面积7700平方米,共计展品4000多件。展出期间,举行技术座谈800余次,观众达320万人次。

16. 中国组团参加布达佩斯工业博览会

是年,中国贸促会组团参加匈牙利布达佩斯工业博览会,展览面积2000平方米。

17. 上海设立农业展览馆

是年,上海农业展览馆设立。该馆是对虹桥路政府礼堂翻修改建而成。其展览面积

3500平方米,后扩大为7600平方米。1997年扩建后,展览面积增为1.2万平方米。

1960 年

1. 广州举办技术革新展览会

1月26日,广州市技术革新展览会开幕,展出3000多个技术革新项目。展会至4月15日闭幕。

2. 1952—1960年中国贸促会在亚非国家办展参展28次

2月9日,东巴基斯坦(今孟加拉人民共和国)国际工业博览会中国馆在达卡开幕。中国馆是博览会最大的展览馆。1952—1960年,中国贸促会先后28次组团赴亚洲、非洲的非社会主义国家主办或参加经贸展览,其中,叙利亚5次,印度、巴基斯坦、缅甸、马来西亚、毛里求斯、锡兰、摩洛哥各3次,印度尼西亚、埃及、伊拉克、阿富汗、突尼斯各2次,柬埔寨1次。

3. 中国组团参加莱比锡春季博览会

2月28日,中国贸促会组团参加民主德国莱比锡春季博览会。中国馆展出面积3600平方米。

4. 捷克斯洛伐克摩托车展在上海举办

3月8日,捷克斯洛伐克摩托车展览会在上海开幕。

5. 波兰木工机床和柴油机展在上海举办

3月15日,波兰木工机床和柴油机展览会在上海开幕。

6. 重庆举办技术革新技术革命展览会

3月25日,重庆市技术革新技术革命展览会开幕,分为冶金、机械、电力、化工、轻工等14个专业馆。

7. 卡萨布兰卡国际博览会中国馆开幕

4月28日,卡萨布兰卡国际博览会中国馆开幕。展出2000余件展品,包括精密工作母机、纺织机、汽车、卡车、农业机器和服装等。

8. 辽宁工业展览馆竣工

5月1日,投资500万元的辽宁工业展览馆在沈阳竣工。2005年,经整体改造后,室内展览面积增至1.2万平方米。

9. 刘少奇参观四川省工业展览会

5月6日,国家主席刘少奇参观四川省工业展览会。

10. 捷克斯洛伐克电焊及X光检验设备展在上海举办

5月20日,捷克斯洛伐克电焊及X光检验设备展览会在上海开幕。

11. 毛泽东参观上海工业技术革新展览会

5月,中共中央主席毛泽东参观上海工业技术革新展览会。

12. 波兰电工电子仪表展览会在上海举办

10月1日,波兰电工电子仪表展览会在上海开幕。

13. 捷克斯洛伐克工作母机展在沈阳、武汉举办

10月8日,捷克斯洛伐克工作母机展览会在沈阳开幕。展品包括自动和半自动程序控制的金属切削机床和成型机床,展期18天,共接待观众3.5万余人。同年11月22日,该展在武汉开幕,接待观众6.8万余人。

14. 中国经济建设成就展在伊拉克举办

11月5日,中国经济建设成就展览会在伊拉克首都巴格达开幕。该展是在伊拉克举行的第一个全面介绍中国经济建设的展览会。展览会分为重工业、农业、轻工业、手工业等4部分,展出3000余项展品,包括"红旗"牌轿车、精密车床、各种钢产品、发电机、无线电设备、医疗设备、精密仪器、农产品、纺织品以及各种模型和统计图表等。展会历时21天,接待观众达15万人次。

15. 西藏生产建设成就展在拉萨开幕

11月30日,西藏地区生产建设成就展览在拉萨罗布林卡揭幕。展览分为农牧、工业、汽车运输、公路、建筑、邮电、财贸(包括土特产和手工业)、文教、卫生、新技术和军事11个部分。这是西藏有史以来规模最大、内容最丰富的展览会。

16. 中国经济建设成就展在几内亚举办

12月28日,中国经济建设成就展览会在几内亚科纳克里开幕。该展为几内亚和撒哈拉以南的非洲地区首次举办介绍中国经济建设成就展览会。展览由重工业、轻工业、农业、手工业等展品组成。展会至1961年2月3日闭幕,共接待观众31万人次。

17. 上海举办物资综合利用展览会

是年,上海市科协和市物资局举办以工业下脚料、废液废气、污水利用为主要内容的上海市物资综合利用展览会。

1961 年

1. 中国工农业展在仰光举行

1月3日,中国工农业展览会在仰光开幕。在缅甸访问的国务院总理周恩来、副总理陈毅和缅甸总理吴努及缅甸各界人士1500余人出席开幕式。展览面积4500平方米,展出4600余项展品,包括"红旗"牌轿车、"解放"牌卡车、自动倾卸卡车和大客车、精密车床、各种钢产品、发电机、通信设备、纺织品、农产品等。展期一个月,共接待观众51万人次。

2. 中国以观察员身份参加社会主义国家商会展览部长会议

1月25日,社会主义国家商会展览部长会议在民主德国柏林召开。中国贸促会委托中国驻民主德国大使馆派员以观察员名义参加。

3. 中国经济建设成就展在苏丹举行

2月9日,中国经济建设成就展览会在苏丹首都喀土穆开幕。展览分重工业、轻工业、纺织工业、农业和手工业五个部分,共展出4000多项展品,包括精密机器、各种日用品、发电机、精密仪器、医疗器械、无线电器材、农产品、纺织品以及各种模型等。展期40天,共接待观众20余万人次。

4. 中国组团参加莱比锡博览会

2月28日,中国政府组团参加民主德国莱比锡(春季)博览会。中国馆展出面积约2000平方米,展品以重工业产品为主,包括工作母机、发电机、仪表调整设备等。其后,1965年2月、1966年3月,中国展团两度参加民主德国莱比锡(春季)博览会。

5. 捷克斯洛伐克首饰展在上海举办

3月3日,捷克斯洛伐克首饰展览会在上海开幕。

6. 中国经济建设成就展在古巴举办

3月15日,中国经济建设成就展览会在古巴首都哈瓦那美术宫开幕,该展为新中国在拉丁美洲举办的首个展示新中国经济建设成就的展览会。展览面积6500平方米,共6000余种展品在重工业馆、轻工业馆、农业馆、手工业品和书籍馆中分别展出。展期27天,共接待观众42万人次。

7. 开罗世界农业博览会中国馆开幕

3月26日,开罗世界农业博览会中国馆开幕。中国馆展出各种农产品和农业机械,共接待观众70万人次。

8. 中国组团参加布达佩斯工业博览会

5月19日,中国组团参加匈牙利布达佩斯工业博览会。中国馆面积1200平方米。

9. 捷克斯洛伐克医药展在上海举办

5月25日,捷克斯洛伐克医药展览会在上海开幕。

10. 波兹南国际博览会中国馆开幕

6月11日,波兰波兹南国际博览会中国馆开幕。中国馆展览面积2000平方米,展品包括冶金工业产品、各种机床、电气设备、动力机械等。

11. 中国经济建设成就展在加纳举行

8月10日,中华人民共和国经济建设成就展览会在加纳首都阿克拉开幕。展览面积5000平方米,展品3000余件,分成重工业、农业、轻工业以及文化、教育和出版等部分。展期51天共接待观众32.7万人次。

12. 捷克斯洛伐克布尔诺博览会样品展在上海举办

9月21日,捷克斯洛伐克布尔诺博览会样品展览会在上海开幕。

13. 波兰工业展在北京举行

9月28日,波兰工业展览会在北京展览馆开幕。展览会展出面积近3万平方米,包括10个展览厅和2个露天广场,展品1.2万余件。国务院总理周恩来出席开幕式。展期一个月,接待观众近119万人次。其中,专业观众3.1万人次。

1962年

1. 上海举办出口包装质量展

3月21日,上海市对外贸易局出口包装质量展览会开幕。工业系统的25家企业和18家外贸公司参展。展会至5月22日结束。

2. 波兰水泵动力机械展在上海举办

6月5日,波兰水泵动力机械展览会在上海开幕。

3. 沈阳市举办物资交流大会

8月3日,沈阳市举办的物资交流大会开幕,以支援农业"三秋"生产。大会签订合同2408份,成交总额达300多万元。

4. 波兰化工产品及建材工业展在上海举办

8月17日,波兰化工产品及建筑材料工业展览会在上海开幕。

5. 波兰水利建设成就展在北京举行

11月6日,波兰人民共和国水利建设成就展览会在北京中山公园水榭开幕。展览主要反映波兰水利建设成就,分为防洪、灌溉、排水、水力发电、整治河道、土壤改良、工业和居民用水等方面。该展由水利电力部和中国波兰友好协会联合举办。

6. 万象博览会中国馆开幕

11月8日,老挝万象博览会中国馆开幕。展览会展览面积300平方米,共展出700余件展品,包括丝、棉、毛等纺织品、日用品和手工艺品等。展出6天,共接待观众10万人次。

7. 全国无线电工程制作展在北京举行

12月9日,全国无线电工程制作展览在北京体育馆游泳馆开幕。展品540余件,该展于1963年1月31日闭幕,共接待观众47000余名。

1963年

1. 丹麦电子测量仪器展在北京、上海举办

5月6日,丹麦电子测量仪器展览会在北京开幕。其由国际著名声学仪器企业——丹麦布鲁尔、克雅公司主办。6月7日,此展移址上海开幕。

2. 全国三类物资交流大会在上海举办

7月15日,商业部、轻工业部联合在上海举行的全国三类物资交流大会开幕。会期18天,成交总额达5.09亿多元。

3. 英国塑料、碳料及耐火材料工业展在北京举办

7月29日,英国塑料、碳料及耐火材料工业展览会在北京展览馆开幕。展会由英国帝国化学公司、福米卡公司、摩根公司联合主办。展览面积1000平方米。此展会为英国首个来华展。展期12天,共接待万余名科技人员。

4. 中国经济建设展在阿尔及利亚举办

9月1日,中国经济建设展览会在阿尔及利亚开幕。展览面积3000平方米,分为室内展览馆与室外广场展出,展品达4300余件。

5. 日本工业博览会在北京、上海举办

10月5日,日本工业博览会在北京展览馆开幕。此为日本有史以来在外国举办规模最大的展会,展览面积2.5万平方米,共有450余家厂商参展,展出展品10万余件,包括机床、纺织机械、化纤设备、塑料机械、建筑机械、矿山设备、农业机械、医疗设备、金属材料和汽车等。展期3周,共接待观众120余万人次。国务院总理周恩来、全国人大常委会委员长朱德参观展览。该展根据中国贸促会和日中贸易促进会、日本国际贸易促进协会、日本国际贸易促进协会关西本部1962年所订议定书举办。此展于同年12月10日移

址上海展出。展览面积 2.16 万平方米。展会期间,举行 144 项技术交流活动,中方 535 个单位的 2000 余名技术人员参加。应中国贸促会主席南汉宸邀请,日本 42 名地方议员在展会期间访问中国。

6. 中国经济和贸易展在墨西哥举办

12 月 7 日,中国经济和贸易展览会在墨西哥首都墨西哥城开幕。展览会展出面积 2000 平方米,分为总类、重工业、农业、轻工业和纺织工业、手工艺及文化教育等部分。展期 31 天,共接待观众 23 万人次。墨西哥总统阿道夫·洛佩斯·马特奥斯前来参观。

7. 中共中央批示《关于 1963 年秋季中国出口商品交易会的总结报告》

12 月 13 日,中共中央批示《关于 1963 年秋季中国出口商品交易会的总结报告》。指出:"事实证明,交易会既是一个定期的国际贸易的交易场所,又是我国对外政策和社会主义建设成就的一个宣传场所。因此,办好广交会,在政治上和经济上都有重大的意义,今后必须进一步办好。"1963 年 2 月,中共中央要求各地和各有关部门抓好收购和出口工作,办好广交会。中央指出,每年两次在广州举行的出口商品交易会,成交的金额约占我国全年对资本主义市场出口总额的 1/3 以上。办好出口商品交易会,对于保证国家的外汇收入,特别是自由外汇收入,有重要的作用。去年由于各地和各有关部门抓得紧,准备了比较充足的货源,广交会开得很好。今年,请继续抓好这项工作。中央要求,对于即将举行的春季广交会,要立即动手做好货源的准备工作,组织好货单,务求在会上多成交,并在会后严格履行已签订的出口合同。

8. 中国经济建设成就展在马里举办

12 月 31 日,中国经济建设成就展览会在马里首都巴马科开幕。展览面积 2000 平方米,展品 3600 余种。展期 24 天,接待观众 17 余万人次。

1964 年

1. "九颗红心向祖国"

4 月 3 日,巴西当局(4 月 1 日政变上台)逮捕中国贸促会在里约热内卢从事贸易和筹备展览的工作人员以及新华社记者共九人,包括中国贸促会驻巴西代表林平、中国贸促会出国展览部副部长侯法曾及工作人员王冶、苏子平、张宝生、中国纺织品进出口公司副经理王耀庭及工作人员马耀增、宋贵宝、新华社记者王唯真、鞠庆东。在警察局和看守所,巴方警察对中方人员拷打和非人对待,逼他们承认是"高级特务"。4 月 4 日,巴西当局宣布将九人押送中国台湾。中方九人当即强烈抗议,并集体绝食。由于中国贸促会、中国新闻工作者协会、新华社向国际社会发表声明抗议,绝食第三天即 4 月 6 日,巴方不得不同意中方九人提出的停止绝食的四项条件(不送往台湾、解除单独隔离状态、改善生活待遇和尽快处理问题)。在监狱中,中方人员成立王耀庭、侯法曾、王唯真三人领导小组,领导大家团结斗争,绝不背叛祖国。巴西当局并未善罢甘休,勾结美台势力,一方面加大审讯力度,妄图获得中方人员在巴西从事间谍活动的证据;另一方面分别单独关押中方人员,利用台湾特务策反。中方人员立场坚定,不惧威胁利诱,致使对手阴谋落空。为与祖国取得联系,中方人员提出会见国际红十字会代表和印尼驻巴西大使馆代表。5月11日,印尼驻巴西大使馆临时代办在监狱会见中方人员。九人请其转告中国政府,绝不屈服,斗争到底。5月11日,巴西军事法院以捏造的证据,宣布对九人实行"预防性逮捕",将他们关押到军方监狱。经商量,中方人员聘请巴西著名律师平托代理诉讼,同时向巴西外交部递交抗议书。12月21日,巴西当局对中方人员进行公开审判。法庭传召的证人证词均无法证实中方人员在巴西从事了非法活动。平托律师在辩护中对于检方的指控予以逐条驳斥。中方人员在法庭上针锋相对揭露巴西当局阴谋。但法庭仍以颠覆罪判处中方人员十年徒刑。12月23日,中国政府发表声明,强烈抗议巴方判决,要求立即恢复中方人员自由。与此同时,世界舆论哗然,纷纷声援中方,指责巴西当局行径。一个月后,迫于国内外压力,巴西当局下达驱逐令。中方人员以自身无罪发表声明而拒绝接受驱逐。1965年4月17日,巴西总统赦免中方人员,并宣布驱逐出境。4月21日,中方九人回到北京。国家主席刘少奇在中国贸促会接见他们及其家属,称赞"你们的斗争很好!"5月7日,国务院总理周恩来在接见九人及其家属时说:"到国外哪有一帆风顺?既要准备顺利的一手,也要准备不顺利的一手。巴西事件为我们增加了这方面经验。"1965年5月23日《人民日报》以《九颗红心向祖国——九同志在巴西反政治迫害斗争纪实》为题刊载报道。同年,作家出版社出版《九颗红心向祖国》一书。

2. 中国经济贸易展在东京、大阪举行

4月11日,中国经济贸易展览会在东京晴海国际贸易中心开幕。展览面积1万平方米,展出中国工农业产品、手工艺品、文化、教育和人民生活等方面的实物、模型和图片等共10000余件。展期21天,81万人次的观众参观。展会6月13日至7月5日移址大阪举行,接待观众152万人次。

3. 中国经贸展在智利举办,中国展团护卫国旗

5月16日,中华人民共和国经济贸易展览会在智利首都圣地亚哥开幕。因智利当局态度消极,加之反共反华势力阻挠,展馆经营者拒绝租馆给中方。中国贸促会和新华社驻智利新闻贸易代表处历经两个月在市郊偏僻地段租到一个废弃的露天货栈。中国展团自行努力将其搭建成2500平方米的展场。开幕当天,富有中国民族风格、一派喜气的展览馆吸引了智利观众。展会期间,智利当局以中国与智利没有建立外交关系为由,要求中方降下在展馆大门外悬挂的五星红旗。否则派警察强制降旗。中国展团组成8人小组护卫国旗。十余名智利警察到场时,中方人员围绕旗杆形成护卫。在限时降旗的最后5五分钟,智利当局撤销了强行降旗决定。围观的数千名智利民众对此结果鼓掌和欢呼。展会至6月7日闭幕,接待观众超过40万人次。

4. 英国采矿与建筑设备展在北京开幕

6月4日,英国采矿与建筑设备展览会在北京开幕。展会由英国48家集团主办。展览面积超过5000平方米,展品超过千余种。展会期间,中英技术人员举行26场座谈会。

5. 全国工业新产品展在北京举办

6月16日,国家科委、计委、经委在北京举办的全国工业新产品展览会开幕。主办方向参展单位颁发新产品奖项。

6. 意大利医疗器材及光学仪器展在北京举办

8月10日,意大利医疗器材及光学仪器展览会在北京开幕。展会由意大利光学及精密机械制造商协会主办。此为意大利首个来华展。

7. 中国出口服装交易会在上海举办

8月16日,中国出口服装交易会在上海开幕。由中国纺织品进出口公司和中国畜产进出口公司主办,展出万余种服装和穿着用品。欧洲、亚洲、非洲、澳洲客商到会订货。该交易会又于1965年3月,1966年2月、8月连续在上海举办三次。

8. 法国技术展在北京举办

9月5日,法国技术展览会在北京开幕。展览面积5700平方米,80余家法国企业参展。展品包括测量、检查、调查和自动化仪器以及农业机械等。展期20天,共接待观众6万余名,举办36项技术讲座和5场专题报告会。此为中法建交后重要经贸活动,也是法国首个来华展。中共中央主席毛泽东在外地接见法国展览团团长。

9. 全国电子产品计划调配会议在北京召开

10月,全国电子产品计划调配会议在北京召开。此会经国务院批准,由中国无线电器材公司负责,召集中央各部委、军队各兵种、各省(区、市)相关人员,就中央及地方企业所产电子产品(包括工业和消费两类产品)进行供需调配。中国无线电器材公司后改称中国电子器材总公司,此会成为该公司所办"中国电子展"的前身。

10. 瑞士精密测量仪器展在上海举办

10月,瑞士精密测量仪器展览会在上海举办。

11. 英国机械及科学仪器展在北京举办

11月2日,英国机械及科学仪器展览会在北京展览馆开幕。主办方为英中贸易协会。展览面积1.4万平方米,英方超过200家客商参展,展品1600余种。中国观众9万余名参观。

12. 中国经济建设展在埃塞俄比亚举办

11月6日,中华人民共和国经济建设展览会在埃塞俄比亚首都亚的斯亚贝巴开幕。展览面积2000平方米,展品超过4000种。此展是国务院总理周恩来访问埃塞俄比亚时,应该国皇帝海尔·赛拉西邀请举办的。海尔·赛拉西出席展会开幕式。展会至26日闭幕,接待68万人次参观。

13. 中国轻工业品展在平壤举行

11月14日,中国轻工业品展览会在朝鲜平壤开幕。展出面积1300平方米,共展出轻工业产品5700余种。展期12天,接待观众12.1万人次。应朝方请求,中方派出纺织、油漆、塑料、肥皂等方面专家12人,在展会期间举办41项技术讲座。

1965年

1. 丹麦电子仪器测量展在上海、武汉两地举办

3月10日,丹麦电子仪器测量展览会在上海展览馆开幕。展出丹麦布鲁尔、克雅迪沙、雷特米脱、司托诺、安特瑞克斯等5家公司生产的声学仪器、电子测量仪器、通讯器材等产品。展会期间,丹麦18名技术人员为上海、南京等单位修理从丹麦进口的仪器95台,开展13个技术交流项目。4月2日,此展移址武汉举行。展出期间共接待108个单位的观众9246人。

2. 中国组团参加里昂国际博览会

3月,中国政府组团参加法国里昂国际博览会。中国馆面积3300平方米,展品达6000余件,是博览会面积最大的外国展馆。

3. 瑞典阿特拉斯公司展在北京举办

4月10日,瑞典阿特拉斯公司在北京展览馆举办的展览会开幕。展出矿山机械设备84台(套),展览面积2500万平方米。此为瑞典首个来华展。

4. 民主德国科学仪器展在上海、北京举办

5月24日,民主德国科学仪器展览会在上海展览馆开幕。展览面积3019平方米,展出光学、精密测量医疗仪器700多种,接待观众3.5万人次。7月5日,此展移址北京展览馆开幕。展出期间,中德两国有关人员举行技术座谈会。展会于7月17日闭幕。该展由民主德国国营卡尔·蔡司工厂和精密机械光学仪器进出口公司主办。

5. 罗马尼亚经济展在北京举办

8月5日,罗马尼亚经济展览会在北京展览馆开幕。展览面积1万平方米。国务院总理周恩来出席开幕式。国家主席刘少奇、中共中央总书记邓小平参观展览。展期10天,接待观众70余万人次。

6. 意大利工业展在上海举办

9月5日,意大利工业展览会在上海展览馆开幕。展览面积1706平方米,25家厂商参展,共展出机床、仪器、仪表、汽车、食品、机械300余种。展会期间共接待观众2.95万人次,组织116个单位的389个专业人员进行45场共22个项目的技术交流活动。该展

由意大利亚杰姆派克斯公司主办。

7. 中国经济建设展览会在布加勒斯特举办

9月23日,中国经济建设展览会在罗马尼亚首都布加勒斯特开幕。展览面积达4500平方米,展品共计4700余种。罗马尼亚总理毛雷尔为展会开幕式剪裁。

8. 中国商品展在巴黎举办

10月4日,中国商品展览会在法国巴黎开幕。展会在巴黎大型百货公司举办,展出的中国商品包括木雕、日用陶器、编席、图画、玩具、漆具、玉器等。

9. 日本工业博览会在北京开幕

10月4日至20日,日本工业博览会在北京举办。日本150个商社、团体和460余家厂商参展,包括工程机械、汽车、采矿、化工、冶金、印刷、纺织、食品加工设备及电讯器材、仪器仪表在内的展品达3000余种,展览面积2.2万平方米。展会共接待观众60余万人次。12月1日,该展会在上海展览馆开幕。共接待观众67万人次,开展201项技术交流活动。

10. 全国农具展在北京举办

10月24日,全国农具展览会在北京开幕。展品为全国各地新试制和推广的半机械化农具。展会由农业部、第二轻工业部和全国手工业合作总社联合举办。

11. 全国农业学大寨展览在北京举办

11月6日,首届全国农业学大寨展览在北京全国农业展览馆开幕,28个省(市、区)的52个单位作为先进典型参展,该展会展出面积2万平方米,接待观众200万人次。党和国家领导人周恩来、朱德、邓小平、董必武等参观预展。第2届于1975年9月在北京举行,展出面积1.4万平方米,接待观众100万人次。第3届于1978年4月在北京举办,至1980年闭馆。

12. 法国工业展在北京举办

11月22日至12月5日,法国工业展览会在北京展览馆举办。展会由法国政府主办。展览面积2.3万平方米,340余家法国客商参展。展会接待观众25万人次。展会期间举办209项技术讲座。

13. 中国经济建设展在班吉隆举办

11月28日,中国经济建设展览会在中非共和国首都班吉隆重开幕。

14. 全国高校科研成果展览会在北京举办

是年,高教部主办的全国高校科研成果展览会在北京举行。高教部直属高校的科研成果参展。

1966 年

1. 中国经济和贸易展在卡拉奇举办

3月15日,中国经济和贸易展览会在巴基斯坦卡拉奇开幕。

2. 全国农业机械化馆在北京开馆

4月12日,全国农业展览馆的农业机械化馆开馆。展出内容包括:全国农业机械化的6面红旗、为农业生产服务的农业机械站10个样板、手工业支援农业的15个先进单位,以及根据我国农业生产特点研制的1300余件农机具。同时开馆的全国农业展览馆畜牧馆,集中反映我国畜牧事业的发展成就和经验。全国农村副业馆、水利馆分别于2月15日、3月10日开馆。

3. 全国纺织工业技术革命展在上海举办

5月1日,全国纺织工业技术革命展览会在上海开幕。3100个技术革新项目或产品参展。展览至6月30日结束。

4. 中国组团参加布达佩斯工业博览会

5月20日,中国组团参加匈牙利布达佩斯工业博览会。中国馆面积1100平方米。

5. 中国政府组团参加巴黎国际博览会

5月,中国政府组团参加法国巴黎国际博览会。中国馆面积1600平方米,接待观众80万人次。

6. 全国手工业支援农业展在武汉举办

6月1日,全国手工业支援农业展览会在武汉开幕。展品800余件,包括耕作、排灌、农副产品加工等8个方面的改良农具和机械化、半机械化农机具。展会由第二轻工业部和全国合作手工业总社共同举办。

7. 民主德国通用机械展在北京举办

6月,民主德国通用机械展览会在北京举办。展览面积1300平方米。因"文革"影响,观众较少。

8. 英国科学仪器展览会在天津开幕

9月12日,英国科学仪器展览会在天津开幕。56家英国客商代表129人参展,展品983项。

9. 中国经贸展在北九州、名古屋举行

10月1日,中国经济贸易展览会在日本北九州市开幕。展览面积约1万平方米,展

品 10000 余件。展期 21 天。展会于 11 月 19 日移址名古屋市吹上公园开幕,展期 22 天。两地展会展览面积均为 5000 平方米,展品 10000 余件,观众总计超过 300 万人次。

10. 民主德国机床展在沈阳举办

10 月 5 日,民主德国机床展览会在沈阳开幕。展览面积 3000 平方米。

11. 比利时工业展在北京举办

10 月 6 日,比利时工业展览会在北京开幕。展会由比中协会经济委员会主办。展览面积 1700 平方米,展品包括机床、电子设备、人造纤维等产品。此为比利时首个来华展。

12. 第 20 届广交会接待国内观众参观

10 月 15 日,第 20 届广交会开幕。接待"文革"运动到广州串联的学生 32 万余人参观(此前,广交会只接待境外客商参观)。广交会的展品构成和布展设计遭到学生批判。本届广交会于 11 月 5 日闭幕后,延期一个半月供国内观众参观,参观人数超过 200 万人次。

13. 波兰机械设备展在北京举办

10 月 27 日,波兰机械设备展览会在北京展览馆开幕。

14. 法国电子仪器展在上海举办

10 月 31 日,法国电子仪器展览会在上海展览馆开幕。展览面积 3294 平方米,展品包括电子仪器、精密量具、光学仪器等,接待观众 5.42 万人次,组织 140 个单位 600 名专业人员开展 45 个项目的技术交流活动。

1967 年

1. 中国经济贸易展在科威特举办

1 月 17 日,中国经济贸易展览会在科威特开幕。展览面积 1400 平方米,分为毛泽东著作、重工业、轻纺工业、农业、手工艺品等 6 部分。展期两周,共接待观众超过 7.4 万人次。

2. 丹麦工业展在北京举办

3 月 1 日,丹麦工业展览会在北京全国农业展览馆开幕。展览面积 3400 平方米,30 余家厂商参展。该展于 3 月 15 日闭幕。展出期间,中丹双方的科技、贸易人员共举行 54 项技术座谈。展会由丹麦政府国外展览委员会主办。

3. 中国手工艺和艺术品展在金边举行

3 月 25 日,中华人民共和国手工艺和艺术品展览会在柬埔寨首都金边开幕。展览会展品 627 件,包括展出刺绣、剪纸、家具、象牙和玉雕、漆器等。该展由柬埔寨中国友好协会主办。

4. 中央发出《关于开好春季广州出口商品交易会的几项通知》

4 月 13 日,经中共中央主席毛泽东批准,中共中央、国务院、中央军委、中央文革小组发出《关于开好春季广州出口商品交易会的几项通知》(以下简称《通知》)。其时,第 21 届广交会即将举办,但"文革"造成的群众斗争致使组织工作陷入瘫痪。《通知》要求:一、在广交会期间,不组织广交会以外的人员进馆参观,不在广交会及其所属组织内进行夺权;二、各省、市、自治区要积极组织广交会出口货源,除了派往广交会的工作人员以外,由于广州接待任务繁重,不要另外组织人员去广交会参观;三、所有参加广交会工作的人员,有接待任务的宾馆、旅店、剧场和参加演出的文艺单位,在广交会期间,一律暂停"四大"(大鸣、大放、大字报、大辩论);四、在广交会期间,不要在出口商品陈列馆和接待外来商人的宾馆、旅店张贴大字报;五、广交会安排演出的文艺节目,是经过总理和中央文革小组批准的,不要再做变动。4 月 14 日清晨,国务院总理周恩来飞抵广州,传达《通知》精神,排除干扰,确保广交会举办。本届广交会充斥极左思潮影响下的"革命"氛围:会场外悬挂巨幅领袖画像和政治标语,毛主席语录遍布各个展厅展台;与会外宾被要求购买《毛主席语录》;开幕首日,不安排贸易洽谈,而是介绍"文革"运动情况。

5. 日本科学仪器展在天津举办

6 月 1 日,日本科学仪器展览会在天津第二工人文化宫开幕。这是日本国际贸易促进协会首次在中国举办专业性展览会。展览面积 3200 平方米,展品以电子仪器为主,包括分析、测量、计算等方面的科学仪器及有关元器件。参加展出的日本商社共 30 家、厂商共 89 家。展会至 17 日结束。

6. 中国经贸展在桑给巴尔举办

8 月 18 日,中国经济和贸易展览会在坦桑尼亚首都桑给巴尔开幕。

7. 中国经济建设展在哈尔格萨举办

11 月 30 日,中国经济建设展览会在索马里北部首府哈尔格萨开幕。

1968 年

1. 中国经济贸易展在巴马科举办

1 月 26 日,中国经济贸易展览会在马里首都巴马科开幕。展期 3 周,共接待观众 18 万余人次。

2. 中央下发《关于开好 1968 年春季出口商品交易会的通知》

3 月 8 日,中共中央、国务院、中央军委、中央文革小组下发《关于开好 1968 年春季出口商品交易会的通知》(以下简称《通知》)。《通知》要求,参加广交会的全体工作人员要把宣传毛泽东思想当作首要任务。但应注意,不要强加于人。广交会和同广交会有直接关系的宾馆、旅店、剧场等单位,从3月20日至5月20日止,一律暂停"四大"(大鸣、大放、大字报、大辩论)。广交会一律不接待广州和各地人员参观。《通知》要求,对去年秋季广交会上签订的出口合同,要认真检查,采取措施,对外履约,做到重合同、守信用。运输部门要保证广交会的展品和各种货物按时运到。

3. 瑞士仪器钟表展在北京举办

5月20日,瑞士仪器钟表展览会在北京开幕。展会由瑞士钟表制造商协会主办。展览面积2600平方米。

4. 中国出口机械仪器展在香港举办

8月28日,中国出口机械仪器展览会在香港开幕。展品达1500余件,包括精密平面磨床、机械仪器、红旗牌轿车等。

1969年

1. 日本工业展在北京举办

3月22日,日本工业展览会在北京展览馆开幕。展会由日本国际贸易促进协会等团体联合主办。展览面积1.5万平方米,展品7000余件。

2. 法国机床及公共工程器械展在北京举办

5月23日,法国机床及公共工程器械展览会在北京开幕。展会由法国国外博览与展览常设委员会和法国机械及金属加工工业联合会共同主办。展览面积5000平方米,参展商45家,展品包括机床、运输机械、化工设备等。

3. 中国经济建设成就展在地拉那举办

12月1日,中国社会主义建设成就展览会在阿尔巴尼亚首都地拉那开幕。展出为期6周,共接待观众50多万人次。展会结束后,我国将展品赠送阿尔巴尼亚。

1970年

1. 中国社会主义建设成就展在日本举办

7月初,中国社会主义建设成就展览会在日本福冈开幕。展出时间4周,共接待观众45万余人次。展会由日中友协(正统)福冈县本部和西日本国际贸易促进会联合举办,并获得日本全国各友好商社和爱国华侨的支持。

2. 周恩来要求办好广交会

7月8日,国务院总理周恩来接见第一机械部附属工厂代表时说:"我们每年两次交易会,是一个交流经验促生产的好机会。要懂得生产,要向各省市请教,工业部门、各省市都要派人参加交易会。外交部也要去,掌握政策。外经部也要去,了解产品的质量,以便对外提供援助。外贸、外交、外经三个'外字号'要配合,要三位一体把交易会搞好。要把交易会作为推动国内生产发展的一个重要场所。"

3. 全国县农机厂设备展在北京举办

12月,全国县农业机械修理制造厂机床设备展览会在北京全国农业展览馆举办。展会由第一机械工业部主办。

4. 贵州省展览馆启用

是年,贵州省展览馆建成启用。1993年更名为贵州国际经济技术贸易中心。2014年变更为贵州省人民政府政务服务中心。

5. 武汉举办"四新"展览会

是年,武汉市新技术、新工艺、新材料、新产品展览会在武汉体育馆举办。该展会由武汉市革命委员会主办,设置轻工业、冶金工业等9个展馆。

1971年

1. 中国社会主义建设成就展在布加勒斯特举办

6月15日,中国社会主义建设成就展览会在罗马尼亚首都布加勒斯特开幕。展览分为农业、轻工业和重工业展区,展品共2900多种,展览面积3500平方米,展期三周,共接待观众约18万人次。

2. 匈牙利医疗器械和药品展在北京举办

8月7日至14日,匈牙利医疗器械和药品展览会在北京举办。展览面积400平方米。

3. 阿尔及尔国际博览会中国馆开幕

8月27日,阿尔及尔第8届国际博览会的中国馆开馆。

4. 中国社会主义建设成就展在萨格勒布举办,被迫提前闭馆

9月,中国组团参加南斯拉夫萨格勒布国际博览会。展会期间,南方指中国馆展出的印度支那抗美斗争图片涉及博览会参展国的美国,违反南方新闻法和博览会章程,要求中方修改展览内容。中方决定提前关闭中国馆。

5. 罗马尼亚工业展在北京举办

10月11日至24日,罗马尼亚工业展览会在北京展览馆举办。1000多件展品重量总计920吨,包括机床、石油钻探设备、电器、化工产品、交通工具、农业机械、塑料制品和工艺品,室内外展览面积共计1.1万平方米。展会共接待观众约26万人次。

6. 中国经济建设成就展在赞比亚开幕

10月16日,中国经济建设成就展览会在赞比亚首都卢萨卡开幕。展期两周,共接待观众5万人次。

7. 民主德国机床展在沈阳举办

11月29日至12月8日,民主德国卡尔蔡司工厂光学仪器展览会在北京农业展览馆举办。展览面积1200平方米,中国专业观众5.6万人次参观。

8. 南斯拉夫工业展在北京举办

12月15日至29日,南斯拉夫工业展览会在北京展览馆举办。展品500多件,包括机械设备、船舶、车辆等实物或模型,展览面积7000平方米,共接待观众20多万人次。

1972年

1. 保加利亚药品展在北京举办

2月4日至11日,保加利亚药品展览会在北京展览馆举办。该展由保加利亚药品化学国营经济联合企业主办。

2. 中国经济建设成就展在秘鲁举办

2月16日至3月3日,中华人民共和国经济建设成就展览会在秘鲁首都利马举行,共接待观众12万余人次。

3. 周恩来陪同尼克松参观上海工业展览会

2月27日,美国总统尼克松一行在国务院总理周恩来陪同下,在上海展览馆参观上海工业展览会。该展是为尼克松访问上海专门设置的。在一部双柱冷挤压机面前,尼克松按了一下启动按钮。当加工样品被取出时,周恩来一语双关地说:"你这是按了建设性的一钮。"尼克松回应说:"对,我按的钮是建设性的。"其时,中美联合公报即《上海公报》的谈判正值关键阶段。

4. 丹麦工业展在北京举办

3月6日至17日,丹麦工业展览会在北京展览馆举办。展览面积3000余平方米,展品包括造船工业、食品加工工业、电子仪器、机器制造工业等方面的实物、图片和模型等。

展会共接待观众 10 万余人次。展出期间,中丹两国的技术人员共进行 70 多个项目的技术交流座谈。

5. 日本机床展在上海举办

3月7日至20日,日本机床展览会在上海工业展览馆举办。展会由日本国际贸易促进协会主办。共有13家厂商的17台机床(其中11台为数控机床)及步进电机、数控设备参展。

6. 瑞典工业展在北京举办

4月3日至13日,瑞典工业展览会在北京展览馆举办。展览面积11000余平方米,展品包括汽车、采矿设备、光学仪器和医疗器械等方面的实物、图片和模型等。展会共接待观众20万人次。展出期间,中瑞两国技术人员进行了250余场技术交流座谈。

7. 全国电影工业展览会在北京举办

6月,全国电影工业展览会在北京中国人民革命军事博物馆举办,由一机部、四机部、燃化部和轻工部联合主办。28个省(区、市)和13个工业部门的所属工厂、科研所展出1200项产品。展会至1974年3月结束。

8. 中国成药药酒展在新加坡举办

7月29日至8月27日,中国成药药酒展览会在新加坡举办,展出600余种中国成药与药酒。由新加坡经销中国成药及药酒的人士联合主办。共接待观众90余万人次。

9. 匈牙利机械车辆工业展在天津举办

8月7日至17日,匈牙利机械车辆工业展览会在天津举办。展览会主要介绍匈牙利机械车辆工业的建设成就,展品包括机械、车辆、车床和图表照片等。

10. 加拿大贸易展在北京举办

8月21日至9月2日,加拿大贸易展览会在北京展览馆举办。加方200余家厂商参展,展览面积1.8万平方米,展品包括各种重型机械、电气和电子设备、农业机械、木材、造纸、医药和化工产品等。展会共接待观众25万余人次。加方参展企业中有美资企业,因中美尚未建交,国务院总理周恩来对美资企业参展问题作出批示。

11. 中国经济贸易展在意大利举办

9月25日,中国经济贸易展览会在意大利首都罗马开幕。展览面积达4000平方米,展品4000余种。展期11天,共接待观众40余万人次。

12. 意大利工业展在北京举办

10月10日,意大利工业展览会在北京展览馆开幕。此为中意建交后意大利来华举办的首个展会,展出面积1.7万平方米,298家意大利厂商参展,展品包括机床,轻工机械,电子仪器,建筑、采矿设备,农机,车辆等。展期13天,共接待观众27万人次。展出期间,中意两国技术人员举行了85个项目的73场技术座谈会和报告会。

13. 中国经济贸易展在尼日利亚举办

10月12日,中国经济贸易展览会在尼日利亚首都拉各斯开幕。这是中尼两国建交以来首次举办的中国展览会,展出展品2400余件,展期17天,共接待观众5万余人次。

14. 中国经济贸易展在挪威举办

10月20日,中国经济贸易展览会在挪威奥斯陆开幕。这是中国在挪威举办的首个经济贸易展会,展出面积1500平方米,展品2200余种。

15. 周恩来批示广交会组织工作

10月22日,国务院总理周恩来在第32届广交会简报上批示:货源不足,土特产、工业品完全可以先订合同,到期交货。把交货时间延长些,务期言而有信,国家给予保证。同年11月2日,周恩来看到广交会住房紧张、饭馆不够、交通工具不足的情况反映后,批示:此三事非解决不可。副总理李先念部署从北京抽调80辆国产轿车支援广州。

16. 中国经济贸易展在黎巴嫩举办

11月20日至12月2日,中国经济贸易展览会在黎巴嫩首都贝鲁特举办。展览分为中国-黎巴嫩友谊、工艺美术品、纺织品、轻工业品和食品5个部分。共接待观众5万人次。

17. 法国科技展在北京举办

11月25日,法国科学技术展览会在北京展览馆开幕。展览面积1800平方米,展期2周,共接待观众5万余人次。

18. 中国经济贸易展在科威特举办

12月2日,中国经济贸易展览会在科威特开幕。展出面积1500平方米,展品达2300余件。展期2周,共接待观众35000余人次。

19. 波兰建筑、采矿设备展在北京举办

12月5日至18日,波兰建筑、采矿设备和发动机展览会在北京展览馆举办,共接待观众3万余人次。

1973年

1. 中国经济贸易展在也门举办

2月21日,中国经济贸易展览会在也门首都亚丁开幕。这是中也建交以来首次举办

的中国展会。展览面积 1500 平方米,展出 2100 余种展品。展期 18 天,共接待观众 10 万余人次。

2. 波兰药品展在北京举办

3 月 12 日至 17 日,波兰药品展览会在波兰驻中国大使馆举办。展品主要为抗生素以及医治精神病和心脏循环系统病症的药品。

3. 挪威康斯贝尔格工厂展在北京举办

3 月 19 日至 23 日,挪威康斯贝尔格工厂展览、技术讨论会在北京举办。这是挪威在中国举办的首个展会,展期 5 天,共接待观众 3000 余人次。

4. 中国经济贸易展在埃塞俄比亚举办

3 月 19 日,中国经济贸易展览会在埃塞俄比亚首都亚的斯亚贝巴开幕。展览面积 1500 平方米,展品 2000 余种。展期 16 天,接待观众 20 余万人次。

5. 英国工业技术展在北京举办

3 月 26 日至 4 月 7 日,英国工业技术展览会在北京展览馆举办。展览面积 1.77 万平方米,340 余家英国厂商共 895 人参展。展品包括航空、机床、轻工、煤炭、电力、冶金、石油化工等方面设备与产品。国务院总理周恩来参观展会。展会共接待观众 20 万余人次,展出期间,中英两国技术人员就 235 个技术项目举行座谈会及报告会。

6. 中国工艺、轻工业品展在冰岛举办

4 月 26 日至 5 月 6 日,中国工艺、轻工业品展览会在冰岛举办。展览会由中国贸促会主办,展出面积 500 平方米,展品 1500 余件。展会共接待观众 8 万余人次。

7. 中国经济贸易展在墨西哥举办

5 月 11 日至 27 日,中国经济贸易展览会在墨西哥城民族厅举办。展出面积 3700 平方米,分为中墨友谊、重工业、轻工业和纺织工业、农业和副业以及手工艺品 5 个馆。展会共接待观众 50 余万人次。

8. 邓小平考察第 33 届广交会

5 月 20 日,国务院副总理邓小平视察第 33 届广交会。邓小平说:"广交会很有前途,会越办越好。"

9. 中国经济贸易展在也门举办

6 月 4 日,中国经济贸易展览会在阿拉伯也门共和国首都萨那开幕。展览面积 1500 平方米,展品 2000 余件。展期 2 周,共接待观众 65000 余人次。

10. 民主德国机床展在上海举办

6 月 6 日至 16 日,德意志民主共和国机床展览会在上海举办。展会共接待观众 3 万

11. 日本自动化电子仪器设备和医疗器械展在北京举办

6月19日至7月3日,日本自动化电子仪器设备和医疗器械展览会在北京展览馆举办。展会由日本国际贸易促进协会及其关西本部联合主办,日本42家厂商参展。展品包括工业自动化仪表、分析仪器、电子仪器、彩色电视广播设备和医疗器械等。展会共接待观众10万余人次。

12. 中国经济贸易展在丹麦举办

8月23日,中国经济贸易展览会在丹麦首都哥本哈根开幕。展出面积2000平方米,展品2400余件。展期2周,共接待观众3万余人次。

13. 法国测量和科学仪器展在北京举办

10月9日至19日,法国测量和科学仪器展览会在北京展览馆举办。展会由法国测量、控制、调节、自动化仪表和科学仪器制造商协会主办。法国30余家厂商参展,展品300余项,包括核子仪器、无线电测量仪器、分析仪器、实验室仪器、医疗器械、电影摄影机及镜头等。展会共接待观众2万余人次,展出期间,中法两国科技人员就50多个技术项目举行了座谈交流。

14. 陈云考察第34届广交会

10月10日,中共中央委员陈云在广州参观第34届广交会预展。听取外经部有关人员汇报后,陈云指出,"批判稳价思想,不等于提价就是马克思主义。稳价多销不对,但高价高到卖不出去也不对"。

15. 荷兰工业技术展在北京举行

11月20日至12月2日,荷兰工业技术展览会在北京展览馆举办。展览面积3600平方米,展品380余件。展会共接待观众6万余人次。

16. 中国工业和手工艺品展在荷兰举办

12月4日,中国工业和手工艺品展览会在荷兰首都阿姆斯特丹开幕。展品1600余件,共接待观众4万余人次。

1974 年

1. 浙江手工艺品展在喀麦隆举行

1月5日至20日,中国浙江省手工艺品展览会在喀麦隆首都雅温得举办。展会展品500余件,包括雕刻、刺绣、抽纱、竹草编织品、家具等。展会共接待观众3.5万人次。

2. 中国经济贸易展在曼谷防范反华势力破坏

3月25日至4月16日,中国经济贸易展览会在泰国首都曼谷首次举办。展览面积4000平方米。每天接待观众8万人次,休息日的观众最多达16万人次。由于泰国政局不稳,反华势力借机破坏,展览期间展馆周围经常响起枪声。中国贸促会赴泰展团与驻泰大使馆紧密配合,拜会泰国外交、安全部门,要求提供安全保障。中方制定三套应急预案,每天保持临战状态,终于完成展览任务。

3. 奥地利工业展在北京举办

3月29日至4月11日,奥地利工业展览会在北京展览馆举办。这是奥地利首次在中国举办工业展会。展览面积8000多平方米,展品包括机床、轻工机械、电子仪器、冶金工业设备的模型和化学工业产品等。展出期间,中奥两国技术人员进行了40多个项目的技术交流座谈。

4. 第35届广交会迁址流花路新馆

4月15日,第35届广交会在新建成的中国出口商品交易会展馆开幕。此馆位于流花路,建设工程投资2075万元,于1973年初动工。其室内展览面积为17万平方米。这是中国首个展览面积超过10万平方米的特大型展馆,也是首个以展会名称命名的展馆。展馆正门上方的"中国出口商品交易会"由全国人大常委会副委员长郭沫若题写。9个高4.8米的钢筋混凝土字型,每个重300公斤,共耗用1.1公斤黄金装饰。

5. 加拿大电子科学展在上海举办

4月16日,加拿大电子科学展览会在上海展览馆开幕。展览面积1440平方米,主要展出各类电子机械产品,展期10天。

6. 法国工业科学技术展在北京举办

5月22日至6月7日,法国工业科学技术展览会在北京展览馆举办。展会展品包括机床,运输机械,纺织机械,公共工程设备,电子、通讯设备,航空设备和医疗器械以及其他工业产品。展出期间,中法两国技术人员举行座谈会,交流内容涉及148个科技项目。

7. 瑞士工业技术展在北京举办

8月7日,瑞士工业技术展览会在北京展览馆开幕。展览面积1.4万平方米,展品包括机床、印刷机械、钟表机械、纺织机械、精密仪器和各式钟表等。展期14天。展出期间,中瑞技术人员就140余个技术项目举行了座谈交流。

8. 瑞典生物医学座谈和展览会在北京举办

8月27日至9月2日,瑞典生物医学座谈和展览会在北京全国农业展览馆举办。展出期间,中瑞医学科学工作者举行20余项技术交流座谈。

9. 墨西哥经济贸易展在北京举办

9月14日,墨西哥经济贸易展览会在北京展览馆开幕。此为首个拉丁美洲国家在中国举办经贸展览。展览面积4000平方米,参展商76家,展品包括农产品、农业机械、纺织机械、采矿设备、医疗设备和汽车等。展期2周,共接待观众12万人次。

10. 波兰机电设备展在天津举办

9月16日至30日,波兰采矿、电气、汽车、电子机械和设备展览会在天津举办。展会共接待观众3万余人次。

11. 中国经济贸易展在新西兰举办

9月17日,中国经济贸易展览会在新西兰首都惠灵顿开幕。展期13天,共接待观众7万余人次。

12. 丹麦电子展在北京举办

9月18日,丹麦电子展览会在北京全国农业展览馆开幕。由丹麦电子制造商协会主办。展览面积1600平方米,展品包括声学、振动测试、分析、医用仪器等。展期8天。展出期间,中丹技术人员举行了14项技术座谈交流。

13. 澳大利亚展览会在北京举办

10月11日至23日,澳大利亚展览会在北京展览馆举办。此为澳大利亚首次在中国举办展会。展览面积1.5万平方米,澳方100余家厂商参展,展品包括农业机械、矿山机械、车辆、商品加工机械、通信设备、电子仪器和畜牧产品(包括32头牛和80只羊)。共接待观众20万余人次。

14. 中国经济贸易展在澳大利亚举办

10月18日至27日,中国经济贸易展览会在澳大利亚悉尼举办。展会共接待观众10万余人次。

15. 日本农林水产技术展在北京举办

11月22日至12月12日,日本农林水产技术展览会在北京展览馆举办。展会由日本国际贸易促进协会主办。日本200多家企业和地方自治体参展,展出面积1.4万平方米,展品包括农业、林业、畜产、水产、养蚕、食品加工等方面的技术、机械设备和仪器。展会共接待观众25万人次。

1975年

1. 中国地毯交易会在天津举办

2月25日,中国地毯交易会在天津市工业展览馆开幕。交易会由上海、天津、山东畜产进出口分公司和北京、大连土产、畜产进出口分公司举办。展出艺术挂毯、高级地毯、手纺线地毯、仿古地毯、山羊毛地毯、新疆地毯、西藏地毯和天鹅绒毯等 40 多个品种。其中,新品种近半。20 多个国家的经济贸易人士应邀与会,港澳地区的经贸人士也应邀参会。

2. 中国经济贸易展在牙买加举办

2 月 27 日至 3 月 11 日,中国经济贸易展览会在牙买加首都金斯敦举办。该展是中国在牙买加首次举办的综合性展会,分为中国-牙买加友谊、重工业、农业、轻工业和纺织、工艺美术 5 个部分。展会共接待观众 15 万余人次。

3. 英国机床和科学仪器展在上海举办

3 月 25 日至 4 月 4 日,英国机床和科学仪器展览会在上海举办。主办方是英国贸易部和中英贸易协会。67 家英国厂商参展,展品包括机床以及分析、光学、电子测量、电工、医疗等方面的科学仪器。展出期间,中英两国技术人员就 45 个技术项目进行交流座谈。

4. 意大利电子和科学仪器展在天津举办

4 月 1 日至 12 日,意大利电子和科学仪器展览会在天津举办。该展由意大利蒙特爱迪生集团举办,有 6 家意大利公司参展,展品包括核电子仪器、无线电通讯设备、环境污染监测设备、生物医学仪器、电子计算机及测绘仪器等。

5. 比利时工业展在北京举办

4 月 8 日至 9 日,比利时工业展览会在北京展览馆举办。该展是比利时在中比建交后首次在中国举办工业展览。展览面积 7000 余平方米,展品包括机床、无线电通讯及电子仪器设备、轻工纺织设备、钻探机具、电焊机、工业无损探伤设备以及电影照相器材等。

6. 罗马尼亚工业展在北京举办

5 月 29 日至 6 月 11 日,罗马尼亚工业展览会在北京展览馆举办。展品包括石油钻探设备、化工设备、农业机械、运输设备、电子计算机和医疗器械等。共接待观众 12 万余人次。

7. 日本电子工业和计测仪器展在上海举办

6 月 4 日,日本电子工业和计测仪器展览会在上海展览馆开幕。展品包括通讯机械、电子计算机及其外围设备、电波应用设备、电子零件及其制造设备、测量仪器等。

8. 中国经济贸易展用门票收入抵付科隆展馆租金

6 月 13 日,中国经济贸易展在联邦德国科隆举办。这是中国与联邦德国建交后首次在德方举办的中国展览。为节省经费,中国贸促会代表团向德方提出,以门票收入抵付展馆租金。德方担心门票收入不足以抵付,要求中方补交差额。中方进一步提出,若门票收入超过展馆租金,剩余收入由双方平分。十天的展会结束后,门票收入2倍于展馆租金。科隆展览中心负责人表示,从未见过观众这么踊跃的展会。

9. 中国经贸展在厄瓜多尔举办

6月30日,中国经济贸易展览会在厄瓜多尔首都基多开幕。展览面积1500平方米,19万人次观众参观。

10. 联邦德国技术展在北京举办

9月5日,联邦德国技术展览会在北京展览馆开幕。该展是两国建交以来联邦德国首次来华举办的综合性工业展会。展览面积2.2万平方米,德方350余家厂商共956人参展,展品包括机床、机械、钢铁、航空、电气、纺织、化学、光学、车辆制造等工业产品。展期14天,共接待观众20万余人次,其中专业观众3.6万人次。1600余名中方科技人员与150名德方专家参加176项技术座谈。

11. 中国展览会在朝鲜举办

10月1日至20日,中国展览会在朝鲜平壤举办。

12. 中国经济贸易展在墨西哥举办

10月30日至11月16日,中国经济贸易展览会在墨西哥蒂华纳举办。展会共接待观众25万余人次。

13.《中华人民共和国海关对出口展览品监管办法》颁布

11月3日,《中华人民共和国海关对出口展览品监管办法》颁布(以下简称《办法》)。《办法》中提及的出口展览品,是"为了到国外举办经济、贸易、文化、科技等展览会或者参加外国博览会而运出的展览品以及有关的宣传品、布置品、招待品、小卖品和其他一切物品。"《办法》对出口展览品的监管做出规定。该《办法》于1979年2月14日修订。

14. 日本工业技术展在北京举办

11月18日至12月2日,日本工业技术展览会在北京展览馆举办。此为中日邦交正常化之后日本政府来我国举办的首个大型展览会。展览面积18000平方米,展品包括机床、仪器、金属、工具、电力设备、建筑机械、运输机械、化工产品、药品等。展会共接待观众20余万人次。

1976年

1. 中国日用品展在英国多地举办

3月9日,英国日用品展览会的中国馆在伦敦开馆。该展会由英国《每日邮报》主办,中国首次应邀参展。展期26天,共接待观众55万余人次。展会结束后,中国日用品展览会于4月和5月分别在英国格拉斯哥和伯明翰继续展出。

2. 法国工业、科学仪器和电信展在北京举办

3月19日至27日,法国工业、科学仪器和电信展览会在北京展览馆举办。展出展品包括电子测量、分析、控制、调节仪器、电子医疗设备、电信器材、原子科学仪器等。接待观众3万余人次。

3. 中国展览会在泰国举办

3月25日,中国展览会在泰国首都曼谷开幕。展览面积4000平方米,展品5000余种。展会展期16天,共接待观众130多万人次。

4. 南斯拉夫工具展在北京举办

4月1日至10日,南斯拉夫工具展览会在北京展览馆举办。由南斯拉夫工具协会和南斯拉夫萨拉热窝机电进出口公司联合主办。展品包括钻头、丝锥、电动工具等。展会共接待观众7000余名。

5. 德意志民主共和国电子、自动化和科学仪器展在上海举办

4月14日至24日,德意志民主共和国电子、自动化和科学仪器展览会在上海展览馆举办。由德意志民主共和国耶那国营卡尔蔡司厂、办公机械出口公司、电工进出口公司联合举办。展品包括光学、分析、测量仪器,电信设备,电子计算机,办公用具等。展会接待观众3万余名。

6. 陕西省科技成果汇报展览举办

7月1日,陕西省科技成果汇报展览开幕,农林、水电、轻纺、机械、冶金、煤炭、石油、建工、建材、铁路、电业、电子、邮电、卫生等方面的630个项目参展。

7. 中国经济贸易展在马尼拉举办

10月1日至11月3日,中国经济贸易展览会在菲律宾首都马尼拉举办。展览面积7000平方米。菲律宾总统马科斯为展会开幕剪裁。展会接待观众70余万人次。

8. 日本环保、液压技术展在北京举办

10月5日,日本环境保护、液压气动工业技术展览会在北京展览馆开幕。展会由日本国际贸易促进协会举办,97家日本厂商参展,展出日本有关环境保护和液压气动领域的产品及技术。展期2周,共接待观众10多万人次。

9. 意大利包装机械、医疗器械展在上海举办

10月9日,意大利包装机械和电子医疗器械展览会在上海展览馆开幕。该展由意大利外贸部主办、意大利外贸协会承办。

10. 瑞典运输设备展在北京举办

10月12日至23日,瑞典运输设备展览会在北京展览馆举办。主办方为瑞典出口理事会。展出运输、筑路、材料装卸等设备。展会接待观众10万余人次。

11. 匈牙利仪器展在北京举办

10月27日至11月4日,匈牙利仪器展览会在北京展览馆举办。展品包括电子仪器、自动化设备、电信设备等。展会接待观众2万余人次。

12. 瑞典家具灯具室内装饰展在北京举办

11月1日,瑞典家具灯具室内装饰展览会在北京展览馆开幕。该展由中国对外友好协会和中国建筑学会主办,展出2周。

13. 英国广播、雷达和仪器展在北京举办

11月17日至27日,英国广播、雷达和仪器展览会在北京展览馆举办。主办方为英国48家集团。展品包括广播电视设备、雷达和高精度测试、分析、计量仪器等。展会接待观众4万余人次。

14. 中国经济贸易展在巴林举办

11月30日,中国经济贸易展览会在巴林举办。展览面积1500平方米。8万人次观众参观。

1977年

1. 中国经贸展在尼日尔举办

1月25日,中国经济贸易展览会在尼日尔首都尼亚美开幕。此为中国首次在尼日尔举办的展览。展期14天,接待观众11万余人次。

2. 中国羽绒制品交易会在上海举办

1月26日,中国羽绒制品交易会在上海开幕。

3. 中国经贸展在冈比亚举办

2月10日,中国经济贸易展览会在冈比亚共和国首都班珠尔开幕。此为中国首次在冈比亚举办的展览。展期15天,接待观众7万余人次。

4. 中国工艺品、首饰展在香港举办

3月4日至30日,中国工艺品、首饰展览在香港举办。展品2000余件,包括玉刻、牙刻、首饰、景泰蓝、漆器、木石雕刻、料器等。展会共接待观众16万余人次。其中,港澳同

胞 15 万余人次。

5. 阿尔及利亚经济建设成就展在北京举办

3月11日至20日，阿尔及利亚经济建设成就展览会在北京举办。此为非洲国家首次在我国举办的展览。展品包括工矿、轻工、食品、土特产、纺织服装、工艺品等。展会接待观众10万余人次。

6. 荷兰菲利浦公司电子和分析仪器展在北京举办

4月20日至29日，荷兰菲利浦公司电子和分析仪器展览会在北京举办。展出展品包括爱克斯光衍射仪、光谱仪、电子分析仪和环境保护测试仪器等。

7. 中国经贸展在荷兰举办

4月22日，中国经济贸易展览会在荷兰阿姆斯特丹开幕。展览面积1000平方米，展出2100余件轻工、纺织和手工艺产品。展期2周，接待观众5万余人次。

8. 全国工业学大庆展览在北京举行

5月18日，全国工业学大庆展览在北京展览馆开幕。全国26个省（区、市）和人民解放军的76个单位作为先进典型参展。

9. 全国玩具展在北京举办

6月1日至7月30日，全国玩具展览会在北京中国美术馆举办。主办方为轻工业部工艺美术公司。展品4000余件，包括金属、木制、塑料、绒毛、泥塑、陶瓷、竹编草编等材料制作的玩具等。展会共接待80万人次参观，其中，外宾1万人次。

10. 中国经贸展在加蓬举办

6月29日至7月14日，中国经济贸易展览会在加蓬首都利伯维尔举办。此为中加建交后举办的首个中国展览。展品1800余件。展会接待观众8万余人次。

11. 中国展览会在日本举办

7月17日至8月7日，中国展览会在日本北海道札幌市举办，展出实物、模型、图片10000余件。展会接待观众64万余人次。该展于10月3日移至日本北九州市展出，展期27天，接待观众101万余人次。

12. 日本造船工业展在上海举办

10月20日，日本造船工业展览会在上海展览馆开幕。该展由日本国际贸易促进协会关西本部举办，展出面积3100平方米，80家日本厂商参展，展品包括船舶、船用仪器仪表、动力和船用附属设备等。

13. 广交会出口成交额在全国占比过半

是年，据广交会统计，1957—1965年，广交会出口成交额占全国出口总额的17.81%；

1966—1977年,广交会出口成交额占全国出口总额的41.53%。其中,1972年、1973年的占比超过50%。

1978年

1. 中国农业展在牙买加举办

1月21日,中国自力更生和农业发展展览会在牙买加开幕。展会由牙买加中国友好协会和金斯敦图书馆联合举办。

2. 中国经贸展在菲律宾举办

3月28日至4月15日,中国经济贸易展览会在菲律宾宿务市举办。展会接待观众30多万人次。

3. 上海举办工业品质量展会

3月,上海市工业学大庆工业品质量"三赶超"展览会在上海工业展览馆举办。展会由上海工业、商业、外贸、物资部门联合举办,展品达1万余件。

4. 对日出口服装交易会在上海举办

8月6日,对日出口服装小型交易会在上海开幕。

5. 日本金属加工和建材工业技术展在北京举办

9月2日至16日,日本金属加工和建筑材料工业技术展览会在北京展览馆举办。此为中日和平友好条约签订后在中国举办的第一个日本工业技术展览,接待观众13万余人次。展出期间,中日双方技术人员进行了58项技术交流座谈。

6. 全国轻工业新产品展销会在北京举办

9月15日,全国轻工业新产品展销会在北京全国农业展览馆开幕。28个省(区、市)的44个第一轻工业局或第二轻工业局组团参展,展品超过4000种。展期一个月,接待观众80万人次,销售总额达3126万元。

7. 日本横滨工业展览会在上海举办

10月5日,日本横滨工业展览会在上海开幕。

8. 外国农业机械展在北京举办

10月20日,外国农业机械展览会在全国农业展览馆开幕。室内外展出面积共3万平方米。此为新中国建立以来规模最大的国外农机展览。来自法国、联邦德国、英国、意大利、荷兰、丹麦、瑞典、瑞士、罗马里亚、澳大利亚、加拿大、日本等12个国家的320余家农机厂商参展,展出725台(套)农机和农产品加工设备。主办方中国贸促会早在1975

年便酝酿举办国际农机展。1977年11月,中国贸促会《关于拟于1978年下半年在北京举办几个国家参加的农业机械展览会的请示》获中央批准。国家计委、物资总局、一机部、农林部、外贸部、北京市革委会和中国贸促会派员组成筹备小组,具体工作由中国贸促会负责。一机部、农林部分别提供国外参展企业名单,贸促会向12国驻华大使馆发出邀请,同时通知中国驻外国的商务参赞处配合邀请。展会至11月30日结束,共接待观众30余万人次,以专业观众为主。其中,京外观众超过5万人次。中共中央主席华国锋、全国人大常委会委员长叶剑英参观。中方购买了500多台(套)展品,耗资540万美元。农林部将购买的设备继续在农业展览馆展出,为期两个月。

9. 波兰机械展在上海举办

11月3日,波兰机械展览会在上海开幕。该展由波兰出口展览公司举办,展期14天,接待观众7万余人次。

10. 中国经贸展在迪拜举办

11月11日,中国经济贸易展览会在阿联酋迪拜开幕。展览面积1500平方米。展期14天,接待8万人次观众参观。

11. 英国科学仪器展在北京举办

11月16日,英国科学仪器展览会在北京展览馆开幕。展会由英国科学仪器制造商协会和英国海外贸易局举办,47家厂商参展,展品包括电子、核子仪器,精密测量、试验和分析仪器等。

12. 法国石油、天然气和石油化工技术展在北京举办

11月29日至12月8日,法国石油、天然气和石油化工技术展览会在北京展览馆举办。展会展览面积7000平方米,60余家厂商参展。展出期间,中法两国举行了70余场科技交流座谈会。

13. 西门子公司电子、电气技术展在上海举办

12月2日至13日,德意志联邦共和国西门子公司电子和电气技术展览会在上海举办,此为西门子公司首次在中国举办的展览。展会共接待观众4万余人次。

1979年

1. 中国羽绒制品交易会在上海举办

1月11日,中国羽绒制品交易会在上海开幕。

2. 春季服装出口交易会在上海举办

2月22日,春季服装出口交易会在上海开幕。

3. 杭州举办展销会处理积压物资

2月25日,杭州市物资部门举办的积压物资展销会开幕。参展单位将物资集中于展会,明码标价,供需求者选购,当场成交。展会于3月底结束,共计成交物资5万余笔,包括电动机3133台、变压器79台、轴承37000多套、水泵67台、机床92台、阀门3700多台,金属材料、五金工具、仪器仪表、电器材料、农业机械及配件等物资若干,成交金额达521万元。4月21日,《人民日报》刊载题为《杭州市举办展销会处理积压物资把大批"死物"变成了"活物"受到有关部门欢迎》的报道。

4. 日本机床展在上海举办

3月7日,日本机床展览会在上海开幕。

5. 意大利塑料工业展在武汉举办

3月13日,意大利蒙特爱迪生集团在武汉展览馆举办的塑料工业展览会开幕。展品包括塑料加工机械及应用于建筑业、工业、农业、日用、包装等方面的塑料产品,展期11天,共接待观众10万余人次。北京、上海、天津、吉林、四川等23个省、自治区、市的100多个科研和生产单位派员赴汉参观。展后留购塑料加工设备11套,计78.4万美元。

6. 瑞士机床展在上海举办

3月14日,瑞士机床展览会在上海展览馆开幕。展出面积3400平方米,55家厂商参展,展品包括金属切割机床、金属成型及电加工机床、自动化设备、机床附件等。

7. 法国乐器展在北京、上海举办

4月6日至19日,法国乐器展览会在北京劳动人民文化宫举办。展品180余件,包括管弦乐、打击乐器、乐器配件和音乐出版物等。4月27日至5月10日该展移址上海展出。

8. 天津举办国外样品与出口商品对比展

5月3日,天津市外贸局、一轻局、二轻局共同举办的国外样品与出口商品对比展览会在工业展览馆正式开幕。展出轻工、纺织和电子等方面的产品样品共5058种,12900余件。

9. 江苏省贸促会举办多个展会

5月14日,江苏省及南京市贸促会在南京工人文化宫举办的美国明尼苏达矿物制造公司电子产品展览会开幕。至1987年12月,江苏省贸促会与境外公司合作,先后在南京以及连云港、淮阴等地举办28场展览会,涉及通用机械与工业自动化、化工、服装加工、新型建材、木工机械、食品加工、玩具制造、医疗器械、产品包装、科学仪器、办公用品、酒店设施等领域。

10. 天津举办商品交易会、津洽会创办

6月3日,天津商品交易会开幕,展销商品8900多个品种。后改称天津春季全国商品交易会,由天津市政府与全国商业联合会共同主办,每年一届。2004年,首届中国天津经济合作与投资洽谈会(津洽会)与第12届天津春季全国商品交易会同期举办。天津市商务委、市发展改革委、市经协办负责具体承办工作。2019年4月,津洽会在天津梅江会展中心开幕。第15届PECC博览会同期举办(该博览会是太平洋经济合作理事会在华唯一授权举办的综合性国际博览会)。展会持续5天,展览面积6万平方米,设置国际、国内省区市、大企业以及进口商品、跨境电商、老字号名品、电子商务、现代物流、日用消费品等专业展区,36个国家和地区、1000余家企业参展参会。

11. 英国能源展在北京举办

6月6日,英国能源展览会在北京展览馆开幕。英国350余家厂商参展,展品包括石油、天然气勘探、开发和加工设备,发电和电力输送设备以及采矿设备等。展期11天。

12. 全国医疗器械展在北京举办

7月11日至20日,全国医疗器械展览会在北京展览馆举办。主办方为国家医药管理总局及中国医疗器械工业公司。展品420余种,包括同位素仪器、医用化验设备、各种医院设备、专科手术器械、医用光学仪器、人造脏器等。

13. 江苏省轻工"四新"产品展销会在南京举办

7月20日至8月31日,江苏省轻工"四新"产品展销会在南京举办。展出"四新"产品722种共1.9万件。"四新"指采用新技术、新工艺、新设备或新材料生产的产品。

14. 农机部举办畜牧业机械展

8月10日至22日,畜牧业机械产品展销会在吉林省白城市举办。该展由农机部主办,48家厂商参展,展出82种畜牧机械产品,包括饲草饲料收获机械、家禽饲养机械、运输机械、畜产品采集和初加工机械等。

15. 安徽省举办安徽轻工业、手工业产品展

8月,安徽省轻工业、手工业产品展销会在蚌埠市举办。主办方为安徽省轻工业局。展出轻工业、手工业产品2000余种。展销会采取集中陈列、看样选购、分别洽谈、签订合同的活动方式,10天之内共签订合同3594份,成交金额2883万元。

16. 农用电子仪器展在北京举办

12月1日,农用电子仪器展览会在北京全国农业展览馆开幕。该展由第四机械工业部和农业部联合举办,展品160余种,展期约半年。

1980 年

1. 广交会常设机构企业化

1月1日,广州对外贸易中心宣布成立。其1979年4月经国务院批准组建,以取代中国出口商品交易会机关,成为广交会常设工作机构。该机构性质由事业单位变为外贸部局级直属企业,接受外贸部和广东省双重领导。其任务是为春秋两季广交会提供服务;利用广交会展馆为其他展会服务;办好出口商品现货外汇商场以及外销转内销商品商场。至此,广交会常设工作机构由行政性服务转为企业经营性服务。广交会在1967年之前,办会经费由参会单位分摊。其方法是,各单位按成交金额的1‰上交交易手续费。之后,改为外贸部拨款。1967—1979年,累计拨款4900余万元。1980年改为向参展商收费。1986年,经外经贸部批准,广州对外贸易中心更名为中国(广州)对外贸易中心。1988年10月,更名为中国对外贸易中心(集团)。2001年,更名为中国对外贸易中心。外经贸部规定其职责包括制定广交会发展规划、每届组织方案、协调会务、海外招商与宣传、信息管理、物业管理、承接展会与境外办展等方面。

2. 广东省进出口商品展在香港开幕

1月26日,广东省进出口商品展览会在香港开幕,展期16天。此展由广东省各进出口公司联合举办,7万余名观众到场参观。展会期间,主办方与港商洽谈补偿贸易、来料加工等合作事项。

3. 电子产品、摄影器材及技术交流会在广州举行

1月28日,由香港阳光业务促进公司主办,香港文汇报社赞助的电子产品、摄影器材及技术交流会在广州开幕。来自日本、美国、英国、联邦德国等国家和港澳地区的30多家厂商参加展出。

4. 上海举办对港澳服装交易会

2月28日,对港澳服装交易会在上海开幕。

5. 物资综合展销调剂会在广州举办

3月3日,广州市举办的大型物资综合展销调剂会开幕。来自省内和全国各地的240个单位的1600多名代表参加会议。

6. 中国家用电器和建材出口交易会在上海举办

3月5日,上海首次举办的中国家用电器和建材出口交易会开幕。上千个品种参展。

7. 英国医疗技术展在北京举办

3月23日,英国医疗技术展览会在北京展览馆开幕,展期10天。中英两国医务工作者和技术人员举行30多场技术交流座谈会。

8. 英国航空设备展在上海举办

3月27日,英国航空设备展览会在上海展览中心开幕。65家英国公司超过400位客商参展,展品涉及军用、民用飞机的设计、制造(包括发动机、制导武器、航电技术设备)。展会由英国宇航协会组织。英国国防大臣出席开幕式并致辞。展览为期10天,共接待6万人次参观,主要是国防科研机构的专业人员。

9. 上海举办机电产品内外展销会

3月,上海市机电一局和中国机电设备进出口公司上海分公司联合举办上海机电产品内外展销会。

10. 日本自动化工业技术展在天津举办

4月7日至21日,日本自动化工业技术展览会在天津市展览馆举办。日本110家厂商及47家代理商的350件(套)展品参展。展览面积7800平方米。23个省(区、市)的1256个单位共计3964人次参与技术交流。日方展品留购成交额达700万美元。

11. 上海物资交易会开幕

4月15日,第一次上海物资交易会开幕。首日成交额618万元。展期一个月。

12. 美国先进医疗设备科技交流会在广州举办

6月6日,美国先进医疗设备科技交流会在广州开幕,美国20多家厂商参加。

13. 城市机电产品交易会在广州举办

6月28日,北京、上海、天津、重庆、西安、成都、沈阳、哈尔滨、武汉、广州10个城市机电产品交易会在广州开幕。

14. 国产计算机系列产品展销会在北京、成都举办

6月,国家计算机工业总局在北京展览馆举办国产计算机系列产品展销会。新华社发表《电子计算机进入市场》报道。12月,该局在成都举办电子计算机产品展销会。

15. 全国猪皮制革新产品展销会在北京开幕

7月1日,全国猪皮制革新产品展销会在北京展览馆开幕。展销会分为序幕馆、展出馆和销售馆三个部分。展出馆陈列26个省(区、市)1000多种近万件猪皮革及制品,包括鞋类、服装、箱包、球类、手套、工业配件、装饰品和小型皮件等。

16. 工具机床展在广州举办

7月11日,由香港经济导报社、经济咨询公司和雅式业务促进中心联合主办的工具机床展览会在广州开幕。来自美国、英国、联邦德国、瑞士、荷兰、奥地利等国家的19家厂商参展。

17. 中国出口服装洽谈会在上海举办

8月2日,中国出口服装洽谈会在上海开幕。

18. 广州日用工业品展销会在昆明市举办

8月15日,广州日用工业品展销会在昆明市开幕,15天时间里有15万人次参观和购物。此为新中国成立以来广州在省外举办的规模最大的展销会。其后至1996年,广州工业品或商品展览会分别在澳门、香港、武汉、北京、乌鲁木齐、福州、哈尔滨、大连等地举办。在此期间,广州工业产品展销会在广州举办多届。

19. 美国电子工业展在广州举办

8月15日,美国电子工业展览会在广州开幕。此为美国首个来华展。美方45家公司参展。展会由美国美中贸易咨询组织主办,广东省贸促会负责接待。3万余位科技人员参观,其中6000余人参加上百场技术交流会议。

20. 皮革制品出口交易会在上海举办

8月26日,首届皮革制品出口交易会在上海开幕。

21. 机电产品交易会在长沙举办

8月,一机部在长沙举办机电产品交易会。这是国家机械工业主管部门首次举办供需见面的展销与订货活动,受到机械制造企业的欢迎。

22. 棉、化纤、纱布外贸交易会在上海举办

9月3日,中国棉、化纤、纱布对外贸易交易会在上海开幕。

23. 北京、上海、广州三市轻工业局联合举办展销会

9月12日,北京、天津、广州三市一轻局和北京二轻局联合举办的产品展销会在北京展览馆开幕。一千多个品种一万多个花色、规格的轻工产品参展。展期25天。

24. 中国经济贸易展在美国举办

9月13日,中国经济贸易展览会在美国旧金山开幕。美国总统卡特致信表示祝贺。展览面积5000平方米,展品包括中国生产的机床、电机、石油化工、矿产、纺织、土特产品、手工艺品等。至12月28日,此展移址芝加哥、纽约举行,累计接待观众70万人次。此为中国经贸展首次赴美展出。

25. 北京举办综合物资交易会

9月18日,由北京市生产资料服务公司举办的综合物资交易会在通县举行,生产企业有权支配的两千多种物资参展交易,会上成交额达5570余万元。20多个(区、市)近百家生产资料服务公司,北京市各区(县、局)、中央所属企业120多个单位应邀设摊

展销。

26. 中国商品展销活动在纽约举办

9月24日,为期6周的"庆祝中国"活动在纽约布卢明代尔百货商店开幕,展出来自中国的服装、陶瓷制品和家具等商品。1000多位客人应邀出席开幕活动。

27. 全国社队企业产品展销会在成都开幕

10月1日,全国社队企业产品展销会在成都四川省展览馆开幕。展销会由农业部人民公社社队企业管理总局和各省(市、区)社队企业局联合举办。展期一个月。28个省(市、区)社队企业约2万人与会,展出产品1万多种。合同销售额超过3.5亿元,零售额近百万元。

28. 全国农垦农工商联合企业产品展销会在北京举办

10月5日,由农垦部主办的首届全国农垦农工商联合企业产品展销会在北京全国农业展览馆开幕。28个省(市、区)的31个代表团,包括农垦部门所属的农工商联合企业、国营农场、华侨农场和劳改农场的5000多种产品参加展销。展览面积5000平方米。16万张门票销售一空,集体参观凭单位介绍信入场。此展至1987年先后在北京、武汉、上海、广州累计举办7届。

29. 全国有色金属材料展销会在北京开幕

10月7日,由冶金部和国家物资总局联合举办的全国有色金属材料展销会在北京开幕。展销会与国家物资总局召开的有色金属订货会议同期进行。两会成交额达4亿多元。

30. 全国书市、全国图书交易博览会创办

10月13日,全国书市在北京市劳动人民文化宫开幕。全国107家出版社的12000多种图书参展。1989年在北京举办第二届。自1991年起,相继在上海、广州、成都、武汉、深圳、长春、西安、长沙、南京、昆明、福州、桂林、天津、乌鲁木齐、重庆、郑州、济南、哈尔滨、银川、海口、贵阳、太原、包头、廊坊等地举办。2000年后,每年一届。2007年更名为全国图书交易博览会,由国家新闻出版署联合地方政府主办。2019年7月,第29届全国图书交易博览会在西安曲江国际会展中心举办。展览面积6.6万平方米,1234家单位参展,展出图书数十万种。博览会同时在延安、铜川设分会场。

31. 美国经济贸易展在北京举办

11月17日,美国经济贸易展览会在北京展览馆开幕。展览面积2.2万平方米,200多家美国公司展出农业机械,发电和配电,石油勘探和开采、运输,纺织设备及消费品生产设备,美方展团共753人。展期10天,共接待20万人次参观,观众绝大多数为技术人员。4000余位中方科技人员与美方专家进行133项技术交流,并举办23场报告会。

32. 中国经济贸易展在纽约开幕

12月5日,中国经济贸易展览会在纽约开幕,美国全国接待委员会4日为此举行盛大招待会,1400多人出席。

1981 年

1. 国外汽车技术交流展在广州举办

1月9日,国外汽车技术交流展览会在广州开幕。

2. 春季中国出口服装洽谈会在上海举办

2月17日,春季中国出口服装洽谈会在上海开幕。

3. 国外印刷器材展在广州开幕

3月7日,由香港新侨印刷器材公司主办,中国贸促会广东省分会承办的国外印刷器材展览会在广州开幕。主要展出联邦德国、日本的印刷机和仪器。

4. 中国商品展在曼谷举办

3月14日至29日,泰国七大商业公司联合举办的中国商品展览会,在曼谷暹罗商业中心广场举办。展会参观人数超过100万人次。

5. 英国科学仪器展在上海举行

3月18日,英国科学仪器展览会于上海开幕。纺织工业部科技司及上海对外科技交流中心、上海市纺织工业局组织全国16个单位共19人赴上海参加技术交流座谈会。

6. 中国抽纱制品专业交易会在南京开幕

4月1日,中国抽纱制品专业交易会在南京开幕。主办方为中国工艺品进出口总公司。此为国内首次举办的抽纱制品交易会。70多位境外客商参加开幕式。

7. 中国丝绸交易会在上海举办

4月2日,中国丝绸交易会在上海开幕。

8. 中国经贸展在巴拿马城开幕

4月23日,中国经济贸易展览会在巴拿马城开幕。展览面积700平方米。1983年10月,中国经济贸易展览会再次在巴拿马举办。展览面积2100平方米。巴拿马总统两次均出席开幕式并剪彩。

9. 六一儿童用品展销会在北京举办

5月31日,由北京市妇联、财办、经委、总工会和团委联合举办的六一儿童用品展销会在全国农业展览馆开幕。展览面积3000平方米,展销儿童服装、鞋帽、玩具、食品和读物产品1500多种。

10. 中国产品赴美参加激光和电子光学展

6月10日,中国东方科学仪器进出口公司等单位组团赴美参加在华盛顿举行的国际激光和电子光学展览会,40余种产品参展。

11. 天津举办集体和个体经济商品交易会

7月15日,由天津市物资回收公司主办的天津市支持集体和个体经济商品交易会开幕。交易会为期7天,共成交98万元。

12. 出口服装选料订货会在上海举办

8月3日,出口服装选料订货会在上海开幕。

13. 中国针棉织品名牌优质产品展在广州举办

8月5日,中国针棉织品名牌优质产品展览会在广州开幕,全国25个省、市439种991件获奖针棉织品参加展览。

14. 上海举办太阳能科技成果展

8月6日,上海市太阳能科技成果展览会开幕。主办方为上海市太阳能学会和上海展览馆。38个单位的200项产品参展。

15. 武汉、上海举办科技成果交易会

8月10日,武汉科学技术交易会开幕。会上共展出武汉地区大专院校、科研单位和大型厂矿提供的科技成果和应用技术共500多项。同月,上海市化工局举办科技成果交易会。此为上海首次通过展览的形式交易科技成果。会前,上海市化工局召开会议,交流科技成果转让经验。

16. 20个城市轻纺产品展销会在天津举办

8月29日,全国15家百货商店经济联合会举办的20个城市轻纺产品展销会在天津市工业展览馆开幕。

17. 全国新号型服装展在北京举行

9月22日至11月5日,全国新号型服装展销会在北京展览馆举行。展销会共接待观众达100多万人次,交易额超过2000万元。

18. 全国稀土推广应用展销会在北京举办

10月16日,全国稀土推广应用展销会在北京展览馆开幕。3000多种稀土制品及图片、模型参展。此为国内首次举办稀土产品展会。

19. 儿童游艺器材展销会在京举办

10月23日,由北京市文体百货工业公司和北京市文化用品公司联合举办的儿童游艺器材展销会在北京工人体育场开幕。共展出北京市生产的儿童游艺器械、用品68种,乐器22种。11个省市的代表前来选购。

20. 上海举办科技成果展览

10月中下旬,上海36所高等院校与上海市高教局直属单位举办科技成果展览,展出应用科技成果和产品1300项,涉及能源、环境保护、农业、机电、化工、冶金等方面的新技术、新产品。展会接待观众7万余人次,与1000多个工厂企业建立技术和业务联系,签订多项合作协议。

21. 北京天坛商品交易会开幕

11月5日,由北京市一商局、二商局和供销社联合举办的天坛商品交易会开幕。为期15天的交易会,有1万多种商品参加交易,170多个商店、货栈设摊售货。

22. 广州举办近海工程展

11月23日,广州近海工程展览会开幕,主办方为广东造船公司、香港华昌国际船舶公司。此为我国首次举办这一主题的展会。1983年举办第2届。

23. 全国农机产品订货会在合肥举办

11月,农机部在合肥召开全国农机产品订货会,大量实物产品现场展出。

24. 纺织机械展在广州举办

12月5日,由香港上海科技发展公司主办、中国贸促会广东省分会承办的纺织机械展览会在广州外贸中心开幕。来自美国、瑞士、联邦德国、意大利、法国、英国、日本、捷克斯洛伐克等国家和香港地区的73家厂商及产品参展。

25. 西藏山南地区举办物资交流会

12月16日,西藏山南地区(现西藏山南市)举办的首届物资交流会开幕。后改称山南雅砻物资交流会,每年12月在山南市乃东区专业市场举办。至2019年已连续举办39届。

26. 国际海事技术学术会议和展览会在上海创办

12月,国际海事技术学术会议和展览会在上海举行。每两年一届。2017年12月在上海新国际博览中心举办的第19届,主办方为工信部和上海市政府,承办方为上海市船舶与海洋工程学会和英富曼公司。展览面积9万平方米,国内外超过2100家企业参展,6.2万余人次专业观众参观。

27. 全国摩托车及配件展示交易会创办

是年,全国摩托车及配件展示交易会由中国汽车工业配件销售公司兴办,每年分春秋两届,先后在广州、重庆、青岛、杭州、厦门、南京、宁波、昆明、廊坊、长沙等地巡回举办。2019年5月在青岛国际会展中心举办的第77届(春季)交易会,展览面积达4万平方米,参展企业1000余家,参观人数4万人次。

1982 年

1. 机械仪表工业产品扩大服务领域新产品展在北京举办

2月5日至19日,由一机部和国家仪表总局联合主办的机械仪表工业产品扩大服务领域新产品展览会在北京展览馆举办。展览面积1万平方米,分为序馆、轻纺日用、节能、技术引进、技术改造、研制、仪表等展馆展出。

2. 美国轻工业展在北京举办

2月6日,美国轻工业展览会在北京展览馆开幕。49家美国厂商参展。

3. 春季呢绒交易会在上海举办

3月6日,春季呢绒交易会在上海开幕。

4. 国际塑料和橡胶工业技术展在天津举办

3月24日至4月1日,国际塑料和橡胶工业技术展览在天津举办。参加展出的有奥地利、比利时、加拿大、联邦德国、意大利、日本、瑞典、瑞士、英国、美国和香港地区的60余家厂商。27个省(市、区)的专业代表1000余人来津参加技术交流和洽谈业务。

5. 国外皮革工业展在广州开幕

3月29日,国外皮革工业展览会在广州开幕。参加展览的包括美国、意大利、联邦德国、法国、英国、荷兰、新西兰、西班牙、瑞典、澳大利亚和香港地区等44个国家和地区的厂商。

6. 广州举办国际皮革工业展

3月29日至4月5日,国际皮革工业展览会在广州举办。美国、意大利、法国、英国、联邦德国、荷兰、西班牙、新西兰等国家和香港地区的40多家客商参展。展会由香港中华工业贸易顾问公司主办,中国贸促会广东省分会承办。

7. 上海举办中国裘皮及制品洽谈会

4月28日,中国裘皮及制品洽谈会在上海开幕。

8. 新中国首次参加世界博览会

5月1日,中国贸促会以国家名义组团(中国馆)参加在美国田纳西州诺克斯维尔市举办的世界博览会,结束了新中国成立以来长期无缘世博会的历史。至1993年,受中国政府委托,中国贸促会以国家名义(中国馆)先后参加在美国路易斯安那(1984年)、日本筑波(1985年)、加拿大温哥华(1986年)、澳大利亚布里斯班(1988年)、意大利热那亚(1992年)、西班牙塞维利亚(1992年)、韩国大田(1993年)举办的世博会。

9. 全国商业机械产品展销会在徐州举办

5月20日,全国商业系统商业机械产品展销会在徐州开幕,全国27个商业厅(局)、17个供销合作社、208个机械厂共4400名代表出席。展出13类1037台(件)产品,成交额5235万元。

10. 美国俄亥俄州贸易展在武汉举办

5月30日,美国俄亥俄州贸易展览会在武汉展览馆开幕。

11. 广州举行日用工业品交流会

7月10日,广州市举办的1982年日用工业品交流会开幕,26个省(区、市)的838个单位参加,展销工业品1.6万多种,成交金额达1.6亿元。

12. 广州举办全国复印机及消耗材料展销会

7月21日,全国复印机及消耗材料展销会在广州开幕,全国17家工厂的产品参加展销。

13. 全国搪瓷制品、保温瓶、玻璃器皿新产品展销会在京举办

8月16日,由轻工业部主办的全国搪瓷制品、保温瓶、玻璃器皿新产品展销会在北京开幕。25个省(区、市)的170多个企业参展。

14. 中国经贸展在爱尔兰举办

8月18日,在爱尔兰举办的中国经济贸易展览会开幕,为期12天。展览面积2000平方米,展品包括轻纺工业品、工艺品、土畜产品、机械、电子、航空技术产品及书刊、邮票等。近两万人次观众参观。

15. 国务院发文要求加强出展来展的统筹管理

8月26日,国务院印发《关于批转中国国际贸易促进委员会、对外经济贸易部、外交部〈关于出国举办经济贸易展览会若干问题的规定〉和〈关于接待外国来华经济贸易与技术展览会若干问题的规定〉的通知》(以下简称《通知》)。《通知》指出,多年来的实践证明,出国举办经济贸易展览会和接待外国来华经济贸易与技术展览会,是促进我国对外经济贸易活动、引进外国先进技术与设备的重要渠道,也是配合开展外交工作的途径之

一。实行对外开放政策以来,各部门和地方举办这类展览会的积极性很高,取得了一定成绩。但是,往往也因为缺乏全盘考虑,而出现一些重复、混乱、浪费现象。《通知》批转的两项规定,分别规定了出国展览和接待外国来华展览的审批程序,均明确由中国贸促会负责综合平衡工作。其中,出国展览由中国贸促会根据外交部和外经贸部工作需要,统一拟定计划报国务院批准;接待外国来华展览由贸促会统一拟定报国务院批准。1981年,我国驻日本大使馆和新华社驻美记者通过内参材料先后反映,6月份有十多个省区市在日本东京、大阪举办中国商品展销会;7月份一周内有多个中国商品展销会在美国纽约举办。此情况受到国务院及外经贸部的重视。

16. 全国少数民族用品、轻纺产品和中药材展销会在京举办

9月6日,全国少数民族用品、轻纺产品和中药材展销会在北京民族文化宫开幕。展销会由云、贵、川、新疆、西藏、内蒙古等少数民族集中的省、自治区和京、津、沪等传统民族用品产地等25个省、市、自治区共同举办。国家民委牵头,轻工部、纺织部、国家医药总局参与联合组织。

17. 日本仪器展在京举办

9月17日,由日本贸易振兴会主办的日本计测、节能仪器和技术展览会在北京展览馆开幕。展会历时13天,观众达十万多人次。展品有分析仪器、电子仪表、测量仪器、节能仪器及各种试验设备等。

18. 山东省出口商品洽谈会在青岛举办

9月23日至29日,首届山东省出口商品洽谈会暨山东省对外贸易中心落成典礼在青岛举行。洽谈会展出商品124个品类,济南、青岛、烟台、潍坊等地46家企业参展。63个国家和地区的外宾共544人应邀与会。至1990年,洽谈会共举办7届。之后,改称中国青岛对外经济贸易洽谈会。

19. 中国机床总公司在汉举办机床工具产品展

10月8日至11月8日,中国机床总公司主办的1982年机床工具产品展览会在武汉举办。展出的机床设备330多台,机床工具、附件、电器2000余件。全国机床工具订货会同期召开。这是新中国成立以来机床工具行业规模最大的一次展览会。

20. 湖南省工业品下乡看样订货会在长沙举办

10月9日,湖南省工业品下乡看样订货会在湖南省展览馆开幕。展品超过1万种,展览面积1.1万平方米。全省工商企业、各地市县及兄弟省市的代表共1.5万余人与会,成交总额达21亿元。

21. 天津市经济贸易展在突尼斯举行

10月25日,天津市经济贸易展览会在突尼斯开幕。

22. 商业部在凤阳举办工业品下乡展销会

12月26日,商业部日用工业品、五金交化、糖烟酒、纺织品下乡展销会在安徽省凤阳县开幕。上海、天津、江苏、安徽等地物资批发站、商业批发单位组织货源参展。

1983 年

1. 中国毛衫展销会在港举办

1月3日,中国毛衫展销会在香港展览中心开幕。此为中国纺织品进出口总公司首次在香港举办展览,展出上千种毛衫产品。

2. 天津举办新产品、新技术成果展

1月25日,天津市新产品、新技术成果展览会开幕,3674种新产品、258项新技术成果参展。

3. 全国工艺品交易会巡回举办

2月24日,首届中国工艺品交易会在上海开幕。其由中国工艺美术协会主办,2014—2019年,先后在福州、青岛、南京、广州、西安、重庆举办。2019年3月在重庆举办的第54届全国工艺品交易会,参展企业超过1000家,展览面积近8万平方米。

4. 上海举办中国工业品交易会

2月25日,中国工业品交易会在上海开幕。

5. 意大利工业设计展在上海举办

3月17日,意大利工业设计展览会在上海开幕,展览由意大利米兰市政府主办。展览面积1500平方米,展品共926件,包括日用品、工业品的设计精品。展期10天,观众6万人次。展会期间,两市经贸界人士举行经济座谈会。上海16个局、公司及所属单位与意方18家企业就机械、造船、地铁、煤气、钢铁、家具等10多个专业进行了24场技术交流和业务洽谈活动。

6. 多国仪器仪表展在上海创办

4月11日,多国仪器仪表学术会议暨展览会在上海展览馆开幕。主办方为中国仪器仪表学会,展出面积为1.7万平方米,分设国外馆和中国馆,共有17个国家与地区的400余家客商参展,包括6个外国展团,2000多名国外客商。2011年,展会更名为中国国际测量控制与仪器仪表展览会。2018年10月,第29届展会在北京国家会展中心举办,展览面积2.5万平方米,吸引3万人次参观。

7. 北京科技成果交流交易会举办

4月20日至5月9日,第2届北京地区科技成果交流交易会在北京展览馆举行。中

央及北京市 300 多个单位参会。交易会由北京科技开发交流中心组织。2000 多项科技成果和技术服务项目参加交流。

8. 全国工业新产品展在北京举办

4 月 23 日，国家计委联合第四、五、六、七机械工业部共同举办的全国工业新产品展览会在北京展览馆开幕。展览面积 1.8 万平方米，设置支援农业、吃穿用、冶金、机电、仪器仪表、无线电电子、化工、石油、建工、煤炭、交通运输、水产、林业、邮电、广播电视、电影器材、医疗器械、科学院产品、教育部门产品等多个展区，展品 3900 多种。

9. 五省市服装鞋帽展销会在北京举办

5 月 1 日至 6 月 3 日，北京、上海、天津、辽宁、江苏五省市服装鞋帽展销会在北京全国农业展览馆展出。4000 多个品种的 180 万件服装以及鞋帽、箱包参与展销。上海市服装公司时装表演队应邀进京在会上表演。后经国家计委批准，在农展馆影剧院公开售票表演。这是中国模特表演首次进入展览会。

10. 天津举办儿童用品展销会

5 月下旬，天津举办儿童用品展销会，展出的游艺、玩具、食品、图书产品达 3000 多种。展会由天津市经委、财委和妇联联合组织。

11. 中国出口商品展在土耳其举办

6 月 19 日，中国首届出口商品展览会在土耳其最大城市伊斯坦布尔开幕，接待观众十多万人次。

12. 上海举办对外贸易洽谈会

6 月 21 日，首届上海对外贸易洽谈会在上海展览馆开幕，展览面积 3810 平方米，引进项目、补偿贸易、来料加工、合资合作经营等项目参展。该项目经上海市政府批准，上海市对外贸易总公司及其所属 18 个进出口分公司、工贸公司联合主办。

13. 汽车展在北京创办

6 月，中国汽车工业总公司主办的改装汽车专用汽车新产品展评会在北京全国农业展览馆举办。此为中国首个商业性质的汽车展会。展品为卡车和客车。1988 年 10 月，第 2 届展会在北京举办，始有轿车参展，桑塔纳、切诺基、标致等外国品牌汽车参展。

14. 多国食品机械展览会在北京开幕

7 月 6 日，由中国贸促会主办的北京多国食品机械展览会开幕。来自美国、英国、法国、联邦德国、意大利、丹麦、瑞典、日本 8 个国家的 170 多家公司展出粮油、肉食、乳制品、糕点、面包、冰淇淋、水产品、蔬菜、水果、饮料以及饲料加工机械、包装机械、分析检测仪器。

15. 北京举办旅游工艺品展销会

7月24日,由北京市工艺美术品总公司举办的旅游工艺品展销会在北京民族文化宫开幕。展出金银首饰、珠宝玉器、抽纱刺绣、绒绢纸花、美术人型、民间工艺、床上用品等2100多个品种。

16. 中国经贸展在利比亚举办

7月25日,中国经济贸易展览会在利比亚第二大城市班加西开幕。

17. 日本自动化工业技术展在沈阳举办

8月30日至9月9日,日本自动化工业技术展览会在沈阳举办,35家商社共82家工厂的485套(件)产品分70个展台展出。日方来华人员达440人。展会期间,日方就123个专业课题组织10场技术报告会、241场技术讲座和113个专题技术交流。

18. 全国电子工业新产品展在北京举办

9月1日,由电子工业部举办的全国电子工业新产品展览会在北京开幕。中央及地方870多个单位包括电子计算机、家用电器在内的7000种新产品参展。

19. 河南省出口商品展在香港举办

9月3日至18日,河南省在香港举办出口商品展览会。展出传统名牌产品和新产品1400多种,6700多件,成交额达6767万美元。

20. 商业部发布《全国三类废旧物资交流会商品成交办法》

9月14日,商业部下发《全国三类废旧物资交流会商品成交办法》(以下简称《办法》)。三类废旧物资指陈旧、报废、二手、库存物资,包括废金属、废纸、废塑料制品等。《办法》就商品交流范围与原则、部管品种调拨衔接、成交价格、合同管理等问题做出规定。明确与会代表一律凭证参加商品交流,严禁会外成交。

21. 全国轻工业科技成果、新产品展在北京举办

9月20日,轻工业部在北京展览馆举办的全国轻工业科技成果、新产品展览会开幕。展期一个月。28个省(市、区)的轻工企业、高等院校、科研设计院所参展,展出面积4600平方米。

22. 全国农垦农工商联合企业产品展销会连续四年举办

9月26日至10月13日,全国农垦农工商联合企业产品展销会在全国农业展览馆举办。这是农垦系统自1980年起第四次举办展销会。全国29个省(区、市)的国营农场和农工商联合企业全部参加。展会分设样品成交馆和零售馆。提供零售的商品有2700多种。

23. 原子核科学技术应用展在北京举办

10月19日,我国首个规模较大的综合性原子核科学技术应用展览会在京开幕。中国科协、国家科委、国防科工委、核工业部联合举办。全国28个省(区、市)和中央17个部委的223个单位参加展览。展期25天。

24. 全国建筑机械新产品展在武汉举办

10月19日,全国建筑机械新产品展览会在武汉展览馆开幕。

25. 吉林科技交流交易会在长春开幕

10月20日,吉林省首届科技交流交易会在长春开幕,展出的科技成果186项。150多个单位在交易会上招标解决208个技术难题。218个企业与会招聘人才。

26. 国家经委在北京举办全国新产品展

11月7日,国家经委在北京全国农业展览馆举办的全国新产品展览会开幕。29个省(市、区)精选7115项产品参展。

27. 英美公司在北京主办制造技术、经济合作展

12月14日,由英国国际会议和展览会公司、美国中国贸易公司主办的加工、制造和技术、经济合作展览会在北京展览馆开幕。11个国家和香港地区的106家厂商参展。展品包括机械、电子、轻工、冶金、化工、建材、环保、纺织、医药、航空、汽车等工业行业方样品及资料。在国家经委、经贸部和中国贸促会安排下,中国多个工业部门和9个省、市的有关人员与参展外企洽商经济技术合作项目。

1984年

1. 全国中老年服装试销会在北京举办

1月2日,轻工业部在北京举办的全国中老年服装试销会开幕。

2. 中国裘皮革皮服装出口交易会在北京举办

1月7日,中国裘皮革皮服装出口交易会在北京开幕。上千种款式的裘皮革皮服装参展。展会由中国土产畜产进出口总公司主办,27个省(区、市)分公司组团参展,西欧、北美及日本等17个国家和港澳地区的200多家客商与会洽谈生意。后改称中国国际裘皮革皮制品交易会,每年一届,在北京举办。2005年举办中国国际皮草设计大赛。2019年1月在北京国家会议中心举办的第45届中国国际裘皮革皮制品交易会,展览面积3万平方米,108家客商参展。

3. 北京举办办公室自动化技术与设备展

1月12日,办公室自动化技术与设备展览会在北京开幕。展会由中国晓峰技术设备

公司、燕山计算机应用研究中心、香港富美洋行以及美国、日本的相关公司等8家公司联合举办。

4. 邓小平参观上海市微电子技术汇报展览

2月16日,中共中央军委主席邓小平在上海参观上海市微电子技术及其应用汇报展览。听取工作人员对电子器件、基础材料、设备、人才培养、科研开发、计算机应用等各部分的介绍。邓小平在观看小学生计算机表演时指出:计算机普及要从娃娃抓起。

5. 全国出口商品生产基地、专厂建设成果展销会在北京举办

2月18日,全国出口商品生产基地、专厂建设成果展销会在北京全国农业展览馆开幕。展会由对外经贸部主办。全国27个出口商品生产综合基地、98个出口农副产品的单项商品生产基地、94个出口工业品专厂(车间)以及821个外贸自属的生产加工企业的产品参展。展览会由序厅、综合馆、地方馆和包装馆四个部分组成。

6. 北京多国医疗器械展开幕

2月27日,由中国贸促会主办的北京多国医疗器械展览会在北京展览馆开幕。展览面积1万平方米,来自奥地利、丹麦、法国、联邦德国、意大利、日本、瑞典、瑞士、英国、苏联和美国11个国家的200多家公司参展。

7. 福建举办国外技术设备展览会

3月22日,福建省1984年国外技术设备展览会在福州西湖展览馆开幕。来自日本、联邦德国、意大利、奥地利、英国、瑞士、瑞典、美国、澳大利亚、新加坡等国家的63家厂商的产品和技术服务项目参展,展品包括塑胶机械、纺织、电子、食品加工、机械、包装、冷冻及其他工业设备。

8. 全国商业机械产品展在北京举办

3月27日,全国商业机械产品展览会在北京展览馆开幕。28个省(市、区)商业、粮食、供销系统的机械厂、院校及科研机构300多个单位参展。展品涉及22类共2000余种设备设施与器具。

9. 河南省在泰国、美国举办展会

3月31日,河南出口工艺品展览会在泰国曼谷市开幕。展出工艺品玉刻、首饰、唐三彩、美术瓷、抽纱、草编制品等15类600多个品种。展会由河南省经贸厅主办。1984年9月,河南省出口商品展览会在美国堪萨斯州哈钦森市举办。闭幕后,展团人员组成6个贸易推销小组,分赴纽约、洛杉矶、旧金山、休斯敦等地推销商品。1985年9月,展览会在哈钦森市举办第二届。

10. 山西省举办国际经济技术合作洽谈会

4月2日,山西省首次国际经济技术合作洽谈会在太原市开幕。来自26个国家和地

区的470多位客商参会。成交项目43个,成交额2213万美元。洽谈会期间,山西省出口商品展销馆正式开放。

11. 江苏举办家禽展览会

4月至5月,江苏省农林厅在南京举办家禽展览会。展出50多个优良禽种。

12. 中国经贸展在加拿大举办

4月14日至5月5日,中国经济贸易展览会在加拿大阿尔伯塔省举办。展出商品5200多种,展出面积5000平方米。展会由中国贸促会和黑龙江省联合主办。

13. 江苏国际展览公司成立

4月19日,江苏国际展览有限公司在江苏省工商局注册成立,隶属于江苏省贸促会。1992年,公司与美国苏星公司合资成立江苏国际展览装饰工程有限公司。1999年参与组建江苏东恒国际集团。公司成立以来,参与主办或承办多个展会,展会主题涉及纺织、服装、机械、冶金、消防、农业、环保、化工、电子、医疗、文化、艺术、体育等领域,同时经营展览工程业务。

14. 全国旅游产品内销工艺品展在北京开幕

4月29日,国家经委、轻工业部、纺织工业部联合举办的全国旅游产品内销工艺品展销会在北京展览馆开幕。展会分为序厅、综合、展销和零售四个部分。全国29个省(区、市)轻工、纺织、工艺美术等部门生产的31类产品参展。

15. 澳大利亚科学仪器展在南京举办

5月2日,由澳大利亚贸易部、科学工业协会和维多利亚州发展公司联合主办的澳大利亚科学仪器展览会在南京开幕。展会期间,举办7场学术报告会、18场技术交流与贸易洽谈活动。

16. 沈阳举办引进移植外埠科技成果交流交易大会

5月7日,沈阳市举办的引进移植外埠科技成果交流交易大会开幕,全国各地的1200多项科技成果参展,成交额为1000多万元,共引进移植科技成果283项。

17. 山西省商品交易会在太原举办

6月2日,山西省商品交易会在太原开幕。交易会允许国营零售商业、基层供销社和集体、个体商业以及农村专业户参加选样订货,允许价格浮动。交易会设5个展厅、3个成交馆,展出商品共3万余种,成交额2.57亿元。

18. 北京举办计算机应用展

6月5日,北京计算机应用展览在北京展览馆开幕。展会由北京市科学技术开发交流中心筹办。

19. 国外和香港地区纺织工业展在上海举办

6月10日,国外和香港地区纺织工业展览会在上海开幕。来自联邦德国、英国、瑞士、法国、西班牙、比利时、美国、日本、荷兰、瑞典、波兰、奥地利、挪威、意大利14个国家和香港地区的300多家厂商参展。展会由上海市贸促会、上海对外科技交流中心和香港务强企业公司、香港雅式展览服务公司联合举办。

20. 日本微型计算机展在北京举办

6月12日,日本索德公司微型计算机展览会在北京开幕。

21. 中国国际展览中心公司成立

6月29日,中国国际展览中心有限公司注册成立。其负责经营管理中国国际展览中心。

22. 中国展览馆协会成立

6月,经国家民政部批准登记注册,中国展览馆协会在杭州宣布成立。这是我国最早成立的全国性展览业民间社团。其会员包括展览场馆、展览主办机构、展览工程公司、展览运输公司、展览媒体、展览教育及科研机构,到2017年拥有会员单位2200余家。协会设有组展、展览工程、展览理论研究、展示陈列等专业委员会。

23. 上海国际展览公司成立

7月1日,经对外经济贸易部和上海市政府批准,上海国际贸易信息和展览公司宣布成立。该公司于5月22日工商注册,由上海市贸促会全额出资,属全民所有制性质。1999年,更名为上海国际展览公司。自1985年起,该公司先后创办上海国际汽车工业展览会、中国国际模具技术和设备展览会、中国国际染料工业暨有机颜料、纺织化学品展览会、中国上海国际婚纱摄影器材展览会、中国上海国际汽车零部件、制造设备及售后服务展览会、中国(上海)国际摄影器材和数码影像展览会、上海国际海上风电及产业链大会暨展览会,并在印尼、印度、土耳其举办汽车零配件展、染料及纺织化学品展。1988年后,公司先后投资成立上海国际展览运输公司、上海亚太广告公司、上海国际展览服务公司、上海司马展览建造公司和上海达华商务展览中心公司,分别从展会物流、展示工程、会展广告、展会主办、会议服务方面建构会展服务产业链,形成母子公司组织架构。

24. 天津举办国际合作项目展

7月9日,天津首次举办的国际合作项目展览会开幕。90多家外企的200多名代表参加。

25. 沈阳举办农村工业品展销会

7月29日,沈阳市举办的农村工业品展销会开幕,展出工业产品2400多种,成交额达1656万元。

26. 上海国际纺织工业展览会创办

7月,上海国际纺织工业展览会创办。该展会由上海东方国际(集团)公司、上海市贸促会和中国国际商会上海商会共同主办,每两年一届。2018年11月在上海新国际博览中心举办的第18届,展览面积超过10万平方米,国内外超过1200家客商参展。

27. 武汉出口商品展在日本开幕

8月14日,武汉市出口商品展览会在日本大分市开幕。

28. 武汉举办秋季商品交易会

8月15日,秋季商品交易会在武汉开幕。全国各地来汉的客商达1.1万多人,购销商品总额达2.9亿多元。

29. 广州举办国际渔业及加工展

8月21日,中国国际渔业展览会在广州开幕。展会由农牧渔业部水产局支持,广东省出口服务公司和香港中华船舶工业公司联合主办。展出内容为海淡水养殖技术、饲料加工及配方、水产捕捞技术、水产品加工技术及产品、远洋渔业合作、劳务输出、渔业科技合作交流、优良水产品种交换和引进、渔业技术装备等。1986年在广州举办第二届。1992年第3届在深圳举办。主办单位为农业部水产司和中国贸促会农业分会。

30. 北京举办金属切削机床产品咨询展销会

9月1日,北京金属切削机床产品咨询展销会在全国农业展览馆闭幕,全国25个省(区、市)125个生产厂参展。此展经北京市政府支持,由北京市机电设备公司主办。

31. 电子计算机及应用展在北京举办

9月6日,电子工业部举办的电子计算机及应用展览会在北京展览馆开幕。展品以国产微型计算机为主,包括汉字信息处理技术。

32. 西安举办医疗器械展览会

9月15日,日本、联邦德国、美国、澳大利亚等10多个国家客商参展的医疗器械展览会在西安开幕。

33. 青岛举办日本科学仪器展览会

9月15日,日本科学仪器展览会在青岛市工业展览馆开幕。日本26个厂商参展,展出仪器246台。共有2.5万余人次参观展览会,有2000人参加技术讲座和参加双边交流。青岛留购展品137件(台),增订32件(台),总价值170.6万美元。展会由青岛市科学器材公司主办。

34. 广州商品展销会在香港举办

9月16日,广州商品展销会暨经济技术合作洽谈会在香港结束,商品出口成交额超过4000万美元。其中,轻工和纺织产品成交额达2870万美元。广州市提出的191个合作项目,签订协议书15宗,意向书20宗。

35. 全国农业、农垦、水利、江苏乡镇企业展销会在北京举办

9月23日,由农牧渔业部、水利电力部、江苏省政府联合举办的全国农业、农垦、水利、江苏乡镇企业展销会在全国农业展览馆开幕。展出面积1.2万平方米,另有销售场地约2.5万平方米。

36. 江苏省乡镇企业展在北京举办

9月23日至10月12日,江苏省乡镇企业展览会在北京全国农业展览馆举办。展会共接待60余万人次观众,包括60多个国家驻华使节。

37. 广州市举办咸鱼海味商品展销交流会

10月6日,首次咸鱼海味商品展销交流会在广州市开幕。

38. 国际采矿设备技术交流展在长春举行

10月10日至15日,中国煤炭学会和美国罗曼中国业务公司联合发起,东北内蒙古煤炭工业联合公司承办的国际采矿设备技术交流展览会在长春市举行。展出英国、加拿大、联邦德国、芬兰、奥地利等国33家采矿设备公司的产品模型和图片。

39. 境外机构在青岛举办展会

10月25日,多国医疗器械展览会在青岛举办。至1990年,青岛市先后承接日本、联邦德国等境外机构举办的6个经贸展会,涉及食品包装、化工、机械、建材、摄影器材等展览主题。

40. 北京、广东国际印刷技术展创办

10月30日,北京国际印刷技术展览会在北京全国农业展览馆创办。11个国家和地区的135家客商参展(其中海外客商86家),展览面积9000平方米。展会由中国印刷及设备器材工业协会、中国国际展览中心集团公司主办,每四年一届。1988年,国际展览业协会(UFI)第54次大会通过此展的UFI认证。此为国内首个通过UFI认证的展会。2017年5月在中国国际展览中心(顺义馆)举办的第9届,展览面积达16万平方米,29个国家和地区的13家客商参展,接待146个国家和地区的205039人次观众,(其中,海外观众38125人次)。2007年4月9日,中国印刷及设备器材工业协会与中国国际展览中心集团公司在东莞举行签约仪式,宣布共同出资3000万元组建中印协华港国际展览公司,并创办中国(广东)国际印刷技术展览会。

41. 内蒙古科技成果交易会开幕

11月1日,内蒙古自治区科技成果交易会在呼和浩特市开幕。

42. 厦门举办国际电脑新技术展

11月25日至12月1日,厦门市举办国际电脑新技术展览会,7个国家和地区的62个厂家和84个国内单位参展。

43. 全国茶叶交易会在郑州举办

12月6日,商业部茶叶畜产局在郑州市召开的首次全国茶叶交易会开幕。

44. 全国林产品交易会在合肥召开

12月7日,由中国林产品经销公司举办的全国林产品交易会在安徽省合肥市开幕。交流的产品包括非统配木材、竹材、林副、林特产品及各种木、竹成品和半成品。

45. 机械工业部新技术、新产品展销会在北京举办

12月25日至次年1月8日,机械工业部在北京展览馆举办机械工业部新技术、新产品展销会。展会设置科技成果、引进技术、机床工具、通用基础件四个展馆。机械部所属企业、科研设计院所、大专院校和地方机械厅(局)所属科研单位和企业共800多家参展。展出项目4000多项。

46. 全国首届水产加工品展销会在北京开幕

12月29日,由农牧渔业部主办的全国首届水产加工品展销会在北京开幕。18个省(区、市)组团及中国水产联合公司所属企业参展,展品有13大类,共1800多种。

47. 北京国际航空展创办

是年,首届北京国际航空展举办。本届展览由中国商用飞机公司、中国航空发动机集团、中国航空学会联合主办。2018年9月在北京国家会议中心举办的第17届,展览面积1.7万平方米,12个国家和地区的210多家客商参展。同期举办5场主题论坛,涉及商业航天、航空发动机、高温合金、民机材料、增材制造等专业领域。

1985 年

1. 深圳举办国际先进技术设备展

1月14日,国际先进技术设备展览会在深圳开幕,美、德、法、意、英等国家和香港地区的数十家公司参展,展品分为机械电子、轻工、纺织印刷、塑料化工等类别。

2. 全国农副工产品展销会在北京举办

2月1日,全国农副工产品展销会在北京全国农业展览馆开幕。参展的125个单位

来自 16 个省（区、市）。展销面积 4000 多平方米，展品近万种，展销 15 天。

3. 陕西省举办农村科技市场洽谈会

2月4日，陕西省农村科技市场洽谈会在杨陵镇开幕。中央有关部门和 13 个省（区）以及陕西省 10 个地（市）的农业主管部门、乡镇企业、农村专业户的代表共 1.3 万人与会。洽谈会组织 42 个科研教学与生产单位设立 62 个科研成果产品展览室，展出产品和项目 2800 多个。

4. 运城举办树苗、树种、花卉展销订货会

3月3日，树苗、树种、花卉展销订货会在山西运城开幕，22 个省（区、市）的 134 个单位参展，展期 14 天。

5. 陕西省举办矿产开发咨询服务展览洽谈会

4月1日，陕西省矿产开发咨询服务展览洽谈会在西安开幕。100 多个项目参加展示，提供洽谈。

6. 四川举办国际经济技术合作和贸易洽谈会

4月2日至10日，四川省在成都举办国际经济技术合作和贸易洽谈会。美国、日本等 30 多个国家和地区的 1400 余名外宾与会。

7. 胡耀邦视察广交会

4月12日，中共中央总书记胡耀邦在广州视察第 57 届广交会，并题词"广交互利通天下"。

8. 北京举办残疾人用车展销会

4月23日，残疾人用车展销会在北京开幕。全国 14 个厂家的手摇三轮车、轮椅、电动手摇两用车和比赛用轮椅车等残疾人用车参展。展会由中国残疾人福利基金会主办。

9. 中国电子设备展在上海、深圳两地举办

4月，中国国际电子生产设备暨微电子工业展览会在上海展览馆举办，主办方为英国励展博览集团和中国国际贸易促进委员会电子信息行业分会。该项目于 1982—1984 年先后在上海、深圳、北京、天津、广州、重庆、成都等地举办路演活动。1997 年后，每年在上海和深圳各办一届。2019 年 4 月第 29 届上海展在上海世博展览馆举办，展览面积 3.5 万平方米，专业观众 2.64 万人。同年 8 月，第 25 届深圳展在深圳会展中心举办，展览面积达 6 万平方米，参展商超过 600 家，专业观众 5.4 万人。

10. 全国公路交通工业产品展在北京举办

5月3日，由交通部主办的全国公路交通工业产品展览会在北京全国农业展览馆开幕。展出客车、货运挂车、专用车辆、养筑路机械、汽车保修机械和检测仪器等产品 560

多种以及 100 多项科技成果。

11. 航天工业部科技成果展览交易会在北京举办

5月10日，航天工业部科技成果展览交易会在北京中国人民革命军事博物馆开幕。此为航天工业部建立以来举办规模最大的科技成果展。展品共2500项。其中，1800项为民用产品或技术成果。展会期间进行产品订货和技术咨询、开发、转让等活动。

12. 全国技术成果交易会在北京举行

5月14日至6月7日，由国家科委、国家经委、国防科工委和北京市政府联合举办的全国技术成果交易会在北京展览馆举行。在主会场外，还设有航天技术、煤炭技术、环保技术、蔬菜技术和仪器仪表5个分会场，整个展览面积达3.5万平方米。1.5万项技术成果、500项难题招标参加交易。国务院各部委、中国科学院、中国人民解放军和各省（区、市）的76个单位组团参加，参展人数达40万人次。

13. 荷兰农业展览会在北京举行

5月16日，荷兰农业展览会在北京全国农业展览馆开幕。参展企业90余家，展览面积4000多平方米，展出内容包括土地开垦与排灌、畜牧生产与肉类加工、花卉与蔬菜生产、马铃薯生产与加工、乳品加工、食品工业、农业机械等。

14. 保加利亚建筑机械展在北京举办

5月20日，保加利亚建筑机械展览会在北京全国农业展览馆开幕。

15. 深圳设立工业展览馆

5月，深圳市工业展览馆设立。始称深圳市经济特区工业产品陈列馆。展馆面积900多平方米。1987年，迁址华强北路经济大厦（1、2层），展厅面积4000平方米。1995年后承接经贸展览。此为深圳市最早的举办经贸展会的场馆。

16. 上海经济协作区二轻产品交易会在北京举办

6月11日，上海经济协作区（一省十市）举办的二轻产品交易会在北京全国农业展览馆开幕。展销期为半个月。

17. 贵州省举办资源开发展

6月，贵州省资源开发展览在贵州省展览馆举行。展览经1986年、1987年两次修改补充，成为长期展览。

18. 上海国际汽车工业展览会创办

7月3日，首届上海国际汽车工业展览会在上海工业展览馆（今上海展览中心）创办。来自22个国家和地区的328家厂商参展，展馆面积1万平方米。展会主办单位为中国汽车工业协会、中国贸促会上海市分会、中国贸促会汽车行业分会，承办单位为上海市国际展览公司。每两年举办一届,逢单年举办。2001年6月18日举办的第9届,分别在上海国际展览中心、上海世贸商城和上海光大会展中心三个展馆同时举行,展览面积达5万平方米。2003年第10届于4月21日移址上海新国际博览中心举行,展览面积增至8万平方米。2011年第14届展期增为10天,分为媒体日、专业观众参观日和公众参观日。2019年第18届展会吸引来自20个国家和地区的1000余家客商参展,展览总面积超过36万平方米,展出整车近1500辆。其中,概念车76辆、全球首发车129辆、新能源车218辆。接待观众99.3万人次。

19. 山西省在香港、深圳分别举办经济技术合作洽谈会

7月10日,山西省国际经济技术合作洽谈会分别在香港、深圳举行。山西省综合性出口商品展览在香港开幕。

20. 全国饲料及加工机械展在北京举办

7月20日,全国首届饲料产品和饲料加工机械展览会在北京开幕。

21. 国际服装加工设备展在沈阳举办

7月20日,国际服装加工设备展览在辽宁工业展览馆开幕,来自日本、联邦德国和香港地区的30多个厂家的8个商社展出设备220件。

22. 邓小平为中国国际展览中心题写馆名

8月2日,中共中央军委主席、中央顾问委员会主任邓小平为中国国际展览中心题写馆名。8月5日,中央办公厅秘书局将邓小平毛笔书写的"中国国际展览中心"条幅送至中国贸促会。中国贸促会7月1日致信邓小平,请求题写馆名。

23. 中国轻工出口商品洽谈会在深圳举办

8月5日,中国轻工出口商品洽谈会在深圳开幕,超过2000种轻工商品参展,美国、英国、联邦德国、瑞士、新加坡、泰国以及港澳地区的客商参加洽谈。

24. 全国渔业机械展销会、国际渔业及加工展在杭州举办

8月15日,全国渔业机械展销会在浙江省展览馆开幕。此为农牧渔业部首次举办该主题展会。540多件实物、模型参展。现场交易额达400万元,意向性成交额达1550万元。11月16日,第2届国际渔业及加工展览会在浙江展览馆开幕,17个国家和地区的70多家客商参展。全国各地参观者达1.3万人次。

25. 海上石油开发设备展在北京举办

8月19日,由国家经委海上石油开发设备领导小组主办的海上石油开发设备展览会在北京展览馆开幕。展出12个工业与科研部门的200多个企业生产的海上石油设备。

26. 广州个体户自产服装展销订货会在北京举行

8月28日,广州个体户自产服装展销订货会在北京开幕。

27. 全国劳动服务公司产品展销会在北京举办

9月1日至15日,劳动人事部和全国劳动服务公司指导中心在北京轻工产品展销馆举办全国劳动服务公司产品展销会。来自全国3万多家劳动服务公司的上万种产品参展。

28. 中国草柳藤竹编织品交易会在青岛召开

9月1日至10日,中国草柳藤竹编织品交易会在青岛召开。27个省、市的上万种产品参展。日本、美国、英国、联邦德国等10多个国家和地区的150余名外商与会洽谈生意。对外成交总额达3357万美元。

29. 全国渔具钓具展销会在北京举办

9月3日,由国家体委、轻工业部和农牧渔业部联合举办的全国渔具钓具展销会在北京体育馆开幕。国内65个生产厂家和5家日本公司参展。

30. 航空工业部民品展销会在西安举办

9月5日,航空工业部民品展销会在西安开幕。

31. 亳州创办中药材交易会、国际中医药博览会

9月9日,首届中药材交易会在安徽省亳县(今亳州市)创办。交易会由中国药材公司和安徽省政府联合主办。27个省(区、市)近1200名药商与会。2004年,国际(亳州)中医药博览会创办。国家中医药管理局、国家知识产权局、中国贸促会、中国中药协会相继被增加为主办单位。2009年移址亳州会展中心举行。2019年9月举办的第35届全国(亳州)中药材交易会暨国际(亳州)中医药博览会,展览面积近5万平方米。亳州是中国古代名医华佗的故里,明清时期成为中国四大药都之一。2019年,全市药材种植面积近百万亩,种植药材专业村800余个,药品药材生产企业42家。全市中药材种植面积约占全国1/10,中药饮片年产量约占全国1/3,中药材年成交额和出口量约占全国1/4。亳州中药材交易中心药材交易品种达2600多种,年成交额逾100亿元。

32. 陕西省技术成果交易会在西安召开

9月11日,陕西省技术成果交易会在西安开幕。2140多项技术服务和技术转让项目参展交易。

33. 巴伐利亚州在青岛主办工业技术展

10月7日,联邦德国巴伐利亚州在青岛主办的工业技术展览会开幕,广东、河北、云南、江西、山东及天津等地14个市(地)政府工业主管部门负责人与工程技术人员参观,人数达12万人次。展会期间举办32场科技讲座和业务洽谈活动。

34. 全国中药材秋季交易会在安国举办

10月8日,全国中药材秋季交易会在河北省安国开幕,来自29个省(区、市)的3000

多位药商与海外客商参加。

35. 中国国际展览中心在北京竣工

10月15日,中国国际展览中心一期工程竣工。室内展览面积6万平方米,分为7个展馆。此为新中国成立以来建设规模最大的展馆。1977年8月,国家计委向国务院提交《关于建造外贸展览馆的报告》。1979年4月,国务院批准同意中国贸促会征用北京市朝阳区太阳宫附近20万平方米的土地建设展馆。该工程于1984年1月动工。一期工程实际投资3308万元(其中,国家拨款2258万元,余为贸促会自筹)。1987年,《北京日报》《北京晚报》发起"北京80年代十大建筑"群众性评选活动,该中心以14.9万张票当选第二名。1986年该中心增建8号馆,室内展览总面积达6.73万平方米。

36. 全国烟草技术成果交易会在郑州举办

10月19日,全国烟草技术成果交易会在郑州开幕。成交技术转让和设备订货约1100万元。

37. 全国长毛兔交易会在阜阳举办

10月20日,全国长毛兔交易会在安徽省阜阳县插花镇开幕。会期一个月。

38. 国际包装学术讨论会及样品展在北京举办

10月22日,国际包装学术讨论会及样品展览会在北京展览馆开幕。来自意大利、联邦德国、法国、日本、美国等15个国家和香港地区的270多个厂商参展,展出250台(套)设备。展会由中国包装总公司主办。

39. 西安举办书市

10月25日,西安市首届书市开幕。全国150家出版社参加,共展出图书3万多种。

40. 全国节能产品技术展在杭州举办

11月3日,全国节能产品技术展览会在浙江展览馆开幕。来自全国22个省(区、市)的生产、科研和教育单位,涉及节电、节煤、节油、节气、工艺节能和民用能源节约近400项产品参展。展会是由中国能源研究会和广东、浙江、北京、西安、成都、沈阳、武汉等7省市节能中心组成的节能技术开发联合体共同举办的。

41. 北京国际农业技术展开幕

11月5日,由美国康乐国际博览会主办,北京市贸促会承办的北京国际农业技术展览会及专业会议在北京全国农业展览馆开幕。15个国家和香港地区的350家企业参加。展品包括农业耕作、排灌、饲料加工、农副产品加工、食品加工及储运、奶制品加工、水果蔬菜保鲜、牲畜医疗、屠宰机械设备以及养殖、育种技术等。展览面积1.3万平方米。

42. 上海经济区技术信息交易会在芜湖举办

11月11日,上海经济区首届技术信息交易会在安徽芜湖开幕。来自全国28个省

(市、区)的 600 多个单位、3.6 万人次参会。展出轻纺、食品、化工、建材、机械、电子等行业的技术项目 2300 多个。签订技术成果转让、购买情报产品合同 260 多份,达成意向性协议 2000 项,难题揭标 300 项。

43. 第 4 届亚太国际贸易博览会在北京举办

11 月 15 日,第 4 届亚太国际贸易博览会在北京开幕。此为中国国际展览中心落成后承接的首个展会。博览会由联合国亚洲与太平洋经济社会委员会和中国贸促会共同举办,展览面积 4 万平方米,26 个国家和地区的 1200 余家公司参展。其中,中国馆 9100 平方米(包括设在北京展览馆的电子工业设备展)。全国人大常委会委员长彭真为开幕式剪裁。国家主席李先念参观展览。展期 15 天,共接待观众 80 余万人次。

44. 北京分析测试学术报告会及展览会举办

11 月 18 日,第 1 届北京分析测试学术报告会及展览会在北京开幕。展会由国家科委组织中国电镜、质谱、光谱、色谱、波谱等 5 个学会共同发起。14 个国家和地区 125 家厂商参加为期十天的展览。来自 16 个国家和地区的 600 余名专家、学者出席为期四天的学术报告会。

45. 日产汽车系统展在北京举办

11 月 19 日,日产汽车系统展览会在北京全国农业展览馆开幕。展品为日产汽车公司生产的系列产品,包括轿车、吊车、大型卡车、公共汽车及纤维机械和汽车零部件等。

46. 轻工业部举办食品工业新成就展览、新产品展销会

11 月 20 日,轻工业部食品工业新成就展览、新产品展销会在北京开幕。

47. 国外纺织机械展在武汉举办

11 月 23 日,由香港利龙(洲际)技术发展公司主办的国外纺织机械展览会在武汉展览馆开幕,英国、意大利、联邦德国、西班牙、瑞典、瑞士、日本及香港地区的 28 家客商参展,展出范围包括针织机械、纺织机械、染整设备、成衣刺绣设备及制衣设备、染化料等。

48. 武汉举办房产交易会

12 月 10 日,由武汉市房管局组织的武汉市房产交易会开幕。会上成交房屋 208 起,面积 2.3 万平方米。

49. 全国车船节能新技术新产品展览交易会在北京举办

12 月 11 日,由国家科委科技成果管理办公室和国防科工委科技成果办公室联合举办的全国车船节能新技术新产品展览交易会在北京开幕。180 多项产品或技术成果参展。

50. 全国供销合作社加工产品联合展览会在北京举办

12 月 17 日,全国供销合作社加工产品联合展览会在北京全国农业展览馆开幕。

51. 北京市贸促会成立北京国际展览中心

是年,北京市贸促会成立北京国际展览中心,承担北京市政府交办的组展工作,以及该会在国内自办展会的业务工作。该中心是北京市政府主办的科博会、文博会、京交会的承办执行机构。同时,与行业协会、学会、境内外展览公司联合创办多个经贸展会,展览主题涉及交通、医药、制冷、舞台器材、乐器、珠宝、特许经营等领域。2008年,该中心转型为自收自支的事业单位。

1986 年

1. 全国春节农副工产品展销会在北京举办

1月17日至31日,第2届全国春节农副工产品展销会在北京全国农业展览馆举办。25个省(市、区)的上千种农副土特产品参展。

2. 国际家具样品及制造设备展在北京举办

1月21日,国际家具样品及制造设备展览会在北京中国国际展览中心开幕。展览面积5800平方米。英国、法国、意大利、比利时、联邦德国、民主德国、荷兰、瑞士、瑞典、罗马尼亚、美国、澳大利亚、加拿大、日本、新加坡、泰国等国家与香港地区的厂商参展。展会由中国贸促会主办。

3. 国际现代化办公设备展在北京举办

1月23日,国际现代化办公设备展览会在北京中国国际展览中心开幕,展览面积6000平方米,展出办公室文字处理和传输系统,照排、胶印及装订设备,复印、投影、缩微设备及文具、家具等产品。20多个国家与地区的厂商参展。展会由中国贸促会主办。

4. 国际国防工业展在北京举办

1月28日,国际国防工业展览会在北京中国国际展览中心开幕,面积8000平方米,包括美国、英国、联邦德国、法国、瑞典、瑞士和新加坡在内的17个国家和地区的160多家公司参展,展出国防工业专用设备、特种工业精密仪器仪表、陆用装甲设备及运输设施等产品。展会由中国贸促会主办。此为国内首次举办的国际性国防工业展会。

5. 国际核能源设备及测试仪器展在北京举办

2月22日,国际核能源设备及测试仪器展览会在北京中国国际展览中心开幕,展览面积3000平方米,展出铀矿提炼设备及技术、核电站设备及关键部件、防核污染设备与技术。包括英国、法国、德国和加拿大在内的12个国家和地区上百家公司参展,展场面积9000平方米。展会期间举办50多个技术研讨会。展会由中国贸促会主办。

6. 北京举办福利生产和经济实体产品展销会

2月28日,北京市福利生产和经济实体产品展销会在北京技术交流馆开幕。展会由北京市民政系统举办。

7. 江苏举办对外经济贸易洽谈会

3月8日,江苏省对外经济贸易洽谈会在南京闭幕。来自33个国家和地区的2009位客商与会,成交合同金额达17981万美元。

8. 中国展团以摊位方式参加瑞士巴塞尔样品展

3月8日,中国贸促会组团参加第70届瑞士巴塞尔样品展览会。国内27家外贸公司以摊位方式参展,展出粮油、土畜、纺织、化工、有色金属、工艺品达1500种产品。国务院副总理姚依林在相关材料上批示:"完全同意巴塞尔展览的做法。按这个方法搞展览会,贸促会组织的展览就会为各公司、各地方所欢迎。"

9. 国际纺织服装工业展在北京举办

3月13日至19日,国际纺织服装工业展览会在北京展览馆和全国农业展览馆同时举行。联邦德国、日本、意大利、英国、瑞典、瑞士、美国、法国、荷兰、丹麦、奥地利、西班牙、比利时等13个国家以及香港地区近400家公司参展。其中,联邦德国、意大利、比利时、英国、瑞士以国家组团形式参展。展品包括纺织、针织、印染、化纤、无纺布、涤层织物、服装、地毯等生产设备及仪器、器材、染料技术等。展览面积共2万平方米。展会由北京市贸促会、中国纺织科技开发公司、中国纺织工业对外经济技术合作公司与香港展览公司联合主办。

10. 国际石油设备和技术展在北京举办

3月14日,国际石油设备和技术展览会在北京中国国际展览中心开幕。比利时、巴西、加拿大、法国、匈牙利、意大利、日本、荷兰、新加坡、英国、美国等国的厂商参展,展出石油勘探、采掘、加工的设备与技术,并举行近50项技术的交流座谈。展览面积9000平方米。展会由中国贸促会主办。

11. 河南出口洽谈会、展销会在汉堡、东京举办

3月17日,河南出口商品洽谈会在联邦德国汉堡开幕。会后,参展公司分别到英国、法国、瑞士、芬兰、西班牙、比利时6国推销。1987年3月,河南出口商品展销会在日本东京举办。

12. 全国医疗器械新产品展在北京举办

3月18日,全国医疗器械新产品展览会在北京开幕。全国19个省(市、区)和8个部委的210多个单位的近500种产品参展。展品为1980年以来经过鉴定并投产的新品(包括部分引进组装的产品)。展会由中国医疗器械工业公司主办。

13. 境外机构在济南举办展会

3月20日,国外包装和食品机械技术交流展览会在济南开幕。至1989年,意大利马

尔凯大区经济展览会、东京重机缝纫设备技术交流会先后在济南举办。1987年11月17日在济南市山东省工业展览馆开幕的意大利马尔凯大区经济展览会,由意大利千里协会主办、山东省贸促会承办。展览面积700平方米,展品包括建材、制革、制鞋、玩具、灯具、乐器、塑料制品、厨房用具及酒类。观众达2万多人次。展会结束后,除厨房设备留购以外,意方将展品作为样品赠送山东省。

14. 国际性启智游乐展在北京举办

3月28日,由贸促会北京市分会和香港中国国际会议促进中心联合主办的国际性启智游乐展览会在北京展览馆开幕,来自15个国家和地区的近百家厂商参展。

15. 全国商品交易会在郑州举办

4月2日,全国首届商品交易会在郑州开幕。28个省(区、市)的商业批发企业、生产厂家、供销社、乡镇企业及个体户共4300多个客商的50万种商品参展。展览面积1.7万平方米。交易会由全国工贸中心商情中心站和46个大中城市工贸中心协作体共同主办。

16. 中国深圳技术交易会举办

4月10日,中国深圳技术交易会开幕。交易会由国务院科技领导小组办公室、国家经委、国家科委、国防科工委及广东省政府、深圳市政府联合举办。核工业部、航空工业部、兵器工业部、航天工业部、电子工业部、中国船舶工业总公司、中国新兴公司等单位派出8个技术交易团。参加交易的技术和产品达1720项。

17. 国际玩具制造技术及设备展在北京举办

4月12日,国际玩具制造技术及设备展览会在北京中国国际展览中心开幕。展览面积4000平方米。展会由中国贸促会主办。

18. 国际电子生产、半导体展在北京举办

4月17日,国际电子生产、半导体展览会在中国国际展览中心开幕,展览面积9400平方米,展会由中国贸促会主办。

19. 杭州举办住宅展销会

4月19日,杭州市首届住宅展销会开幕。开幕当天上午达成60多套住宅交易及近百套购房意向。购房者大多是企事业单位。

20. 东北技术协作交流交易会在沈阳举办

4月21日,东北地区首届技术协作交流交易会在沈阳开幕。全国20个省(区、市)组团参加。

21. 图书展销会在北京举办

4月25日,图书展销会在北京故宫午门外东朝房开幕。中央部门和北京市所属600多家出版社的6000余种图书参展。展销会由中国图书联合公司主办。展期25天。

22. 罗马尼亚工业展在北京举办

5月6日,罗马尼亚工业展览会在北京中国国际展览中心开幕,展览面积4800平方米,展出石油天然气设备、数控机床、柴油机、电机车辆、汽车以及服装、木制品、家用电器等产品。

23. 天津举办国外先进工业机械电子设备展

5月9日,国外先进工业机械电子设备展览会在天津开幕。美国、英国、联邦德国、日本等10个国家和香港地区的企业参展。

24. 郑州举办日本食品工业展

5月10日,日本食品工业展览会在郑州开幕。展览面积2000平方米,展出食品加工及包装机械。展览由河南省贸促会主办。

25. 意大利食品加工和包装展在北京举办

5月14日,意大利食品加工和包装展览会在北京中国国际展览中心开幕,展览面积9400平方米。

26. 美国航空展在北京举办

5月15日,美国航空展览会在北京中国国际展览中心开幕,展览面积4000平方米。展会根据中美两国政府1984年7月签署的《关于在航空、航天工业领域里进行工业技术合作的计划》而举办。

27. 西藏日喀则举办邻国边贸商品交易会

5月25日至6月3日,西藏自治区在日喀则镇举办首届邻国边境贸易进出口商品交易会。一百多名印度、尼泊尔客商及国外藏胞到会洽谈贸易。出口商品主要是活羊、羊毛和轻纺产品,进口商品主要是民族用品和建材。交易采取易货和现汇支付两种方式。

28. 国际体育仪器器材展在北京举办

6月3日,国际体育仪器器材展览会在北京中国国际展览中心开幕。13个国家和地区客商参展,展品包括运动训练器材、体育赛场设施、裁判器械、测试仪器等产品。展会由中国贸促会主办。

29. 中国国际消防设备技术交流展在北京创办

6月4日,首届中国国际消防设备技术交流展览会在北京中国人民革命军事博物馆开幕,国内外近百家公司参展,展品包括消防车辆、消防员防护装备、抢险救援器材、火灾报警监控设备以及灭火药剂等,展览面积 800 平方米。展会由中国消防协会主办。自 1986 年起,展会每两年在北京举办一次。2013 年后改为逢单年举办。2019 年 10 月在北京中国国际展览中心(顺义区馆)举办的第 18 届展览会,展览总面积超过 12 万平方米,国内外 836 家客商参展,专业观众人数达 10.9 万人次。

30. 全国计算机应用展在北京举办

6 月 5 日,由国务院电子振兴领导小组主办的全国计算机应用展览会在北京展览馆开幕。参加展出的 1580 余项成果是从全国 2 万余个科研项目中筛选出来的。

31. 国际教具展在北京创办

6 月 5 日,北京国际教具展览会在北京中国国际展览中心开幕。中国教学仪器总公司、中国教育仪器设备行业协会与世界教具联合会联合主办,展览面积 4600 平方米,展出教学示范和实验仪器、电教器材、标本模型、体育器材、电子教具和各种软件。该展会缘起于 1980 年由教育部生产供应局主办的全国教学仪器生产供应工作会议。1981 年改称中小学教学仪器订货会。每年在不同城市举办两届。1984 年改由中国教学仪器总公司举办。1991 年改为中国教育仪器设备行业协会主办。2011 年在西安举办的第 61 届更名为中国教育装备展示会。1995 年首次采用标准展位布展。2019 年第 76 届春季展在重庆举办。展览面积达 18 万平方米,参展企业 1450 家,展出 2.5 万余件教育装备产品,观众人数超过 20 万人次。

32. 全国仪表仪器展销会在深圳举行

6 月 7 日,全国仪表仪器展销会在深圳开幕。

33. 国际焊接技术设备展在北京开幕

6 月 12 日,国际焊接技术和设备展览会在北京开幕。13 个国家和地区的 60 多家公司参加,展品包括各种焊接、切割和无损探伤测试等设备和材料。展会期间举办十多场技术交流座谈会。此展是 1984 年 9 月杭州"国际焊接展览会"之后,由中国国际会议促进中心公司和中国贸促会再次筹办的。

34. 江苏省出口商品展销会在科隆举行

6 月,江苏省出口商品展销会在联邦德国科隆市举行。进出口商品交易额达 1523 万美元。此展连续举办至 1991 年。其间 1988 年移址杜塞尔多夫市举办。

35. 中国国际模具技术和设备展在上海创办

6 月,首届中国国际模具技术和设备展览会在上海展览中心举办,展览面积 3700 平方米,参展客商 84 家。展会由中国模具工业协会和上海市国际展览公司联合主办,每两年举办一届。2018 年 6 月在国家会展中心(上海)举办的第 18 届展览会,展览面积 10 万平方米。同期举办上海国际汽车模具和成形工艺装备展览会。

36. 兵器工业技术与民品交易会在北京举办

7月1日,兵器工业技术与民品交易会在北京全国农业展览馆开幕。参展的兵工企业、科研单位和高等院校近300家,展品分为23类共2400多种,科技项目近3000个。展览面积2万平方米。

37. 西安举办商品房交易会

7月15日,西安市商品房交易会开幕。主办方为西安市房地局房产综合服务所。会期10天,头五天成交额超过1000万元。

38. 深圳举办台湾图书展销会

7月25日,台湾图书展销会在深圳大学揭幕。展出包括文学、艺术、历史、法律、经济、管理、科技、工程、医学等类图书共2万多种。

39. 中国经贸展在莫斯科举行

7月25日,中国经济贸易展览会在莫斯科开幕。展览面积2500平方米,同时举办中国时装表演。多位苏联党和国家领导人参观展览。17天展览共接待观众达35万人次。1984年至1991年,中国贸促会在苏联单独举办展览或参加苏方举办的国际博览会达19次。

40. 全国水产养殖、海岛开发技术交易会在青岛举行

8月1日,首届全国水产养殖、海岛开发技术交易会在青岛开幕。21个省(区、市)的74个代表团共400多个项目参加。交易会由全国科技与人才开发交流协作网、国家科委技术市场开发中心联合主办。

41. 全国旅游产品展销会在青岛举办

8月2日,全国旅游产品展销会在青岛市开幕,176个厂家参展。展期15天。

42. 军办企业出口商品展销会在北京举办

8月14日至23日,中国人民解放军总后勤部所属中国新兴公司及中国志华公司在北京举办第一次出口商品联合展销会。展销会在北京中国人民革命军事博物馆开幕。400多家军办工厂、农场、马场企业的5000余种产品参展。

43. 陕西举办出口新商品展

8月14日,陕西省经济委员会牵头举办的出口新商品展览会开幕。展出1100多个品种。

44. 福建乡镇企业产品展销会在北京举办

8月15日,福建省政府举办的福建省乡镇企业产品展销会在北京中国国际展览中心

开幕。1600多家福建乡镇企业1.1万多种产品参展。

45. 中国乡镇企业出口商品展在北京举办

8月27日,中国乡镇企业出口商品展览会在北京全国农业展览馆开幕。来自全国26个省(区、市)的6000多家乡镇企业的数万件商品参展,涉及冶金、采矿、石化、机械、建材、纺织、食品、电子等15个行业。

46. 北京国际图书博览创办

9月5日,首届北京国际图书博览会在北京展览馆开幕,30多个国家和地区的出版商参展。国家教委组织64家高等学校参加。至2003年每两年举办一届,之后每年一届。中国正式加入《伯尔尼公约》和《世界版权公约》后,1994年的第5届专门安排合作出版和版权贸易洽谈会。1996年第6届首次设立多媒体电子出版物展区,试办国内图书订货会。2002年第9届首次设立音像制品展区。2003年第10届首次设立书籍印刷历史及图书馆设备展区。2005年第12届首次设立主宾国,法国为主宾国(其后,俄罗斯、希腊、印度、荷兰、韩国、沙特阿拉伯、西班牙分别担任主宾国);首次颁发国家级奖项"中华图书贡献奖"。2019年第26届展览面积达10.68万平方米,95个国家和地区的2600多家客商参展(其中,境外客商1600多家),展出30万种最新出版的图书。博览会由新闻出版总署(国家版权局)、教育部、科学技术部、文化部、国务院新闻办公室、北京市政府联合主办,中国图书进出口(集团)总公司承办。

47. 北京举办秋冬季服装展销会

9月16日至10月14日,北京市服装公司主办的1986年秋冬季服装展销会在北京展览馆举行。85家企业的96万件(套)服装参展。

48. 湖南西部地区商品交易会在怀化举办

10月8日,湖南省西部地区首届商品交易会在怀化市开幕,8500多位来自湘、鄂、川、黔、桂五省(区)毗邻地区的客商交易商品2万多种,达成经济技术意向协作项目68个。

49. 中国国际修船技术交流展在北京开幕

10月9日,中国国际修船技术交流展览会在京开幕,展出国内外修船技术的最新成果。来自8个国家21家公司的代表与国内43家工厂的专家开展技术交流。展会由中国国际修船技术交流组委会和香港国际展览咨询公司联合主办。

50. 全国建筑机械新品展暨产品预拨订货会在武汉举办

10月10日,建设部建筑机械总公司筹办的1986年全国建筑机械新产品展览暨产品预拨订货会在武汉展览馆开幕。

51. 上海经济区杭州商品交易会开幕

10月18日,首届上海经济区商品交易会在杭州开幕,来自上海、江苏、浙江、安徽、江西和福建五省一市的万余商家参加。交易会由上海经济区商业厅局长联席会议主办。

52. 浙江省举办新优名特产品展销会

10月30日,浙江省首次新优名特产品展销会在杭州开幕。省一轻、二轻、电子、供销、商业、乡镇企业等10个主管部门的1200多家企业的2700多种产品参展。经过用户和专家评审,500个优质产品获颁浙江省新优名特产品"金鹰奖"。

53. 全国茶叶小包装展销会在西安召开

11月1日,全国茶叶小包装展销会在西安开幕。有28个省(区、市)的500多名代表参加。400多平方米的展厅展出上千种茶叶小型包装产品。展销会由商业部茶畜局主办。

54. 北京国际防务技术展览会举办

11月4日至11月11日,兵器工业部在中国国际展览中心主办北京国际防务技术展览会。12个国家和地区的158家军工厂商参展。中国、法国、英国、意大利组成大型展团参展。展出的1000多项产品包括战斗机、直升机、主战坦克、装甲车、各种火炮、导弹、火箭、防空武器、轻武器、弹药、引信、无线电通信设备、火控系统、光电设备、舰艇和舰载武器,以及用于军工制造的新材料、新工艺。展览面积2万平方米。此展会标设计的核心图案是一个带有五星红旗图案的飞行头盔,十分醒目。

55. 全国适用新技术与科技新产品交易会在郑州举办

11月11日,全国适用新技术与科技新产品交易会在郑州开幕。交易会由全国科技与人才开发交流协作网、国家科委技术市场开发中心主办,河南省科技开发交流中心承办。1200多家单位参会提供技术产品,全国各地前来洽谈的人数达10万人次。

56. 全国社会福利企业产品展销会在北京举办

11月30日,由民政部举办的全国社会福利企业产品展销会在北京农展馆开幕。来自全国各地的数千家福利企业的1.1万多种产品参展。

57. 北京举办国际旅游展销会

12月初,国际旅游展销会在北京民族文化宫开幕。展销会由中国国际旅行社主办,旨在宣传各地旅游资源,洽谈国际业务。

58. 中国国际环保展览会在北京举办

是年,首届中国国际环保展览会在北京举办。主办方为中国环境保护产业协会(前身为1984年成立的中国环境保护工业协会,1993年更名)。每三年举办一届。1995年,改为两年一届。2009年,第11届由环境保护部、国家发改委、科技部、工信部、住建部、北京市政府共同主办。2018年6月在北京中国国际展览中心(朝阳区馆)举办第16届,展览面积4万平方米,参展商超过700家,观众达6万人次。

1987 年

1. 农副工产品展销会在北京举办

1月8日,农牧渔业部在北京全国农展馆举办的第3届春节农副工产品展销会开幕。

2. 中国裘革服装交易会在北京举办

1月10日,由中国土产畜产进出口总公司主办的中国裘革服装交易会在北京展览馆开幕。

3. 西安举办乡镇企业产品展销会

1月10日,西安首届乡镇企业产品展销会开幕。

4. 国际计量、测量、测绘仪器技术展在北京举办

4月1日,由北京市贸促会和香港华进公司联合举办的国际计量、测量、测绘仪器技术展览会,在北京全国农业展览馆开幕。

5. 山东省举办专利技术展

4月1日,山东省首届专利技术展览会在济南开幕,省内专利产品、样品150余件参展。

6. 广东省利用外资、引进技术成果展在京举办

4月5日,广东省利用外资、引进技术成果展览会在北京中国人民革命军事博物馆开幕。展览由环境投资、科技、农林牧渔业、华侨企业、服装等18个展区组成。

7. 国际煤炭技术设备展在北京举办

5月5日,国际煤炭技术设备展览会在北京开幕。展览会由煤炭部和香港国际展览咨询公司联合举办。17个国家的102家采矿设备制造厂家参展,中国有80家机构包括矿务局、煤机设备厂及科研所参展。之后,展会每两年举办一届,改由中国煤炭工业协会主办、中国中煤能源集团公司协办、中国煤炭工业国际技术咨询公司承办。2017年第17届展览会于10月25日在北京中国国际展览中心(顺义区馆)开幕,全球19个国家和地区的近400家企业参展,展览面积近5万平方米。

8. 北京·埃森焊接与切割展创办

5月12日,北京·埃森焊接与切割展览会在北京展览馆开幕。此展是机械工业部邀请,在联邦德国经济部支持下,由中国机械工程学会与德国焊接学会、德国埃森展览公司合作举办。德方是德国埃森焊接与切割展览会的组织者。其展会创办于19世纪50年代,每四年举办一次。参加首届北京展的89个境外参展商中,有55家来自联邦德国,其余为国内参展商。1994年9月举办的第3届展览会与国际焊接学会第47届年会同期在

北京召开。1996年第4届移址上海举办。此后,每两年一届,轮流在北京和上海举行。2003年后改为每年一届。2019年6月在上海新国际博览中心举行的第24届,国内外参展商982家。其中,国内展商841家,境外展商141家。展览面积9.2万平方米。

9. 中国国际铸造博览会在北京创办

6月11日,国际金属铸造技术设备展览会在北京中国国际展览中心开幕。展览面积1000平方米,来自美国、日本、联邦德国、英国、西班牙等10个国家和地区的30余家企业参展,专业观众8000余人次。展会由中国铸造协会主办。1995年4月举办的第3届中国国际铸造、锻压及工业炉展览会,27个国家和地区的610家厂商参展,展览面积2.5万平方米,跃居全球金属热加工展览第三位、亚洲第一位。从2000年起,将两年一届改为一年一届。2008年,更名为中国国际铸造博览会,由中国铸造协会主办。2019年3月,第17届中国国际铸造博览会与第13届中国国际压铸工业展览会(创办于1997年,由中国机械工程学会主办、中国机械工程学会铸造分会承办)于上海新国际博览中心联袂举办,展览面积超过10万平方米,来自80多个国家和地区的展商超过1300家,专业观众超过10万人次。

10. 北京国际林业机械技术展举办

6月27日,北京国际林业机械技术展览会在全国农业展览馆开幕。展会由中国农业机械公司和香港国际展览咨询公司共同主办,14个国家和地区的91家客商参展,国内15个单位参展。

11. 全国物流科技成果、技术装备展销会在天津举办

7月3日,全国首次物流科技成果、技术装备展销会在天津开幕。展会由中国物资储运总公司、中国物资经济学会联合主办。来自物资、邮电、铁道、交通、公安、机械、石化等部门的100多家生产厂家、科研所参展,共展出上百项科技成果和物流机械300台件。

12. 山东省在慕尼黑举办中国经贸展

7月10日,山东省在联邦德国慕尼黑举办的中国经济贸易展览会开幕。

13. 广州举办计划生育医疗器械药具展会

7月15日,广州市首届国际计划生育医疗器械、药具展会在广州新大地宾馆举办,展品由美国、瑞士及香港地区的11家公司提供。

14. 云南省出口商品展览及经济技术贸易洽谈会在香港举行

7月18日,云南省出口商品展览及经济技术贸易洽谈会在香港开幕,参观、洽谈者达5万多人次,总成交额达7943万美元。

15. 黑、吉、辽、内蒙古出口商品交易会在大连举办

7月24日,黑龙江、吉林、辽宁、内蒙古自治区及哈尔滨、沈阳、大连三市联合举办的

出口商品交易会在大连国际博览中心开幕。66个国家和地区的3500多位客商应邀与会洽谈贸易。

16. 美国伊利诺伊州现代化工业技术样本展在青岛举行

8月6日,美国伊利诺伊州现代化工业技术样本展览会在青岛开幕。

17. 航空工业部主办民品与技术交易会

9月1日,航空工业部在中国人民革命军事博物馆举办的民品与技术交易会开幕,设国民经济装备、综合民品和技术交易三个展馆,3500多种民品及新技术参加展出和交易。

18. 中国制冷展在北京创办

9月8日,中国国际制冷供热新设备展览会及学术报告会(中国制冷展)在北京展览馆开幕,美国、西德、日本等17个国家和地区的百余家公司参展,展览面积1500平方米。展会由北京市贸促会、中国制冷学会、中国制冷空调工业协会联合主办,北京国际展览中心承办,每两年举办一届。1991年第三届改称为北京国际制冷、食品冷冻加工展览会。1993年第四届改称为中国国际制冷、供热、通风、空调及食品冷冻加工设备展览会。1994年首次移址上海举办。此后,每年一届,轮流于北京、上海两地举办。2007年和2009年的单年展,因北京展馆档期不便,移址广州举办。2019年4月在上海新国际博览中心举办的第30届,1175家参展商来自33个国家和地区,展览面积超过10万平方米。

19. 全国成套技术、新技术、新产品交易与地区经济技术协作开发洽谈会在北京举办

9月16日,全国成套技术、新技术、新产品交易与地区经济技术协作开发洽谈会在北京开幕。170多个参展单位提供了包括轻工、医药、食品、石油、化工、电子等15个行业的成套技术、新技术900多项。交易会由中国技术市场联合开发集团主办。

20. 江苏省与美国纽约州联合举办商品交易会

9月17日,江苏省与美国纽约州联合举办的商品交易会在纽约开幕,为期10天,成交额9000多万美元。

21. 全国服装鞋帽时新产品展销会在北京举办

9月20日,全国服装鞋帽时新产品展销会在北京全国农业展览馆开幕。27个省(区、市)以及计划单列城市的服装、鞋帽、针织、丝绸公司参展,展出的花色品种逾万种,展览面积1.3万平方米,展期一个月。展销会由纺织工业部主办。

22. 中国商品展销会在加蓬举办

9月26日,中国商品展销会在加蓬首都利伯维尔开幕,加蓬总统邦戈出席开幕式。展销会由湖北省对外经济贸易厅、湖北省贸促会筹办。

23. 深圳中外经济技术合作洽谈会举办

10月21日,深圳中外经济技术合作洽谈会及国际金融与投资展览会开幕。各省(区、市)组织的45个代表团带来35类共千余个合作项目。与会国外客商达千余人,苏联、美国、法国、澳大利亚等国商务专员专程赴会。签订合同68项,协议投资总额达2.14亿元。

24. 全国劳动保护、安全生产技术开发展在北京举办

12月16日,为期10天的全国劳动保护、安全生产技术开发展览会在中国国际展览中心开幕。展览面积4000多平方米。

1988年

1. 全国轻工机械、衡器展在北京举办

1月9日,轻工业部等十部委联合举办的全国轻工机械、衡器展览会在北京展览馆开幕。全国24个省(区、市)近500家厂商展出794台设备,展览面积1.2万平方米。

2. 中国渔业技术装备出口交易会在深圳举办

1月12日,中国渔业技术装备出口交易会在深圳开幕。展会由农牧渔业部水产局、中国机械进出口公司、中国对外贸易开发(集团)公司、中国水产联合总公司、广东省水产局和中国渔业机械行业协会联合主办。

3. 全国羽绒制品出口交易会在上海举办

1月16日,全国羽绒制品出口交易会在上海开幕,16个国家或地区的外商应邀出席。

4. 上海市首次举办房产交易会

1月28日,上海市首届房产交易会开幕,30万平方米的商品房与会售卖。

5. 中国丝绸交易会在杭州召开

3月1日,中国丝绸交易会在杭州开幕。来自日本、美国、法国等10多个国家和全国25个省市以及港澳地区的600多家客商参加。

6. 全国软件技术市场交易会在北京举办

3月17日,全国首届软件技术市场交易会在北京中国革命博物馆开幕。来自全国研究院所、大专院校、企业的486个项目参加交易。

7. 外经贸部明确对来华和去国外举办经济贸易展览会的审批管理

4月12日,对外经济贸易部下发《关于对来华和去国外举办经济贸易展览会有关审

批问题的通知》,明确:一、由中国国际展览中心举办的展览会,报中国国际贸易促进委员会审批,并报对外经济贸易部备案。其他有举办来华展览经营权的公司(企业)及外贸总公司、工贸公司举办展览会报对外经济贸易部审批。各外贸总公司、工贸公司为配合进口订货举办的展出场地面积在五百平方米以下的小型技术交流会、国外样品展示会,由公司自行审批。地方贸促分会及其所属展览公司(中心)和对外经济贸易部及其授权单位批准的由举办来华展览会经营权的公司(企业)举办展览会,由主办单位提出计划后报各省、自治区、直辖市及计划单列市人民政府或其授权单位审批,并报对外经济贸易部备案。二、以省、自治区、直辖市及计划单列市名义在国外(不含港澳地区、未建交国家和苏联、东欧等协定贸易国家)举办展览会(包括展销会,洽谈会)或参加国际博览会的,均由各地省级人民政府的对外经贸部门自行审批。根据外交工作需要,以国家名义出国举办展览或参加国际博览会的,由贸促会组织并商经贸部、外交部报国务院审批。各工贸公司出国举办展览会或参加国际博览会,由其上级主管部门或授权总公司总经理审批。经贸部所属外贸进出口总公司出国举办展览会或参加国际博览会,由经贸部授权总公司总经理审批。赴未建交国家举办展览会的,或参加国际博览会的,由各审批单位商外交部办理。赴港澳地区,苏联、东欧(协定贸易)国家举办展览会,或参加在上述国家、地区举办的国际博览会的公司,仍由经贸部审批。三、海关凭上述审批单位的批件,按照海关对进、出口展览品监管办法的规定进行监管。

8. 民主德国出口商品展在北京举办

4月13日,民主德国出口商品展览会在中国国际展览中心开幕。38家外贸公司所代表的64家联合企业参展。展览面积6600平方米。展品包括原料开采和加工技术、电子技术、工业自动化、农业、林业和食品工业产品等。

9. 中国机械工业产品博览会在北京举办

4月15日至29日,国家机械工业委员会在北京全国农业展览馆举办首届中国机械工业产品博览会。展出"六五""七五"计划时期通过省级以上鉴定,达到国内外先进水平的机电节能产品或推荐替代进口的产品。

10. 中国国际展览工程公司在北京成立

4月22日,中国国际展览工程公司注册成立。其前身为中国贸促会于1956年设立的美术工厂。中国贸促会于1988年1月决定将其改制为公司,实行企业化运营。此为国内最早成立的以展览展示工程服务为主营业务的国有公司。

11. 外经贸部出台来华经济技术展审批规定

4月29日,《对外经济贸易部关于举办来华经济技术展览会审批规定》下发。明确:一、凡展示国外技术、设备、制成品并对展品进行留购或为配合进口而举办的国外来华展览会均属国外来华经济技术展览会,均应按本规定办理。二、举办国外来华经济技术展览会的宗旨是为了引进国外先进技术、设备和样品,促进国内生产、工艺、技术的发展;加快出口产品的升级换代;发展对外贸易。展出内容原则上应是国外先进技术、设备和制品。展品留购应由有外贸进口经营范围的公司办理。三、国外来华经济技术展览会应由各级国际贸易促进委员会及其所属展览公司（中心）及经对外经济贸易部及其授权单位批准有举办国外来华经济技术展览会经营范围的公司主办。各类学会、协会，无外贸经营权的企业、事业单位，均不得自行举办国外来华经济技术展览会。国家级双边经济技术展览会原则上由中国国际展览中心主办。四、由中国国际展览中心举办的国外来华经济技术展览会报中国国际贸易促进委员会批准，并报对外经济贸易部备案。其他有举办国外来华经济技术展览经营范围的企业、事业单位及各外贸总公司、工贸总公司举办国外来华经济技术展览会报对外经济贸易部批准。各外贸总公司、工贸总公司为配合进口订货举办的展出场地面积在500平方米以下的小型技术交流会、国外样品展示会，由公司自主办理，免办批准手续。各省、自治区、直辖市、计划单列市国际贸易促进委员会及所属展览公司，以及有举办国外来华经济技术展览经营权的企业、事业单位举办展览会，报各省、自治区、直辖市及计划单列市人民政府或其授权单位批准，并报对外经济贸易部备案。五、海关凭本文第四条规定的审批单位批准举办来华经济技术展览文件及主办单位对外签订的办展协议办理展品、卖品及宣传品的监管和通关手续。对于外贸总公司、工贸总公司举办的展出场地面积在500平方米以下的小型技术交流会、国外样品展示会，海关凭主办公司的对外协议办理展品、卖品及宣传品的监管和通关手续。

12. 山东举办发明展览会

5月5日，山东省首届发明展览会在济南开幕，共展出262项科技发明成果。

13. 山东经贸展在澳大利亚举办

5月7日，山东省经济贸易展览会在澳大利亚南澳州首府阿德莱德开幕。

14. 云南省进出口贸易洽谈会在纽约举办

5月29日，云南省进出口贸易洽谈会在纽约中国贸易中心开幕。洽谈会由云南省14个进出口公司联合举办，成交2427万美元。

15. 全国玩具新产品展销会在北京举办

6月1日，轻工业部主办的全国玩具新产品展销会在北京开幕。展出工艺、电子、金属、木制、布绒、塑料、皮毛及童车等8类玩具数千种。

16. 中国贸促会五个行业分会成立

6月28日，中国国际商会成立大会在北京人民大会堂举行。大会宣布，中国贸促会机械电子、轻工、纺织、农业、汽车五个行业分会成立。此后，贸促会行业分会均成为行业展会的组织者。

17. 中国国际纺机展在北京创办

7月8日，首届中国国际纺机展览会在北京开幕，来自20多个国家和地区520家厂商的510多台先进纺织机械和仪器参展。展会由纺织工业部与中国贸促会联合主办，贸促会纺织分会、纺织部纺织技术组织开发中心、中国纺织机械与技术进出口公司、中国纺织机械与纺织器材协会、中国国际展览中心等单位联合承办。1991年10月18日,国务院总理李鹏在中南海紫光阁会见参加第2届展览会的展团负责人和大型企业代表。英、法、德、意等国纺织机械协会和日中经济贸易中心负责人参加会见。1994年第4届改由中国纺织工业联合会与中国贸促会主办。此后,每两年举办一届。2008年7月,此展与ITMA亚洲展览会在上海新国际博览中心联袂举办,展览面积首次超过10万平方米。ITMA是欧洲纺织机械制造商委员会创办于1951年的纺织机械展览会,每四年举办一届。2018年10月国家会展中心(上海)举办的中国国际纺织机械展览会暨ITMA亚洲展览会,28个国家和地区超过1700家企业参展(其中,海外企业超过500家),展览面积超过18万平方米。

18. 国家科委、外交部、海关总署发文界定"科技展览"

7月14日,国家科委、外交部、海关总署联合发出《关于重申在华举办国际科技学术会议和国际科技展览会审批管理办法的通知》,将"国际科技展览"界定为:介绍国外科学和新技术内容的图片、图书、样品、产品、仪器和设备,并以技术交流为主要目的而举办的展览;国际科技会议附设的展览;为配合国内发展新兴技术、高技术产业和引进先进设备及工艺而举办的展览。

19. 深圳出口商品展销及经济技术洽谈会在英国举办

7月21日,中国深圳出口商品展销及经济技术合作洽谈会在英格兰兰开夏郡的普雷斯顿市开幕。这是深圳市首次进入欧洲市场举办展销会,展出工业产品1300余种和合作项目60多个。

20. 机电部、农业部通知加强来华展和出国展管理工作

8月6日,机械电子工业部发出《关于加强对机电行业举办来华和出国展览的管理工作的通知》。9月17日,农业部发出《关于加强对部直属单位举办来华和出国展览管理工作的通知》。两《通知》根据对外经济贸易部以及国家科委、外交部、海关总署相关文件精神,就加强本行业举办来华和出国展览管理提出要求。

21. 中国馆在加拿大太平洋国家展览会开馆

8月20日,太平洋国家展览会在加拿大温哥华市开幕,由"向中国致敬"彩车大游行揭开序幕。下午2时,中国馆举行开幕仪式。中国馆展出面积4000平方米,是唯一参展的外国馆。300多人的中国展团由中国贸促会组织与会。

22. 大连国际服装博览会创办

8月20日,首届大连服装节暨中国农民吹奏乐邀请赛开幕,大连与外省市近千家服装企业的60万件服装参展。1991年第3届更名为大连国际服装节,同期举办大连国际服装博览会。2006年更名为中国国际服装纺织品博览会,主办单位调整为商务部、中国纺织工业协会和大连市政府。2019年第30届展览面积为3.6万平方米,800余家企业

参展。

23. 广西出口商品展销暨经济技术洽谈会在汉堡举行

8月22日,广西出口商品展销暨经济技术合作洽谈会在联邦德国汉堡开幕,共展出16大类1400多种、上万件商品,贸易成交额3273.6万美元,洽谈经济技术合作项目60余项。

24. 江苏出口商品展销会在新加坡举办

8月26日,江苏省在新加坡举办的出口商品展销会开幕。

25. 贵州省在美国举办出口商品展

9月,贵州省在美国纽约和旧金山举办出口商品展销会。出口成交额3676万美元,吸引外商投资995万美元。

26. 全国分析仪器展在北京举办

9月5日,全国分析仪器展览会在北京民族文化宫举行开幕式。中国仪器仪表学会主办这次展览会,56个参展单位展出各种分析仪器成套装置、附件及配套产品和其他测试仪器共300多台(件)。

27. 全国老年生活用品展销会在北京举办

9月6日,全国老年生活用品展销会在北京开幕。21个省(区、市)的近200个厂家参展。

28. 全国轻工业出口产品展在北京开幕

9月9日,全国轻工业出口产品展览会在北京开幕。29个省(区、市)4000余家轻工企业的22大类轻工出口产品参展。展会由轻工业部主办。

29. 国家工商管理局、对外经济贸易部下发《关于举办来华经济技术展览会等经营广告审批办法的通知》

9月15日,国家工商行政管理局、对外经济贸易部联合下发《关于举办来华经济技术展览会等经营广告审批办法的通知》(以下简称《通知》)。《通知》明确,有举办来华展览会经营权而无广告经营权或有广告经营权但经营范围中不含展览广告业务项目的单位(公司),在举办来华展览会期间,利用展出场地、会刊、画册等媒介或形式为非参展企业设置、刊登来华广告收取广告费的,国务院所属单位事先应征得经贸部同意,各地方单位事先应征得各省、自治区、直辖市及计划单列市经贸厅(委、局)同意,并报工商行政管理机关批准(经对外经济贸易部同意的,报国家工商行政管理局批准;其余的,报所在省、自治区、直辖市工商行政管理局批准),发给《临时性广告经营许可证》后,方能经营上述广告业务。《通知》称:近来,在举办来华经济技术展览会、展销会等活动中,发现一些无广告经营权的公司或单位非法经营来华广告业务;一些公司虽有广告经营权,但超经营范围承办展览广告业务,给广告管理工作带来了一定的困难。

30. 法国城市建设技术工艺展在北京举办

9月20日,法国城市建设技术工艺展览会在北京开幕。此为法国巴黎大区和北京结为友好城市后的首次大型活动。来自巴黎大区45家厂商参展,展览内容涉及城市能源供给、交通运输、市政工程等方面,还包括环境保护、公共卫生和文娱体育等领域。

31. 中国兰花博览会创办于广州

9月26日,首届中国兰花博览会在广州文化公园开幕。会期20天。博览会由中国花卉协会兰花分会主办,每年一届,先后在厦门、深圳、成都、昆明、杭州、济南、贵阳、武汉、重庆、郑州、长沙以及中小城市巡回举办,至2019年已连续举办29届。

32. 机械电子产品扩大出口展在北京举办

10月7日,机械电子工业部、对外经济贸易部、国务院机电产品出口办公室、中国贸促会在北京中国国际中心共同主办的首届机械电子产品扩大出口展览会开幕。全国人大常委会委员长万里为开幕式剪彩。

33. 全国商业系统新技术、新成果交易和名特优产品展销会在北京举办

10月7日,全国商业系统首届新技术、新成果交易和名特优产品展销会在北京技术交流馆正式开幕。展览会由商业部科技情报研究所等单位联合主办。

34. 全国乘用汽车展览会在北京举办

10月7日,全国乘用汽车展览会在北京全国农业展览馆开幕。展览面积1万平方米,国内企业的180多辆汽车参展,展品既有样品,也有量产产品。展会主办方为中国汽车工业联合会。

35. 上海市贸促会组团赴境外参展

10月14日,上海市贸促会组团参加意大利米兰机械展览会。到1995年,上海市贸促会累计53次组团赴外参展,涉及25个国家或地区。

36. 首届中国对外技术交易会在深圳举行

10月15日,首届中国对外技术交易会在深圳开幕。65个项目成交,合同金额达2400万美元;签订29项合作意向书,协议金额820万美元。成交项目涉及机械、冶金、船舶、化工、电子、五矿、轻工、农用技术及产品。美国、法国、联邦德国、日本、泰国、印度、新加坡及香港、台湾地区等20多个国家和地区的近千名客商参加交易会。交易会由深圳市政府主办。

37. 中国对外企业主交易会在深圳举办

10月15日,首届中国对外企业主交易会在深圳开幕。29个省(区、市)和9个计划

单列市,国务院 8 个部委,18 个工贸、外贸总公司组团参展。展出机械、化工、电子等 15 类 3400 多种技术及产品。来自 10 多个国家和地区的 1000 多位外商参加交易会,签约成交 41 个项目,总金额 2000 万美元。

38. 全国星火计划成果展在西安举行

10 月 22 日,全国星火计划成果展览会在西安开幕。展览面积近 1 万平方米,设有成果展览交易摊位 210 个,新产品展览销售摊位 132 个。国家 6 个部委、25 个省(区、市)及 9 个计划单列市组成 39 个展团共计 2367 名代表出席。参展科技项目超过万余个。

39. 全国获奖成果推广交易会在武汉举办

10 月 23 日,全国获奖成果推广交易会在武汉市开幕。中央有关部门和部分省(区、市)及计划单列市组成 38 个展团带来 1600 多项科技成果参展,涉及机械化工、电子电器、冶金动力、粮油加工、植保、轻纺食品等 30 多个门类。交易会由国家科委主办,国家科技奖励办公室、全国技术市场管理办公室、全国科技与人才开发交流协作网承办。

40. 重庆工业品贸易中心承接展会

10 月,重庆工业品贸易中心开门营业,其拥有 1 万平方米的展览场地,成为重庆展览业兴起之所。1996 年,注册为重庆展览会议中心。至 1998 年,每年承接展会 50 余个。

41. 中国国际展览中心成为 UFI 首个中国会员

10 月,中国国际展览中心总经理鲁凤春、业务经理陈若薇赴印度尼西亚雅加达出席国际展览协会(UFI)第 54 次年会。此为中国展览企业以会员代表身份首次参加 UFI 活动。

42. 国际专利及新技术设备展在广州举办

11 月 18 日,首届国际专利及新技术设备展览会在广州开幕。30 个省(区、市)均有项目参展。美国、英国、苏联、日本、联邦德国、匈牙利、瑞士、卢森堡等国家和中国香港、台湾地区展团参展。参展专利技术项目共 1756 项。展会由中国专利局主办,中国专利开发公司、中国技术进出口总公司承办。第 2 届于 1990 年 11 月在广州举办。

43. 中国食品博览会在北京举办

12 月 16 日,首届中国食品博览会在北京中国国际展览中心举行。博览会由轻工业部、商业部、农业部组织,中国食品工业协会承办。设置地方馆、综合馆以及儿童营养食品、贸易出口食品、食品包装机械设备、食品科技市场、食品销售、食品科技图书展销、解放军食品等特别馆。各省(区、市)、计划单列城市、沿海开放城市和经济特区 44 个团组的 5600 多个企业、12300 多种食品参展。博览会期间,大会对参展产品进行评比,5000 多种食品分获金、银、铜奖。国务院总理李鹏、全国人大常委会委员长万里参观展览。

44. 全国轻工业科技活动周成果展览交易会在北京召开

12 月 17 日,轻工业部主办的全国轻工业科技活动周成果展览交易会在北京开幕。

1989 年

1. 北京举办对外经济贸易洽谈会

2月21日,北京对外经济贸易洽谈会在北京展览馆开幕。展场面积7800平方米。60多个国家和地区的1726名客商赴会。

2.《北京市生活用品展销会管理暂行规定》发布

2月23日,北京市政府发布《北京市生活用品展销会管理暂行规定》。该文件明确规定,展销会主办单位必须是企业法人,能够独立承担民事责任。展销会须向工商行政管理机关申请,领取许可证后,方可举办。参展单位必须是持有营业执照的企业或个体工商户。对违反法规者,除没收全部非法所得外,还须缴纳一定比例的罚金。

3. 天津国际经济贸易展览中心落成

3月15日,天津国际经济贸易展览中心落成,展览馆面积8000平方米,分为4个展厅。

4. 深圳安防展创办

3月20日,中国国际公共安全博览会(深圳安防展)在深圳创办,展览面积2000平方米,参展商40余家。主办方为深圳安博会展公司,每两年举办一届。后改称为中国国际社会公共安全博览会。1993年第3届同期举办中国安防论坛。2019年10月在深圳会展中心举办的第17届,展览面积11万平方米,参展商超过1500家,到场专业观众50万人次。

5. 中国国际机床展览会创办

5月9日,首届中国国际机床展览会在上海展览中心开幕。主办方为中国机床工具工业协会和中国国际展览中心集团公司。逢单年举办一届。首届19个国家和地区的446家展商参展,展览面积2万平方米。自1991年第2届起,展会定址于北京举办。2006年6月,中国机床工具工业协会、中国国际展览中心集团公司与上海励华国际展览公司达成合作举办协议。2008年,更名为中国国际机床工具展览会。2019年4月第16届展览会在北京中国国际展览中心(顺义区馆)举办。28个国家和地区的1712家展商参展(其中,境外展商874家),展览面积14.2万平方米(包括临时搭建的6个展棚),81个国家和地区的139079名专业观众参观,累计进馆总人数达319371人次。

6. 贵州省在港举办轻纺工业产品展

5月22日,贵州轻纺工业产品展销会在香港展览中心开幕。

7. 深圳建设首座展览中心

6月2日,位于深圳市福田区八卦岭工业区的深圳国际展览中心落成,并迎来国际消费技术展览会作为首展。此为深圳最早投用的展览场馆,由深圳科技工业园、中国保险投资公司和德国格拉赫集团公司投资兴建。2000年后转做仓库。

8. 全国计算机与电子产品展览交易会在北京举办

6月3日,全国计算机与电子产品展览交易会在北京展览馆开幕。展出计算机硬件、软件、应用系统、外部设备、工业过程控制、图形图像系统、排版印刷系统、终端、电源、机房设备、通讯、仪器仪表等1500多个产品。

9. 辽宁省出口商品展在智利举行

6月26日,辽宁省出口商品展销会在智利首都圣地亚哥开幕。展销会由辽宁省国际商会和智利前进公司联合举办。展览面积2000平方米,辽宁省20多家公司的机械、五金器材、矿产、日用品和工艺品等产品参展。

10. 中国东北地区暨内蒙古出口商品交易会在大连开幕

7月1日,中国东北地区暨内蒙古出口商品交易会在大连市开幕。来自欧美、日本、东南亚等国家和港澳台地区的690多位客商出席开幕式。交易会设376个洽谈间,展品包括轻工、纺织、机电、化工、五金矿产及农副产品等。

11. 北京国际博览会举办

7月14日,北京国际博览会在中国国际展览中心举办。这是中国贸促会首次单独举办的综合性国际经贸展览项目。24个国家和地区的3000多家厂商参展,展览总面积达4万平方米。展期10天,共接待观众近60万人次。该展组委会经国务院批准成立,国务委员邹家华担任组委会主席,外经贸部、机电部、轻工业部、纺织工业部、商业部、物资部、中国贸促会领导为其成员。邮电部为此发行纪念邮资封1枚。该展在2003年4月举办第8届后停办。

12. 六省(区、市)商品交易会在贵阳召开

8月9日,川、滇、黔、桂、藏、渝六省(区、市)六省(区、市)商品交易会在贵阳开幕。

13. 国际医用影像治疗及检查设备展在北京开幕

8月21日,国际医用影像治疗及检查设备展览会在北京开幕。来自美国、瑞士、联邦德国、瑞典、丹麦、日本和香港地区的30多家客商参展。展会期间,120多位外籍企业家和医疗界专家与中国同行进行贸易洽谈和技术交流。

14. 中国西部商品交易会在天水创办

8月24日,中国西部商品交易会在甘肃省天水市开幕。陕甘川宁地区的34个地市

州的 46 个商贸代表团共千余家企业赴会。交易会由宝鸡、汉中、天水、平凉、庆阳、陇南、绵阳、广元、巴中、南充、吴忠、固原 12 个市州和兰州、西安、成都 3 个铁路局成立的陕甘川宁毗邻地区经济联合会主办。举办地点按年轮换。2019 年 8 月 15 日,第 28 届中国西部商品交易会在固原市举办。该届展览面积超过 2 万平方米,全国 600 余家企业参展,展品涉及种植、养殖、食品加工、技术研发和冷链运输等多个行业。

15. 沿黄河各省、区名、优、新、特产品交易会在青岛举行

8 月 27 日,首届沿黄河各省、区名、优、新、特产品交易会在青岛开幕。

16. 广州国际美容美发博览会创办

8 月,首届广州国际美容美发博览会举办,展览面积 1000 平方米。博览会由广东省美容美发协会、广东博美展览公司创办。1996 年后,每年 3 月、9 月各举办一届。2001 年第 15 届参展商超过 1500 家,展览面积达 4 万平方米。2005 年,改为由广东省美容美发协会与广州佳美展览公司共同主办。2016 年起,每年 5 月在上海举办一届。2019 年广州、上海两地 3 场展会,展览总面积超过 70 万平方米。其中,广州举办的第 51 届和第 53 届展览面积均达到 30 万平方米。

17. 海峡两岸图书展在厦门举办

9 月 4 日,海峡两岸图书展在厦门对外图书交流中心开幕。台湾地区 318 家、香港地区 183 家出版机构参展。在参展万余种图书中,港台版图书达 5000 余种。

18. 广州举办侨界企业商品展销会

9 月 28 日,广州市首届侨界企业商品展销会在广东省贸易中心开幕。83 家侨界企业的家用电器、时装、食品饮料、医药、化工等 1600 多种产品参展。

19. 重庆举办对外经贸洽谈会

9 月,重庆对外经贸洽谈会举办。

20. 北京市在东京举办经贸展

10 月 9 日,北京市经济贸易展览会在日本东京开幕。此为北京市在国外举办的规模最大的综合性经贸展会,展览面积 5037 平方米,30 类商品、5000 多个品种和 80 多个合资合作洽谈项目参展。

21. 中国北方国际工业技术与贸易展和中国环渤海地区技术专利经济展在天津举办

10 月 25 日,中国北方国际工业技术与贸易展览会和中国环渤海地区技术专利经济展览会在天津开幕,11 个国家的 120 个企业、上百项专利发明项目参展。

22. 江泽民、李鹏参观中国外商投资企业成果展

11 月 9 日,由对外经济贸易部、国家计划委员会和国务院特区办公室主办的中国外

商投资企业成果展览会在北京中国国际贸易中心开幕。中共中央总书记江泽民、国务院总理李鹏参观展览。展览设四个展馆,展览面积8500平方米。38个省(区、市)和计划单列市的850多家外商投资企业的10类420多个品种参展。

23. 北京国际水利展在北京开幕

11月16日,北京国际水利展览会在北京农展馆开幕。此为水利部首次主办的大型国际交流活动。来自美国、苏联、加拿大等12个国家和地区的24家公司和国内水利、机械电子、邮电等行业的98个单位参展。

24. 中国国际食品加工和包装机械展在北京创办

11月24日,中国国际食品加工和包装机械展览会在北京中国国际展览中心开幕。12个国家和地区的近200家厂商参展,展出面积5000平方米。主办方为中国包装和食品机械总公司、中国食品和包装机械工业协会和中展集团华港国际展览公司。展览会每两年举办一届。2017年11月第15届在北京中国国际展览中心举办,展出面积3万平方米,展商285家,观众1.87万人次。

25. 中国(北京)国际工程机械、建材机械及矿山机械展览与技术交流会创办

11月,首届中国(北京)国际工程机械、建材机械及矿山机械展览与技术交流会在北京展览馆举办。参展企业144家,展出面积8000平方米,观众超过2.5万人次。主办方为中国工程机械工业协会、中国工程机械成套公司(现名为中工工程机械成套有限公司)和中国贸促会机械行业分会。1997年,从每三年举办一届改为每两年一届。2005年第8届展览面积首次达到10余万平方米。2019年9月在北京中国国际展览中心(顺义区馆)举办的第15届,展览面积20万平方米,国内外超过1500家客商参展,专业观众12万人次。

26. 广州国际举办汽车、维修与零部件展

12月8日,广州国际汽车、维修与零部件展览会在广州国际展览馆开幕。日本、意大利、德国联邦、英国、美国、瑞士、中国、新加坡、苏联及香港地区的41家公司参展。

27. 陕西省在泰国首都曼谷举行机床展销会

12月19日,陕西省在泰国首都曼谷举行的机床展销会开幕,合同成交额达70多万美元。

28. 全国轻工业优秀新产品展评展销会在北京举办

12月22日,全国轻工业优秀新产品展评展销会在中国国际贸易中心开幕。

29. 北京国贸国际会展中心建成投用

是年,北京国贸国际会展中心建成投用。室内可供展览面积2万平方米。

30. 天津国际展览中心建成投用

是年,位于天津市河西区友谊路的天津国际展览中心投入使用。2003年扩建后,室内展览面积约3.5万平方米。其投资方为天津国展集团。

31. 国际化学工程与生物技术展览会移植中国

是年,国际化学工程与生物技术展览暨会议(阿赫玛展)在北京举办。该展由德国化学工程与生物技术协会创始于1920年,每三年在德国法兰克福举办一届。1989年移址中国,称阿赫玛亚洲展,每三年举办一届,中国化工学会是联合主办方。2019年5月在国家会展中心(上海)开幕的第11届,16个国家和地区的329家客商参展,与会者超过万人。

32. 河南省家禽交易会

是年,河南省家禽交易会(后又称中原畜牧业交易博览会)在郑州市山河宾馆会议室举办,百余人与会。1992年第4届移址郑州交易中心贸易货栈,采用标准展位。至2001年第13届,参加人数达2万人次。2002—2005年的第14—17届移址中原国际博览中心。2005年第18届移址郑州会展中心后,室内外展位增至1800个,参观人数超过10万人次。2019年7月举办的第31届,室内外展览面积8万平方米,分为10大展区,参展企业超过700多家。

1990 年

1. 中国馆亮相第15届世界旅游博览会、中国展团参加第11届伦敦世界旅游博览会

2月4日,第15届世界旅游博览会在法国巴黎开幕。占地200多平方米的中国馆接待观众2万多人次。11月27日,中国展团参加第11届伦敦世界旅游博览会。

2. 江苏省出口商品展销会在科威特举办

2月16日,中国江苏省出口商品展销会在科威特开幕。上千种江苏产品参展。

3. 上海举办科技兴农展览会

3月21日,上海市科协和市农业委员会首次举办的科技兴农展览会开幕,展出上海市1980年以来重大农业科技成果和适用技术1000余项,观众3万多人次。

4. 中国国际农业新技术博览会在北京举办

4月4日,中国国际农业新技术博览会在北京全国农业展览馆开幕。美国、加拿大等19个国家和地区的近百家外商和95家中国厂商参展。展会由中国贸促会农业行业分会组织,美国克劳斯公司协办。

5. 石狮市纺织服装产品赴外地举办展销会

4月4日,闽南侨乡石狮市名优产品博览会在上海第一百货商店(中百一店)开幕。石狮市政府组织本市42家企业的产品参展。至1997年,石狮市政府先后在武汉、北京、天津、沈阳、哈尔滨、成都、大连等地举办以石狮纺织服装产品为主的展销会、博览会达22次,在市内举办贸易洽谈14次。

6. 全国科技贷款成果展在北京开幕

4月23日,全国首届科技贷款成果展览在北京中国人民革命军事博物馆开幕。展览由国家科委和中国工商银行联合主办,展示的874项优秀成果精选于中国工商银行近五年来贷款扶持的20042个科技项目。4月28日,主办方揭晓评奖结果。

7. 第14届世界采矿大会及国际采矿设备和技术展览会在北京开幕

5月14日,第14届世界采矿大会及国际采矿设备和技术展览会在北京开幕。69个国家和地区的3700多名代表参加。国务院总理李鹏出席在人民大会堂举办的开幕式并致辞。展览会在国家会议中心举办,21个国家和地区的409家公司的采矿新技术、新设备参展,展览面积1.7万平方米。会议与展览由世界采矿大会国际组织委员会主办。

8. 中国国际轴承及其专用装备展创办

5月22日,中国轴承工业协会主办的中国国际轴承及其专用装备展览会在广州开幕。展出面积4000平方米,参展厂商118家。每两年举办一届。1994年第3届迁址上海举办。2018年举办的第16届,展览面积达5.3万平方米,国内外参展商超过800家,专业观众达到6万人次。

9. 上海出口商品周在荷兰举办

6月5日,上海出口商品周在荷兰鹿特丹市开幕。

10. 中国国际信息通信展在北京创办

6月6日,首届中国国际信息通信展览会(PT展)在北京展览馆开幕。此为邮电部首次主办大型通信设备展会,14个国家和地区的60多家客商参展,展览面积2200平方米。此展后改为由工业和信息化部、中国贸促会主办,中国邮电器材集团公司承办。2018年中国国际信息通信展览会于2018年9月26日至9月29日在北京国家会议中心举办,展览面积4万平方米,近400家客商参展。

11. 哈尔滨国际经济贸易洽谈会创办

6月6日,中国对苏联、东欧国家经济贸易洽谈会在哈尔滨开幕。由外经贸部主办、黑龙江省政府和哈尔滨市政府承办。主要开展易货贸易。由于苏联解体,1992年改称中国哈尔滨边境、地方经济贸易洽谈会,改由黑龙江省政府和哈尔滨市政府主办。邀请参加国主要是俄罗斯等独联体国家和东欧国家,贸易方式采取易货贸易结合现汇贸易。

1994年起,邀请日本、韩国、东南亚国家以及中国港澳台地区客商参会。同时促进国内贸易。1995年6月18日,中共中央总书记、国家主席江泽民视察第6届洽谈会,并题词"努力把哈尔滨经济贸易洽谈会办成促进对外开放的国际博览盛会"。经国家外经贸部批准,1996年第7届更名为中国哈尔滨经济贸易洽谈会,确立以俄罗斯为主、面向东北亚、服务内外贸的定位。2005年第16届升格,由商务部、国务院振兴东北办公室、中国贸促会、黑龙江省政府、浙江省政府、哈尔滨市政府共同主办,联合国工业发展组织、俄罗斯经济发展与贸易部协办。2006年第17届更名为中国哈尔滨国际经济贸易洽谈会。2014年起,与中国-俄罗斯博览会同期举办。

12. 浙江出口商品展在汉堡举行

6月11日至16日,浙江省出口商品展览会在联邦德国汉堡市举行。这是浙江省首次在西欧举办大型综合性展销会。

13. 多国服装加工工艺和设备展在上海举办

6月21日,多国服装加工工艺和设备展览会在上海展览中心开幕。展会由上海市纺织工业局、上海市国际贸易信息和展览公司、香港雅式展览服务公司联合主办。

14. 《展览学概论》出版

6月,辽宁人民出版社出版中国农业展览馆学会编写的《展览学概论》。

15. "中国妇女儿童用品40年"博览会举办

6月23日,由全国妇联、机械电子工业部、轻工业部、纺织工业部、农业部、商业部、国家医药管理局、北京市政府联合举办的"中国妇女儿童用品40年"博览会在北京展览馆开幕。25个省(区、市)的近2000多家企业参展。

16. 北京国际汽车展览会创办

7月3日,由中国汽车工业总公司和中国贸促会联合主办的国际汽车与工艺装备展览会在中国国际展览中心(朝阳区馆)开幕。展期6天,372家厂商展出车辆216辆,展出面积2万平方米,参观人数10万人次。北京国际汽车展览会由此诞生,并形成两年一届的办展制度。1992年,更名为北京国际汽车展览会。510家厂商展出车辆281辆,展出面积2.5万平方米,参观人数16.5万人次。1998年举办的第5届,展览面积5.6万平方米,参观人数36万人次。中央电视台在展会现场进行直播报道。2004年举办的第8届,展览面积11万平方米,1520家参展商展出车辆506台,观众人数达46万人次。2008年第10届移址中国国际展览中心的顺义新馆举办。展期9天,室内外展览面积达18万平方米。2100家参展商展出车辆超过1000辆,观众人数达60万人次。2018年第15届在北京中国国际展览中心新馆和老馆同时举办。展览总面积达22万平方米。展期10天,14个国家和地区的1200多家参展商1022台车辆参展。其中,概念车64台,新能源车174台。

17. 国务院转发《关于地方对外经贸洽谈会归口经贸部审批的意见》

7月30日,国务院办公厅通知转发对外经济贸易部《关于地方对外经贸洽谈会归口经贸部审批的意见》(以下简称《意见》)。《意见》反映,由于各地举办的对外经贸洽谈会越来越多,时间越来越集中,造成小交会过多过乱。各小交会之间同类商品价格相差甚大,难以管理。外商重复签约,履约率低,使国家对外贸易信誉受到影响。小交会重复举办,也增加了费用开支,造成人力、物力的浪费。不少外商因四处奔波,难以应付,反映强烈。为进一步治理整顿外贸秩序,使地方举办的各类小交会能有秩序地进行,经贸部提出:一、国内举办的各类对外经贸洽谈会,统一归口经贸部审批和协调管理。鼓励和推动多省市联合举办的口岸小交会,控制和减少单一省市举办的小交会。二、为确保中国出口商品交易会(即广州交易会)的安全和出口成交正常进行,每年广州交易会期间(春交会四月十五日至三十日,秋交会十月十五日至三十日),任何单位不得在广州或附近地区举办各种形式的对外经贸洽谈会和内贸展销会。

18. 全国纺织新技术新产品展在北京开幕

9月3日,全国纺织新技术新产品展览展销会在北京全国农业展览馆开幕。23个省(市、区)和计划单列市、纺织部直属院校、科研单位58个展团的650多个单位参展,展出科研成果1400多项。

19. 江苏省出口商品展销会在科隆、伦敦举办

9月4日至9月11日,江苏省出口商品展销会在联邦德国科隆举办。同月25日,该展销会在英国伦敦开幕。共展出丝绸、机械等12类产品2000多种,共成交6000多万美元。

20. 国际医疗器材及药品展在北京举办

9月7日,首届国际医疗器材及药品展览会在北京中国国际贸易中心开幕。来自丹麦、联邦德国、民主德国、意大利、日本、瑞典、英国、美国等国家和中国香港地区的近50家医疗设备及药品公司,以及来自京、沪、津、闽、粤、琼、大连、深圳等省市的近40家中国医疗专业设备厂家和公司参展。

21. 国际耐火材料工业展在广州举办

9月7日,国际耐火材料工业展览会在广州国际展览馆开幕,联邦德国、日本、法国、意大利、美国、印度、奥地利、中国等国60家公司参展。

22. 中国中医药文化博览会在北京举办

9月12日,首届中国中医药文化博览会在北京国际展览中心开幕。全国650多家中医、中药单位的1300多个项目参展。日本、韩国、新加坡等国家以及香港、台湾地区医药协会派代表团参加了博览会。

23. 中国昆明边境贸易会在瑞丽举行

10月9日,中国昆明边境贸易会在瑞丽县开幕。昆明市外经委等14个综合部门、30家企业1150人参加。境外客商320余人应邀与会。成交额1414万元。

24. 中国电工电子产品展在北京举办

10月18日,中国电工电子产品展览会在北京亚运村国际会议中心开幕。该展是10月15至25日在北京召开的第54届国际电工委员会(IEC)年会的配套活动。457家企业、科研单位及大专院校1500余件展品参展。

25. 山西省出口商品展暨对外经济技术合作洽谈会在新加坡举办

11月13日,山西省出口商品展销会暨对外经济技术合作洽谈会在新加坡开幕。

26. 全国留学回国人员科技成果展在京举办

11月16日至11月22日,国家教委、人事部在北京联合举办首届全国留学回国人员科技成果展览会。参展项目达2500多个。

27. 全国乡镇企业适用新技术、新设备暨海外产品展在青岛举办

11月26日,农业部、中国乡镇企业协会联合在青岛举办的全国乡镇企业适用新技术、新设备暨海外产品展示会开幕。第2届于1991年9月在北京举办。

28. 国家科委颁布《技术交易会管理暂行办法》

12月7日,国家科委颁布《技术交易会管理暂行办法》(以下简称《办法》)。《办法》所称技术交易会,指在一定场所和期间,集中展示技术成果,组织当事人洽谈、签约的技术交易活动。《办法》就交易会的内容、审批与管理组织与经费、表彰与处罚等事项做出规定。

29. 军转民高技术出口产品展览交易会在北京举办

12月15日,由国防科工委、国家科委、国家计委、外经贸部共同举办的军转民高技术出口产品展览交易会在北京国际展览中心开幕。

30. 全国轻工业博览会在北京开幕

12月15日,首届全国轻工业博览会在北京展览馆开幕。1800家企业的新产品和科技成果参展。

1991年

1. 沪产仪表电子新产品开发成果展评会开幕

1月12日,沪产仪表电子新产品开发成果展评会在上海展览中心开幕。共展出

2491 项新产品。

2. 中国医药保健品展销会在福建举办

1月14日,首届中国医药保健品展销会在福建省外贸中心展览厅开幕,国内60多家医药保健品进出口公司和70多家生产、科研单位参加。

3. 中国组团参加阿布扎比国际博览会

1月16日,第1届阿布扎比国际博览会在阿拉伯联合酋长国首都阿布扎比开幕。中国贸促会组织北京、上海、江苏、广东和山东等省市的20家外贸、工贸公司参展。展品近300种,展出面积为500平方米。

4. 华交会在上海创办

3月5日,首届中国华东进出口商品交易会(华交会)在上海展览中心和上海商城同时举行。交易会由上海市、江苏省、浙江省、安徽省、江西省及南京市、宁波市政府联合主办。607家企业参展,71个国家或地区的6000余位客商应邀与会。华交会前身为上海对外贸易洽谈会和上海对外经济贸易洽谈会。在华交会创办之前,华东地区相关省市大多办有对外经贸洽谈会。由于举办时间集中于每年春季的二三月间,受邀与会的境外客商经常疲于四处赶场,诟病颇多。受对外经济贸易部委托,上海市对外经贸委员会于1990年8月29日牵头在上海召开会议,研商整合华东地区对外经贸洽谈会事宜。上海、江苏、浙江、安徽、江西及南京、宁波等7省市外经贸主管部门领导与会。经协商,一致同意联合主办进出口商品交易会。后福建省、山东省加入,成为9省市联合主办。2019年3月在上海新国际博览中心举办了29届华交会,展览面积12.65万平方米,分设服装服饰、纺织面料、家庭用品、装饰礼品、现代生活方式5个主题展。14个交易团共组织近4000家企业参展(其中,境外参展企业452家)。111个国家和地区近8万人次参观。

5. 中国高新科技产品参加莱比锡春季博览会

3月16日,1991年德国莱比锡春季博览会开幕。由中国国家科委牵头组织的中国展团参展,冶金部、航空航天部、卫生部、中国北方工业(集团)总公司、深圳赛格集团公司等12个单位的300项高新技术产品参展。机械设备、电子、机床等进出口总公司以及无锡市分别组团在有关专业馆设立展台。

6. 江泽民参观全国工业企业技术进步成就展

3月21日,由国家计划委员会主办、中国工业经济协会承办的首届全国工业企业技术进步成就展览会在北京展览馆开幕。1000多家企业参展。中共中央总书记、国家主席江泽民到会参观。

7. 中国渔业技术装备交易会在福州举办

3月26日,1991年中国渔业技术装备交易会在福州市福建外贸中心展览厅开幕。主办方是农业部水产司、福建省水产厅、中国福建国际经济技术合作公司和渔业机械行业协会。

8. 全国机电仪替代进口产品博览交易会在西安举办

3月29日,中国机电产品流通协会在西安市陕西工业展览馆主办的全国机电仪替代进口产品博览交易会开幕。

9. 全国农业机械新产品、新技术展在北京举办

4月18日,1991年全国农业机械新产品、新技术展览会在中国农机院科技展览中心开幕。展出全国20多个省(区、市)生产的中小型轮式拖拉机、排灌机械、收获加工机械、畜牧机械、中小型柴油机以及农用运输车等产品。

10. 北京举办计算机产品展

4月19日,由中国长城电子展览公司主办的1991年计算机产品北京展览会在北京展览馆开展。21个省市的220家企事业单位展出近2000项计算机产品。

11. 中国组团参加比利时高技术博览会

4月22日,比利时第5届佛兰德高技术博览会开幕。由外经贸部组织的中国经济贸易技术合作代表团的113项产品或科技成果参展。此为中国首次组团参加在欧洲举行的高技术展览。

12. 中国组团参加巴黎博览会

4月27日,第55届巴黎博览会在巴黎凡尔赛门展览公园开幕。江西、江苏、广东三省,以及上海、广州、武汉、厦门等城市的23家厂商参展。中国馆面积500平方米,展品包括轻工、纺织、丝绸、工艺、粮油、土畜6类。这是中国连续六年组团参加巴黎博览会。中国馆在本届博览会获得最佳参展金奖。

13. 宁波馆参展法国鲁昂国际博览会

5月17日,法国鲁昂国际博览会开幕。占地120平方米的宁波馆受到欢迎。宁波馆展品包括服装、桌布、玩具、地毯、手工艺品等。

14. 卫生部主办国际先进医疗器械设备展

5月21日,卫生部在北京展览馆主办的中国国际先进医疗器械设备展览会开幕。英国、法国、美国、日本、加拿大、荷兰、瑞典、澳大利亚、德国、西班牙、瑞士及中国香港地区60余家厂商参展。此展第二届、第三届分别在1991、1993年于北京举办。

15. 上海出口商品展销会在日本举办

5月27日,上海出口商品展销会在日本东京开幕。

16. 万里出席中国医疗器械博览会

6月8日,1991年春季全国医疗器械博览会在京开幕。全国人大常委会委员长万里

出席开幕式。博览会由国家医药局主办。各省(区、市)及计划单列市和机电部、航空航天部、中科院、国防科工委、解放军总后勤部及中国医疗器械工业公司、中国船舶工业总公司、中国核仪器设备总公司所属800余家企业的2000多种产品参展,展览面积2.2万平方米。此展创办于1979年。后改称为中国国际医疗器械博览会,由展览和论坛两部分组成,由国药励展展览公司主办。每年举办春、秋两届。其中,春季展在上海举办,秋季展巡回举办。2015年5月第73届春季展与全国药品交易会、中国国际医疗器械设计与制造技术展同期于上海国家会展中心举行,展览总面积达26万平方米。2014—2019年秋季展分别在重庆、深圳、青岛、昆明等地举办。

17. 全国计算机中文信息处理展在北京开幕

6月16日,全国计算机中文信息处理展览会在京开幕。全国计算机信息处理行业的一百多家科研单位和公司参展,展品包括汉字编码输入技术、汉字识别、汉语识别、汉语理解、自然语言处理、计算语言学、机器翻译等产品。

18. 山东经贸展在澳大利亚、德国举办

6月21日,山东省经济贸易展览会在澳大利亚悉尼开幕。7月10日,山东省经济贸易展览会在德国慕尼黑市开幕。

19. 中国青年科技成果博览会在北京举办

6月27日,首届中国青年科技成果博览会在中国国际贸易中心开幕。博览会由共青团中央、国家计委、国家科委、中国科协联合主办。全国2000多项优秀科技成果参展。展览期间举办技术洽谈、技术转让和新产品交易活动。

20. 贵州省商品交流会举办

8月14日,贵州省商品交流会在贵州省展览馆开幕。1.3万家企业3万多个品种参展。

21. 辽宁省组团参加大马士革国际博览会

8月28日,辽宁省组团参加大马士革国际博览会。中国展厅占地460平方米,展品600多种,包括轻工、纺织、电子、机电和土畜产品等。贸易成交额达230万美元。

22. 国务院办公厅下发《关于加强对出国举办经济贸易展览会统一协调管理的通知》

8月31日,国务院办公厅下发《关于加强对出国举办经济贸易展览会统一协调管理的通知》(以下简称《通知》)。《通知》指出,出国举办经济贸易展览会(包括在我国大陆境外举办的经济建设成就展览会、商品展览会和展销会,友好省市的经贸展览会,以展览或陈列方式举办的经贸洽谈会,参加国际贸易博览会等,以下简称出国经贸展览),是宣传我国出口商品、开拓国际市场、促进对外贸易的重要渠道,也是宣传我国社会主义建设成就和改革开放政策,增进与世界各国相互了解和友谊的有效途径。《通知》要求,对这项

工作必须加强统一协调管理,严格控制地方和企业单独举办出国经贸展览,克服重复办展和多头对外等混乱现象;同时,继续有计划地组织地方和企业参加国际上有影响的国际博览会,以适应改革开放的需要,提高出国经贸展览的社会效益和经济效益。为进一步改进出国经贸展览工作,国务院授权中国国际贸易促进委员会归口协调。今后,凡出国举办经贸展览会,由其统一平衡后,报经贸部或国务院审批。未经批准,任何单位不得对外承诺、签订出展协议。《通知》明确,关于出国举办经贸展览会归口协调审批管理办法,由中国国际贸易促进委员会制订,报经贸部批准后下发实施。出国举办科技展览会,仍由国家科委归口协调、审批、管理。

23. 江苏省举办机械工业名、优、特、新产品展销会

9月5日,江苏省机械工业名、优、特、新产品展销会在江苏展览馆开幕。789家企业的2246台(种)产品参展。展销会由江苏省机械厅主办。

24. 江苏省出口商品展销会在德国举行

9月7日,江苏省出口商品展销会在德国科隆市开幕。展出粮油、纺织等14大类4000多种商品,总成交额3400万美元,其中出口成交额800万美元。

25. 国际表面处理技术及设备展在广州举办

9月10日,国际表面处理技术及设备展览会在广州三元里中央酒店国际展览馆开幕。主办方为广东省贸促会、广东省机械工业厅,协办方是机电部武汉材料保护研究所、中国表面工程协会、中国电镀协会。

26. 中国对外技术交易会在上海举办

9月10日,1991年中国对外技术交易会在上海展览中心开幕。全国34个省(区、市)以及计划单列市和14个行业外贸总公司共48个团组的3000多个技术贸易项目参展。交易会签订合同259份,出口成交额2.3亿美元。首届中国对外技术交易会于1988年10月15日在深圳开幕。

27. 宁夏举办穆斯林食品博览会

9月11日,宁夏穆斯林食品博览会在宁夏商业大厦开幕。10多类400多种清真食品参展。

28. 北京举办首饰博览会

9月19日,北京首饰博览会在北京民族文化宫开幕。上千种首饰参加展销。博览会由北京市首饰厂主办。

29. 中国旅游购物节、旅游商品国际博览会在厦门举行

9月28日,1991年中国旅游购物节、旅游商品国际博览会在厦门开幕,20多个省市的近200家企业及海外展商参展,展品达4000多种。

30. 上海科技博览会开幕

10月9日,首届上海科技博览会在上海展览馆开幕。展示上海市各高校、科研院所、工矿企业的高新技术、实用技术成果数千项。

31. 李鹏视察第70届广交会

10月14日,国务院总理李鹏视察即将开幕的第70届广交会。次日,出席开幕式,并接见各交易团负责人。

32. 中国国际电子贸易博览会在北京举办

10月16日,中国贸促会和中国电子进出口总公司共同主办的首届中国国际电子贸易博览会在北京中国国际展览中心开幕。美国、英国、法国、德国、意大利、荷兰、加拿大、澳大利亚、日本、新加坡、印度、韩国等国和地区客商参展。

33. 全国星火计划成果博览会在北京开幕

11月2日,全国星火计划成果博览会在北京开幕。30个省(区、市)及14个计划单列市、航空航天部的45个展团的4000多项优秀成果参展,展品涉及机电、轻纺、建材、化工、医药、食品等许多领域,重点集中在种植业、养殖业、农副产品加工、包装和食品加工、防治污染和节能5个方面。展览面积1.1万平方米。430个展台中有60个现场展销。

34. 四川省技术交易会举办

11月12日,四川省技术交易会开幕。展出上千项适用科技成果、200多项技术出口项目及科技新产品。300多项企业技术难题参展招标。

35. 中国商品展销会在科威特举办

11月16日,中国商品展销会在科威特开幕,京津沪粤共39家企业参展,现场成交总额6000万美元。

36. 国际维修技术、设备及工具展在北京举行

11月23日,国际维修技术、设备及工具展览会在北京开幕。展会由中国设备管理协会、中国科学技术学会和物资部中国机电设备总公司联合主办。国内外60余家厂商参展,展览面积近2000平方米。

37. 上海出口商品周在阿联酋举办

12月7日,上海出口商品周在阿联酋迪拜开幕,成交总额5100万美元。

38. 中外老年用品博览会在北京举办

12月7日,北京市老龄委、中国公共关系协会等单位组织的中外老年用品博览会,在北京中国工艺美术馆开幕。

39. 江苏省商业系统名特优新产品展销会在南京举办

12月7日,江苏省商业食品系统名特优新产品展销会在南京开幕,300多个品种参展。

40. 中国农业展览协会成立

12月30日,中国农业展览协会成立。其前身为1984年6月设立的中国农学会农业展览分会。

1992年

1. 中国外资企业出口商品交易会在厦门创办

1月8日,首届中国外资企业出口商品交易会在厦门开幕。30多个国家和地区的客商与国内39个代表团近千家外资企业参加。展出20大类产品、15万个品种。交易会由中国外商投资企业协会主办。1994年第3届移址广州,与广交会同期举办。

2. 福建举办"菜篮子"工程产品展销会

1月9日,福建省"菜篮子"工程产品展销会在福州开幕。9个地市和省直单位共11个展团参展。

3. 江泽民参观第2届全国轻工业博览会

1月11日,中共中央总书记、国家主席江泽民等党和国家领导人当晚参观第2届全国轻工业博览会。首届博览会于1991年12月在北京展览馆举办。

4. 中国工业技术及产品出口交易会在新加坡举办

1月25日,中国工业技术及产品出口交易会在新加坡世界贸易中心开幕。交易会由中国国际科技促进会、中国仪器进出口总公司和新加坡日升工商企业公司联合主办。

5. 外经贸部批转《关于出国举办经济贸易展览会归口协调审批管理办法》

1月28日,对外经济贸易部关于批转《关于出国举办经济贸易展览会归口协调审批管理办法》的通知。《关于出国举办经济贸易展览会归口协调审批管理办法》由中国贸促会制定。7月,中国贸促会成立出国展览协调管理办公室。

6. 上海出口商品展销会在雅加达举行

2月18日,上海出口商品展销会在雅加达开幕。这是中国与印度尼西亚复交后首次举办的中国经贸展览。上海对外经济贸易委员会组织上海15家进出口和外贸、工贸公司及自营进出口工厂参展,展出上海传统商品和新产品近千种。

7. 中国新技术设备及产品展在曼谷举办

3月2日，由中国技术进出口总公司主办、泰国中华总商会协办的中国新技术、设备及产品展览会在泰国曼谷世界贸易中心开幕。上百家中国科研、设计与生产企业的上千项新技术、设备及产品参展。

8. 全国女职工新技术产品展在北京开幕

3月7日，由全国总工会举办的全国女职工新技术产品展览会在京开幕。150个厂家参展。

9. 中国新产品新技术博览会在北京举办

4月4日，1992年中国新产品新技术博览会在北京展览馆开幕。展会由国家科委批准主办。展览面积1.1万平方米，28个省（区、市）和计划单列市近500家单位、4000多项新产品、新技术、新工艺、新材料和实用新型专利产品参展。

10. 中国白酒参加国际酒展获奖

4月8日，贵阳酒厂所产贵阳大曲在布鲁塞尔第7届世界酒类博览会上获得烈性酒荣誉银爵杯奖。博览会有35个国家的500多家厂商参展。同月13日，中国茅台、五粮液、武陵、古井贡、洋河和湄窖酒产品在美国纽约国际白酒葡萄酒博览会获得金牌。17个国家400多家公司的5000多个品种参展博览会。

11. 全国中小企业博览会在北京开幕

4月14日，全国中小企业博览会在北京国贸中心展览大厅开幕。30多个省（区、市）和计划单列市的千余家中小企业参展。17日晚组织专场，接待参加联合国亚洲及太平洋经济社会委员会第40届会议的各国代表参观。全国人大常委会委员长万里参观博览会。

12. 湖南省民族名优特新产品展在深圳举办

4月18日，湖南省首届民族名优特新产品展销会在深圳举行，总成交额5300万元。

13. 韩国商品展在北京举办

5月12日，韩国贸易振兴公社主办的韩国商品展在北京中国国际展览中心开幕。参展的37家韩国厂商中，除三星、现代、大宇、晓星等大型综合商社外，主要是对中国市场感兴趣的中小企业。展品包括电子产品、汽车、机械以及服装、装饰品、文化用品等。

14. 全国照相影视器材及办公设备博览会在北京举办

6月11日，全国照相影视器材及办公设备博览会在北京民族文化宫开幕。近50个厂家产品参加展出。博览会由中国文化办公设备制造行业协会与《中国记者》杂志社联办。

15. 北京举办国际陶瓷技术及装备展

6月19日,北京国际陶瓷技术及装备展览会在中国国际贸易中心开幕。中、日、意、德、英、美、澳和中国香港、台湾地区的200余家公司参展,展品包括日用陶瓷、建筑卫生陶瓷、陈设艺术陶瓷、高技术陶瓷等。展会由中国陶瓷工业协会、中国贸促会轻工行业分会主办。

16. 江泽民参观北京国际汽车工业展览会

6月26日,中共中央总书记、国家主席江泽民等党和国家领导人当晚来到中国国际展览中心,参观北京国际汽车工业展览会。

17. 西南对外经贸洽谈会在重庆举办

6月,西南五省六方在重庆举办西南对外经贸洽谈会。

18. 青岛新技术新成果交易会举办

8月4日,青岛新技术新成果交易会开幕。全国130个高校、科研单位的2000多项科技成果参展。

19. 中国国际化工展览会创办

8月18日,中国国际化工展览会在北京中国国际展览中心开幕,由化学工业部和中国贸促会共同主办。后改为中国石油和化学工业联合会、中国贸促会化工行业分会主办,中国化工信息中心承办。2004年,展会移址上海。2018年在上海新国际博览中心举办的第17届中国国际化工展览会,设置大型企业、基础化学品、包装物流、泵阀与过滤设备等主题展区,展览面积2.3万平方米。同期举办中国国际精细化工及定制化学品展览会(2011年创办)、中国国际胶粘剂及密封剂展览会(1997年创办)、中国国际橡胶技术展览会(1998年创办),展览总面积达9万平方米。

20. 华东出口商品交易会在俄罗斯举办

8月20日,华东九省市联合在俄罗斯莫斯科举办的中国华东出口商品交易会开幕。

21. 全国煤炭企业多种经营产品展销会在北京举办

8月25日,首届全国煤炭企业多种经营产品展销会在北京开幕。1462家企业的4415种产品参展。展销会由中国统配煤矿总公司、东北内蒙古煤炭工业联合公司、中国地方煤矿公司联合举办。

22. 乌洽会创办

9月2日,首届乌鲁木齐边境地方经济贸易洽谈会(乌洽会)开幕,由陕西、甘肃、宁夏、青海和新疆西北五省区联合举办。全国20多个省市组成的68个交易团600多家企业与38个国家和地区的2000多位外国客商与会。国务院总理李鹏出席开幕式。

2008年,乌洽会改称中国乌鲁木齐对外经济贸易洽谈会,由商务部、中国贸促会和新疆维吾尔自治区政府共同主办。

23. 全国三资企业生活用品博览会在北京举办

9月10日,首届全国三资企业生活用品博览会在北京开幕。全国各地近四百家企业展出了上万种吃、穿、用产品。

24. 上海举办计算机与条码演示会

9月21日,计算机与条码演示会在上海开幕。来自上海、北京、山东、江苏、浙江、福建等地的16家厂商的50多个产品参展。

25. 中国国际电池技术展创办

9月,中国国际电池技术交流会/展览会在天津创办。参展商56家,共72个展位。由中国化学与物理电源行业协会主办。1995年后每两年举办一届,在北京举办6届。2008年第8届在天津举办。2010年第9届移址深圳举办。参展商670家共1455个展位。2018年5月举办的第13届中国国际电池技术交流会、展览会,展览面积11万平方米,参展厂商1253家。42780人次参观。其中,境外观众1335人次,来自63个国家和地区。

26. 香港贸发局在深圳主办国际机械及工业原料展

10月20日,由香港贸易发展局主办的深圳国际机械及工业原料展览会开幕。

27. 中国大企业对外开放成果展暨中外经贸技术合作与投资洽谈会在深圳举办

11月20日,中国大企业对外开放成果展暨中外经贸技术合作与投资洽谈会在深圳开幕。全国200多家大企业参展。

28. 深圳创办房交会

是年,深圳举办商品房地产展销洽谈会。全国20个省(区、市)的182家公司参加。后称为深圳房地产交易会。主办方为深圳市土地房产交易中心,每年举办两届。2013年调整为专业展定位,更名为中国深圳(国际)房地产业博览会。2019年8月举办了第46届,更名为深圳产业园区、城市更新、城市土地和房地产业博览会。设置产业园区、城市更新、城市土地、房地产行业与市场、住房保障、住房租赁、绿色建筑暨装配式建筑、地产设计8个展区。产业园区展区参展项目有102个。深圳市城市更新和土地整备局携84个项目亮相城市更新展区。城市土地展区吸引天津、重庆等30多个城市651宗土地参展。

29. 上海国际展览中心落成

是年,位于上海虹桥经济技术开发区的上海国际展览中心落成。由上海虹桥经济技术开发区联合发展公司和上海市贸促会投资兴建。其室内展览面积1.2万平方米,分为两层。1995年,成立上海国际展览中心公司负责运营。1999年,通过ISO9000质量体系认证。2003年、2006年,分别向宁波国际会展中心和郑州国际会展中心输出管理。2016年,停止经营展馆租赁业务。

30. 东北三省家禽交易会举办

是年,黑龙江、吉林、辽宁三省畜牧局联合主办东北三省家禽交易会。2005年定点于哈尔滨举办。主办方调整为黑龙江省畜牧业协会、奶业协会和饲料工业协会。

1993年

1. 上海现代国际展览公司成立与发展

1月8日,上海现代国际展览公司经工商注册成立。其前身为上海广告公司的展览部,是1992年9月经上海市外经委批准设立的全民所有制企业。1997年10月,完成现代企业制度改制。2015年后,公司先后投资设立或并购上海云智展览公司、北京华展博览展览公司、上海道仑文化传播公司、上海建智展览公司,从事上海广印展、北京华展广告展、上海国际广告节、上海国际照明展、上海绿色建筑建材博览会、上海国际城市博览会等项目的主办或承办工作,形成母子公司组织架构。2019年,公司主办或承办展会的总面积达43万平方米,营业收入逾亿元,税后利润超千万元。

2. 河南省在日本和港澳地区举办经贸洽谈会

3月3日,河南省经济技术合作暨贸易洽谈会在香港开幕。5月,河南经济贸易洽谈会在日本大阪举办。11月,河南省出口商品洽谈会在澳门举办。三项活动均由河南省外经委组织,河南省外贸公司、自营出口产品企业参展。

3. 中国机电仪器商品交易会在深圳举办

4月14日,中国机电仪器商品交易会在深圳开幕。交易会由中国机电产品进出口商会和深圳市政府共同主办。

4. 深圳礼品展创办与发展

4月18日,深圳华博展览公司在深圳创办国际玩具及礼品展览会,后更名为中国(深圳)国际礼品、工艺品、钟表及家庭用品展览会。首届展览面积为0.8万平方米,参展商200余家,主要是"三资"企业。同年10月,创办中国(深圳)国际礼品及家居用品展览会。2005年,两展移址深圳会展中心,展会规模快速增长。两展面积均达11万平方米。2007年5月,华博公司与英国励展博览集团合资,成立励展华博展览(深圳)公司。2009年创办中国(成都)礼品及家居用品展览会。同年收购中国(北京)国际礼品、赠品及家庭用品展览会。2011年创办上海国际尚品家居及室内装饰展览会。2019年举办上海国际礼品及促销品展览会。至2019年,励展华博公司在深圳、北京、上海、成都拥有与礼品相关的 7 个展会,展览总面积超过 35 万平方米。

5. 中国加入国际博览局

5 月 3 日,国际博览局通过决议,同意接纳中华人民共和国为其第 46 个正式成员国。自 1982 年至 1993 年,中国先后 8 次组团参加世界博览会。1990 年、1992 年,中国贸促会代表两次应邀代表中国列席国际博览局全体大会。1992 年 9 月,国际博览局主席德芙雷娜应中国贸促会邀请来华访问。双方确认,将共同推动中国成为国际博览局成员。随后,中国贸促会商外交部同意,向国务院呈送《关于建议我国加入国际博览局的报告》,获得批准。

6. 军队院校科技开发成果展示交易会在北京举办

5 月 8 日,军队院校科技开发成果展示交易会在北京中国人民革命军事博物馆开幕。1100 多个项目参展交易。

7. 江泽民接见出席中国国际服装服饰博览会的国际服装设计大师

5 月 15 日,国家主席江泽民在北京中南海接见世界著名服装设计大师瓦伦蒂诺、吉安弗兰科·费雷、皮尔·卡丹等人。瓦伦蒂诺等人士应邀出席 5 月 14 日在北京中国国际贸易中心举办的首届中国国际服装服饰博览会。展会由中国服装协会、中国国际贸易中心股份公司和中国贸促会纺织行业分会联合主办,首届展览面积为 1.1 万平方米,参展商近 400 家。1998 年第 6 届移址中国国际展览中心(朝阳区馆)。2008 年移址中国国际展览中心(顺义区馆)。2010 年第 18 届展览面积达 10 万平方米,近 11 万人次参观。2015 年第 23 届联袂中国国际纺织面料及辅料博览会、中国国际纺织纱线展览会在国家会展中心(上海)开幕。2016 年分为春秋两季举办,分别于 3 月、10 月在上海举办。2019 年春季博览会分为时尚男装、最美女装、匠心皮羽、设计力量、环球风尚、ODM 智造、流行配饰、箱包鞋履、链接未来 9 个专业品类展区和 5 个展中展——潮流品牌展、上海国际儿童时尚展览会、中国服装定制展览会、韩国时装展览会和中国国际针织博览会。16 个国家和地区的 1365 家展商的 1453 个品牌参展,展览面积为 11.72 万平方米。

8. 中国天津出口商品交易会创办

5 月 28 日,中国天津出口商品交易会在天津国际经济贸易展览中心开幕。交易会经外经贸部批准,作为中国区域性出口商品交易会之一,每年在天津市举办一次,由天津、河北、山西、甘肃、青海、宁夏、新疆(含兵团)、西藏等省、市、自治区和计划单列市的经贸委(厅)共同主办。53 个国家的 2000 多名客商和全国 24 个省(区、市)的 300 多家企业赴会。1994 年,天津市商委设立全国商品交易会办公室(自收自支处级事业单位),作为交易会常设工作机构,同时接受市政府委托,负责组织、管理、协调、服务全市大型商贸会展节庆活动以及大型会议。

9. 中国国际自行车展览会在上海举办

5 月,中国自行车协会在上海主办自行车展览会。其前身为 1990—1992 年连续三届在无锡举办的中国自行车零部件展示会。首届展览面积不足 100 平方米。2019 年 7 月在上海国家会展中心举办的第 29 届中国国际自行车展览会，展览总面积为 15 万平方米，来自 26 个国家和地区的 1224 家企业参展。

10. 天津举办房地产交易会

6 月 3 日，首届中国（天津）房地产交易会开幕。全国 120 余家房地产开发企业和海外代理经销商参展。

11. 国际大型水电站设备和施工机械展在北京举行

6 月 18 日，国际大型水电站设备和施工机械展览会在北京开幕。加拿大、法国等 12 个国家和地区的 70 余家厂商参展。展会由电力部、水利部、中国贸促会、中国长江三峡工程开发公司联合主办。

12. 广州博览会举办

7 月 1 日，广州博览会开幕。广州市政府主办，每年一届。2014 年，与广东 21 世纪海上丝绸之路国际博览会同期举办。至 2019 年，广州博览会已连续举办 27 届。

13. 全国职教系统校办企业产品展销会在北京举办

7 月 8 日，全国职教系统校办企业产品展销会在北京展览馆开幕。展销会由国家教委、劳动部和中华职业教育社联合主办。28 个省（区、市）及部委的近 500 个校办企业的产品参展。

14. 中国国际展览中心公司成立

7 月，中国贸促会决定将中国国际展览中心公司和中国国际展览工程公司以及中国贸促会出国展览部合并，成立具有企业集团性质的中国国际展览公司（中展公司）。其下辖北京燕华展览贸易公司、北京中展装饰服务公司和北京博览城商务印刷公司以及 6 家合资公司（包括北京皇家大饭店、大广太平洋国际广告公司、北京华雅国际展览服务公司、京慕国际展览公司、北京唐纳食品公司和北京国际展览运输公司）。此外，中展公司拥有 7 家海外公司，包括美国太平洋国际展览公司、日本太平洋国际展览公司、韩国太平洋国际展览公司、香港华港国际展览公司、澳大利亚太平洋经济开发公司、新加坡国际发展（私人）公司和日本日中展览交流中心株式会社。

15. 国际汽车工业产品、用品展在北京举办

8 月 2 日，首届国际汽车工业产品、用品展览会在北京国贸中心开幕。展会由中国汽车工业进出口总公司、国贸中心联合举办。国内外 160 多家企业参展。

16. 中国昆明出口商品交易会创办

8 月 8 日，首届中国昆明出口商品交易会（昆交会）开幕。会期 10 天。交易会由四川、云南、贵州、广西、西藏、重庆六省（区、市）及成都市联合主办（商务部于 2008 年成为

主办方)。2003 年,昆交会首次增设"东盟馆",东盟 10 国全部参展,展位 243 个。2004年,更名为中国昆明进出口商品交易会,按专业划分设置展馆,增设南亚馆。2006 年,与泛珠三角经贸洽谈会同期举办,海外和省外参展企业分别占参展企业总数和展位总数的六成以上。2008 年,与南亚国家商品展同期举办。2012 年 10 月,经国务院批准,南亚国家商品展升格为中国-南亚博览会。2013 年,首届中国-南亚博览会与昆交会同期举办。

17. 兰洽会创办

8 月 18 日,首届兰州丝绸之路经贸洽谈交易会在兰州天河大厦开幕,中外来宾 4211 人与会,签订合作合资项目合同 46 个。1997 年第 5 届改名为甘肃·兰州交易会,由甘肃省与兰州市政府联合举办。1999 年第 7 届更名为中国兰州投资贸易洽谈会(兰洽会)。2000 年第 8 届移址兰州国际博览中心举办。2010 年第 16 届在新落成的甘肃国际会展中心举办。2012 年第 18 届由商务部参与主办。2019 年 7 月举办了第 25 届,主展馆展览面积 8 万平方米。设置丝绸之路经济带国际合作、新能源、新材料及装备制造、特色农业和中医药、文化旅游、现代物流、清真食品及穆斯林用品、甘肃综合和商品贸易等展区。

18. 中国国际广播电视信息网络展创办

8 月 24 日,中国国际有线电视设备检测及技术交流展览会在北京国贸中心开幕,40 余家客商参展,展览面积 2000 平方米。主办方为广播电影电视部与中国国际企业合作公司。每年一届,在北京举办。2000 年更名为中国国际广播电视信息网络展览会,由国家广播电影电视总局主办,广播科学研究院联合中国有线电视网络公司和全国各省(区、市)广播电视厅局共同承办。2006 年被《国家"十一五"时期文化发展规划纲要》列入重点支持展会。2019 年 3 月在北京中国国际展览中心举办的第 27 届中国国际广播电视信息网络展览会,展览面积 6 万平方米,国内外超过 1000 客商参展,专业观众达 8.5 万人次。

19. 全国铁路技术成果交易会在北京开幕

8 月 26 日,首届全国铁路技术成果交易会在北京开幕。铁道部 314 家企事业单位 1900 余项科技成果参展。交易会由铁道部主办。

20. 上海商品展在美国举行

8 月 30 日,上海商品展在美国纽约世贸中心开幕。展会由上海市外经委主办、上海国际集团公司协办。上海市 30 多家企业的上千种产品参展。到会客商达 3000 人次,成交总额 1.2 亿美元。

21. 郑州中原国际博览中心投入使用

9 月 1 日,中原国际博览中心投入在郑州使用。其室内可供展览面积 2.3 万平方米,是河南省政府在郑州市投资兴建的展览场馆。第二届郑州国际加盟连锁与中小型企业创业项目展览会为其首展。

22. 中国国际家具展在上海创办

9 月 6 日,中国国际家具展览会(上海家具展)创办,主办方为中国家具协会与上海华展国际展览公司(上海博华国际展览公司的中方公司)。首届与建筑装饰材料展览会同馆举办,展览面积 3000 平方米,展位 150 个,参展商不足百家。两年举办一届。1997 年后改为一年一届。1999 年第 5 届展览面积达 5 万平方米。2002 年第 8 届移址上海新国际博览中心,步入发展快车道。2006 年,"家具在线"官网上线。2008 年第 14 届展览面积跃升为 22 万平方米。2019 年 9 月在上海新国际博览中心和上海世博展馆同时举办的第 25 届,展览面积 35 万平方米,国内外参展客商超过 3000 家,165 个国家和地区的 17 万人次参观(其中海外观众超过 2 万人次)。此为国内展览规模最大的家具展会。

23. 中国国际体育用品博览会创办

10 月 10 日,国家体委在西安举办的首届中国国际体育用品博览会开幕。展览面积 4150 平方米,展位 230 个。博览会原为国家体委于 1972—1992 年召开的全国体育器材和运动服装订货会(共举办 30 次)。博览会先后在福州、天津、南昌、武汉、成都、长沙、北京、上海等地巡回举办。2004 年展览面积达 10 万平方米。2017 年起,国家体育局将博览会交由中国体育用品业联合会主办,中体联(北京)体育产业发展公司承办。2019 年 5 月在国家会展中心(上海)举办的第 37 届博览会,1500 余家客商参展,展览面积 18 万平方米。15 万人次参观。

24. 全军企业科技成果交易会在北京举办

10 月 17 日,首届全军企业科技成果交易会在北京丰台体育中心开幕。参加本届交易会的 400 多家院校、科研单位和企业展示机械、电子、化工、轻工等领域 2000 多项科技成果和 500 多种新产品。

25. 外经贸部印发《关于赴港澳地区举办经贸活动的审批办法》

10 月 12 日,对外经济贸易合作部通知印发《关于赴港澳地区举办经贸活动的审批办法》(以下简称《办法》)。《办法》所指的赴港澳地区举办经贸活动,包括经济贸易建设成就展览会;商品展览会和展销会;招商引资、投资项目洽谈会、发布会;经济技术合作交流会;及参加港澳地区举办的国际贸易博览会、展览会等一切具有经济贸易内容的活动。《办法》明确,赴港澳地区举办经济贸易活动由对外贸易经济合作部归口审批。

26. 厦门举办首届海峡两岸包装技术交流会暨展览会

10 月 18 日,由中国包装技术协会、中国科学技术协会主办的首届海峡两岸包装技术交流会暨展览会在厦门富山国际展览城开幕,有 160 家厂商参加。

27.《广州市举办展销会规定》颁布

10 月 21 日,广州市政府颁发《广州市举办展销会规定》(以下简称《规定》)。《规定》所称展销会,指以产品、信息、观赏、游乐等形式引进企业、个体工商户进场经营的临时性集市贸易活动,包括以展览会、交易会、灯会、博览会等名义开办的带有文化、旅游、娱乐性质的综合性商贸活动。《规定》明确,广州市工商行政管理局是实施本规定的主管机关,依法行使管理和监督职能。

28. 北京举办房地产交易展

10月27日,北京房地产交易展示会(北京房展会)在北京中国国际贸易中心开幕。主办方为北京市房管局和北京市房地产交易中心。1997年,展会改为春秋两季举办。2001年,改为四季举办,每届展览面积约1万平方米。2003年,主办方设立北京嘉华四季国际会展公司,专事项目运营。2007年,一年四届改为春秋两届,逐步引入购房嘉年华、休闲度假地产、高端物业等主题活动。2013年,移址北京展览馆举办。2019年,更名为中国康养文旅产业博览会暨第70届北京房地产展示交易会。

29. 上海举办国际计算机软件展

11月1日,上海国际计算机软件展览会在上海展览中心开幕。展会由国家科委"火炬办"与上海计算机软件技术开发中心共同主办,国内外78家厂商参加。

30. 亚洲地区妇女儿童精品博览会

11月9日,1993年亚洲地区妇女儿童精品博览会在厦门富山国际展览城开幕。泰国、日本、马来西亚和中国14个省(市)的200多个厂家参展。

31. 上海技术出口交易会赴越南、泰国举办

11月,上海技术出口交易会先后在越南、泰国举行。上海外贸公司、工贸公司、国营出口企业、外商投资企业和大专院校及科研单位共88家的18类328个项目与会推介。展览面积1000平方米。

32. 广州国际艺术博览会创办

11月16日,首届中国艺术博览会在广州开幕。海内外200多家单位及个人超过4000件中国画、油画、书法、民间美术等艺术原创作品和艺术图书、工艺品参展。1996年改称广州国际艺术博览会。博览会经文化部批准,由中国美术家协会、广州市政府主办,广州市文化广电新闻出版局承办。2010年第14届,成立专业机构运作。2019年6月在琶洲展馆举办的第24届春季博览会,分为花城(城市与艺术)、国际(国际与前卫)、当代(当代艺术、影像、装置)、经典(名品画廊、经典艺术)、国粹(博物馆藏与古董古玩)、收藏(民间收藏、艺术珠宝)、工艺馆(工艺美术、文创衍生)、非遗(非遗、国粹)、公共艺术等馆区,展览面积4万平方米。38个国家和地区的360家艺术机构携2万件(套)艺术品参展。15万人次的观众参观,总成交额达3.5亿元。博览会由广州市政府主办,广州市文化广电旅游局承办。

33. 中国制药机械与药品展销会、中国传统医药博览会在印尼举办

11月30日,中国制药机械与药品展销会在印度尼西亚雅加达市开幕。展销会由中国医药对外贸易总公司组团主办。江苏省出口商品展销会同时召开。此前,9月18日,中国国家中医药管理局传统医药国际交流中心与印尼有关机构联合举办的中国印尼传统医药博览会开幕。两国传统医药界的知名人士1000多人出席开幕式。

34. 全国汽车配件交易会由订货会转型

是年,中国汽车贸易总公司和中国汽车配件联营经销部发文,召开全国汽车配件交易会。交易会缘起于 1965 年 6 月由中国汽车配件公司在北京召开的汽车维修配件商品平衡调度会。作为计划经济时期的物资调拨会,此会每年举办 1—2 次。1971 年 12 月,改名为汽车配件调剂交流会议。1982 年改名为全国汽车配件产需衔接会。1989 年改名为全国汽车配件调剂会。1999 年,主办方发文标明交易会为第 46 届。每年举办两届。交易会由中国机械联合会、中国机械国际合作股份有限公司、中国汽车工业配件销售公司联合主办;中国汽车工业配件销售有限公司、中机联华(北京)科技发展公司、西麦克国际展览公司共同承办。交易会先后在多个城市巡回举办。2018 年 10 月在长沙举办的第 84 届,展览面积 6 万多平方米,2000 多家企业参展。

1994 年

1. 南非商品展在北京举办

3 月 22 日,南非商品展览会在北京开幕。南非采矿、冶金、化工、电子、通信、食品等行业的 150 家企业参展。

2. 上海博华国际展览公司成立与发展

4 月 1 日,上海华展国际展览有限公司成立。其前身为成立于 1991 年的上海信贸实业公司,在上海办有电子通信、工业装备、建筑装饰材料、家具等主题的展览项目。至 1997 年,公司所办展览总面积达 9 万平方米,营业额超过 3000 万元。1998 年,与亚洲博闻集团(UBM)合资成立上海博华国际展览公司。此为国内民营企业与外资企业合资设立的首家展览公司。其后,相继购并酒店用品展、陶瓷工业展、清洁技术设备展等项目,促成 UBM 健康天然原料、食品配料中国展、世界制药原料中国展在上海举办。2011 年,公司在上海所办展览的总面积超过 50 万平方米。2013 年,公司与中山市古镇镇政府合资设立中山古镇灯都博览公司,主办古镇国际灯饰博览会。2014 年起,以上海国际酒店用品博览会为母展,相继在成都、北京、广州和青岛兴办子展。2017 年,UBM 所属华汉国际展览公司并入博华公司,接手经营上海环球食品展和上海国际加工包装展览会。2018 年,博华公司拥有合资及分公司 4 家,展览项目超过 60 个(其中上海项目 55 个),展览总面积达 135 万平方米,员工人数超过 450 人。

3. 上海技术展示交流会在汉堡举办

4 月 9 日,由上海市科委、市政府外事办公室和德国汉堡市政府经济部、市政委员会联合主办的上海技术展示交流会在汉堡市开幕。上海市科研机构、高等院校、工业企业等 90 多家单位展出了科研新成果和高新技术产品近 400 项。

4. 贵阳举办房地产交易大会

4 月 18 日,贵阳市举办的首届房地产交易大会开幕。

5. 中国国际专业音响、灯光、乐器及技术展创办

5月7日，首届中国国际专业音响、灯光、乐器及技术展览会在北京展览馆开幕。展览面积达 5000 平方米，中国、美国、英国、法国、德国、意大利、西班牙、奥地利、丹麦、荷兰、瑞典、波兰、澳大利亚、新西兰、日本、新加坡等国家和中国香港、台湾地区的 200 多家企业参展。此展源于 1981 年 12 月由文化部在杭州召开的全国演出物资订货会。1985 年 5 月，在成都召开的订货会上，部分企业联合租用会议室陈列成品。此后，企业在订货会上陈列产品成为常态。1990 年 10 月在南京江苏饭店召开的订货会，为满足企业展示产品的需求，占用了饭店的礼堂、多间会议室和部分客房，导致参会人员住房紧张。1991 年成立的中国文艺演出物资协会（后更名为中国演艺设备技术协会）认为，订货会形式已不适应市场需要，在 1993 年提出举办展览会计划。经文化部批准，首届展会由协会和香港工商业展览公司共同主办。第 24 届全国文艺演出物资订货会同期举办。1997 年，根据文化部要求，此展与国际专业音响、灯光器材及舞台机械制造技术展览会合并，由中国文艺演出物资协会牵头主办。2019 年 5 月，第 28 届中国国际专业音响、灯光、乐器及技术展览会（乐器展）展览面积 4 万平方米，国内外 730 家客商参展，观众 3.5 万人次。同年 8 月，第 28 届中国国际专业音响、灯光、乐器及技术展览会（音响、灯光展）展览面积 3 万平方米，近 200 家客商参展，观众 1.56 万人次。

6. 非织造布、产业用布纺织品展在北京举办

5月17日，中国纺织总会主办的首届中国国际非织造布、产业用布纺织品展览会在京开幕。奥地利、比利时、中国、法国、德国、意大利、日本、韩国、美国等国家和台湾、香港等地区的百余家公司和企业参展。

7. 第5届亚太国际贸易博览会在北京举办

6月7日，由联合国亚洲与太平洋经济社会委员会和中国贸促会共同主办的第 5 届亚太国际贸易博览会在北京开幕。展览面积 8 万平方米，30 个国家和地区的超过 3000 家客商参展，观众超过 50 万人次。

8. 四川名优特新产品博览会举办

6月29日，四川名优特新产品博览会在成都召开。全省 23 个地市州共 20 个行业的 2100 家企业 1 万余种产品参展。

9. 中国在南非举办经贸展

7月5日，中国经济贸易展览会在南非行政首都比勒陀利亚展览中心开幕。120 家中国外贸、工贸公司和生产厂家参展。11 月 20 日，外经贸部在南非约翰内斯堡举办的中国出口商品展览会开幕。14 家中国企业参展。

10. 中国电工产品安全认证展在北京举办

7月23日，中国电工产品安全认证展览会在北京展览馆开幕。获得认证的一百多家

企业电冰箱、洗衣机、电线、电缆等数十种产品参展。

11. 鲁台经贸洽谈会及海峡两岸博览会在潍坊创办

8月8日,鲁台经贸洽谈会在潍坊国际经贸中心举行。其由国务院台湾事务办公室、山东省政府联合主办,山东省台港澳办、省商务厅和潍坊市政府承办,是辐射北方、跨省连片的区域性对台、对外经贸交流活动,每年举办一届。首届有台湾、黑龙江、陕西等省(区、市)及山东省9个市(地)组团参会,近千种产品参展。2012年,创办海峡两岸博览会作为洽谈会的配套活动。2019年9月举办了第25届洽谈会和第7届博览会,展览面积5万平方米,设两岸交流30周年暨台资企业发展成果展、台湾县市主题展和专题展三个展区,超过700家客商参展,其中包括台湾地区企业、民间社团200余家。

12. 中国国际计算机展在北京举办

8月9日,中国国际计算机展览会在北京国际展览中心开幕,展览面积1.5万平方米,200余家客商参展,其中,外商80余家。展会由中国电子进出口公司、IDC中国计算机世界出版服务公司、中国电子工业科学技术交流中心联合主办。

13. 内蒙古满洲里举办对外经济贸易洽谈会

8月15日,中国·内蒙古满洲里对外经济贸易洽谈会开幕。该项目由内蒙古自治区政府决定设立。主会场位于满洲里市中俄互市贸易区,展览面积3359平方米。境内外客商4000余人与会。其中,外商2600余人。4300多种产品参展交易,分为机动车、木材、钢材、化肥、金属机电、生产资料和日用品7个交易市场。

14. 中国商品展销会在波兰举办

9月12日,中国商品展销会在波兰华沙开幕。

15. 海峡两岸经贸交易会在福州兴办

10月5日,福州市政府主办的中国(福州)国际招商月开幕。22个国家和地区的6000名外商参加。1999年,海峡两岸经贸交易会创办,与招商月同期举办,每年5月18—22日在福州举行。2003年,更名为中国(福州)海峡科技成果交易暨经贸洽谈会(海交会)。2005年,更名为海峡两岸经贸交易会。2008年,海交会由国台办、中国贸促会、海关总署、国家质检总局等单位和福建省政府联合主办。2014年,海交会设立"21世纪海上丝绸之路"展示馆。2015年,首届21世纪海上丝绸之路博览会与海交会联袂举办。2018年,21世纪海上丝绸之路博览会与海交会在福州海峡国际会展中心举办展览面积达12万平方米,分设10个展区,境内外参展企业达到1559家。

16. 国际羊绒交易会在河北清河创办

10月8日,首届清河国际羊绒交易会开幕。国内44家知名企业和近千家河北企业的8类230余个品种参展。交易会由河北省总商会主办。1996年起,每年举办一届。2007年,交易会组织架构调整,由中国贸促会、中国纺织工业协会、河北省政府主办,中国畜产品流通协会、河北省贸促会、邢台市政府协办,中国毛纺织行业协会、清河县政府承办。2018年9月,第25届交易会暨清河羊绒时尚节在清河县羊绒小镇举办。国内外羊绒、羊毛行业知名纺织企业、采购商以及批发商代表等2000余人参加。羊绒小镇与深圳市时装设计师协会联合主办羊绒时装设计创新作品大赛。国内外1200余名选手报名参赛,20余名选手带来的100余件羊绒时装创新设计作品走秀亮相。清河为全国最大的羊绒产业集聚地,全县羊绒经销量占全国市场的60%,占国际市场的40%。

17. 陕西杨凌农高会创办

10月18日,国家科委、陕西省政府联合主办的中国杨陵农科城技术成果博览会在陕西省咸阳市杨陵农科城开幕。6月,国务委员、国家科委主任宋健在陕西考察,就加快高新产业发展和杨陵农科城建设问题提出意见。经国家科委与陕西省政府商议,决定以博览会形式推动农业科技成果转化,并促进农科城发展。2500多项农业科技成果项目参展,美国、韩国、瑞士等国和全国18个省市的客商与会。1997年3月,杨陵农业高新技术产业示范区经国务院批准建立。国务院同意赋予示范区管委会省级经济管理权、地市级行政管理权和部分省级行政管理权。经省政府报请国务院批准,将示范区名称中的"陵"字更改为"凌"。博览会举办场地迁至新建的农博馆。2000年,杨凌国际会展中心落成,两层展厅展览面积共1.2万平方米。博览会更名为中国杨凌农业高新科技成果博览会(杨凌农高会)。

18. 国际民航装备与服务博览会在上海举办

10月27日至31日,国际民航装备与服务博览会在上海国际展览中心举行,美国、英国、法国、德国、澳大利亚、荷兰、挪威、瑞士、新西兰、新加坡、巴西及中国香港地区的百家公司展出飞机制造、飞机零部件、空中交通管制系统、机场通信设施、航空培训等方面的产品、技术和服务。

19. 广州航空博览会举办

12月23日,中国航空学会和广州市政府联合主办的广州航空博览会于广州天河机场开幕。

1995年

1. 西麦克国际展览公司成立与发展

1月9日,西麦克国际展览公司经工商注册成立。作为机械行业的国有展览公司,其历史可追溯至1953年第一机械工业部设立的产品展览处。公司以组织中国机械行业企业出境参展为主要业务,先后组团在100多个国家和地区的300多个城市参加展会。同时,在境外自办展会,包括中国汽摩配品牌展、中国工程技术展(越南)、国际机械与智能制造展览会(马来西亚)、泰国国际智能制造展览会(泰国)等。2010年后,国内办展业务扩大,项目涉及北汽新能源展、亚欧博览会(机械版块)、温州进口展、海南咖啡展等。

2011年,原中国机械对外经济技术合作有限公司所属中经展览公司并入西麦克公司。2016年,中国机械设备进出口总公司划属中国机械工业集团公司(国机集团),西麦克公司转为国机集团所属中国机械国际合作股份有限公司的子公司。同年,设立宁夏西麦克国际会展公司。2018年,设立国机会展(海南)公司。

2. 北京举办国际家用电器展

3月31日,1995北京国际家用电器展览会在中国国际贸易中心开幕。20多家外国著名家电公司和150多家国内企业参展,展览面积6000平方米。此展由中国家用电器协会和国贸中心共同举办。

3. 广州创办华南国际口腔医疗展

3月,首届华南国际口腔医疗器材展览会暨技术研讨会在广州举办。由广东省科学技术厅主办,广东国际科技贸易展览公司承办。2019年举办的24届,国内外999家客商参展,19.82万人次参观,展览面积5.27万平方米。

4. "三金"工程暨信息产品展览交易会在北京举办

4月17日,电子工业部等单位举办的"三金"工程暨信息产品展览交易会在北京开幕。250多家中外厂商参展,展品包括金融电子化、商业电子化系统、计算机应用系统及各类软件、网络系统及外部设备数千种。"三金"工程指国家经济信息网建设的"金桥""金卡""金关"工程。

5. 中国冶金、铸造、工业炉展联袂举行

4月21日,中国国际冶金工业展览会与中国国际铸造、锻压、工业炉展览会在北京同期开幕,展览面积2万平方米。此举经由冶金工业部和机械工业部协商决定,由两部与中展集团联合主办。冶金展创办于1987年,首届由冶金部外事司和中国冶金进出口公司主办。此为第4届,主办方为中国钢铁工业协会和中国贸促会冶金行业分会。铸造、锻压、工业炉展创办于1990年,此为第3届。本应于1999年举办的第7届冶金展,因避开德国杜塞尔多夫冶金铸造展览会,经中德主办方协调,延期至2000年举办。2000年举办的第7届展览面积4万平方米。首届中国国际钢铁大会同期举办。展会主办方改由中国贸促会冶金行业分会、中国铸造工业协会、中国工业炉协会和中展集团组成。2004年的第9届冶金展移址上海举办,形成京沪两地轮流举办的格局。2018年5月在北京中国国际展览中心(顺义区馆)举办的第18届中国国际冶金工业展览会、第16届中国国际工业炉展览会、第16届中国国际铸造博览会和第14届中国国际耐火材料及工业陶瓷展览会,吸引22个国家及地区的1068家客商参展,展览面积10万平方米,专业观众超过8万人次。

6. 国际医疗仪器设备及药品展在北京举办

5月5日,国际医疗仪器设备及药品展览会在北京中国国际贸易中心厅开幕。200多家厂商参展。展会由解放军总后勤部卫生部、中国医药保健品进出口总公司主办。

7. 义乌创办小商品博览会

5月18日,中国小商品城名优新博览会在浙江省义乌市开幕。1996年,更名为中国义乌小商品博览会。2002年,更名为中国义乌国际小商品博览会,商务部参与主办。定于每年10月举办。2019年8月,经全国清理和规范庆典研讨会论坛活动工作领导小组同意,更名为中国义乌国际小商品(标准)博览会。同年10月举办的第25届,设置五金、机电机械、电子电器、日用品、工艺饰品、文化办公、体育及户外休闲、针纺织品、玩具9个展区,另设"品字标"、标准主题、手工艺品、电子商务及贸易服务、创新设计展区等特色展区。

8. 中国国际涂料展创办

5月24日,首届中国国际涂料展览会在北京国际贸易展览中心创办。展览面积4200平方米,21个国家和地区的154家厂商参展。其中,来自美国、英国、德国、法国、日本、新加坡等国家和中国台湾、香港等地区的著名厂商近150家,观众超过1万人次。展会由中国涂料工业协会联合中国贸促会化工行业分会和英国FMJ国际出版公司共同举办。2001年后改为每年举办一届,先后在北京、上海、广州、南京举办。2009年设立北京涂博国际展览公司,负责承办展会。2018年第19届在上海新国际博览中心举办,展览面积2万平方米。

9. 中国国际技术产品展在北京举办

5月29日,由国内贸易部、国家科委等单位联合主办的1995中国国际技术产品展览会在北京开幕,全国300多家企业的600多个项目参展。

10. 东亚城市进出口商品交易会在烟台举办

6月16日,中国烟台-东亚城市进出口商品交易会开幕,34个国家和地区及国内17个省(区、市)的5000多位中外客商与会。交易会由烟台市人民政府和山东省对外经贸委主办,韩国贸易协会、香港贸易发展局、日本国别府市、宫古市、北九州市、下关市政府,韩国釜山市、群山市、仁川市政府、俄罗斯符拉迪沃斯托克市政府协办。

11. 全国个体私营经济名优产品订货会在郑州举办

6月,全国个体私营经济名优产品订货会在郑州建材大世界开幕,18个省(区、市)近800家个体私营企业参展,展品3000多种。

12. 包装、塑胶、模具技术展在北京举办

7月14日,中国国际包装、塑胶、模具技术展览会暨绿色包装研讨会在北京中国国际展览中心开幕。展会由中国包装总公司和英国万能国际展览集团主办。

13. 上海国际加工包装展创办

7月14日,首届上海国际加工包装展览会在上海国际展览中心开幕。参展商195家

及 1 个海外展团,展览面积 6000 平方米。主办方为华汉国际展览公司(属于英国蒙哥马利展览集团,后改属 ALL WORLD)。2002 年展会移址上海新国际博览中心举办,337 家客商及 6 个海外展团参展,展览面积 1.7 万平方米。2017 年,博闻集团(UBM)收购 ALL WORLD 及华汉公司。该项目 2018 年并入上海博华国际展览公司。2019 年 6 月在国家会展中心(上海)举办的第 25 届,与中国食品和包装机械工业协会、中国包装和食品机械公司主办的第 19 届上海国际食品加工与包装机械展览会同期举办,展览总面积超过 7 万平方米,890 家国内外客商参展。

14. 郑州全国商品交易会创办

8 月 28 日,郑州全国商品交易会在中原国际博览中心开幕,参展客商 2150 家,成交额 52.52 亿元。此为内贸部继上海商品交易会、天津商品交易会之后主办的第三个全国性商品交易会。1999 年改为河南省政府主办,郑州市政府、河南省商务厅承办。2018 年 10 月举办的第 24 届,室内外展览面积 7.5 万平方米,设置进口商品、智能家居、茶叶茶具、特色食品、汽车用品、儿童成长、电子商务与智慧生活、老年产业、宠物用品、渔具垂钓、汽车展览等展区。

15. 中德合资成立京慕国际展览公司

9 月 1 日,由德国慕尼黑国际博览集团亚洲公司和中国国际展览中心集团公司共同投资组建的京慕国际展览公司成立。注册资本为 41 万欧元,双方各持股 50%。此为中国展览业首家合资公司。其经营范围包括:在中国境内组办经济和技术商品交易会、展览和会议;在中国境外组织会议;提供有关展览的服务;提供有关举办展览的咨询和相关服务包括但不限于业务信息咨询、投资咨询、国际经济咨询、市场调研和管理咨询。该公司同时是慕尼黑国际博览会公司在中国的总代理。该公司于 2015 年注销。

16. 沈阳国际经贸洽谈会举办

9 月 1 日,沈阳国际经贸洽谈会开幕。洽谈会由中国贸促会与沈阳、鞍山等 8 城市共同举办,26 个国家和地区的 1200 多名客商与会。

17. 昆明国际花卉展创办

9 月 3 日,中国昆明国际花卉展览会在昆明开幕,展览面积 1 万平方米。主办方为云南省政府,承办方为云南省花卉技术培训推广中心,每年举办一届。2018 年励展博览集团参与承办。2019 年 7 月昆明滇池国际会展中心举办的第 20 届,展览面积 5 万平方米,国内外超过 400 家客商参展,28 个国家和地区的 8.2 万人次观众参观。

18. 外经贸部印发《关于出国(境)举办招商和办展等经贸活动的管理办法》

9 月 12 日,对外经济贸易合作部通知印发《关于出国(境)举办招商和办展等经贸活动的管理办法》(以下简称《办法》),《办法》所指的招商活动,包括在国(境)外举办的各类综合性和专业性的招商引资项目洽谈会、项目发布会、经济技术合作交流会、研讨会等以吸收外商投资为目的的有一定规模的经贸活动。《办法》所指的办展活动,包括在国(境)外举办经济建设成就展览会、商品或技术贸易展览会和展销会、友好省市的经贸展览会、以推销我国商品为目的的经贸洽谈会和参加国际博览会、国际经济贸易展览会等一切以促进对外经济贸易为目的有一定规模的活动。《办法》明确,对外贸易经济合作部负责宏观管理和归口审批全国赴国(境)外举办的招商和办展活动。

19. 桂林举办秋季交易会

9月19日,桂林秋季交易会在桂林国际贸易展览中心开幕。来自上海、广东、山东、浙江等地的轻工产品参展。

20. 全国建材商品展销会在天津举行

10月16日,内贸部、国家建材局和天津市政府联合主办的1995全国建材商品展销会在天津国际展览中心开幕。28个省(市、区)的2000多家客商参展。此后,该展会每年10月连续多届在天津举办。

21. 国家中药保护品种展在北京举办

10月28日,卫生部主办的首届国家中药保护品种展览会在京开幕。时值国务院《中药品种保护条例》颁布三周年,105家获颁《国家中药保护品种证书》的企业参展。

22. 中国国际纺织面料及辅料博览会在上海、深圳两地举办

10月30日,首届中国国际纺织面料及辅料博览会在北京中国国际展览中心开幕。由中国贸促会纺织行业分会、德国法兰克福展览公司联合创办,展览面积4000平方米。1996年,移址上海举办。2002年,同时使用中国国际纺织面料及辅料博览会和中国国际家用纺织品及辅料博览会两个名称,并于每年3月和10月各办一届。2012年7月在深圳兴办子展。2019年3月在国家会展(上海)中心举办的春夏展,展览面积达18.2万平方米。9月在上海举办的秋冬展,展览面积达25万平方米。同年7月在深圳会展中心举办的展会,面积为3.75万平方米。

23. 中德联合主办酒、饮料制造技术及设备展

10月,中国国际酒、饮料制造技术及设备展览会在北京展览馆创办,主办方为中国联合装备集团公司(北京中轻合力国际展览公司)和德国慕尼黑博览集团。每两年一届。2016年第12届移址上海新国际博览中心举办。2018年10月举办的第13届,展览面积9.2万平方米,参展商710家,5.2万人次参观。

24. 中国经济贸易展在洪都拉斯举办

11月7日,中华人民共和国经济贸易展览会在洪都拉斯圣佩德罗苏拉市开幕。此为中国贸促会在未建交国家举办的展览会。1994年底,洪都拉斯科特工商会邀请中方前往办展,并告知中方洪都拉斯政府同意中方要求,承诺展览会名称为中华人民共和国经济贸易展览会,在展览场馆内外悬挂中国国旗。

25. 哈尔滨种业博览会创办

11月8日,首届哈尔滨种业博览会在和平邨宾馆开幕,展览面积4000平方米,参展企业200家。展会由哈尔滨市政府主办、哈尔滨名海会展服务公司承办。2019年在哈尔滨国际会展中心举办的第25届展会,展出面积7万平方米,国内外1200余家企业参展。2015年5月,名海会展公司在成都世纪城新国际会展中心主办成都种业博览会,展览面积6000平方米,参展企业300余家。2019年6月举办的第5届展会,展览面积4.5万平方米,参展企业400余家。

26. 长城国际展览公司成立与发展

11月10日,长城国际展览有限责任公司注册成立。该公司经商务部批准成立,隶属中国长城工业集团公司。其以出境展代理业务起家,涉及汽车整车及零配件、农机、五金、建材、体育休闲用品、宠物、家庭用品、消费用品及家电、照明、花卉园艺、能源以及航空航天、国防事业、警用装备等诸多领域。其在国内的自办展项目包括中国国际宠物及水族用品展览会(创办于1997年)、中国国际花卉园艺展览会(创办于1998年)、中国国际奶业展览会(创办于2003年)和中国国际果蔬、加工技术及物流展览会(创办于2009年)、中国广州国际盆栽植物及花园花店用品展(创办于2011年)、亚太水产养殖展(创办于2015年)、中国宠物文化节(创办于2015年)、中国花园节(创办于2019年)。

27. 中国经济特区"三资"企业名优产品交易会在厦门举办

11月28日,首届中国经济特区"三资"企业名优产品交易会在厦门开幕。交易会由深圳、珠海、汕头、厦门、海南5个经济特区和上海浦东新区联合主办。参加客商达11000人。其中,外商1300多人。

28. 全国16毫米影片交易会在郑州举办

11月,为服务农村市场,中国电影发行放映协会在郑州举办首次全国16毫米影片交易会。三天内成交拷贝3000多个。

29. 中国国内旅游交易会在海口举办

12月1日,国家旅游局、海南省政府主办的1995年中国国内旅游交易会在海口市开幕。29个省(市、区)与中旅、国旅总社组成33个展团参展,与会代表2万余人。

30. 内贸部印发《各类商品和技术展销交流活动管理试行办法》

12月25日,国内贸易部通知印发《各类商品和技术展销交流活动管理试行办法》(以下简称《办法》)。《办法》所称各类商品和技术展销交流活动,指国内贸易部及直属企事业单位举办的各类商品、饮食服务和科学技术展销会、展览会、博览会、交易会、交流会、洽谈会、购物节等活动。不包括指令性计划商品的分配、衔接、订货会。《办法》就以内贸部名义,或以内贸部名义与其他部门或地方政府联合举办的展销交流活动,以及以内贸部及直属企事业单位名义举办的或与其他单位联合举办的国际性来华展销交流活动的申报与审批工作做出具体规定。

1996 年

1. 大连市成立展览工作领导小组

2月12日,大连市政府成立展览工作领导小组。1999年1月出台《大连市展览会管理暂行办法》。

2. 泰中贸易展在北京举办

3月5日,泰国商业部出口促进局和泰国投资委员会等4家机构在北京中国国际展览中心举办的泰中贸易展览会开幕。200多家泰国企业来华参展,展出的商品包括农副产品、加工食品、日用消费品、珠宝首饰、化妆品、药品、室内装饰品及一般工业品。展会期间举行泰中贸易与投资途径研讨会。

3. 中国北方旅游交易会创办

3月29日,中国北方旅游交易会在天津创办。25个省市的1000多个单位参展。交易会由北京、天津、河北、山西、内蒙古、山东、河南、辽宁、吉林、黑龙江等10个省(区、市)政府旅游主管部门联合发起,每年一届,轮流举办。2019年10月在石家庄举办第24届。

4. 深圳、厦门经济特区产品展在马来西亚举办

3月,中国深圳、厦门经济特区产品展览会在马来西亚首都吉隆坡举行。

5. 上海国际游艇展创办

4月8日,上海国际游艇展览会暨中国国际船艇技术设备展览会在位于上海南京西路的波特曼酒店开幕。主办方为中国船舶工业协会、上海博华国际展览公司。2005年移址上海展览中心,展览面积1.5万平方米。2012年移址上海世博展馆,超过500只游艇参展,水上展览面积3000平方米。2017年移址上海新国际博览中心。2018年,融入水上运动、户外运动、房车露营、时尚生活元素的"生活方式上海秀"活动同期举办。2019年4月在上海国家会展中心举办的第23届,展览面积5.5万平方米,超过600家客商参展,3.6万人次观众参观。

6. 春季全国日用百货商品交易会在天津举办

5月7日,1996春季全国日用百货商品交易会在津开幕。参展样品5万多种,到会客商1.3万人次。

7. 新技术和适用技术展在北京举办

6月14日,新技术和适用技术展览会在北京开幕。近3000项新技术和适用技术在中国人民军事博物馆向公众展示。27个省(区、市)、计划单列市、19个部委和解放军总

后勤部的 1000 多个单位的产品参展。展会由国家科委技术市场管理办公室承办。

8. 中国国际缝制设备展创办

8 月 6 日,中国国际缝制设备展览会在上海开幕。国内外 340 多家厂商参展,展览面积 1.2 万平方米。主办方为中国缝制机械协会。每两年举办一届。此展前身为 1986 年 8 月在烟台举办的全国缝制设备展样订货会。首届订货会 225 家供需单位与会,平缝、包缝、绷缝、锁眼、钉扣等 12 个系列 70 多种缝制设备参展,成交总额达 31 亿元。此后,订货会每年在不同城市轮流举办。2002 年展会面积 4.6 万平方米,参展企业达 676 家,专业观众达 4.8 万人次。2019 年展会 9 月在上海新国际博览中心举办,国内外超过 1400 家客商参展,展会面积达 13.8 万平方米。

9. 全国贸促会系统展览工作会议召开

8 月 14 日,中国贸促会在福建武夷山市召开的首次全国贸促会系统展览工作会议开幕。地方贸促分会、行业分会代表出席。

10. 中国国际电梯设备及技术展创办

8 月 20 日,中国国际电梯展览会在北京中国国际展览中心开幕。中国和 15 个国家及地区的 150 余家电梯制造、安装维修及经销客商参展。展会由中国机电设备招标中心、中国电梯协会和北京市贸促会共同主办。每两年举办一届。2000 年 6 月在上海国际展览中心举办第 4 届。2002 年第 5 届、2004 年第 6 届分别在北京、上海举行。2006—2010 年第 7—9 届在廊坊举办。第 9 届展览面积达 5 万平方米。2012 年第 10 届在广州举行。2014 年第 11 届在廊坊举行。2018 年的第 13 届在国家会展中心(上海)举办。国内外 1300 余家企业参展,展览面积超过 13 万平方米,超过 12 万人次参观。

11. 广州举办全国以货易货商品交易会

8 月 20 日,全国首届以货易货商品交易会在广州开幕。展会由广东省经委、国内贸易部中国商业企业集团、广州(中国)联企促销交易中心联合主办。北京、上海、江苏、湖北四个分会场同时进行交易活动。

12. 广州举办城市有线电视广告市场交易会

8 月 26 日,广州城市有线电视广告市场交易会在广州国际科技贸易展览交流中心开幕。全国各地 170 多家有线电视台以及境外 1000 多家广告公司、广告主企业代表参会交易。

13. 北京国际电子出版暨多媒体展在北京举行

9 月 2 日,北京国际电子出版暨多媒体展览会在北京国际贸易中心开幕。100 多家海内外著名厂商参展。展览会由国家新闻出版署、外经贸部主管,中国印刷科学技术研究所、全国印刷工业科技信息网等主办。

14. 中国石油化工展在香港举办

9 月 17 日,中国石油化工展览会在香港展览中心揭幕。展会由中国石油化工总公司主办。

15. 浙江永康创办中国五金博览会

10月6日,中国五金新产品博览会在浙江省永康县(2002年撤县改市)创办。博览会由中国国际贸易促进会、中国商业联合会、中国轻工业联合会主办。1998年,开始向客商收取展位费。1999年,更名为中国(永康)国际五金博览会,浙江省政府参与主办。国外五金产品展示馆开馆,展出日本、美国、德国等国家五金产品600多件(套)。2004年,商务部参与主办。2006年,首办中国五金产品工业设计大赛。2006年,配套举办中国五金产品工业设计大赛。博览会由新成立的永康中国科技五金城会展公司负责运营。2011年,迁址永康国际会展中心举办。2013年,发布中国永康五金指数。2014年,配套举办首届中国(永康)网货节。2019年4月举办的第16届,展览面积达7.56万平方米,参展企业1517家。永康是中国五金产品生产基地,有万余家生产企业,形成电动工具、衡器、有色金属、小家电及厨具、不锈钢制品、汽摩配、防盗门、滑板车8个支柱行业。其防盗门、金属冶炼、压延、建筑铜条、防滑油、燃气灶具炉头、钢板、铜排、铜带等产品销量占全国市场的70%;衡器、台秤、电子计价秤等产品及零配件销量占全国市场60%;电动工具产量占全国总产量的25%,出口量占全国的33%。五金工业总产值占全市工业总产值的90%以上。

16. 中国国际渔业博览会在青岛创办

10月29日,中国国际渔业博览会在青岛创办。40个国家和地区超过400家客商参展,外商人数超过1500人。展会由中国贸促会农业行业分会主办,美国海洋展览公司为海外协办,每年一届,在北京、大连、上海、青岛等地巡回举办。2019年10月在青岛国际博览中心举办的第24届,53个国家和地区的1600多家企业参展,展览面积超过10万平方米。该博览会连续6届在青岛举办。

17. 中国国际航空航天博览会在珠海创办

11月5日,中国国际航空航天博览会(珠海航展)在珠海机场举办。国务院总理李鹏出席开幕式。主办单位由国防科学技术工业委员会、中国民用航空总局、中国国际贸促会、广东省政府、中国航空工业第一集团公司、第二集团公司、中国航天科技集团公司和中国航天科工集团公司联合组成(后调整为广东省政府、中国国际贸促会、中国人民解放军空军、中国航空工业集团公司、中国商用飞机公司、中国航天科技集团公司和中国航天科工集团公司)。执行单位为珠海市政府,承办单位为珠海航展有限公司(1995年11月成立)。举办博览会的建议由广东省政府提出,国务院于1995年5月19日批复:"同意民航总局、航空工业总公司、航天工业总公司、贸促会和广东省珠海市人民政府于1996年秋,在珠海市珠海机场联合举办中国国际航空航天博览会。"为举办博览会,主办方在珠海机场旁兴建5.3万平方米的展馆和23万平方米的露天展坪。首届有25个国家和地区的400多家航空航天厂商的90余架军用和民用飞机参展。中国F-8IIM、F-7MG战斗机、K-8型教练机、直九型飞机、英国"金梦"特技飞行队参加飞行表演。2018年11月举办的第12届,43个国家和地区的770家客商参展,室内外展览面积超过50万平方米,参展的国内外各类飞机超过150架。国家主席习近平致信祝贺航展举办。习近平指出,经过20多年努力,中国国际航空航天博览会成为最具国际影响力的航空航天类专业展会之一,为推动世界航空航天科技发展发挥了积极作用。

18. 虎门服装交易会创办

11月15日,首届虎门服装交易会在广东省东莞市虎门镇的龙泉商业广场开幕。国内外282家客商参展。2014年,首次同期主办虎门时装周。2018年11月举办的第23届,由中国贸促会纺织行业分会、中国纺织信息中心、中国服装协会、中国服装设计师协会、中国纺织工业联合会品牌工作办公室、广东省服装服饰行业协会、广东省服装设计师协会和东莞市虎门服装服饰行业协会联合主办。2019年,虎门时装周与虎门服装交易会分为上、下半年单独举办。虎门镇服装服饰生产企业超过2200家,从业人员超过20万人,年工业总产值超过400亿元。虎门镇的服装服饰产业涵盖研发设计、面料辅料、绣花、印染、洗整、物流以及电商等领域。

19. 中国实用技术与产品展在荷兰举办

11月19日,中国实用技术与产品展览会和中国文化节在荷兰鹿特丹市中港公司贸易中心开幕。中国11个省(区、市)的40多家公司参展。

20. 全国电子新产品新技术展览交易会在北京举办

12月14日至18日,电子工业部在北京展览馆举办全国电子新产品新技术展览交易会。

1997年

1. 山东旅游博览会在济南举办

2月23日,山东旅游博览会在济南开幕。全省17个市(地)的364家单位以及上海、江苏等省市20余家旅游企业参展。

2. 广州举办国际旅游展销会

2月28日,广东省旅游局、广州市旅游局联合主办的广州国际旅游展销会开幕。20多个国家和地区的300多家客商参展。

3. 中国国际压铸会议暨展览会创办

4月1日,中国国际压铸会议暨展览会在北京国际会议中心创办,由中国机械工程学会主办,中国机械工程学会铸造分会承办。2000年4月在上海世贸商城举办第2届,16个国家和地区的300多名代表参加会议,国内外105家厂商参展,展台面积3000多平方米。其后,定址于上海举办,每两年一届。2019年3月,第13届中国国际压铸工业展览会与第17届中国国际铸造博览会(1987年创办,中国铸造协会主办)在上海新国际博览中心同期举办。

4. 厦门台交会、工博会创办

4月8日至13日,首届厦门对台出口商品交易会暨97台胞回乡旅游购物节(厦门台交会)在厦门举办。交易会经外经贸部批准,由厦门市政府与中国机电产品进出口商会、中国轻工工艺品进出口商会、中国纺织品进出口商会联合主办。厦门市成立对台贸易促进中心,专司承办工作。首届台交会邀请台湾海峡两岸商务协调会、台湾省商业会、台北市商业会等9个台湾工商团体组团赴会。与会客商2177人中,台湾客商1574人。大陆30个省市的600多家企业参展。2000年的第4届,由综合展转为专业展,增加"海峡两岸机械电子商品交易会"名称,同期举办厦门国际电脑暨通讯电子产品展览会,邀请台湾机电企业参展。2001年的第5届,同时以"厦门对台进出口商品交易会"和"海峡两岸机械电子商品交易会"(厦门工博会)名称对外,相继增加中国机电产品进出口商会、中国机械工业联合会、厦门市对台贸易促进中心和台湾电机电子工业同业公会为主办单位,中国轻工工艺品进出口商会、中国纺织品进出口商会不再作为主办单位。2006年的第10届配合厦门台湾水果销售集散中心挂牌,同期举办台湾水果暨农产品订货会,并举办台湾地区专业人才暨大学毕业生大陆就业交流会。2019年的第23届,28个国家和地区超过1000家企业参展,展览面积8.5万平方米。

5. 日本计量测试新技术及仪器展在上海举办

5月5日,中国计量测试学会在上海主办的日本计量测试新技术及仪器展览会开幕,日本23家厂商参展,接待国内观众上万人次。2001年11月在深圳举办第二届。1992—1994年,学会在北京与日本计量机器工业联合举办过三次日本计量测试新技术暨仪器展览会。

6. 中国国际包装展在北京开幕

5月20日,首届中国国际包装展览会在京开幕。展览面积4500平方米,主要展示国内外新型包装机械设备。展会由中国包装进出口总公司和意大利圣捷波公司、德国诺维亚公司联合主办。

7. 中国新疆、天津出口商品展览会在哈萨克斯坦举办

5月26日,中国新疆、天津出口商品展览会在哈萨克斯坦的阿拉木图市开幕。

8. 全国化妆、洗涤、日用百货商品交易会在北京举办

6月1日,全国化妆、洗涤、日用百货商品交易会在北京中国国际展览中心开幕。交易会由北京市百货公司承办,展览面积1.6万平方米,国内上千家零售企业赴会选货。

9. 中国装饰建材暨酒店配套设施展在郑州举办

6月24日,国家建筑材料展贸中心、河南国贸实业总公司在郑州主办的中国装饰建材暨酒店配套设施展览会开幕。

10. 国务院办公厅下发《关于对在我国境内举办对外经济技术展览会加强管理的通知》

7月31日,国务院办公厅下发《关于对在我国境内举办对外经济技术展览会加强管理的通知》(以下简称《通知》),指出,近年来,在我国境内举办的对外经济技术展览会(包括国际展览会、对外经济贸易洽谈会、出口商品交易会和境外民用经济技术来华展览会等)迅速发展,这对实现信息资源共享,降低交易成本,加强对外交流和合作,引进先进技术和设备,促进对外贸易发展,起到了积极作用。但也出现了多头审批、重复办展等问题。《通知》就在我境内举办对外经济技术展览会有关问题做出规定:对外经济技术展览会的主办和承办单位,必须具有外经贸主管部门批准的主办和承办资格;境外机构在华举办经济技术展览会,必须联合或委托我国境内有主办资格的单位进行。对于境内主办单位,《通知》规定为:1.具有组织招商招展能力和承担举办展览的民事责任能力,设有专门从事办展的部门或机构并有相应的展览专业(包括策划、设计、组织、管理及外语)人员,具有完善的办展规章制度,曾参与协办或承办5个以上较大规模的国际性展览会的展览公司或外经贸公司,省级经济贸易促进机构或行业(专业)协会、商会可获得主办资格。2.省级、副省级市人民政府,或省级外经贸主管部门可以主办对外经济贸易洽谈会和出口商品交易会。对于来华办展的境外主办单位,《通知》要求,应是具有相当规模和办展实力,在国际上影响良好的展览机构、大型跨国公司、经济团体或组织(包括经济贸易促进机构、商会、行业协会等)。对于主办、承办单位职责,《通知》规定为:主办单位主要负责制定并实施展览方案和计划,组织招商招展。承办单位主要负责布展、安全保卫及会务事项。具有主办资格的单位均具有相应的承办资格;受主办单位委托,有关公司可以承办展览的单项业务(包括设计、布展、展览施工、广告)。《通知》明确,展览面积在1000平方米以上的对外经济技术展览会,实行分级审批管理:(一)确需以国务院部门或省级人民政府名义主办的国际展览会、博览会等,须报国务院批准。(二)国务院部门所属单位主办的,以及境外机构主办的对外经济技术展览会,报对外贸易经济合作部审批;对在北京以外地区举办的,主办单位须事先征得举办地外经贸主管部门同意。(三)省级外经贸主管部门主办的多省(自治区、直辖市)联合主办的对外经济贸易洽谈会和出口商品交易会,由对外贸易经济合作部审批。地方其他单位主办的对外经济技术展览会,由所在省、自治区、直辖市外经贸主管部门审批,并报对外贸易经济合作部备案。(四)以科研、技术交流、研讨为内容的展览会,由国家科学技术委员会负责审批。(五)中国国际贸易促进委员会系统举办的对外经济技术展览会,由中国国际贸易促进委员会审批并报对外贸易经济合作部备案。对其中在北京以外地区举办的,主办单位应事先征得举办地外经贸主管部门同意。(六)对外经济技术展览会凡涉及台湾地区厂商或机构参展的,应报对外贸易经济合作部台港澳司审批,报国务院台湾事务办公室备案。海峡两岸的经济技术展览会,由对外贸易经济合作部台港澳司同国务院台湾事务办公室审批。(七)具有对外经济技术展览会主办资格的单位,可自行举办面积在1000平方米以下的对外经济技术展览会,但应报有关主管单位备案。《通知》要求,对外贸易经济合作部应会同有关部门,近期内重新清理审核主办单位,对符合条件的单位授予主办资格,并分期公布名单。《通知》要求,工商行政管理机关凭对外贸易经济合作部的批准文件,重新核定有关单位的经营范围,以加强对在我国境内举办的对外经济技术展览会的管理。

11. 投洽会在厦门举办

9月8日,首届中国投资贸易洽谈会(厦门投洽会)在厦门开幕。商务部与联合国贸发会议、联合国工发组织、世界贸易组织、经济合作与发展组织、世界银行国际金融公司、世界投资促进机构协会和中国国际投资促进会联合主办,福建省政府、厦门政府和商务部投资促进事务局联合承办。投洽会发端于厦门、泉州、漳州、龙岩四地政府于1987年联合主办的闽南三角区外商投资贸易洽谈会。首届洽谈会设置42个专馆,推出12000多个对外招商项目,6200多名海外客商与会洽谈投资贸易合作。2005年1月,第9届中国国际投资贸易洽谈会第一次筹备工作会议在北京举行。会议传达了国务院对《商务部关于第八届投洽会情况的报告和下一步工作安排的请示》的批复精神。经国务院批准,自第9届开始,更名为中国国际投资贸易洽谈会。2018年第20届开幕,国家主席习近平致信祝贺。习近平指出,20多年来,中国国际投资贸易洽谈会致力于打造双向投资促进、权威信息发布和投资趋势研讨三大平台,已发展成全球最具影响力的国际投资盛会之一,为我国改革开放和社会主义现代化建设做出了积极贡献。

12. 中国国际眼镜业展在北京举办

9月25日,第10届中国国际眼镜业展览会在北京中国国际展览中心开幕。此展由中国眼镜协会于1985年在上海创办,1987年移址北京,1992年第5届后每年举办一届。2019年9月举办的第32届,展览面积5.5万平方米,超过700家客商参展。

13. 成都国际会议展览中心(沙湾)建成投用

9月,成都国际会议展览中心(沙湾)建成投用。该工程1995年11月动工兴建,由成都市政府与美国加州集团(后改称成都环球世纪会展旅游集团公司)共同投资兴建。其两层展厅面积为2万平方米,会议厅(室)33个。此为国内民营资本首次参与会展中心建设。1997—2004年,成都展会集中于沙湾展馆举办。至2004年成都世纪城新国际会展中心(成都环球世纪会展旅游集团公司投资兴建)建成后,沙湾展馆不再是成都展会的主要场馆。其于2017年9月拆除改建。

14. 宁波国际服装服饰博览会创办

10月6日,宁波国际服装节暨宁波国际服装服饰博览会创办。241家参展商(境外108家)到会。由中国纺织工业联合会、宁波市政府、浙江省经信厅联合主办。2019年举办的第23届,展览面积4万平方米,配套举办"2019宁波时尚大会"等20项活动。

15. 国家工商行政管理局颁发《商品展销会管理办法》

10月31日,国家工商行政管理局颁发《商品展销会管理办法》(以下简称《办法》),自1998年1月1日起施行。《办法》共二十条。其所称商品展销会,是指由一个或者若干个单位举办,具有相应资格的若干经营者参加,在固定场所和一定期限内,用展销的形式,以现货或者订货的方式销售商品的集中交易活动。《办法》对举办单位资格、申请办理登记做出规定。《办法》规定,举办单位领取"商品展销会登记证"后,方可发布广告,进行招商。2010年7月,国务院公布第五批取消的行政审批项目。在取消的113项行政审批项目中,包括《商品展销会登记》。

16. 全国资源节约综合利用成果展在北京举办

11月7日,由国家经贸委主办的全国资源节约综合利用成果展览会在北京展览馆开幕。

17. 内蒙古锡林郭勒盟举办肉食品展

11月10日,内蒙古锡林郭勒盟肉食品展销会在锡林浩特市开幕。90种牛、羊、驼肉及其副产品参展。展期三天共达成67项购销协议。

18. 国际公用工程专用车辆设备暨技术展览会在京举办

11月12日,国际公用工程专用车辆设备暨技术展览会在北京开幕。来自中国、丹麦、德国、韩国、瑞士、英国、美国等国家的70余家厂商的60多台公交、市政、环卫、建筑、民航、园林及高空作业等用途的车辆参展,展览面积1万平方米。展会由建设部、中国贸促会和中国进口汽车贸易中心共同主办,中国城市车辆总公司和中国国际展览公司承办。

19. 国际海洋资源开发利用和海洋技术设备展览会在北京举办

11月25日,北京国际海洋资源开发利用和海洋技术设备展览会在北京展览馆开幕。展会由国家海洋局、国家计委、国家科委联合举办。中国石油天然气总公司、中国海洋石油总公司、地矿部、中国气象局等16个部委和11个沿海省市组团参展。10家国外公司在中国的27家代理机构参展。

20. 中国国际农业机械展创办

12月1日,全国农机产品订货交易会暨中国国际农业机械展览会在北京全国农业展览馆开幕,主办方为中国农业机械总公司、中国农业机械流通协会。2011年经农业部协调,主办方调整为中国农业机械流通协会、中国农业机械化协会和中国农业机械工业协会。展会每年一届,在各地轮流举办。2007年展览面积超过10万平方米。2018年在武汉举办的第14届,展览面积21万平方米,国内外1900余家企业参展,参观观众达10万人次。

1998年

1. 加拿大公司在广州举办电讯、计算机及办公自动化展

1月19日,加拿大北方电讯公司在广州举办的华南地区国际电讯、计算机及办公自动化展览会开幕,以纪念该公司在华开展业务25周年。

2. 福州温泉会展中心建成投用

3月,福州国际会展中心(后改称温泉会展中心)建成投用。室内可供展览面积3.7

万平方米。其由福州市政府投资兴建。

3. 中展集团成立与发展

4月22日,中国国际展览中心集团公司(简称中展集团)正式成立,注册资本为1亿元。其前身为1985年1月成立的中国国际展览中心有限公司。中展集团隶属于中国贸促会。中展集团负责经营管理位于北京朝阳区和顺义区的中国国际展览中心(老馆与新馆),并管理下属全资和控股子公司,包括北京国展国际展览中心公司、北京华港展览公司、北京中展海外展览公司、北京中展国际展览工程公司、北京泛太平洋国际广告公司、北京中展太平洋物业管理公司、华港展览(深圳)公司。中展集团参股的合资公司有北京中展投资发展公司、北京皇家大饭店公司、中国国际展览运输公司、北京中装华港建筑科技展览公司。中展集团设立的海外公司机构包括华港国际展览公司(香港)、华澳国际会议展览公司(澳门)、太平洋国际展览公司(美国)以及驻德国法兰克福代表处。中展集团自办或合资、合作主办的展会项目涉及汽车、建材、家居、印刷、冶金多个领域。其中,北京国际汽车展览会、北京国际建筑装饰材料博览会、北京国际家居展览会、中国国际门业展览会、北京国际印刷技术展览会展览面积超过10万平方米。

4. 德国消费品博览会在上海举行

4月27日,德国消费品博览会在上海展览中心开幕。

5. 北京国际展览业协会成立

6月,北京国际展览业协会成立。协会由北京市贸促会、市对台事务办公室、市投资服务中心、中国国际展览中心、北京世界贸易中心、北京展览馆、全国农业展览馆等单位共同发起,首批会员92家,包括展览主办、会展场馆、展品报关、展览物流、展览工程等机构。

6. 广州举办民营企业展示会

7月15日,广州市工商联主办的首届广州民营企业展示会开幕。科技、电子、家用电器、机电运输、三高农业、房地产等行业的60多家企业参展。

7. 中国国际照相机械影像器材与技术博览会创办

7月,首届中国国际照相机械影像器材与技术博览会在北京中国国际展览中心举办。展会由中国文化办公设备制造行业协会、杭州照相机械研究所主办,展览面积1.5万平方米。展会每年举办一届。2019年4月在北京展览馆举办的第22届,展览面积超过3万平方米。

8. 北京时装节举办展览

9月4日,北京时装节分别在全国农业展览馆、长城饭店和首都体育馆开幕。59家参展单位设摊位79个,展场面积948平方米。展出服装、鞋帽、箱包、眼镜、首饰、化妆品等。时装展销历时10天,接待顾客12万人次,展销2600个服装品种,总销售额为172.6万元。另有时装表演。活动由北京市外经贸委主办。

9. 外经贸部颁发《在境内举办对外经济技术展览会管理暂行办法》

9月22日,对外贸易经济合作部颁发《在境内举办对外经济技术展览会管理暂行办法》(以下简称《办法》)。《办法》分为总则、举办单位、审批、协调管理、法律责任、附则共七章二十四条。《办法》适用于在中华人民共和国境内举办的对外经济技术展览会。包括:(一)国际展览会和国际博览会,境外民用经济技术来华展览会(以下统称国际展览会);(二)对外经济贸易洽谈会和出口商品交易会,包括综合性或专业性的出口商品、投资贸易(利用外资)、技术出口、对外经济合作洽谈会或交易会。《办法》明确,举办对外经济技术展览会,由对外贸易经济合作部负责协调和管理。《办法》规定,举办展览面积在1000平方米(指展位总面积)以上的对外经济技术展览会必须经批准,并实行分级审批。(一)以国务院部门或省级人民政府名义主办的国际展览会,以及由省级或副省级市人民政府主办的对外经济贸易洽谈会和出口商品交易会,须报国务院批准。省级及副省级市外经贸主管部门和多省(自治区、直辖市)联合主办的对外经济贸易洽谈会和出口商品交易会,由外经贸部审批。(二)国务院部门所属单位主办的对外经济技术展览会,以及境外机构主办的国际展览会,报外经贸部审批。对在北京以外地区举办的,主办单位需事先征得举办地外经贸主管部门同意。(三)地方其他单位主办的对外经济技术展览会,由所在省、自治区、直辖市外经贸主管部门审批,并报外经贸部备案。(四)以科研、技术交流、研讨为内容的展览会,由科学技术部负责审批。(五)中国国际贸易促进委员会(以下简称贸促会)系统单位主办的对外经济技术展览会,由贸促会审批并报外经贸部备案。对在北京以外地区举办的,主办单位应事先征得举办地外经贸主管部门同意。(六)对外经济技术展览会凡涉及台湾地区厂商或机构参展事项,另行专项报外经贸部审批,报国务院台湾事务办公室备案。海峡两岸的经济技术展览会,由外经贸部会同国务院台湾事务办公室审批。(七)举办为期在6个月以上的长期展览,主办单位须事先报海关总署审核,经海关总署同意后,报外经贸部审批。

10. 外经贸部下发《关于举办区域性交易会及有关事项的通知》

9月29日,外经贸部下发《关于举办区域性交易会及有关事项的通知》(以下简称《通知》)。对华东、天津、大连、昆明、哈尔滨、青岛、乌鲁木齐7个区域性交易会(简称小交会)有关事宜,《通知》明确:今后除办会内容有调整外,外经贸部不再对各小交会实行年度审批,由各主办单位按照附表中所列内容每年定期举办。《通知》要求各主办单位认真做好会前筹备工作。积极邀请客商,提高办会水平,努力提高参展产品质量、档次,杜绝展出假冒伪劣商品和出现商标侵权行为。

11. 唐山中国陶瓷博览会创办

1998年10月8日,唐山中国陶瓷博览会在唐山体育中心创办。由中国贸促会、中国轻工业联合会、中国建筑材料联合会、河北省政府主办,中国陶瓷工业协会、中国建筑卫生陶瓷协会、唐山市政府承办,唐山陶瓷博览中心执行承办。2004年第7届移址唐山国际会展中心举办,256家客商参展,展览面积近2万平方米。2019年9月举办的第22届,展览面积3.2万平方米,11个外国采购团与会。

12. 外经贸部印发《在祖国大陆举办对台湾经济技术展览会暂行管理办法》

12月1日,对外贸易经济合作部通知印发《在祖国大陆举办对台湾经济技术展览会暂行管理办法》(以下简称《办法》)。《办法》适用于在祖国大陆举办的对台湾经济技术展览会,包括海峡两岸的经济技术展览会,对台湾出口商品交易会,台湾商品展览会,台湾厂商参展的国际性展览会、博览会,台湾厂商参展的全国性展览会。《办法》就展览会举办单位、审批和管理、海关监管等事项做出具体规定。

13. 重庆国际会展中心建成投用

12月,位于重庆市九龙坡区陈家坪的重庆国际会展中心建成,承接首届重庆国际汽车工业展览会。该项目由重庆城市建设投资公司投资,总投资金额为15亿元。2001年4月二期工程完工。该中心展厅面积为2.5万平方米。

1999年

1.《展览知识与实务》出版

1月1日,经济科学出版社出版《展览知识与实务》一书。此书由中国贸促会驻澳大利亚代表处首席代表林宁撰写。

2. 中国国际地面材料及铺装技术展在上海创办

3月31日,中国国际地面材料及铺装技术展览会在上海国际展览中心创办,展览面积3500平方米,主办方为上海企龙展览公司。2002年与德国汉诺威展览公司合资举办。2005年亚洲门窗遮阳展览会同期举办。2011年第12届展览面积超过10万平方米。2019年2月在上海新国际博览中心举办的第21届,国内外1579家客商参展,展览面积1万平方米,107个国家和地区6.68万人次的专业买家参观。

3. 中国(晋江)国际鞋业博览会创办

3月19日,首届中国(晋江)国际鞋业博览会(晋江鞋博会)开幕。由全国制鞋工业信息中心、晋江市政府和福建省对外商务公司联合主办。后调整为中国贸促会、中国轻工业联合会、中国体育用品业联合会主办,泉州市政府、福建省体育局、福建省贸促会、中国皮革协会、中国皮革和制鞋工业研究院协办,晋江市政府、晋江市国际商会、晋江市制鞋工业协会承办。2006年第8届设"台湾馆"。2016年同期举办国际体育产业博览会。2017年第19届设"一带一路"馆,举办海峡两岸大学生运动鞋设计大赛。2019年举办的第21届晋江鞋博会暨第4届国际体育产业博览会,展览面积6万平方米,展品范围涉及跑步、足球、篮球、冰雪、泳装和赛事运营。

4. 东莞创办国际名家具展

3月,国际名家具(东莞)展览会创办,主办方为广东现代会展管理公司。每年春秋两季各办一届。2017年设立"金羿奖",评选年度家居优秀设计作品及其设计家。同年,推出3万平方米的全屋家居定制馆。2019年第41届展览面积76万平方米,1286家客商参展,接待专业观众35.12万人次。

5. 亚洲食品配料中国展在上海创办

3月,亚洲食品配料中国展在上海光大会展中心创立,创办方为博闻公司(UBM)。与中国食品添加剂协会和中国贸促会轻工行业分会主办的中国食品添加剂展同期举行。此后,两项目分别主办。亚洲食品配料中国展与UBM的制药原料中国展同期举办。2008年,展会迁址上海新国际博览中心。2011年后,增设健康原料、天然原料中国展和天然及营养保健品展。2019年6月在国家会展中心(上海)举办的第21届,国内外参展商超过650家,展览面积5.5万平方米。主办方为欧洲UBM、中国医药保健品进出口商会和上海博华国际展览公司。

6. 私营企业获准参加广交会

4月17日,第85届广交会开幕。经外经贸部批准,拥有自营进出口权的广东格兰仕家电公司、宁波西摩电器公司等私营企业参加展览。此为私营企业首次参加广交会。

7. 柯桥创办国际纺织品纺博会

4月,首届中国(绍兴)国际纺织品纺博会在浙江省绍兴市柯桥区中国轻纺城举办。8个国家和地区的250家企业参展,设333个展位。2008年,经国务院批准,博览会由浙江省政府、中国贸促会、中国纺织工业协会、中国商业联合会主办,绍兴市柯桥区政府、浙江省贸促会共同承办(后调整为中国商业联合会、绍兴市柯桥区政府主办,中国纺织信息中心、中国服装协会、中国纺织工业联合会流通分会、绍兴市柯桥中国轻纺城建设管理委员会、柯桥区会展业发展中心承办),每年5月和10月各办一届。2019年5月在柯桥中国轻纺城举办的春季博览会,超过580家企业参展,展览面积3.4万平方米,设置纺织面料、数码印花、纺织未来三个展,主要展出为纺织面料、辅料、家用纺织品、纺织机械和创意设计等。同年,秋季博览会于9月首次在绍兴国际会展中心举办,参展企业526家,展览面积3.4万平方米。

8. 昆明世界园艺博览会开园

5月1日,以"人与自然——迈向21世纪"为主题的世界园艺博览会在昆明开幕,这是中国首次举办专业类的世界博览会。中共中央总书记、国家主席江泽民出席开园仪式。博览会占地面积约218公顷,园区包括五大场馆(中国馆、国际馆、人与自然馆、科技馆、大温室)、国内展区34个展园、国外展区30个展园,另有专题园、企业展区以及三大室外展区。博览会至10月1日结束,为期184天。国内外参观人数达950万人次。

9. 长春举办国际教育展

8月19日,在长春举办的国际教育展览会开幕。23个国家和地区的338所院校、教育中介机构和教学仪器厂家参展。展会由长春市政府和吉林省教委共同主办。

10. 兰州国际博览中心建成开业

8月26日,兰州国际博览中心建成开业。由兰州国芳置业公司投资兴建。该中心为商业综合体建筑,5—7层为展厅。

11. 亚洲宠物展在上海举办

8月,亚洲宠物展览会在上海举办。此展首届由荷兰皇家展览集团公司于1998年创办于香港。此后,上海万耀企龙展览公司与荷兰公司达成战略合作协议,将其移址上海。2019年在上海新国际博览中心举办的第22届,展览面积18.5万平方米,海内外1591家客商的2万多个品牌参展,两天公众日吸引了超过20万人次的宠物爱好者参观。

12. 高交会展览中心在深圳投入使用

8月,位于深圳福田的中国国际高新技术成果交易会展览中心建成投用,首届中国国际高新技术成果交易会(高交会)深圳高交会展馆设置在该中心。其由深圳市政府投资3亿元建设,展览面积11万平方米,分为9个展厅。2006年展览中心拆除,场地用于建设深圳证券交易所办公楼。

13. 郑州举办旅游展示交易会

9月4日,中西部(郑州)旅游展示交易会在郑州交易中心开幕。交易会由河南省旅游局、郑州国际少林武术节组委会联合主办,10余个省市旅游机构参展。

14. 朱镕基参观中国国际金融展

9月17日,国务院总理朱镕基当晚来到北京中国国际展览中心,参观中国国际金融(银行)技术暨设备展览会。此展于1993年由中国人民银行创办。2003年改为中国金融电子化公司主办。2013年、2015年分别在深圳、上海举办。展会展示国内外最新的金融(银行)电子化技术和设备。

15. 中国铸造协会在泰国举办铸造冶金展

9月18日,由中国铸造协会主办的2019泰国国际铸造冶金展览会在曼谷国际贸易展览中心开幕。展览面积近万平方米,中国和多国的百余家铸造企业参展。协会根据会员"走出去"需求,首次以自办展方式拓展海外市场。

16. 上海光大会展中心对外营业

9月28日,位于上海徐家汇商圈的光大会展中心对外营业。该中心由中国光大集团投资21.4亿元兴建。其室内展厅分为三层,总面积2.5万平方米。

17. 中国国际高新技术成果交易会在深圳举办

10月5日,首届中国国际高新技术成果交易会(高交会)在深圳开幕。由商务部、科技部、工信部、国家发改委、农业部、国家知识产权局、中国科学院、中国工程院和深圳市政府共同举办。首届参展机构2856家,参展项目4150个,26个国家和地区的86个代表团、全国31个省(区、市)和港澳台地区团组及32家世界著名高科技跨国公司、955家投资商到会。国务院总理朱镕基出席开幕式并致辞。2004年第6届移址深圳会展中心,展览面积超过10万平方米。2007年5月,国际消费类电子产品展览会作为高交会的专业展,同期举办。2019年11月举办的第21届,展览面积14.2万平方米,参展科技项目逾万个。44个国家和国际组织共148个团组和国内33个省(区、市,含新疆生产建设兵团)及港澳台地区团组参展,57.6万人次观众参观。

18. 烟台国际果蔬食品博览会创办

10月12日,首届果蔬加工技术与产业化国际研讨会暨展览会在烟台开幕。此会由中国工程院院长宋健倡议举办,并作为中国工程院与山东省的合作项目。2000年更名为烟台国际果蔬食品博览会,经国务院批准,由联合国亚洲及太平洋经济社会委员会、联合国亚太农业工程与机械中心、联合国亚太技术转让中心、中国工程院、外经贸部(后为商务部)、科技部、农业部、国家外国专家局、全国供销合作总社、山东省政府主办,烟台市政府承办,每年举办一届。2018年11月举办的第19届,设置果蔬深加工、农产品苗种培育、果蔬种植、"互联网+农业"、烟台形象、食品等展区,展览面积2万平方米,10余个国家和地区与国内20多个省(市、区)的518家企业参展。

19. 国际电动车会议暨展览会先后在北京、深圳举办

10月14日,第16届国际电动车会议暨展览会在北京开幕。国际电动车会议由世界电动车协会创办于1969年。此为该展首次来华举办。2010年11月5日,第25届世界电动车、混合动力车和燃料电池车大会暨展览会在深圳开幕。国内外350多家企业参展(其中,整车参展企业超过60家),展览面积4.5万平方米。中国电工技术学会和中国汽车工程学会作为世界电动车协会的成员,申办并组织了大会和展览。

20. 中国重庆高新技术成果及产品展示交易会创办

11月11日,首届中国重庆高新技术成果及产品展示交易会创办,由重庆市政府、国防科工委、中国发明协会联合主办。全国28个展团带来的2000余项科技成果和5000多个交易项目参展。之后,科技部、工信部、中国科学院、中国工程院参与主办。2005年,同期举办中国国际军民两用技术博览会。

21. 上海世贸商城提供展览场地

11月,位于上海虹桥经济技术开发区的上海世贸商城开业。其室内展览面积3.7万平方米,分设于四层楼,一楼展厅面积6400平方米。商城由台湾企业家、华侨与上海虹桥开发区联合发展总公司共同投资2.5亿美元兴建。

22. 上海国际工业博览会创办

12月13日,上海国际工业博览会(上海工博会)在上海展览中心开幕。412家企业参展,展览面积1.5万平方米。1999年3月,在上海华东进出口商品交易会举办期间,上海市政府领导提出举办机电和高新技术产品展览的构想。市外经贸委牵头提出《关于筹备举办上海国际工业博览会的初步方案》。1999年7月,经国务院批准、外经贸部批复同意举办上海国际工业博览会,明确由国家经贸委、外经贸部和上海市政府共同主办。1999年10月,上海工博会组委会召开第一次会议,明确上海东浩集团所属上海外经贸商务展览公司作为承办单位之一。2000年10月举办的第2届,中共中央总书记、国家主席江泽民题写"上海国际工业博览会"会名。2001年1月,国务院要求提升办会规模和水平,将其办成类似"汉诺威工博会"的国家级大型国际工业博览会。主办单位始由3家增为8家,即国家经贸委、外经贸部、科技部、信息产业部、教育部、中国科学院、中国贸促会和上海市政府。中国机械工业联合会作为协办单位。同年11月举办的第3届移址上海新国际博览中心。2005年11月,经国务院批准,更名为中国国际工业博览会。2006年举办的第8届,展览面积超过10万平方米。同年12月19日,上海世博(集团)公司(后改制为东浩兰生集团公司)与德国汉诺威展览公司签订协议,双方同意整合资源,在工博会框架下合作办展。同年,上海世博集团公司决定将工博会项目部改制为项目公司,专司工博会承办工作,推行市场化办展机制。2015年第17届移址国家会展中心(上海)。2019年9月举办的第21届,设置数控机床与金属加工、工业自动化、节能环保技术与设备、新一代信息技术与应用、能源技术与设备、新能源与智能网联汽车、机器人、科技创新、新材料产业9个专业展,展览面积达28万平方米,参展商2610家,专业观众18.2万人次。

2000年

1. "展中展"在上海创办

1月6日,中国国际展览和会议展示会("展中展")在上海开幕。"展中展"分为高峰论坛和展览两大板块,论坛在上海国际会议中心举办,展览在上海国际展览中心举办。其获中国贸促会支持,中国国际展览中心集团公司与上海市贸促会联合主办、上海市国际展览中心有限公司和中展集团公司承办。展览主要展示展览会议工程所用的器材、用品,以及会展工程服务企业。"展中展"第2届至第5届先后在北京、广州、武汉、西安、上海等地巡回举办。2005年,"展中展"与中国贸促会主办的"中国会展经济国际合作论坛"(CEFCO)同期举办,成为独立的展会,改由中国国际展览中心集团(后改为中国展览馆协会)主办。此展2012年后停办。

2. 厦门会展集团股份有限公司成立

2月28日,厦门会展集团股份有限公司成立,是国有厦门建发集团所属全资子公司。其负责管理建发集团拥有的厦门国际会展中心、厦门国际会议中心及音乐厅,并租赁经营福州海峡国际会展中心、厦门沧江会展中心,展厅总面积达28万平方米。会展集团下辖15家全资或控股企业,业务涵盖会展场馆运营、展会主办、展会服务、物业管理、广告设计制作与展览工程等。中国厦门国际石材展览会、中国厦门国际佛事用品展、中国厦门国际茶产业博览会是集团公司自有品牌展会项目。

3. 中国国际石油石化技术装备展创办

3月,中国国际石油石化技术装备展览会在北京农业展览馆创办,150余家客商参展,展览面积8000平方米。展会由北京振威展览公司主办,中国贸促会化工行业分会作为支持单位(后增加中国石油和化学工业联合会、中国石油和石油化工设备工业协会)。2004年,展会移址中国国际展览中心(朝阳区馆)举办,展览面积扩大为2万平方米。2008年8月,上海国际石油石化技术装备展览会创办。自此形成南北两地办展格局。到2019年,两展展览面积达12.8万平方米(其中,上海展3.8万平方米),共有来自46个国家和地区的1800家客商参展,专业观众达12万人次。

4. 全国五金商品交易会举办133届

4月4日,春季全国五金商品交易会在北京国际展览中心开幕。主办方为中国五金交电化工商业协会。交易会源于1952年举办的全国五金产品订货会。2001年采用中国国际五金博览会名称,中国建筑装饰协会、中国五矿化工进出口商会、中国电器工业协会电动工具分会参与主办。2004年起,春季交易会在上海举办,秋季交易会在全国不同城市巡回举办。2013年,展览面积首次超过10万平方米。2015年春季交易会移址上海国家会展中心举办。2019年4月举办的第133届交易会暨第33届博览会,展览面积14万平方米,国内外超过2700家客商参展,专业观众超过8万人次。2014—2019年,秋季交易会分别在青岛、广州、宁波、临沂举办(临沂连续承办2017—2019年三届秋季交易会)。

5. 寿光创办国际蔬菜科技博览会

4月20日,中国(寿光)国际蔬菜科技博览会(寿光菜博会)创办。主办方为农业部、外经贸部(后为商务部)、科技部和山东省政府,承办方为潍坊市及寿光市政府。首届展览面积8400平方米。国内20多个省(区、市)的156个代表团和15个国家和地区的200多位专家与会参展。会期一个月。2008年5月9日,国家副主席习近平视察第9届寿光菜博会。2019年4月举办的第20届,配套举办蔬菜品种展、农业节水展、台湾农产品精品展、现代农机装备展及寿光文化博览会等活动,分布于寿光市内10处地点,有12个国家和地区的134家客商参展(其中,境外客商50家)。

6. PECC国际贸易投资博览会与天津投资贸易洽谈会同期举办

5月14日,外经贸部和天津市政府主办的首届PECC国际贸易投资博览会在天津国际展览中心和天津经济技术开发区太平洋村开幕。博览会以"21世纪的环境与家居"为主题,分为展览区和实景区两部分,展览总面积4万平方米,28个国家和地区的355家客商参展。其中,海外组团超过40个,包括16个PECC成员。首届PECC国际贸易投资博览会与第7届天津投资贸易洽谈会同期举办。天津投资贸易洽谈会前身为1993年创办的中国(天津)春季商品交易会,2005年更名。2019年4月,中国·天津投资贸易洽谈会暨PECC博览会在梅江会展中心举办。36个国家和地区、国内26个省(区、市)的81个团组超过2400家企业参展参会。

7. 立嘉国际智能装备展览会在重庆创办

5月24日,立嘉机床工模具新技术新设备展览会在重庆创办,126家企业参展,149个标准展位,3000余人参观。后改称为立嘉国际智能装备展览会。展会由重庆立嘉会议展览公司主办(1999年创立)。2019年5月举办的第20届,1049家企业参展,展览面积8.2万平方米,32695名专业观众参观(其中,80%来自重庆、四川、贵州等地)。

8. 广州举办台资企业产品博览会

5月30日,广州首届台资企业产品博览会开幕,由广州市台资企业协会与国内16个城市的台资企业协会联合举办。电子、机电、建材、皮革、化工、五金、纺织、文具、礼品等行业的200多家台资企业参展。

9. 厦门市设立会展协调办公室

5月,厦门市政府设立会展协调办公室。

10. 中国纺织品服装贸易展览会在纽约创办

6月5日,首届中国纺织品服装贸易展览会在美国纽约Show-pier 92展馆开幕。展会由中国纺织工业联合会主办。2011年,展会分春、夏两季各办一届。2018年8月举办的第19届,展览面积超过3万平方米。

11. 青海投资贸易洽谈会创办

6月26日,东部民营企业参与西北经济结构调整项目洽谈会在西宁市开幕。洽谈会由国家经贸委、全国工商联、国家民委和青海省政府联合主办。2001年的第2届在青海博物馆举办。2002年第3届改称中国青海结构调整暨投资贸易洽谈会。2005年第6届在青海国际会展中心举办。2010年第11届,改称中国·青海绿色发展投资贸易洽谈会,与柴达木循环经济项目推介会、郁金香节、吸引外资洽谈会等活动同期举办。2019年举办的第20届,国内外3900家机构的1.3万多名客商参展参会。

12. 青岛国际会展中心建成投用

7月,位于青岛市崂山区的青岛国际会展中心投入使用。其室内展览面积5万平方米。该项目由青岛市政府投资兴建,1998年7月动工。2004年11月,二期工程动工。新增展览面积2.4万平方米。

13. 中国国际互联网站展在深圳举办

8月4日,科技部和中国科学院共同举办的中国国际互联网站展览会在深圳开幕。参展商达125个。

14. 中国数控机床展在上海创办

8月24日,首届中国数控机床展览会在上海光大会展中心开幕,展览总面积为1.58万平方米,244家展商全部来自中国境内。前来参观采购的专业观众达4.3万人次。展会由中国机床工具工业协会主办,上海市国际展览公司参与承办。逢双年举办。第1—4届在上海举办,第5届在北京举办,第7届在南京举办。自2014年的第8届起定址上海举办。2018年4月在上海新国际博览中心举办的第10届,展览面积12万平方米,23个国家和地区的1233家客商参展(其中,境外展商576家,展览面积占总面积的43%),专业观众达12.57万人次。

15. 昆仑亿发科技发展公司创立与发展

9月7日,北京昆仑亿发科技发展公司创立。其以会展业信息服务及其技术开发、咨询为主业。2015年更名为北京昆仑亿发科技股份公司。2016年挂牌"新三板"(836036)。至2019年,服务展会累计超过3500场。

16. 深圳国际珠宝展创办

9月14日,首届深圳国际珠宝展览会创办。主办方为深圳市黄金珠宝首饰行业协会。深圳市拨款70万元予以支持。2019年第20届展览面积为6万平方米,国内外参展商近800家,超过15个国家与地区的3万余名专业买家参观。

17. 中国(武汉)国际机电产品博览会创办

9月23日,首届中国(武汉)国际机电产品博览会在武汉竹叶山汽车市场开幕。博览会经国务院批准,主办方为湖北省政府和武汉市政府。后增加商务部、中国贸促会作为主办机构。2003年探索"政府主办、商业运作"改革,香港讯通展览公司、法兰克福光亚展览公司、重庆立嘉展览公司先后参与承办。2019年11月第20届在武汉国际博览中心举办,展览面积5万平方米,国内外客商参展超过600家。

18. 成都国际家具工业展创办

9月23日,成都国际家具工业展览会创办。该展会由成都市政府主办,成都市技术监督局、成都市贸促会承办。首届展位400余个。2001年,成都市贸促会设立成都新东方展览公司,作为该展会执行承办单位。2005年举办第6届,其展览面积为6万平方米。2007年的第8届四川省家具进出口商会列为承办单位。2017年6月举办的第18届,在中国西部国际会议展览中心和世纪城新会展中心同时举行。"一城双展"展览总面积达25万平方米,较上届增长56%,成为中西部地区规模最大的专业展会。

19. 厦门国际会议展览中心建成投用

9月,投资11.7亿元兴建的厦门国际会展中心,建成投入使用。展厅面积3.3万平方米,会议室20多间。2008年9月二期工程完工投用,新增展厅内面积近3万平方米。

20. 杭州举办西湖博览会

10月20日,中国杭州——2000西湖博览会开幕,至11月10日闭幕。39个项目参与(包括23个展览、7个会议和9个活动)。西湖博览会创办于1929年,时为民国时期规模最大的博览会。1984年,杭州市政府与浙江省外经贸厅成立西湖博览会筹备处,编制《中国西湖博览会可行性研究报告》。1987年,浙江省政府下发《关于建设西湖博览会的批复》。1998年,杭州市计委提交《关于建议开发"西湖博览会"品牌的报告》。1999年,杭州市制定博览会总体方案,并成立组委员会及办公室。2014年起,博览会改为两年举办一次。2018年博览会以"新时代新西博"为主题,与中国(杭州)电商博览会联袂举行,以体现"招商引资的平台、精神文明的载体、老百姓的节日"的定位。

21. 中山创办中国休闲服装博览会

10月27日,国际休闲服装节暨中国著名休闲服装展示展销周在广东省中山市沙溪服装城开幕,境外企业77家参展。2001年举办第2届,改称中国休闲服装博览会。由中国服装协会、中国服装设计协会、中山市政府共同主办,沙溪镇政府、中山市工业发展局、广东省服装服饰行业协会承办。2008年第9届移址新落成的中山市博览中心举办。

22. 朱镕基、温家宝参观中国国际通信设备技术展

10月29日,国务院总理朱镕基当晚在北京参观第4届中国国际通信设备技术展览会。该展会1990年创办,由信息产业部(后改为工业和信息化部)、中国贸促会主办,中国邮电器材集团公司、中国国际展览中心集团公司承办。2004年10月29日,国务院总理温家宝在北京参观该展。2018年该展于10月底在北京国家会议中心举办,展览面积4万平方米,国内外参展客商超过400家,近6万人次参观。

23. 国务院发展研究中心召开会展经济发展研讨会

10月,国务院发展研究中心在浙江台州召开会展经济发展研讨会,首次提出会展经济概念。

24. 汉诺威米兰公司在上海创办物流展

11月7日,中国国际物流与运输系统展览会在上海展览中心开幕。展览面积0.66万平方米,参展客商84家。展会为汉诺威米兰展览(中国)公司与中国物流与采购联合会、中国机械工程学会联合主办。其于2002年改称亚洲国际物流技术与运输系统展览会。至2019年第20届展览面积扩至8万平方米,参展企业增至700余家,成为中国最大规模的物流专业展会。2018年8月,汉诺威米兰展览(上海)公司宣布收购由广州市巴斯特会展公司主办的中国(广州)国际物流装备与技术展览会,并与巴斯特会展公司合资成

立汉诺威米兰佰特展览(广州)公司。2019年5月29日,合资后首展在中国进出口商品交易会展馆开幕。展示面积近3万平方米,参展客商373家。

25. 中电会展与信息传播公司成立与发展

11月12日,中电会展与信息传播有限公司成立,其为中国中电国际信息服务有限公司旗下全资子公司。其主办或承办多个电子展项目,包括中国电子展、中国电子信息博览会、亚洲电子展、中国锂电新能源展、中国大数据应用大会、数字中国建设成果展览会、中国(长沙)网络安全·智能制造大会、中国(成都)网络安全高峰论坛等多个展会项目。中国电子展创始于1964年。2007年,每年4月、7月和10月分别在深圳、成都、上海举办。2019年,公司主办或承办的展会展览总面积达25万平方米。公司代理多个国际电子展的销售,并拥有《中国电子商情》等电子媒体。2005年,公司获中国电子技术标准化研究所(CESI)体系认证中心颁发的质量管理体系认证证书。这是国内展览公司首次通过质量管理体系认证。

26. 海纳会展研究所在重庆创办

11月,海纳会展研究所(重庆会展研究所)由留德学者应丽君在重庆创办。

27. 深圳国际工业制造技术展览会创办

是年,深圳国际工业制造技术展览会创办。展会由深圳市机械行业协会、深圳环悦会展公司主办。2019年3月举办的第20届,国内外超过1000家企业参展,展览面积11万平方米。

2001年

1. 中国贸促会、外经贸部印发《出国举办经济贸易展览会审批管理办法》

2月15日,中国贸促会、对外贸易经济合作部通知印发《出国举办经济贸易展览会审批管理办法》(以下简称《办法》)。《办法》根据《国务院办公厅关于出国举办经济贸易展览会审批管理工作有关问题的函》制定,分为总则、组展单位、审批的权限、审批的依据和要求、展览团的管理、处罚措施和附则共八章三十八条。《办法》所称出国举办经济贸易展览会,包括在国外单独举办经贸展览会、友好省市经贸展览会和以商品展览形式举办经贸洽谈会;组织企业参加国外举办的国际贸易展览会和博览会。《办法》明确,中国贸促会负责出国办展的审批和管理。2006年5月14日,中国贸促会、商务部公布修订后的《出国举办经济贸易展览会审批管理办法》。修订依据《中华人民共和国行政许可法》和《国务院对确需保留的行政审批项目设定行政许可的决定》(国务院令第412号)。修订后的《办法》分为总则、审批的条件和依据、项目申请的受理与审查程序、展品和人员出境监管、展览团的管理、法律责任和附则共七章三十四条。《办法》所称出国办展,是指符合本办法规定的境内法人("组展单位")向国外经济贸易展览会主办者或展览场地经营者租赁展览场地,并按已签租赁协议有组织地招收其他境内企业和组织派出人员在该展览场地上展出商品和服务的经营活动。《办法》明确,《办法》不适用于境内企业和其他组织独自赴国外参加经济贸易展览会,赴我国香港(特别行政区)、澳门(特别行政区)、台湾地区举办、参加经济贸易展览会等活动。《办法》明确,出国办展须经中国贸促会审批(会签商务部)。贸促会负责协调、监督、检查组展单位实施经批准的项目,制止企业和其他组织未经批准开展出国办展活动,并提请有关行政管理部门依法查处。商务部负责对出国办展进行宏观管理和监督检查。《办法》规定,组展单位当具备的条件为:依法登记注册的企业、事业单位、社会团体、基金会、民办非企业单位法人,注册3年以上,具有与组办出国办展活动相适应的经营(业务)范围;具有相应的经营能力,净资产不低于300万元人民币,资产负债率不高于50%;具有向参展企业发出因公临时出国任务通知书的条件。

2. 上海万耀企龙展览公司成立与发展

2月20日,企龙展览服务(上海)公司与荷兰皇家展览集团公司合资设立上海万耀企龙展览公司。企龙展览服务(上海)公司成立于1993年。荷兰皇家展览集团公司成立于1916年。合资公司拥有上海理财博览会(2007年创办)、中国国际地面材料及铺装技术展览会(1997年创办)、亚洲宠物展(1997年创办)、国际观赏鱼及水族器材展览会(1989年创办,2017年移植中国)、亚洲门窗遮阳展览会(2005年创办)、国际食品展览会(2014年创办)、米兰国际家具(上海)展览会(2016年创办)、3D打印与增材制造展览会(2016年创办)、亚洲园艺博览会、农产品加工及食品技术展览会、农业与食品产业博览会(2018年创办)、乐活博览及亚洲素食展等多个展览项目。展览举办地分布于上海、广州、成都、深圳、青岛以及香港地区。先后与德国汉诺威展览公司、斯图加特展览公司、英国极速新闻公司等建立合作关系。2018年,与意大利展览集团合资成立上海万耀华意展览公司,与香港盈柏广告策划公司合资成立香港万耀企龙展览公司。2019年,公司主办或承办展会的展览总面积超过50万平方米。

3. 江泽民、卡斯特罗共同参观在哈瓦那举办的中国电子工业产品展

4月13日,正在哈瓦那进行国事访问的中国国家主席江泽民和古巴国务委员会主席卡斯特罗共同参观了在哈瓦那举办的中国电子工业产品展和古巴生物工程产品展。

4. 上海国际酒店用品展创办

4月,上海博华国际展览公司收购的上海酒店用品展览会(创办于1992年),后改称为上海国际酒店用品展览会在上海首次举办。之后,博华公司邀请中国旅游饭店协会参与主办。2012年第21届展览面积达10万平方米。2014年后,博华公司以此项目为母展,相继在北京、成都、广州和青岛开办子展。2017年改称上海国际酒店用品及餐饮业博览会,在上海新国际博览中心分为两期举办:第一期为上海国际酒店用品及餐饮业博览会;第二期为上海国际酒店与商业空间博览会,形成产业链组展态势。2019年3月在上海新国际博览中心举办的第28届国际酒店及餐饮业博览会,国内外2567家客商参展,展览面积23万平方米。同年4月举办的上海国际酒店与商业空间展览会,展览面积近20万平方米。

5. 中国少数民族和民族地区名优新特产品交易会在深圳开幕

5月9日,国家民委和深圳市政府共同主办的首届中国少数民族和民族地区名优新特产品交易会在深圳开幕。32个省(区、市)40个展团参加。参展企业超过2000个。

6. 新疆国际农业博览会创办

5月16日,首届新疆国际农业博览会在新疆国际博览中心举办,展览面积6000平方米,参展企业150家。展会由振威展览股份公司、新疆振威国际展览公司主办。2019年8月8日举办的第19届,展出面积6万平方米,国内外1500余家企业参展。

7. 国际消费电子博览会在青岛创办

6月18日,中国国际电子家电博览会(电博会)在青岛开幕。由外经部、工信部、科技部、山东省政府主办,中国机电产品进出口商会、青岛市政府、中国电子商会承办。其与中国青岛对外经济贸易洽谈会同期举办。洽谈会创办于1991年6月,由山东省政府、中国贸促会、中国纺织品进出口商会、中国轻工工艺品进出口商会、中国医药保健品进出口商会、中国食品土畜进出口商会、中国机电产品进出口商会、中国五矿化工进出口商会、中国外商投资企业协会联合主办,香港贸易发展局协办,青岛市政府承办。首届电子家电博览会展览面积2万平方米,国内外500多家企业参展。2004年,更名为中国国际消费电子博览会。2019年7月举办的电博会,展览面积2.5万平方米,国内外179家企业参展。

8. 慕尼黑展览(上海)公司成立与发展

6月28日,慕尼黑展览(上海)有限公司成立。其为德国慕尼黑博览集团在中国设立的全资子公司。成立之后,公司将在德国举办多年的工程机械、电子和分析生化三个展览项目移植上海举办。2011年10月,集团公司与上海中贸国际展览公司合资设立中贸慕尼黑展览(上海)公司,共同主办中国环博会。2017年3月,集团公司与北京中德建联国际会展公司合资组建中联慕尼(北京)国际会展公司,共同主办中国国际门窗幕墙博览会暨中国国际建筑系统及材料博览会。同年,公司先后在北京、深圳设立分公司。至2019年,公司在中国上海拥有25个展览项目,涉及工程机械、物流、环保、电子、激光、生化分析、酒和饮料制造、建筑建材、运动时尚等领域,展会分布于上海、北京、广州、深圳、成都等地。年展览总面积逾100万平方米。

9. 世界制药原料中国展在上海创办

7月10日,首届世界制药原料中国展在上海国际展览中心开幕。展览面积6000平方米,国内外193家厂商参展。世界制药原料展由欧洲博闻公司创办于1991年,每年举办一届,在法国、德国和西班牙之间巡回举办。其中国展是欧洲项目的姊妹展,由中国医药保健品进出口商会与欧洲博闻公司联合主办,上海博华国际展览公司承办。2006年举办的第6届,同期举办世界制药机械、包装设备与材料中国展。2012年的第12届展览面积达11万平方米。其中,制药原料展8万平方米,制药机械、包装设备与材料展3万平方米。2019年6月举办的第19届,展览总面积突破20万平方米,国内外3246家企业参展,观众达 6.66 万人次(其中海外观众 2.03 万人次)。

10. 科技部等四部门颁布《国际科学技术会议与展览管理暂行办法》

8月23日,科学技术部、外交部、海关总署、国家工商行政管理总局颁布《国际科学技术会议与展览管理暂行办法》(以下简称《办法》)。就在我国境内(不含港、澳、台地区)举办国际科学技术会议与展览的管理做出规定。《办法》所指国际科技会议定义为与会代表来自三个或三个以上的国家或地区(不含港、澳、台地区),以科技学术研讨为主要目的研讨会、报告会、交流会、论坛等。《办法》中的国际科技展览是指以科研、技术及高技术产品的展示交流为目的,境外参展商比例在20%以上的展览会、博览会(一般指规模较大,代表性和综合性较强的展览)、技术展示交流会等。《办法》对国际科技会展的审批、协调和管理工作做出具体规定。

11. 北京举办国际展览业务培训

8月27日,北京国际会议展览业协会在全国农业展览馆举办的国际展览业务培训班开班,来自全国25各省(市、区)的153人参训。15位专家受邀担任讲师。培训时间5天。

12. 长春国际会展中心建成投用

8月,长春国际会展中心建设工程竣工。其位于长春经济技术开发区,由长春市及长春经济技术开发区共同投资兴建。9个展厅分为两层,展览面积10万平方米。

13. 中国(淄博)国际陶瓷博览会创办

8月,中国(淄博)国际陶瓷博览会创办,参展客商180余家。博览会由中国工程院、中国工业经济联合会、中国陶瓷工业协会、山东省政府联合主办,淄博市政府、山东省科技厅承办。2006年第5届移址淄博国际会展中心举行。2019年9月举办的第19届,主会场设于中国陶瓷科技城,在中国财富陶瓷城、中国(淄博)陶瓷总部基地、淄川1954陶瓷文化创意产业园设分会场,超过1200家客商参展商。

14. 中国(齐齐哈尔)绿色食品博览会举办

9月8日,中国(齐齐哈尔)绿色食品博览会在黑龙江省齐齐哈尔市开幕。2002年后改为每年8月举办。博览会由农业部和黑龙江省政府联合主办,中国绿色食品发展中心和齐齐哈尔市政府承办。2006年第6届移址齐齐哈尔国际会展中心举办。2019年第19届参展企业266家,应邀与会客商代表超过2000人。齐齐哈尔国际会展中心由齐齐哈尔市政府投资2.3亿元兴建。

15. 武汉国际会展中心建成投用

9月23日,第2届中国(武汉)国际机电产品博览会在武汉国际会展中心举办,标志该中心建成投用。该中心由武汉市政府于1999年底在武汉展览馆原址上投资兴建。2001年,武汉汉商集团公司出资1.2亿元受让武汉展览馆持有的武汉国际会展中心股份有限公司53.1%的股权,实现控股经营。该中心历经多次改造,已成为集展览、会议、零售、酒店、餐饮、娱乐为一体的大型商业综合体建筑。其室内展览面积2万平方米,会议厅(室)面积1.5万平方米。

16. 中国国际科技会展中心在北京启用

9月,位于北京市北三环马甸桥的中国国际科技会展中心落成启用。其展览面积为9300平方米(分为两层),会议厅面积5000平方米。

17. 中国国际五金制品展览会创办

10月10日至12日,中国五金制品协会在上海光大会展中心举办的首届中国国际五金展览会,此前,协会于1991年11月在深圳举办五金制品展览会;1997年6月在北京举办中国国际五金展览会暨全国燃气热水器展示汇报会。2003年第3届移址上海新国际博览中心举行。2006年第6届与世界五金联合会第49届世界大会同期举办。同年,德国科隆国际展览公司加盟主办。2008年第8届展览面积突破10万平方米。2014年3月,在成都举办西部五金展览会,进入一年两届、分春秋季在沪蓉两地分别举办的阶段。2019年,创办中国绿色厨卫、燃气用具及家居五金博览会,与五金展同期在上海举办。

18. 朱镕基视察第90届广交会

10月14日,国务院总理朱镕基出席第90届广交会,并宣布开幕。15日,朱镕基在广州召开外贸出口工作座谈会。参加广交会的各省(区、市)和经济特区分管外贸工作的负责人、国务院有关部门负责人、部分参展企业代表出席座谈。

19. 安平国际丝网博览会创办

10月22日,中国安平国际丝网博览会在河北省安平县创办。由中国贸促会、河北省政府、中国轻工业联合会、中国五矿化工进出口商会、中国五金制品协会联合主办,中国国际展览中心集团公司、中国产业用纺织品行业协会、河北省商务厅、贸促会、衡水市政府、安平县政府承办。展览范围包括用于烧烤炉、丝网工艺品、花架、金属网带、食品炸筐、厨房电器烧烤架、过滤器、索具等产品的各种丝网制品、丝网加工机械、模具、辅料、表面处理设备及原料等。首届展览面积5000平方米,70多家企业参展。2019年10月举办的第19届,展览面积3万平方米,参展商230余家。安平县从事丝网制造和贸易的企业超过1.3万家,从业人员21万人。产品涵盖拉丝、编织、焊接、冲拉、非织造等制造工艺,广泛用于建筑、工业、农业领域。年出口交货值超过10亿美元。2019年2月,安平国际丝网会展中心和丝网小镇项目动工建设。

20. 上海新国际博览中心开业

11月2日,位于上海浦东的上海新国际博览中心开业。其由上海陆家嘴展览发展公司与德国汉诺威展览公司、德国杜塞尔多夫展览公司、德国慕尼黑展览公司联合投资兴建。美国Murphy/Jahn设计事务所负责建筑设计。1999年11月4日,正在中国访问的德国总理施罗德出席该项目开工奠基仪式。第一期工程投资额为9900万美元,建造9

个展厅(含序厅),展览总面积为10.35万平方米。中外合资的新上海国际博览中心有限公司于1999年设立,中德双方各持股50%,由德方负责经营管理。2010年,二期工程完成,展厅增至17个,室内展览面积增至20万平方米,室外展览面积13万平方米。

21. 中国承诺会议展览业属于完全对外开放领域

11月11日,中国代表团团长、外经贸部部长石广生向世贸组织总干事迈克尔·穆尔递交中国国家主席江泽民签署的《中国加入世贸组织批准书》。根据《议定书》附件九的规定,中国会议展览服务业属于完全对外开放领域。

22. 天津举办国际汽车贸易展

11月19日,天津国际汽车贸易展览会开幕。国内外100余家知名企业参展。现场销售汽车428台。

23. 桂林国际会展中心建成投用

11月,位于漓江之滨的桂林国际会展中心建成投入营业。其室内展厅面积2.89万平方米。

24. 外经贸部下发《关于重申和明确在境内举办对外经济技术展览会有关管理规定的通知》

12月5日,外经贸部下发《关于重申和明确在境内举办对外经济技术展览会有关管理规定的通知》(以下简称《通知》)。《通知》针对超权限审批展会、非办展机构办展等情况,就展会审批、主办单位、办展区域、展会名称、广告宣传、参展单位等6方面问题,重申和明确《国务院办公厅关于对在我国境内举办对外经济技术展览会加强管理的通知》(国办发〔1997〕25号)和外经贸部《关于印发〈在境内举办对外经济技术展览会管理暂行办法〉的通知》(外经贸政发〔1998〕第325号)做出的相关规定。

25. 中国国际瓦楞展的创办与发展

12月5日,中国国际瓦楞纸箱包装工业展览会(瓦楞展)在上海光大会展中心创办,参展商170余家,展览面积7700平方米。2002年9月,英国励展博览集团与中方合资设立上海励华国际展览有限公司(后改为英方独资的上海励欣展览公司),负责经营此展。每两年举办一届。2004年,华南国际瓦楞展作为此展的姊妹展在广东东莞创办,与上海展轮年交替举办。2006年后陆续增加彩盒、包装容器、软包、纸品、柔印技术等专业展。2018年4月在东莞召开的华南国际瓦楞展,展览面积超过9万平方米。2019年4月,中国国际瓦楞展与彩盒展、包装容器展、软包展和纸展在上海国际博览中心联袂举办,展览面积11万平方米,国内外参展商超过1100家。

26. 法兰克福展览(上海)公司成立与发展

12月7日,法兰克福展览(上海)公司经工商注册成立。该公司为法兰克福展览(香港)公司的全资子公司,其在中国主办或合办的展会项目达28个,展览主题涉及纺织、汽车零部件、建筑、乐器、照明、玩具、家居用品、办公家具、内制品等多个领域。2002年,在北京设立分公司。2005年,与广州光亚展览贸易公司成立合资公司。2013年,成立法兰克福新时代广告(深圳)公司。2014年,成立广州力通法兰克福展览公司。2017年,成立法兰联通(北京)展览公司。2019年,公司主办或合作主办的展会展览总面积超过100万平方米。

27. 中国(厦门)国际石材展创办

是年,首届中国(厦门)国际石材展在厦门国际会展中心举办。该展会由厦门会展集团股份有限公司和厦门会展金泓信展览公司共同主办。展览面积4000平方米,设有125个标准展位。2005年第5届展览面积达2万平方米,共有18个国家参展。2006年第6届展览达4.2万平方米,参展企业有550家。2008年,厦门国际会展中心二期展馆建成投用,展会面积7.5万平方米,参展企业超过千家,境外观众达11782人。2009年创办世界石材大会。2013年,厦门国际会展中心三期工程建成投用,展会面积达16万平方米。2019年3月举办的第19届,展览总面积18万平方米,57个国家和地区超过2000家企业参展。

2002年

1. 中国科协颁布《国际科学技术会议与展览管理暂行办法实施细则》

1月31日,中国科协颁布《国际科学技术会议与展览管理暂行办法实施细则》(以下简称《细则》)。《细则》根据科学技术部、外交部、海关总署、国家行政管理总局《关于印发〈国际科技会议与展览管理暂行办法〉的通知》(国科发外字〔2001〕311号)要求,针对中国科协及所属全国性学会、协会、研究会以及各直属单位的具体情况和特点而制定。

2. 慕尼黑公司创办电子展与电子生产设备展

3月12日,由德国慕尼黑展览公司主办的上海电子展开幕。国内外285家客商参展,15218名专业观众参观,展览面积达1万平方米。2012年,公司将电子生产设备展从电子展中拆分出来独立举办。2019年,上海电子展及电子生产设备展展览面积达9万平方米,国内外1568家客商参展,观众92695人。2018年10月,公司在深圳创办华南电子生产设备展。

3. 江苏、广东颁布展会知识产权保护工作意见

3月12日,江苏省工商局、知识产权局、版权局联合公布《关于对我省举办的大型会展实施知识产权监督管理的意见》。4月15日,广东省知识产权局、工商局、版权局、外经贸厅联合公布《关于加强展会中知识产权保护工作的意见》。

4. 河南经贸投资洽谈会创办

4月11日,河南经贸投资洽谈会在中原国际博览中心开幕。由河南省政府、中国贸

促会、中华海外联谊会、中华全国工商联、中华全国侨联、中国对外友好协会联合主办，河南省商务厅、外侨办、海外联谊会、工商联、侨联、省贸促会和郑州市政府承办。2019年举办的第13届，设置综合、出口商品、进口商品、智能制造等多个展区。郑州、洛阳、新乡同期举办2019世界新兴产业大会、2019城市经济创新发展论坛和第37届洛阳牡丹文化节投资贸易洽谈会等活动。

5. 浙江经贸职业技术学院开设会展与广告专业

4月12日，浙江省教育厅发布《关于公布2002年高等学校专业名称的通知》，批准浙江经贸职业技术学院开设会展与广告专业。同年秋季，该学院此专业招收新生87人。此为国内高校首次设立会展专业。2012年9月，经浙江省教育厅批准，浙江经贸职业技术学院与杭州市人民职业学校合作，开办"五年一贯制"的中高职一体化的会展专业班，首批招生40人。

6. 广交会分两期举办

4月15日，第91届春季广交会第一期开幕，至20日撤展。第二期于4月25日开幕，至30日撤展。至此，广交会每年春秋两季的展会分为两期举办，每期6天。两期间隔4天，用于第一期撤展和第二期布展。广交会原设置6个行业馆、28个展区。分期举办后按展品用途设置8类共33个展区。第一期展出原材料、机械与工具、电子电器、纺织服装、食品土产和医药保健5类商品，设18个展区；第二期展出家具用品、礼品及装饰品、办公和户外用品3类商品，设15个展区。分期展览后，展览总面积达31万平方米，展位达15676个，参展客商8307家，分别比第90届增加近1倍和增加3638家。分期举办后，在馆内布设咖啡区、商务洽谈区，参观体验获得改善。

7.《中国贸易报》创办"会展周刊"

4月16日，《中国贸易报》创办"会展周刊"栏目。

8. 上海、湖南成立会展业协会

4月，上海市会展行业协会成立。7月，湖南省会议展览业协会成立。

9. 中国(阳江)国际五金刀剪博览会创办

6月2日，首届中国(阳江)国际五金刀剪博览会在阳江开幕。广东省阳江市刀具剪刀制造业拥有1400多年历史。全市相关企业超过3600家，产品包括菜刀、剪刀、陶瓷刀、理发工具等。2018年10月在新建成的阳江国际会展中心举办的第17届，展览面积4万平方米，超过600家客商参展。阳江国际会展中心由市政府投入1.5亿元兴建。

10. 中国国际装备制造业博览会在沈阳创办

8月30日，中国国际装备制造业博览会在沈阳创办。展馆面积4.8万平方米，国内外参展企业463家。博览会由外经部、中国贸促会和辽宁省政府主办，沈阳市政府承办。

后主办方调整为商务部、国务院振兴东北办公室、科技部和辽宁省政府联合主办。2019年9月举办的第18届,展览面积达11万平方米,国内外953家企业参展。

11. 北京开展会展业统计工作

8月,北京市统计局根据市政府要求,立项研究会展业统计指标及其统计方法,经征求意见和专家论证,于年底完成统计指标体系设计。2003年1月,召开首都会展业统计调查会议,将统计报表下发在京的260家会展场馆、主办单位、重点宾馆和酒店填报。4月底,提交2002年北京会展业发展情况分析报告。2005年,市统计局修订统计指标。2004年起,每年发布会展业统计数据,包括展览业、会议业营业收入、项目数量、参加会议人数等方面的数据。2004年,北京市会展收入27.98亿元。其中,展览业收入17.41亿元。2017年,会展业收入245.4亿元。其中,展览业收入123.8亿元。

12.《国民经济行业分类》增加会议展览服务业

9月2日,国家统计局通知实行《国民经济行业分类》国家标准(GB/T4754—2002)。新修订的《国民经济行业分类》首次纳入"会议展览服务业",归属于服务业中的租赁和商务服务业(其他商务服务业),行业代码为L7491。其对"会议展览服务业"的释义为:"指为商品流通、促销、展示、经贸洽谈、民间交流、企业沟通、国际性往来而举办的展览和会议等活动。"2011年11月,《国民经济行业分类》国家标准修订(GB/T 4754—2011),其将"会议展览服务业"的行业代码改为L7292。2015年7月,国家统计局就《国家旅游及相关产业统计分类(2015)》发布第16号令,指出:"旅游会展服务"是为旅游提供的会议、展览、博览服务。"旅游策划服务"是为旅游相关活动策划、演出策划、体育赛事策划提供的服务。其行业代码同为L7292。2015年9月,国家统计局就《国家体育产业统计分类》发布第17号令,指出:"体育会展服务"是为体育用品、体育旅游、体育文化等各类体育博览、展览或展会以及体育博物馆提供的服务。其行业代码也是L7292。2017年6月,《国民经济行业分类》国家标准修订(GB/T 4754—2017),其将"会议及展览服务"改为"会议、展览及相关服务",从归属于商务服务业中其他商务服务业的"小类"升格为"中类"(与其他商务服务业并列)。其释义为:"指以会议为主,也可附带展览和其他活动形式,包括项目组织策划、场馆租赁保障、相关服务。"行业代码改为L728。"会议、展览及相关服务"下设会展服务的四个小类,即科技、旅游、体育和文化,其代码分别为:L7281、L7282、L7283和L7284。

13. 安徽国际会展中心投入试运

9月5日,安徽国际会展中心在合肥投入试运营。该中心由安徽省、合肥市及合肥经济技术开发区三级政府联合投资兴建,室内展厅面积3.6万平方米,分为4个展馆。委托合肥市海恒投资控股公司经营管理。2016年,转由合肥市政务文化投资公司经营管理。

14. 博闻(广州)展览公司成立

9月26日,博闻(广州)咨询服务公司经工商登记成立。该公司为亚洲博闻香港公司在中国大陆的全资子公司。2016年更名为博闻(广州)展览公司。

15. 上海国际乐器展创办

10月16日,中国(上海)国际乐器展览会创办。此展由中国乐器协会、上海国际展览中心公司、德国法兰克福展览(香港)公司合作主办,每年举办一届。2019年展会的展览面积达14.5万平方米,34个国家和地区的2414家企业参展,观众超过17.78万人次。

16. 中国(佛山)国际陶瓷博览交易会创办

10月18日,首届中国(佛山)国际陶瓷博览交易会在新落成的佛山国际会议展览中心开幕。由中国陶瓷工业协会、中国建筑卫生陶瓷协会、佛山市禅城区政府联合主办,佛山中国陶瓷城发展公司承办。每年4月和10月各举办一届。2019年4月举办的第33届,分别在佛山中国陶瓷城展馆、中国陶瓷总部展馆和佛山国际会议展览中心举行,总面积近40万平方米(陶瓷城和陶瓷总部展馆实为陶瓷专业市场)。

17. 中国玩具展在上海创办

10月,中国玩具展览会在上海创办,后改称中国国际玩具及教育设备展览会,由中国玩具和婴童用品协会主办。每年10月与中国国际婴童用品及童车展览会、上海国际品牌授权展览会(2007年创办)同期在上海新国际展览中心举办。2018年展览总面积达22万平方米。

18. 济南舜耕国际会展中心建成投用

10月,济南舜耕国际会展中心建成并投入使用。该项目由济南市政府和济南舜耕山庄集团投资兴建。其室内展览面积2万平方米。

19. 慕尼黑公司创办上海工程机械博览会

11月5日,上海国际工程机械、建材机械、矿山机械、工程车辆及设备博览会(上海宝马工程机械展)创办。主办方为慕尼黑博览集团公司、中国工程机械工业协会、中国贸促会机械行业分会、中工工程机械成套公司,承办方为慕尼黑展览(上海)公司。每两年举办一届。首届展览面积4.1万平方米,国内外458家客商参展,3.2万人次专业观众参观。2010年的第5届,展览面积增至23万平方米。2018年的第9届,展览面积达33万平方米,38个国家和地区的3350家客商参展,接待143个国家和地区的21.25万人次的专业观众,成为跨国公司在华举办的规模最大的展会。

20. 国务院办公厅复函经济技术展审批事项的请示

11月21日,国务院办公厅发出《关于在我国境内举办对外经济技术展览会审批程序有关事项的复函》(以下简称《复函》)。此函回复外经贸部《关于举办境内对外经济技术展览会审批程序有关问题的请示》,同意简化在我国境内举办对外经济技术展览会的审批程序。《复函》明确,对国务院已批准的以国务院部门或省级人民政府名义主办的对外经济技术展览会,如需再次举办,国务院授权外经贸部受理申请。对符合国家产业政策及当地产业特点、达到一定办展规模和办展水平、企业反映良好且取得较好社会经济效益的,由外经贸部直接审批,并报国务院备案。经审核不宜或暂不宜再次举办的,由外经贸部提出处理意见,报国务院审批后函复主办单位。

21. 国家经贸委发布《专业展览会的等级划分及认定》标准

12月2日,国家经济贸易委员会以2002年第90号公告发布《专业展览会的等级划分及认定》(SB/T10358—2002)商业行业标准。该标准对于专业展览会、特殊装修展位、展出净面积、特殊装修展位面积比、参展商、境外参展商、专业观众等术语进行定义,将专业展览会分为A、B、C、D四级,并对级别评定做出规定。这是国家部委首次发布展览业标准。

22. 科隆展览(北京)公司成立与发展

12月2日,科隆展览(北京)公司经工商注册成立。该公司为德国科隆国际展览公司在华设立的全资子公司。后在上海、广州设立分公司。其在中国主办的展会包括:中国国际五金展览会(由中国五金制品协会创办于2001年)、广州国际家具生产设备及配料展览会(2004年创办)、北京世界食品博览会(2014年创办)和中国国际婴童用品展览会(由中国玩具和婴童用品协会2015年创办)。

23. 上海获得2010年世博会主办权

12月3日,在摩洛哥蒙特卡洛举行的国际展览局第132次大会通过投票表决,中国上海获得2010年世界博览会的举办权。此为世博会首次在发展中国家举办。投票前,克雷塔罗(墨西哥)、莫斯科(俄罗斯)、丽水(韩国)、弗洛兹瓦夫(波兰)、上海(中国)等5个城市依次陈述申办报告。

24. 广州国际会展中心竣工、移交中国对外贸易中心

12月28日,位于广州市海珠区琶洲岛的广州国际会展中心一期工程竣工。该项目由广州市政府投资建设,2001年4月动工。采用日本佐藤综合计划事务所设计方案(该方案1999年在广州国际会议展览中心国际邀请建筑设计竞赛中标)。会展中心建筑为三层,共设16个展厅,展览总面积16万平方米。2003年7月,广州市政府与中国对外贸易中心签署《关于广州国际会展中心与中国出口商品交易会旧馆产权互换备忘录》(以下简称《备忘录》)。《备忘录》明确,中国对外贸易中心以广交会在广州市流花路展馆约10万平方米国有土地及其房产等固定设施使用权,置换广州国际会展中心约70万平方米国有土地使用权及已竣工的约43万平方米一期建筑工程所形成的固定资产产权,外加150亩用于会展中心配套设施建设的土地。2004年3月15日,广州市计委代表广州市政府,向中国对外贸易中心正式移交广州国际会展中心一期工程物业和经营管理权。

25. 上海国际婚纱摄影器材展览会创办

是年,首届上海国际婚纱摄影器材展览会举办,展览面积不足1万平方米,参展商百余家。由上海市国际展览公司主办。后规模扩大,曾在上海展览中心、上海世贸商城和

光大会展中心同期举办,展览面积达 7.5 万平方米。2013 年移址上海世博展馆,一年分为春夏两季举办。2019 年 2 月、7 月举办的第 35 届和 36 届,展览总面积超过 25 万平方米,国内外超过 2000 家客商参展,专业观众超过 15 万人次。

26. 华中旅游博览会在武汉创办

是年,华中旅游博览会在武汉创办。每两年举办一次,前三届由湖北省政府主办,后由国家旅游局和湖北省政府共同主办。2018 年 5 月,首届长江旅游博览会与第 8 届华中旅游博览会同期举办,展会面积为 1.3 万平方米。

2003 年

1. 国务院决定取消展览审批事项

2 月 27 日,国务院发布《关于取消第二批行政审批项目和改变一批行政审批项目管理方式的决定》。在取消的行政审批项目中包括:外经贸部关于境内举办对外经济技术展览会主办单位资格的审批;文化部关于举办国际性音像制品批发订货会或展销会的备案、举办冠以"国际、国家、中国"等名称的商业性艺术品比赛、展览、展销等经营活动审批、地方性有赞助的美术品比赛、展览、展销审批。此后,国家经贸委决定取消直属事业单位、直管协会及有关中央企业主办的全国性非涉外经济贸易展览会的审批。

2. 北京第二外国语学院设立会展管理系

3 月 4 日,北京第二外国语学院设立会展管理系,开设"会展概论""会展经济学""会展项目管理"等专业课程。这是国内最早设立会展专业的本科院校。2008 年,在旅游管理专业下招收会展与市场营销方向硕士研究生。2012 年,招收会展管理专业硕士研究生。

3. 北京市编制会展业发展规划

3 月,《北京会展业发展规划(2004—2008)》编制完成。2002 年初,由北京市计委牵头,组织市外经贸委、市旅游局、市贸促会、首都规划委和市规划院等单位着手编研规划。此为国内最早编制的城市会展业中长期方针规划。此后,《北京市"十一五"时期旅游业及会展业发展规划》《北京市"十二五"时期会展业发展规划》和《北京市"十三五"时期会展业发展规划》分别于 2005 年、2012 年和 2016 年由北京市旅发委、发改委编制完成。

4. 北京举办亚洲风能大会暨国际风能设备展

4 月 9 日,亚洲风能大会暨国际风能设备展览会在北京国际会议中心开幕。主办方为中国电力企业联合会、北京市贸促会和德国科隆展览(北京)公司。47 家客商参展,展品包括电缆、防腐、防护、风能、海底、海上、海上安装船、海上作业、建造、勘测、专用工具等设备,展览面积 1500 平方米。2010 年第 7 届起,中国电力企业联合会、北京市贸促会参与主办,同期举办中国国际清洁能源博览会。2015 年,亚洲风能大会暨国际风能设备展览会更名为中国国际风能设备展览会,在北京中国国际展览中心举办。2017年,科隆公司不再作为主办方。

5. 春季广交会防控非典疫情

4月15日,第94届广交会在防控非典(SARS)疫情期间开幕。商务部、卫生部、广东省及广州市政府成立"广交会预防非典型性肺炎工作协调小组",制定应急预案。卫生部专家组进驻广交会指导防疫工作。广州市政府、广东省卫生厅、中国对外贸易中心联合组成广交会卫生保障办公室,各交易团设立卫生防疫工作小组。因非典(SARS)疫情影响,本届广交会仅2.31万名境外客商与会,较第93届下降82.9%。为应对现场交易减少的困难,中国对外贸易中心促进网上交易。广交会三个网站在此期间的浏览量达5900余万次,比上届增长48.1%。网上达成意向合同金额3亿多美元。

6. 上海国际车展在非典期间举办

4月21日,第10届上海国际汽车展览会在上海新国际博览中心开幕。为防控非典(SARS)疫情,上海市政府决定展会于24日闭幕。原定7天展览缩短为4天。展览期间,博览中心对展馆全面消毒,增加馆内通风。作为主办方的上海国际展览公司,在展览现场设立医学观察站,并在观众入口处测量体温,发放口罩。到场观众仅8.6万人次,门票收入减少上百万元。

7. 非典期间全国经贸展会停办

4月下旬至6月上旬,受非典(SARS)疫情影响,全国经贸展会基本停办。

8. 杭州和平国际会展中心建成投用

4月,浙江农业展览馆建成投入使用。此项目位于杭州中心城区,经浙江省政府批准,由浙江和平工贸集团公司投资2.5亿元兴建。后改称和平国际会展中心,室内展厅面积超过2万平方米。由和平集团公司所属杭州和平国际会展中心公司运营管理。

9. 中国国际印刷技术及设备器材展在上海举办

5月16日,中国国际印刷技术及设备器材展览会在上海新国际博览中心开幕。展会由中国印刷技术协会、中国印刷科学技术研究院和杜塞尔多夫展览(上海)公司共同主办。2018年10月举办的第7届,展览面积11万平方米,共有1030家中外客商参展,5天展览接待国内外专业观众逾10万人次。

10. CEPA明确香港公司可独资在内地从事会展服务

6月30日,《内地与香港更紧密经贸关系安排》(CEPA)签署,香港公司被允许在内地以独资形式开展会展服务。

11. 浙江省东方会展产业研究所成立

6月,经浙江省民政厅登记注册,浙江省东方会展产业研究所在浙江经贸职业技术学院成立。其业务归口浙江省社科联主管。

12. 中国(满洲里)北方国际科技博览会创办

7月4日,中国(满洲里)北方国际科技博览会在满洲里国际会展中心开幕。由中国工程院与科技部、中国科学院、内蒙古自治区政府、俄罗斯后贝加尔边疆区政府、俄罗斯布里亚特共和国政府、蒙古国教育文化科学部共同主办。首届室内外展览面积3万平方米。2019年9月举办的第16届,中国、俄罗斯、蒙古三国数十所高校及科研机构参展。

13. 重庆举办全球采购会

7月25日,中国(重庆)全球采购会开幕。采购会包括采购论坛、采购商说明会、对口洽谈会和展览会等内容。展览面积2万平方米。与会采购商提供45亿美元采购清单,涉及计算机、通讯、家用电器、汽车、摩托车、机电、仪器仪表、化工、原材料等行业或领域。采购会由商务部、国务院三峡办、中国贸促会和重庆市政府共同主办。2009年第12届改称中国(重庆)国际投资暨全球采购会(渝洽会)。2014年第17届并入中国西部国际投资贸易洽谈会(西洽会)。

14. 温州举办国际眼镜展

8月19日,温州国际眼镜展览会创办,十多个国家客商参展,1.3万人次参观。2019年5月举办的第17届,展览面积3.8万平方米,550家客商参展。其中,温州、台州两地客商分别为43%和16%。展会由浙江省眼镜行业协会、浙江德纳展览公司主办。

15. 中国西部(贵阳)信息技术博览会举行

9月8日,中国西部(贵阳)信息技术博览会在贵州国际经济技术贸易中心开幕,70家企业参展。

16. 大连兴办中国国际软件和信息服务交易会

9月26日,首届中国国际软件和信息服务交易会(大连软交会)在大连星海会展中心开幕。由商务部、科技部、中国贸促会、辽宁省政府联合主办,大连市政府、商务部外贸发展事务局承办,大连市商务局、大连市经济合作服务中心为执行承办机构。2018年,交易会更名为中国国际数字和软件服务交易会(大连数交会)。2019年9月举办的第17届,更名为中国国际数字和软件服务交易会,参展客商超过700家。

17. 宁波会展中心竣工

9月,宁波会展中心竣工。该中心由宁波市政府投资10亿元兴建,室内展览面积7.7万平方米。2002年7月,由上海国际展览公司、上海国际展览中心公司与宁波新上海国际物业管理公司组成的合资公司,通过招投标取得宁波会展中心经营权。2006年,业主转为国有资本的宁波市国际贸易投资发展公司。二期工程于2008年6月完工投用,室内展览面积增加4.2万平方米。

18. 台州国际会展中心建成投用

9月,台州国际会展中心建成投入使用。其由台州市政府投资4.5亿元兴建,展厅分为两层,展览面积6.5万平方米。

19. 法兰克福展览公司与广州光亚展览贸易公司签署合资协议

10月11日,德国法兰克福展览公司与广州光亚展览贸易公司在广州举行签约仪式,双方同意成立广州光亚法兰克福展览公司,合资经营广州国际照明展览会。法兰克福展览公司在德国拥有照明展览。广州光亚公司是成立于1996年的民营公司,同年创办广州国际照明展览会。合资后,双方各自拥有合资公司50%的股权。到2018年,该展会展览面积近20万平方米。

20. 京正孕婴童产品博览会在京创办

10月16日,首届中国孕妇、婴幼儿用品及服务展览会暨儿童健康、教育研讨会(京正孕婴童产品展)在北京中国国际展览中心开幕。主办方为北京京正国际展览公司。49家企业参展,展览面积2500平方米。2007年,第6届中国国际孕妇、婴幼儿童用品展览会暨中国国际童装博览会在广州举办,47家企业参展,观众1.2万人次,展览面积8560平方米。至此,展会每年举办两届,分别在北京和广州举办。2013年第17届(春季展)移址北京中国国际展览中心(顺义区馆),超过1000家企业参展,展出面积8.2万平方米。2019年4月举办的第29届,展览面积10.68万平方米,分设衣、食、住、行等8个品类馆和6个主题展区,1208家参展商,观众超过8万人次。同年11月在广州琶洲展馆举办的第30届,展出面积2万平方米。

21. 英国励展博览集团中国公司成立与发展

10月22日,北京励德展览有限公司成立。此为英国励展博览集团在中国设立的子公司。励展博览集团是励讯集团的成员之一。励讯集团在伦敦、阿姆斯特丹、纽约证券交易所分别上市。励展博览集团1980年在香港设立励展博览有限公司。1982年引进Nepcon品牌在中国内地举办首个展会,即中国国际电子生产设备暨微电子工业展览会。自2002年起,该集团以资本运营及合资方式开拓中国市场,相继成立上海励欣展览有限公司(2002年)、国药励展有限责任公司(2005年)、励展华博展览(深圳)有限公司(2007年)、北京励展华群有限公司(2009年)、励展华百展览(北京)有限公司(2010年)、河南励展宏达展览有限公司(2012年)、2015年成立上海励扩展览有限公司(2015年)、励进展览(上海)有限公司(2018年)。在上海、北京、广州、深圳、成都等地经营70余个展会,展览主题涉及金属加工与材料、电子制造与装配、汽车制造及后市场、海洋、能源、石油与天然气、印刷包装、礼品与家居、医疗、医药与健康、地产与旅游、休闲与娱乐、花卉与园艺、餐饮与酒店服务等领域,展会分布于上海、北京、广州、深圳、成都等地。2019年展览总面积超过200万平方米。集团公司在北京、上海、深圳和郑州四个城市设有办公室。

22. 上海世博会事务协调局成立

10月30日,上海世界博览会事务协调局成立,作为世博会筹备事务的日常执行机构。当天,上海世博会论坛在上海举办。

23. 杭州西湖博览会博物馆建成开馆

10月30日,杭州西湖博览会博物馆建成开馆。其位于西湖之畔,利用1929年西湖博览会工业馆旧址改造而成。此为国内第一个以展览为主题的博物馆。展厅面积2350平方米,以筹办2010年上海世博会为展览内容。2013年,调整展览内容,分为世界博览会与中国社会、1929年西湖博览会和金名片(介绍新西湖博览会)三个部分。

24. 中国国际农产品交易会在北京创办

11月11日,首届中国国际农产品交易会在北京全国农业展览馆开幕,分为综合、养殖馆和种植三个展区,展览面积约1万平方米。农交会由农业部(后为农业农村部)主办、北京农业展览馆承办。2007年第5届起,先后在济南、长春、郑州、成都、青岛、福州、昆明、长沙以及北京等地巡回举办。2019年11月在南昌举办的第17届,江西省政府参与主办,江西省农业农村厅、南昌市政府、全国农业展览馆承办、北京雅森国际展览公司执行承办,3000家企业参展,展品5万种,观众3万多人次,展览面积14万平方米。

25. 中国畜牧展创办

11月17日,中国畜牧业暨饲料工业交易会在南京创办。由中国畜牧业协会主办,首届展览面积2.2万平方米,参展商622家。展会每年一届,在各地轮流举办。2011年更名为中国畜牧业展览会。2019年5月在武汉举办的第17届,展览面积超过13万平方米,超过1700家客商参展,到场观众达12万人次。

26. 广州举办性与生殖健康用品展销订货会

11月,全国(广州)性文化节暨计划生育、性与生殖健康用品展销订货会在广州锦汉会展中心举办。主办方为中国性学会、广东省计划生育委员会、广东省性学会,承办方为广东省计划生育药具管理站、广东成人用品市场、人之初杂志社、广东共创经济发展公司。2013年第11届移址广州南丰国际会展中心。承办方调整为广东成人用品批发市场。2018年11月举办的第29届,展览面积1.5万平方米,近200家客商参展。

27. 吴建民担任国际展览局主席

12月12日,在法国巴黎举行的国际展览局第134次成员国代表大会一致通过,选举中国外交学院院长、中国前驻法国大使吴建民担任国际展览局新一届主席,任期2年。吴建民由中国政府推荐,是经各国常驻国际展览局代表充分协商后推举的唯一候选人。吴建民是担任国际展览局主席职务的第一位中国人,也是国际展览局成立75年来首位来自发展中国家的主席。2005—2007年,吴建民连任国际展览局主席。此后,吴建民担任国际展览局名誉主席。国际展览局是协调和审批世界博览会事务的政府间国际组织,成立于1928年。总部设在法国巴黎。中国于1993年加入该组织。

28. 中国会展经济论坛创办

12月20日,中国会展经济论坛在首都北京饭店举行。论坛由商务部、经济日报社和中国贸促会联合主办。第2届中国会展经济论坛2004年11月在北京国家会议中心举行,主办方为商务部、北京市政府和经济日报社。第2届中国会展经济论坛于2005年12月在青岛市举行,主办方为商务部、山东省政府和经济日报社。

29. 广西国际博览事务局成立

12月26日,广西壮族自治区国际博览事务局成立。该局作为中国-东盟博览会广西领导小组常设工作机构,负责博览会的组织实施工作,包括招商招展、展馆设置、形象推介等任务。博览局对外称中国-东盟博览会秘书处。

30. 注册会展经理培训引进中国

12月,中国国际贸易促进委员会与国际展览与项目协会(IAEE)在北京联合主办注册会展经理(CEM)培训班。该项目由 IAEE 创立于1975年。引进中国后,讲师由中外专家组成,课程内容逐渐本土化,形成 CEM CHINA 体系。至2019年,培训班累计举办27期,包括大陆和港澳地区的近300家会展机构的1328名学员参训。其中1165人获得注册会展经理证书。

31. 天津滨海国际会展中心建成投入使用

12月,天津滨海国际会展中心建成投入使用。其位于天津市滨海新区的天津经济技术开发区。由天津经济技术开发区管委会投资兴建。该中心二期工程于2008年7月完工。室内可供展览面积达4万平方米。

2004 年

1. 高校会展专业系列教材研讨会在北京召开

1月12日,全国高等院校新世纪会展系列教材研讨会在北京召开。沈丹阳、储祥银、马勇、刘大可、武少源等专家与北京第二外国语学院、北京城市学院、北京旅游学院、浙江大学城市学院、中山大学、广州大学、沈阳师范大学、湖北大学和上海邦德职业技术学院9所高校会展学科的负责人应邀与会。会议认为,高等教育新开会展专业缺乏教材,有必要组织业内专家与相关高校教师合作,共同编写系列教材。经讨论,与会者同意在年内完成编写工作,包括《中国会展业:理论、现状与政策》《会展概论》《会展经济学》《会展市场营销》《会展政策与法规》《会展客户关系管理》《会议管理》《会展旅游》《会展英语》《会展项目管理》《会展信息管理》共11本教材。此次会议由北京第二外国语学院会展管理系主任刘大可与中国商务出版社共同组织。刘大可负责此套教材的统筹设计,并担任总主编。此套教材自8月起陆续由中国商务出版社出版发行。此为国内率先出版的高校会展专业的成套教材。

2. 商务部颁发《设立外商投资会议展览公司暂行规定》

1月13日,商务部颁发《设立外商投资会议展览公司暂行规定》。该文件明确,商务部及其授权商务主管部门是外商投资会议展览公司的审批和管理机关。2016年11月，商务部废止《设立外商投资会议展览公司暂行规定》。

3. 上海世博（集团）公司成立与发展

2月18日，上海世博（集团）有限公司成立。由上海市国有资产监督管理委员会、上海国有资产经营公司、上海文化广播影视集团公司、上海市贸促会共同投资设立。公司经市政府授权，统一负责世博园区和世博村建设、世博会期间的会展运营，包括世博园区、世博村和配套设施建设的投融资和建设开发，世博会的招商、招展工作，世博会举办期间的经营和管理工作以及世博会结束后的场馆处置。其下辖上海东浩国际服务贸易（集团）公司、上海市对外服务公司、上海东浩会展经营公司、上海外经贸商务展览公司、上海现代国际展览公司、上海国际汽车城东浩会展中心公司、上海世博（集团）公司工博会项目分公司、上海工业商务展览公司等16家子分公司。

4. 上海师范大学、上海对外贸易学院获准开设本科会展专业

3月1日，教育部《关于公布2003年度经教育部备案或批准设置的高等学校本专科专业名单的通知》明确，上海师范大学、上海对外贸易学院获准开设会展经济与管理专业。其专业代码为110311S，学位门类为管理学。两校会展专业于同年秋季招生，9月开班。两校于2003年在旅游管理专业中设立会展方向。

5. 江泽民参观中国国际核工业展

3月19日，中央军委主席江泽民在北京全国农业展览馆参观第8届中国国际核工业展览会。展会于1989年创办，每两年举办一届。2018年第15届于3月28日在北京国家会议中心开幕。50多个国家和地区的200余家企业和科研机构参展。展出面积1.25万平方米。展会由中国核学会、中国原子能工业公司、北京展协国际会展公司联合主办。

6. 第5届世界马铃薯大会及展览在昆明举办

3月25日，第五届世界马铃薯大会在昆明国际会展中心开幕。这是世界马铃薯大会首次落地中国。世界马铃薯大会是由总部设在加拿大的世界马铃薯大会联合公司举办，每三年举办一次，旨在促进全球马铃薯育种、生产、加工和贸易。经国务院批准，本次大会由农业部和云南省政府共同主办。国内外102家马铃薯科研机构、贸易公司或加工企业共有201个展位参展。

7. 国家统计局明确文化及相关产业分类包括会展业

3月29日，国家统计局发布的《关于印发文化及相关产业分类的通知》明确，文化及相关产业包含"会议及展览服务"，归属于文化及相关产业中的"广告和会展服务"类别。具体包括文艺晚会策划，运动会策划，大型庆典策划，艺术、模特大赛策划，艺术节、电影节等策划，展览、博览会策划，民族、民俗活动策划及其组织活动等文化商务服务。其行业代码为L7491。

8. 中德高校在上海合办会展本科专业

4月1日,上海市教育委员会向上海对外贸易学院颁发上海市合作办学许可证,同意该校与德国奥斯纳布吕克应用技术大学合作举办会展管理专业本科学历教育。根据上海对外贸易学院与奥斯纳布吕克应用技术大学合作办学的协议,将为毕业生颁发中方本科学历、学士学位和德方学士学位证书。11月6日,该合作项目的开学典礼在上海对外贸易学院松江校区举行。

9. 中国国际家居博览会落户宁波

4月8日,第2届中国国际家居博览会在宁波国际会展中心开幕。由中国轻工业联合会和宁波市政府主办,国家轻工业展览中心、宁波市科协和江东区政府承办。其首届于2002年8月在北京举办。本届起落户宁波。2019年举办的第17届,展览面积4.5万平方米,分设建材、家具、家装、家电、家饰、房产等6个展区。

10. 广交会移址琶洲新馆

4月15日,第95届春季广交会同时在琶洲馆和流花馆开幕,展览总面积增至55万平方米。参展客商1.22万家,展位总数达2.75万个,分别比上届增长20%和49.5%。

11. 厦门创建会展学院

5月18日,厦门国际会展学院揭牌仪式暨政府主导型展会改革与发展高级研讨会开幕。该学院是由厦门海谊教育发展公司投资创办。2010年6月,该学院歇业。

12. 宁波文具展创办

5月18日,中国国际文具产业博览会在宁波市宁海县开幕,参展商210家,展位380个。2005年移址宁波举办。2006年,改名为中国国际文具礼品博览会,由宁波市政府和中国贸促会联合主办。2019年3月举办的第16届,展览面积3万平方米,参展商955家,专业观众超过1.7万人次。宁海县是中国文具生产基地,文具企业超过400家,产品以出口为主。

13. 芜湖创办科普产品博览会

5月28日,中国(芜湖)科普产品博览会在芜湖国际会展中心创办。由中国科学技术协会、安徽省政府主办,安徽省科协、芜湖市政府承办。每两年一届。2006年11月,在新落成的芜湖国际会展中心举办的第2届,我国共有13个省市和台湾地区,以及美国、日本、新加坡、德国的500多家科普产品技术研发、生产单位参展,25个省、自治区、直辖市科协、中华医学会、中国消防协会和安徽省15个省辖市组团与会。2019年5月举办的第9届,由三项展览展示、三个论坛和六个专项活动组成。其中,科普产品展示包括科技场馆展、科普信息应用、科普教育出版、科学艺术和科普游戏玩具等8个方面。首届长三角一体化创新成果展同期举行。

14. 中国(青海)藏毯国际展览会创办

7月9日,青海藏毯国际展览会在青海会展中心创办。主办方为青海省政府、西藏自治区政府、中国食品土畜进出口商会(后改为商务部、青海省政府),承办方为青海省商务厅、西藏自治区商务厅、中国食品土畜进出口商会地毯分会(后改为青海省商务厅、中国藏毯协会、中国贸促会青海省分会、中国食品土畜进出口商会、中国家用纺织品行业协会)。2018年,该展会以"编织绿色地毯世界铺架'一带一路'桥梁"为主题,展览面积达5万平方米,并在玉树、果洛两个藏族自治州设立分会场。

15. 泛珠三角区域经贸合作洽谈会举办

7月14日,首届泛珠三角区域经贸合作洽谈会在广州开幕。珠三角区域包括福建、江西、湖南、广东、广西、海南、四川、贵州、云南等9省区和香港、澳门特别行政区(9+2)。参加人数超过1.5万人,展场面积2万多平方米。洽谈会每年举办一届,至2019年,先后在成都、昆明、长沙、南宁、福州、南昌、海口、贵阳轮流举办。2014年之后的第10—12届均在广州举办。

16. 《关于发展深圳会展业的意见》印发

7月20日,深圳市政府通知印发《关于发展深圳会展业的意见》,要求遵循国际化、市场化、专业化的指导方针,创建中国知名会展城市。同年12月,市经贸信息委、市财政委联合颁发《深圳市会展业财政资助专项资金管理办法》,设立2000万元专项资金扶持发展。

17. 广交会制定《特装布展施工单位资质认证管理办法》

7月,中国对外贸易中心颁布《中国进出口商品交易会特装布展施工单位资质认证管理办法》(以下简称《办法》)。《办法》规定,凡未获广交会资质认证的特装布展施工单位,一律不得在广交会承接或进行特装布展施工。同时规定,参展企业必须选用获得广交会资质认证的单位从事特装布展施工。《办法》就申请资质认证的条件及其提交的资料、申请程序、审定程序做出具体规定。首次实行该《办法》的第96届广交会,共有151家施工单位获得资质认证。该《办法》分别在2008年、2012年和2015年进行修订。截至2018年,获得资质认证的施工单位共153家。

18. 亚太地区国际会展教育与培训论坛在上海举办

8月6日,上海师范大学、美国乔治·华盛顿大学、上海世博集团和上海市会展行业协会联合主办"亚太地区国际会展教育与培训论坛"。国际大会及会议协会(ICCA)、国际展览与项目协会(IAEE)和国际奖励旅游协会(SITE)的CEO或主席应邀出席并发表演讲。来自国内外会展界人士250余人出席。其中,境外人士有30余人。

19. 深圳会展中心建成投用、经营机构整合

8月19日,深圳会展中心一期工程投入试运营。其由深圳市政府投资32亿元在福

田中心区兴建,室内展览面积为 10.5 万平方米。同年 9 月,深圳市政府办公厅发出通知,决定整合深圳会展中心、中国国际高新技术成果交易中心及其所属深圳中国国际高新技术成果交易会展览中心,组建新的深圳会展中心,加挂"深圳市中国国际高新技术成果交易中心"牌子,实行"两块牌子、一套人员"的管理体制。深圳会展中心为副局级建制的事业单位,直属市政府管理。该中心主要职责是组织承办包括中国国际高新技术成果交易会在内的各类商业性和非商业性重要会展和品牌会展;负责会展场馆经营活动的策划;负责展览场馆的维护管理;代表市政府对会展场馆的经营性资产进行管理运作。深圳会议展览中心实行企业化管理、市场化运作,其资产按经营性资产进行管理运作,政府通过政策支持对会展业予以扶持,尽量不给予财政补贴。市贸易工业局是该中心的行业主管部门。

20. 国办要求总结推广广交会保护知识产权的经验

8 月 26 日,国务院办公厅印发《保护知识产权专项行动方案》,要求"强化对出口商品交易会、商品批发市场、定牌加工和印刷复制环节的知识产权保护。商务部门和贸促会要会同有关部门,总结推广中国出口商品交易会保护知识产权的经验,指导商品交易会、洽谈会主办单位设立专门机构,制订管理办法,邀请保护知识产权相关部门驻会监管,防止参展单位展示、销售侵权产品,防止境外不法组织和个人通过展会组织造假和出口"。

21. 齐齐哈尔国际小商品交易会举办

8 月 27 日,齐齐哈尔国际小商品交易会在黑龙江省齐齐哈尔市百花商场开幕。2005 年,经商务部批准,更名为中国(齐齐哈尔)国际小商品交易会,由中国商业发展中心、齐齐哈尔市政府联合主办。2019 年 7 月举办的第 16 届,室内外共设展位 1000 多个。

22. 莱州举办石材工业展

9 月 6 日,第 9 届中国国际石材工业展览会在山东省莱州市开幕。该展由中国贸促会建材行业分会主办,原在广州举办。莱州首届石材展览会于 2003 年举办。两展合并举行。展会设 800 个展位。意大利、印度、加拿大和国内企业参展。2009 年,莱州市设立石材产业局,承办展会是其重要职能。2019 年举办的第 21 届中国国际石材工业展览会暨第 14 届中国(莱州)国际石材展览会,室外展览面积 2.5 万平方米。

23. 唐山国际会展中心建成投用

9 月,唐山国际会展中心投入运营。该中心由唐山东方企业集团投资兴建,室内展览面积 2.2 万平方米。

24. 中国景德镇国际陶瓷博览会创办

10 月 12 日,中国景德镇国际陶瓷博览会创办,250 余家客商参展,展览面积 1.3 万平方米。博览会由中国贸促会、中国轻工业联合会和江西省政府共同主办。2019 年第 15 届展览面积 2.86 万平方米,同期举办陶瓷文化传承与创新国际研讨会、2019 全国艺术院校院(校)长高峰论坛、第 3 届中国瓷画双年展、国际陶瓷采购商供需对接会、第五届全国陶瓷职业技能竞赛总决赛等活动。国内外超过3500名专家与客商与会。

25. 中国国际中小企业博览会在广州创办

10月18日,首届中国国际中小企业博览会在广州创办。2003年12月20日,广东省委书记张德江视察首届广东省民营企业产品博览会时,提议举办国家级国际性的中小企业博览会。广东省政府成立申办领导小组,获得国务院批准。博览会由工业和信息化部、国家工商行政管理总局和广东省政府联合主办。2005年1月,国务院批准中法中小企业博览会与第二届中博会同期举办。法国中小企业部组织160家中小企业赴会参展。2006年第四届日本应邀作为主宾国,482家日本企业参展,展位达1000多个。之后,意大利、韩国、西班牙、澳大利亚、泰国、厄瓜多尔、越南、印度尼西亚、墨西哥等国相继成为主宾国。亚欧会议成员和中东欧16国参展机制促成更多国家中小企业加入博览会。2019年6月的第16届在中国进出口商品交易会展馆举办,设置主宾方(马来西亚)、国际、省区市(再分为专精特新和创新服务展区)、港澳台和跨境电商五个展区。境内外2960家企业参展,展位总数7315个,展览面积超过16万平方米。中国国际中小企业博览会事务局作为博览会常设工作机构,是经广东省政府批准成立的事业单位,直属于广东省工业和信息化厅。

26. 中德合作主办中国国际塑料橡胶工业展

10月23日,香港雅式展览服务公司雅式与德国杜塞尔多夫展览公司签订战略伙伴意向书,双方同意自2005年开始,联合主办中国国际橡塑展览会。此展会由中国塑料加工工业协会与雅式公司创办于1987年。每年一届,分别在上海、广州轮流举办。杜塞尔多夫展览公司在德国杜塞尔多夫举办的国际塑料及橡胶展览会(K展),创办于1952年,每三年举办一届,是全球著名展会。2019年5月在广州琶洲展馆举办的第33届中国国际橡塑展览会,展览面积25万平方米,国内外参展客商超过3400家。

27. 苏州国际博览中心建成投用

10月,苏州国际博览中心开馆运营。其位于苏州工业园区,室内展览面积7万平方米,会议面积1.5万平方米。2012年12月,苏州国际博览中心与苏州文化艺术中心合并组建苏州文化博览中心公司。2016年,苏州国际博览中心二期(苏州金鸡湖国际会议中心)投入运营。室内展览面积增至10万平方米,会议面积增至5万平方米。

28. 中国-东盟博览会在南宁创办

11月3日,首届中国-东盟博览会在广西南宁开幕。博览会由中国商务部和东盟10国经贸主管部门及东盟秘书处共同主办,广西壮族自治区政府承办。中国和其他国家的1500余家企业参会,参展商品涉及机械、家电、电子信息、汽车及配件、五金建材、农产品、医药化工、轻工纺织等11个行业共200多类。2003年10月8日,国务院总理温家宝在第七次中国与东盟(10+1)领导人会议上倡议,自2004年起每年在中国南宁举办中国-东盟博览会,同期举办中国-东盟商务与投资峰会。倡议获得东盟10国领导人欢迎。2019年9月举办的第16届,展览面积13.4万平方米,设置柬埔寨、印尼、老挝、马来西亚、缅甸、泰国、越南 7 个国家馆。30 多个国家的 2848 家客商参展。

29. 中国(深圳)国际文化产业博览会创办

11 月 18 日,首届中国(深圳)国际文化产业博览交易会创办。首届文博会由文化部、广播电视电影总局、新闻出版总署和广东省政府主办,深圳市政府承办,深圳广电集团、深圳报业集团协办。首届参展机构 700 多家(其中,海外 102 家机构来自 50 多个国家和地区),展览面积 4.3 万平方米。2006 年 5 月在深圳会展中心举办的第 2 届,展览面积超过 10 万平方米。2019 年第 15 届设立包括文化产业、文化和旅游、影视动漫、新闻出版、粤港澳大湾区文化产业、时尚设计、"一带一路"、非遗和工艺美术 9 个展馆,分会场 66 个。接待观众 700 余万人次。

30. 陈若薇当选国际展览业协会副主席及亚太区主席

11 月 24 日,在曼谷召开的国际展览业协会(UFI)第 71 届年会上,中国国际展览中心集团公司副总裁陈若薇当选国际展览业协会副主席及亚太区主席。其于 2002 年 10 月当选 UFI 亚洲、澳洲及中东地区分区副主席。这是首位中国人在 UFI 担任高级职务。国际展览业协会成立于 1925 年,总部设在法国巴黎,会员包括世界各地展览主办者、展馆经营者、展览行业协会及相关产业服务商。

31. 劳动和社会保障部将会展策划师列为新职业

12 月 2 日,劳动和社会保障部向社会发布第二批 10 个新职业,会展策划师列入其中。其定义为:从事会展项目的市场调研,进行项目立项、招商、招展、预算与运营管理等方案的策划,项目销售以及现场运营管理的专业人员。会展策划师共设四个等级,其最高级别为一级。2017 年 9 月 15 日,人力资源社会保障部印发《关于公布国家职业资格目录的通知》,所列 140 项职业资格中,专业技术人员职业资格 59 项(其中,准入类 36 项,水平评价类 23 项),已无会展策划师。

32. 上海国际汽配展创办

12 月 6 日,上海国际汽车零配件展维修检测诊断设备服务用品展览会创办,展览面积 6000 万平方米,参展企业 200 多家。主办方为中国汽车工业国际合作公司和法兰克福展览(上海)公司。2019 年,展览面积达到 10 万平方米。2019 年 12 月在国家会展中心(上海)举办的第 15 届,展览面积 36 万平方米,参展客商 6000 家,专业观众 16 万人次。

33. 成都世纪城新国际会展中心建成投用

12 月 28 日,位于成都市城南新区的成都世纪城新国际会展中心建成投入使用。该中心于 2003 年建设,分为展馆区、国际会议区、酒店及文化设施区、商务办公区、商业住宅区五大部分,总投资 50 亿元。其中,室内展馆展览面积 11 万平方米,室外广场 2 万平方米。投资方为成都会展旅游集团公司。此为国内首个由民营企业投资兴建的大型展览场馆和会展小区。

2005 年

1. 中国贸促会创办中国会展经济国际合作论坛

1月11日,首届中国会展经济国际合作论坛(CEFCO)在北京开幕。17个国家和地区的600多名会展业界代表出席。论坛由中国贸促会、国际展览业协会(UFI)、国际展览管理协会(IAEM)和独立组展商协会(SISO)联合主办。国务院副总理吴仪到会发表主旨演讲,提出中国展览业产业化、市场化、法制化、国际化的发展目标。中国贸促会首度公布《中国会展经济发展报告(2004)》。作为中国会展业最早举办的国际性论坛,每年一届,固定于每年1月在国内城市轮流举办。2019年1月第15届在海南博鳌国际会议中心举行,近20个国家和地区超过600多名代表与会。

2. 中融商汇(北京)国际会展公司成立与发展

1月21日,中融商汇(北京)国际会展公司成立。其2010年协助山东省广饶县政府策划并承办中国(广饶)国际橡胶轮胎暨汽车配件展览会。2015年,协助潍坊市政府策划并承办中日韩产业博览会。2012年、2017年和2019年接受委托,先后运营山东潍坊鲁台会展中心、山东滨州国际会展中心和江西吉安国际会展中心。同时,与四川内江国际会展中心、广元国际商贸会展中心、山东临沂国际博览中心合作,协助市场化运营。

3. 广州市成立会展业管理领导小组

2月24日,人民网报道,广州市成立会展业管理领导小组。该小组将根据《关于加强广州市会展业管理的意见》,负责全市会展业发展的组织、规划、指导和协调工作。领导小组下设办公室,负责日常工作。

4. 慕尼黑公司举办亚洲运动用品与时尚展

3月14日,亚洲运动用品与时尚展览会(ISPO)在上海创办。主办方为德国慕尼黑展览集团公司,承办方为慕尼黑展览(上海)公司。首届国内外148家客商参展,展览面积1万平方米。每年举办一届。2008年第4届移址北京中国国际展览中心,设置滑雪、板类、户外、滑雪场馆开发和功能性纺织面料5个展区,展览面积2万平方米。2011年的第7届移址北京国家会议中心。2015年,开办ISPO上海展会,形成一年两展格局:冬季展在北京,专注于户外、冬季、极限运动的体育用品;夏季展在上海,专注于水上、跑步、健身运动的体育用品。2018年1月,公司与天猫达成合作协议,在网上开设天猫品牌馆。2019年,ISPO在京沪两地展览,面积共计9万平方米。

5.《上海市展览业管理办法》发布

3月15日,上海市以第47号政府令发布《上海市展览业管理办法》(以下简称《办法》),自2005年5月1日执行。《办法》分为总则、招展与办展、监管与协调、法律责任、附则五章共三十条。《办法》所称展览,是指举办单位(包括主办单位和承办单位)以招展方式在固定的场馆及预定时期内举办,通过物品、技术或者服务的展示,进行信息交流,促进科技、贸易发展的商业性活动。5月,上海市对外经济贸易委员会发布《关于实施〈上海市展览业管理办法〉的若干意见》(以下简称《意见》)。《意见》明确市外经贸委、科委、教委、经委、工商局、公安局、消防局、知识产权局、市容环卫局、上海海关、上海出入境检验检疫局和行业协会的职责,并提出,建立全市展览业管理的联络小组,形成促进展览业发展的合力。这是国内首个省级(自治区、直辖市)政府颁发的展览业地方行政法规。7月11日,上海市知识产权局颁布《加强展览会专利保护实施细则》。2015年5月22日,上海市政府令第30号公布《上海市人民政府关于修改〈上海市盐业管理若干规定〉等19件市政府规章的决定》,其中包括《上海市展览业管理办法》。修订后的《上海市展览业管理办法》包括总则、招展与办展、监管与协调等三章合计二十条。2015年5月22日,上海市政府令第30号公布修正的《上海市展览业管理办法》。

6. 广州市会展行业协会成立

4月21日,广州市会展行业协会成立。根据广州市会展业管理领导小组会议纪要精神,市协作办公室负责联络市会展服务中心、中国对外贸易中心(集团)、广州商业会展服务中心、广州地区旅游协会、广州服装行业协会等单位发起设立。市协作办派员出任会长、秘书长,市工商局、贸促会等14个单位作为副会长单位。

7.《厦门市鼓励会展业发展专项资金使用管理办法》出台

5月16日,《厦门市鼓励会展业发展专项资金使用管理办法》出台。

8. 中国国际铝工业暨上海国际工业材料展创办

5月18日,中国国际铝工业暨上海国际工业材料展览会创办,展览面积1.1万平方米。由励展博览集团主办,每年一届。2018年同期举办亚洲汽车轻量化展览会。2019年7月在上海新国际博览中心举办的第15届,展览面积4.5万平方米,国内外超过600家企业参展,87个国家和地区的2.52万人次观众参观。

9. 中办、国办组织调查全国展览业发展情况

5月,中共中央办公厅和国务院办公厅在北京市商务局召开座谈会,了解展览业发展情况。其后,商务部协助中办、国办在北京、上海等9个城市展开调查工作。国家工商总局、中国贸促会及商务部国际贸易合作研究院等单位派员参与调查。9月,完成《调查报告》。该报告认为,我国展览业存在"多、小、乱、滥"以及展馆建设缺乏规划等问题。11月,国家计委研究解决《调查报告》反映的问题。

10. 中国国际动漫产业博览会在杭州开幕

6月1日,中国国际动漫产业博览会在杭州开幕,展览面积2万平方米。此为首届中国国际动漫节的配套活动。动漫节由国家广电总局、浙江省政府联合主办,杭州市政府、浙江省广电局、浙江广电集团承办。2019年5月第15届动漫节设置会展、论坛、商务、赛事、活动等五大板块计50余项活动。

11. 雅森公司创办汽车用品展和改装车展

6月10日,中国国际汽车用品展览会和中国国际汽车升级套件暨改装车展览会在北京全国农业展览馆同期开幕。两展首届的展览总面积为3.3万平方米。主办方为北京雅森国际展览公司。汽车用品展是国内首个以汽车用品为主题的专业展览会,每年举办两届。春季展始于2011年,定于北京中国国际展览中心(顺义区馆)举办。秋季展自2016年起,定于广州琶洲展馆举办。秋季展由雅森公司与中国对外贸易广州展览总公司联合举办。到2019年,汽车用品展累计举办29届,展览面积连续五年(春、秋两季)保持25万平方米的规模,国内外7000余家客商参展,观众达28万人次。汽车升级套件暨改装车展自2012年起,与德国杜塞尔多夫展览集团公司合作,独立举办。2018年,与中国汽车工业协会联合主办,并移址广东现代国际展览中心(东莞市厚街)举办,展览面积达8万平方米,吸引国内外近600个专业改装车客商发布新品,近千辆改装车到场展示,举行"漂移表演""改装车评选大赛"等活动,12万人次观众到场参观。

12. 郑州市政府印发《关于大力发展会展业的意见》

6月,郑州市委、市政府印发《关于大力发展会展业的意见》。该文件提出,以中部崛起为契机,以政府主导、市场化运作为手段,通过大力扶持,加快推进,整合会展资源,培育品牌展会,壮大会展企业,优化办展环境,规范会展市场等措施,把会展业培育成为新的经济增长点和重要的优势产业,提高其对相关产业的拉动作用,努力实现会展产业发展的战略性突破。经过3—5年努力,建成以区域性会展为基础、国际性会展为主导的中部会展之都和中国会展名城。

13. 中国会展文化节创办

7月9日,首届中国会展文化节暨2005中国会展年会在郑州开幕,包括国际展览局主席吴建民在内的全国会展界500多位人士出席。活动由郑州市政府与中国会展杂志社联合主办。设置展馆、政府、主办、搭建、展品物流、教育6个分论坛,颁发2004年度中国会展十大新闻人物奖,同期展开郑州市会展业发展研讨会。至2019年,文化节每年一届,先后在长春、深圳、长沙、成都、义乌、武汉、海口、临沂、青岛等城市巡回举办。2019年2月在杭州举办的第15届,举办"壮丽70年奋斗新时代暨第十八届中国会展业金海豚大奖颁奖典礼",宣布成立中国会展企业家俱乐部。

14. 上海、广东颁布展会知识产权保护文件

7月11日,上海市知识产权局颁布《加强展览会专利保护实施细则》。10月1日广东省知识产权局颁布《广东省展会知识产权保护工作指引》。

15. 中国(北京)国际商务及会奖旅游展创办

7月25日,首届中国(北京)国际商务及会奖旅游展览会在北京中国国际贸易中心开幕。展会由北京市旅游发展委员会和英国励展博览集团联合主办,每年举办一届。2019年8月在北京国家会议中心举办的第14届,参展客商近350家,4000名买家与会。

16. 贸促会纺织分会制定展览会知识产权规则

8月23日,在上海举办的第11届中国国际家用纺织品及辅料博览会上,由中国国际贸促会纺织行业分会和中国家用纺织品行业协会发起,全体国内参展商共同签署《中国国际家用纺织品及辅料博览会关于知识产权保护的上海宣言》。该宣言明确,《中国国际贸易促进委员会纺织行业分会展览会知识产权规则》在博览会上实施。

17. 国药励展公司成立与发展

8月29日,中国医药集团总公司与英国励展博览集团宣布,双方达成协议,合资成立国药励展展览有限责任公司。中国医药集团总公司所属国药展览公司成立于2001年,旗下拥有中国国际医疗器械博览会、全国药品交易会、全国新特药品交易会等知名专业展会。至2019年,国药励展公司拥有30个展会及超过1200场学术会议,覆盖大健康产业链,并延伸至科研、教育等领域。全年展出面积130余万平方米,来自全球150多个国家的63万人次专业观众参观。

18. 中德合作在纽伦堡创办亚洲消费品、礼品及家庭用品展会

8月29日,中国贸促会、商务部外贸发展事务局以及国内6家组展企业与德国纽伦堡全球展览公司合作创办的亚洲消费品、礼品及家庭用品贸易展览会,在德国纽伦堡展览中心举行。该展会一年举办两届,参展商主要来自中国大陆和台湾地区。展品包括玻璃制品、蜡烛、烛台、酒具、刀具、草柳编制品、陶瓷、文具、厨房小家电等。

19. 中国吉林·东北亚博览会在长春举办

9月2日,首届中国吉林·东北亚投资贸易博览会在长春国际会展中心开幕。博览会经国务院批准,由商务部、国务院振兴东北等老工业基地领导小组办公室和吉林省政府共同举办。后调整为商务部、国家发改委、中国贸促会和吉林省政府共同举办。2009年9月1日,国务院总理李克强出席第5届博览会。2012年9月,国务院批准博览会更名为中国-东北亚博览会。更名后,主办机构为商务部、国家发展改革委、中国贸促会和吉林省政府,协办机构包括东北亚区域俄罗斯联邦工商会、日中经济协会、日本国际贸易促进协会、日本贸易振兴机构、韩国贸易协会、大韩商工会议所、蒙古国工商会、朝鲜国际贸易促进委员会和中日韩三国合作秘书处。2019年8月,中共中央总书记、国家主席习近平向第12届中国-东北亚博览会致信祝贺。

20. 中国家电、五金、汽配及卫浴产品展览会在德国举办

9月12日,在德国杜塞尔多夫国际展览中心举办的首届中国家电、五金、汽配及卫浴产品展览会开幕。130余家中资企业参展,展览面积0.6万平方米。展会由中国机电产品进出口商会与励展博览集团德国公司联合主办。吸引了31个国家和地区的3000多名专业客商参观。该展会与杜塞尔多夫汽配展览会(励展博览集团主办)同期举办。

21. 东北文化产业博览会在沈阳开幕

9月23日,首届东北文化产业博览会在沈阳开幕。参展机构500余家,展览面积2

万平方米。2007年8月举办的第2届,明确由文化部、国家广电总局、新闻出版总署和黑龙江、吉林、辽宁三省政府共同主办,沈阳市政府承办的组织架构。2017年8月举办的第7届,改为市场化运作,主场设于辽宁工业展览馆,展览面积为1.5万平方米,设置主承办地区形象、"一带一路"、创意设馆、演艺娱乐、工艺美术、文化科技、动漫游戏、非遗传承等11个专业馆。展会期间,沈阳市同时举办特色文化展览和文化消费活动。

22. 郑州国际会展中心建成投用

10月,位于郑州市高新技术产业开发区的郑州国际会展中心建成投用。首展为10月20日开幕的第11届郑州全国商品交易会。该中心于2002年由郑州市政府投资22亿元兴建,其室内展览面积6.6万平方米,会议设施面积6万平方米。

23. 中办、国办发出《关于从严控制奥运会期间及前后在北京地区举办全国性国际性会议和活动的通知》

11月9日,中共中央办公厅、国务院办公厅发出《关于从严控制奥运会期间及前后在北京地区举办全国性国际性会议和活动的通知》(以下简称《通知》)。《通知》明确,2008年8月1日至9月23日期间,北京地区不举办与奥运会筹办工作无关的全国性、国际性会议和活动;2008年4月30日至7月31日,严格控制在北京地区举办全国性、国际性会议和活动。为避免在京举办的会展项目因此而停办或迁址,北京国际会议与展览业协会通过调研,并联合北京市发改委、旅游局、贸促会向北京市政府、商务部及中国贸促会反映关于允许在奥运会前举办部分会展活动以减少经济损失的意见。经一年多努力,100多个会展项目在2008年奥运会之前的4月30日至7月31日期间获得了举办许可。

24. "中国展览馆经营者最关心的问题"调查

11月,中国展览咨询网与文茵国际会展咨询公司组织"中国展览馆经营者最关心的问题"调查。北京、上海、广东、山东、浙江等12个省市的25城市个展览馆填写了调查问卷。在调查问卷的45个问题中,展览馆经营者须选出10个最为关心的问题,"政府扶持""展馆功能""营业收入""区域经济""市场环境"等5个问题为普遍关心。其中,"政府扶持"为经营者关心之首,关注度达72%。

25. 中国政府提交《中国2010年上海世界博览会注册报告》

12月1日,由中国政府提交的《中国2010年上海世界博览会注册报告》,在巴黎召开的国际展览局第138次成员国代表大会上获得一致通过。这标志着2010年上海世博会的中国方案得到正式认可。

26.《国家知识产权局展会管理办法》颁布

12月6日,国家知识产权局制定《国家知识产权局展会管理办法》。该文件旨在规范国家知识产权局展会管理,促进专利(知识产权)主题展会的发展。

27. 东方金运国际物流(北京)公司成立与发展

12月9日,主营来华和出国会展物流的东方金运国际物流(北京)公司成立。先后在北京国家会议中心、珠海国际会展中心、杭州国际博览中心、石家庄国际会展中心、南通国际会展中心提供驻馆物流服务。每年承接物流服务项目逾百个。

28. 福建省在台举办家庭用品礼品展

12月15日,福建省在台湾地区台中市举办首届两岸(福建)优良家庭用品礼品博览会。博览会由福建省海峡商务交流协会和台中市世界贸易中心联合主办,55家福建企业参展。展品分为工艺品、礼品、家庭用品、日用品、鞋和服装6类。55家参展企业多是福建知名企业,包括在福建投资的台资企业。这是祖国大陆在台湾举办的首个商品展。

29.《河北省会展业发展规划纲要(2006—2010年)》印发

12月31日,河北省政府办公厅通知印发《河北省会展业发展规划纲要(2006—2010年)》。

30. 济南国际会展中心建成投用

是年,坐落于济南高新技术产业开发区的济南国际会展中心投入使用。其室内展厅面积5万平方米。

2006年

1.《中国会展经济信息(电子版)》首期出刊

1月6日,中国会展经济研究会筹备组编辑的《中国会展经济信息(电子版)》首期出刊。该刊包括研究会动态、重要论文摘编、会展业内情况等栏目,通过电子邮箱向会员发送。至2019年,累计编发690期。

2.《北京国际会议展览业协会保护知识产权公约》公布

1月9日,《北京国际会议展览业协会保护知识产权公约》(以下简称《公约》)在北京国际会议展览业协会新年联谊会上公布。该《公约》自2005年9月起征求会员意见。据《国际商报》4月12日报道,自2005年底以来,北京市知识产权局进驻国际纺织机械展、国际印刷机械展、北京科博会等展览现场,受理侵权投诉24宗,查处、纠正冒充专利行为6宗。

3. 商务部发布《展会知识产权保护管理办法》

1月10日,商务部、国家工商行政管理总局、知识产权局、国家版权局联合发布《展会知识产权保护管理办法》。四部门与海关总署将从2006年3月起,用一年时间在全国范围内开展展会知识产权保护的专项行动,对国内10个重点政府展会和10个重点商业展会开展专项督查。5月29日,商务部、海关总署、工商总局、版权局、知识产权局、中国贸促会宣布联合开展"蓝天会展行动",严厉打击展会期间的知识产权侵权行为。

4. 国际展览管理协会中国区办事处落户深圳

1月11日,国际展览管理协会(IAEM)首届中国区会员大会在广州召开。中国展览馆协会副理事长、中国展览组织者协会(城贸联)副秘书长、深圳市展览行业协会秘书长孙翌伦当选中国地区主席。IAEM宣布,其中国区办事处落户深圳。国际展览管理协会成立于1928年,总部设于美国达拉斯。

5. 中国会展经济研究会成立

2月18日,中国会展经济研究会在北京京西宾馆举行成立大会。研究会筹备组组长沈丹阳向大会作筹备工作情况报告,副组长陈泽炎作《章程》制定和理事会组成的说明。商务部人事司副司长王奎礼代表商务部宣读研究会领导人选推荐名单。大会通过了研究会《章程》,选举产生由60人组成的理事会。商务部副部长易小准为中国会展经济研究会授牌,并发表讲话。大会结束后随即召开中国会展经济研究会第一届理事会第一次全体会议。会议选举产生22人组成的常务理事会;选举马勇、任兴洲、陈八荣、沈丹阳、陈先进、单大伟、姚望、董卫平、储祥银为副会长,沈丹阳为常务副会长(法人代表)。决定陈泽炎为秘书长。常务理事会确定聘请吴建民、张志刚、俞晓松为高级顾问,洪流等18人为顾问。该会由商务部主管。2005年7月,民政部以民函〔2005〕167号文批准研究会筹建。此前,国务院副总理吴仪、国务委员华建敏分别签批同意商务部关于组建中国会展经济研究会的请示。

6. 胡锦涛要求上海加快发展服务业

3月6日,中共中央总书记、国家主席胡锦涛下午参加第10届人大第四次会议上海代表团讨论时发表讲话,提出:"上海要加快发展服务业,特别是金融、信息、物流、会展、咨询等现代服务业。"

7. 国家"十一五"规划提出发展会展业

3月14日,第10届全国人民代表大会第四次会议批准的《中华人民共和国国民经济和社会发展第十一个五年规划纲要》,在第四篇加快发展服务业、第十六章拓展生产性服务业、第五节规范发展商务服务业中提出:"推动广告业发展,合理规划展馆布局,发展会展业。"这是国家五年规划首次提出发展会展业。

8. 大连、福建、广州、深圳颁布会展业法规文件、发展规划或促进政策

3月25日,大连市政府办公厅通知发布《"十一五"期间大连市会展业发展的指导目录》。5月16日,福建省经济贸易委员会通知印发《2006—2015年福建省会展业发展规划》。9月28日,广州市知识产权局、工商局、版权局联合颁布《广州市展会知识产权保护工作实施意见》。11月21日,深圳市政府办公厅通知印发《深圳市会展业及国内参展财政资助资金管理暂行办法》。

9.《陈列展览设计员》出版

3月,刘宏伟、郑越文主编的《陈列展览设计员》经中国劳动社会保障出版社出版。此

书为国内首本有关展览工程设计的图书,列入《国家职业资格培训教程丛书》。

10. 首届中国-东盟会展业国际合作高峰会在南宁召开

4月12日,首届中国-东盟会展业国际合作高峰会在南宁开幕。6个境外会展机构和国内23个城市会展机构代表300余人与会。峰会由商务部外贸发展事务局、中国贸促会展览管理办公室、中国-东盟博览会秘书处、南宁市政府、中国会展杂志社共同举办,内容包括中国-东盟地区招商招展项目合作圆桌会议、贸易促进"朱槿花"奖颁奖典礼、倡议成立中国-东盟会展业国际合作理事会和中国-东盟博览会现场服务机构准入标准研讨等。

11. 鄂尔多斯举办国际煤炭及能源工业博览会

4月16日,鄂尔多斯举办的首届国际煤炭及能源工业博览会在鄂尔多斯国际会展中心开幕。主办方为鄂尔多斯市煤炭局(后为市能源局),承办方为市煤炭销售协会。2019年举办的第14届,其室内外展览面积超过4万平方米,参展商517家。

12. 中国贸促会在台北举办海峡两岸电子产品展

4月17日,2006海峡两岸电子产品展览会在台北世界贸易中心展览馆举办。展会由中国贸促会组织。大陆7个省(区、市)的16家知名企业参展,展览面积400平方米。

13. 中外合作承办成都汽车展

4月20日,成都环球世纪会展旅游集团公司、中国贸促会四川省分会与汉诺威米兰展览(上海)公司在成都签订合作协议,确定联合承办成都国际汽车展览会。此为中西部地区第一个中外合作承办的汽车展览会。成都国际汽车展览会创办于1998年。

14. 杭州世界休闲博览会开幕

4月22日,杭州世界休闲博览会开幕。博览会包括世界休闲用品博览会、世界休闲大会、世界休闲峰会、世界休闲奖评选、中国杭州西湖国际狂欢节、烟花大会以及杭州休闲博览园、休闲风情园展示等活动,并与第8届西湖博览会实现联动。博览会历时6个月,至10月22日结束。主会场位于杭州市及其周边城市会展场馆,以及杭州休闲博览园、休闲风情园。博览会由世界休闲组织、国家旅游局、国家体育总局、浙江省政府、全国工商业联合会主办,杭州市政府、萧山区政府、宋城集团承办。

15. 欧中协会合作举办纺织机械展

4月22日,欧洲纺织机械制造商委员会与中国贸促会纺织行业分会、中国纺织机械器材工业协会、中国国际展览中心集团公司签订合作协议,决定自2008年起,欧洲纺织机械制造商委员会将旗下ITMA亚洲展览会与中国国际纺织机械展览会合并在上海举办。11月2日,欧洲纺织机械制造商委员会、中国纺织机械器材工业协会、日本纺织机械协会发表联合声明,决定共同支持2006年在北京举办的第10届中国国际纺织机械展览会和2007年在慕尼黑举办的ITMA2007展览会。同日,中国纺织机械器材工业协会在北京召开第 4 届第七次常务理事会议,要求会员单位抵制纺织机械行业的无序办展,决定不组织、不支持会员参加 2006 年新办的纺织机械展会。

16. 中国轻工业联合会调查轻工系统展会发展情况

4 月 24 日,《消费日报》发表题为《轻工专业展引领我国展览业潮头》的报道。报道称,中国轻工业联合会市场部于 2005 年调查轻工系统的 88 个展会,选取其中展览面积达 1 万平方米以上的 13 个展会进行分析。与国际同主题展会的展览面积比较,中国国际缝制设备展名列第二;中国国际塑料展、中国国际陶瓷工业展、中国(上海)国际乐器展、中国国际食品添加剂展、中国国际五金展、中国国际家具展分列第三;中国国际眼镜业展、中国国际自行车展、中国国际制笔展分列第四;中国国际照明电器展、中国国际焙烤展分列第三;中国国际皮革展名列第六。13 个展会的专业观众总数达 74.35 万人次。其中,境外观众达 4.19 万人次。

17. 中国水博会创办

4 月 26 日,首届中国水博览会暨中国水务高峰论坛在北京农业展览馆开幕。由水利部、中国水利学会主办。该项目前身为 1989 年举办的国际水利技术设备展览会。2007 年和 2017 年分别移址苏州、银川举办。2018 年 10 月举办的第 13 届,展览面积 1.3 万平方米。

18. 中国义乌文化产业博览会创办

4 月 27 日,首届中国义乌文化产业博览会开幕。2010 年,升格由文化部和浙江省政府主办、浙江省文化厅和义乌市政府承办。2014 年更名为中国(义乌)文化产品交易会,新增中国国际贸易促进委员会为主办单位。该展会展品以工艺美术品以及画材、办公用品、节庆用品、玩具为主。

19. 东莞整合展馆资源

4 月 28 日,中国贸促会东莞支会将位于东莞市区的东莞国际会展中心的经营权转交广东现代国际展览中心公司。由东莞市政府投资建设的东莞国际会展中心,于 2009 年 9 月建成投用,室内可供展览面积 2.8 万平方米,由中国贸促会东莞支会负责经营管理。广东现代国际展览中心公司成立于 2000 年 12 月,其所拥有的广东现代国际展览中心,位于东莞市厚街镇,2002 年 3 月建成投用。其室内可供展览面积 10 万平方米,配有 85—2400 平方米的会议室 11 个。市政府决定两馆经营合一,旨在整合展馆硬件资源,避免市内竞争。5 月,广东现代会展管理公司成立,取代广东现代国际展览中心公司一体化经营管理两座展览场馆。2018 年 6 月,东莞国际会展中心不再承接展览,市政府决定将其改造为东莞市市民服务中心。

20. 宁港合资会展公司落户南京

4 月 29 日,江苏省外经贸厅批复在南京设立江苏新国际会展集团公司。这是江苏首家中外合资的会展公司。该公司由江苏东恒国际集团、江苏省进出口商会、苏州国际博览中心公司和香港雅式展览服务公司出资组成,注册资本 1700 万元人民币。公司经营范围包括,在中国境内主办、承办各类经济技术展览会和会议、在境外举办会议,展览展示工程,进出口业务和信息咨询。

21. 中国贸促会、商务部修订《出国举办经济贸易展览会审批管理办法》

5 月 14 日,中国贸促会、商务部通知修订《出国举办经济贸易展览会审批管理办法》(以下简称《办法》)。该《办法》分为七章,即总则、审批的条件和依据、项目申请的受理与审查程序、展览团的管理、法律责任和附则。该《办法》明确将出国办展纳入行政许可范围。组展单位条件修改为依法注册 3 年以上,净资产不低于 300 万人民币。该办法自公布之日起 30 日后施行。中国贸促会会同原外经贸部于 2001 年 2 月 15 日印发的《出国举办经济贸易展览会审批管理办法》同时废止。

22. 郑州国际会展中心托管经营

5 月 21 日,郑州国际会展有限责任公司和郑州香港会展管理有限公司在郑州举行合作签约仪式,宣布郑州国际会展中心委托郑州香港会展管理有限公司经营管理,协议期限 15 年。郑州香港会展管理有限公司由香港展览会议场地管理中国有限公司和上海国际展览中心有限公司合资组建。其中,港方是香港国际会展中心的经营方;沪方为上海市贸促会所辖国有公司。这是国内会展中心托管经营的先例。

23. 广州市工商局公示三起违法违规展览处理情况

6 月 26 日,广州市工商局公示三起重大违法违规展览处理情况:北京博式雅展览展示有限公司广州分公司于 2005 年 4 月 15 日至 18 日在广州新体育馆举办的广州国际房地产、建筑装饰材料博览会,因虚假宣传引发参展商群体性投诉事件。此事件发生后,该公司再次采取虚假宣传手段,为其举办的第 3 届中国国际卫浴设备、陶瓷、石材及加工设备展招商。市工商局对博式雅公司处以 20 万元罚款。广州新粤新展览公司于 2005 年 6 月 8 日至 10 日在广州花城会展中心举办广州机床、模具技术、工控自动化及仪器仪表展览会,因虚假宣传引发参展商群体性投诉事件。市工商局对其处以 5000 元罚款。广州兴博展览公司于 2005 年 4 月 17 日至 21 日在广州花城会展中心举办的海峡两岸名优产品博览会,发生参展商群体性投诉事件。此后,该公司于同年 10 月在同一地点举办同名展会,再次发生参展商群体性投诉事件。案发后,该公司负责人失踪拒查,逃避责任。

24. 东莞举办会展资源开发研讨会

6 月 26 日,东莞会展资源开发研讨会举行。来自北京、上海、广州、香港等地的会展界专家 60 多人与会。6 月 5 日,东莞市政府颁布《关于实施"商贸东莞"工程的意见》,明确设立专项资金用于补贴在东莞市举办的重点展会,同时补贴本地企业参加本地展会。研讨会围绕建设"商贸东莞"工程,就资源整合、克服项目同质化竞争弊端、形成东莞特色的会展业展开研讨。研讨会由东莞市经济贸易局和东莞市会议展览业协会主办。

25. 清洁技术与设备博览会与博华公司酒店展共同举办

6 月 27 日,上海博华国际展览公司与上海闻展展览公司宣布,自 2007 年起,中国清洁技术与设备博览会与博华公司在上海和北京两地的酒店用品博览会共同举办。此举避免了两展因展览范围重合而产生的竞争。

26. 北京举办会展业知识产权保护培训班

6月27日,北京国际会议展览业协会和北京市知识产权局在北京市知识产权教育基地共同举办"会展业知识产权保护培训班",来自70余家在京会展机构和会员单位的113名负责人参加培训班的学习。

27. 南光集团与中展集团合资组建会展公司

7月6日,南光集团与中展集团所属华港国际展览公司以及葡源国际投资公司三方合资成立华澳国际会议展览公司,旨在拓展澳门会展业务。南光集团前身为南光贸易公司,成立于1949年,是总部设于澳门的中央企业,长期经营酒店、房地产、仓储运输、油气供应、冷冻食品、餐饮及洗衣等业务。

28. 青岛携手CES举办消费电子博览会

7月7日,中国国际消费电子博览会在青岛开幕。该博览会前身是2001年创办的中国国际电子家电博览会。而中国国际电子家电博览会是由历经17年的青岛对外贸易经济洽谈会转型而来。中国国际消费电子博览会与美国电子消费品制造商协会所办国际消费类电子产品展览会(CES)签署联合举办的合作协议。400多家中外客商参展,展览面积达3.6万平方米。该项目在6月获得美国商务部认证。

29. 上海浦东国际展览品监管服务中心揭牌

7月13日,上海浦东国际展览品监管服务中心揭牌。该中心集海关监管、检验检疫、物流服务等功能于一体,提供一站式国际展览品进出境管理服务。其以上海实业外联发国际物流公司的仓储设施为依托,仓库面积1.4万平方米。

30. 东莞鞋展、鞋机展与杜塞尔多夫展览(中国)有限公司国际GDS鞋展合作

8月9日,杜塞尔多夫展览(中国)有限公司、香港雅式展览服务公司、贸促会广东省分会及东莞市支会、广东现代会展管理公司召开新闻发布会,宣布东莞鞋展、鞋机展与国际GDS鞋展携手合作,并签署合作签约。中国东莞国际鞋展、鞋机展由香港雅式展览服务公司、贸促会广东省分会及东莞市支会和广东现代会展管理公司创办于2003年,是国内规模最大的鞋业展会。杜塞尔多夫公司拥有全球第一大鞋展——GDS,每年在德国杜塞尔多夫举办两届,举办历史超过50年。

31. 中国·哈尔滨国际科技成果展交会举办

8月21日,首届中国·哈尔滨国际科技成果展交会在哈尔滨国际会展体育中心开幕。展交会由科技部、黑龙江省政府、哈尔滨市政府联合主办。"中国俄罗斯年""中国东北老工业基地振兴中俄科技合作论坛"同期举办。来自独联体和东欧9个国家的110多

个机构的 330 名专家,携 1376 个科技项目与会。

32.《国家"十一五"时期文化发展规划纲要》明确发展文化会展

9月13日,中共中央、国务院办公厅印发《国家"十一五"时期文化发展规划纲要》(以下简称《纲要》)。明确,发展各类综合及专业文化会展,重点支持覆盖全国并具有国际影响的文化会展,办好 2008 年北京奥运会、2010 年上海世博会的相关文化活动及会展,使文化会展业成为促进我国文化产业发展的重要平台。《纲要》提出重点支持的 8 个文化会展项目包括中国国际广播影视博览会、中国国际广播电视信息网络展览会、中国国际动漫节、中国国际音像博览会、北京国际图书博览会、全国图书交易博览会、中国(深圳)国际文化产业博览交易会和上海国际电影电视节。

33. 北京建材展处理知识产权投诉

9月17日,在北京建材展览会上,北京振利高新技术公司发现同为参展商的某建材研究院和某装饰材料公司所展示的产品和宣传资料侵犯了本公司的专利权。随即向展会主办方投诉,并出示本公司产品知识产权权属证明和现场采集的侵权方的侵权证据。展会主办方——北京中装华港建筑科技展览公司及其现场知识产权办公室派员到侵权者展台调查,并要求该展商撤出相关产品和宣传资料的展示。被投诉的参展商执行了知识产权办公室的决定。

34. 中国中部投资贸易博览会在长沙举办

9月26日,首届中国中部投资贸易博览会在长沙国际会展中心开幕。博览会经国务院批准,商务部、国家税务总局、国家工商总局、国家广电总局、国家旅游局、中国贸促会、全国工商联、中国工业经济联合会以及山西、安徽、江西、河南、湖北、湖南省政府联合主办。博览会的活动包括货物贸易、投资促进、旅游推介等主要内容。第 2 至 6 届博览会分别于 2007 至 2011 年在郑州、武汉、合肥、南昌、太原举办。第 8 届后博览会改为每两年举办一次。

35.《广州市会展管理专业技术人员职业水平评价暂行办法》《广州市会展管理专业技术人员职业水平考试实施办法》印发

9月30日,广州市人事局通知印发《广州市会展管理专业技术人员职业水平评价暂行办法》(以下简称《暂行办法》)和《广州市会展管理专业技术人员职业水平考试实施办法》。《暂行办法》适用于在广州市从事会展管理工作的专业技术人员。会展管理工作主要指为大型会议、专业展览、综合展览、博览会等大型活动进行策划、评估、筹备、布展、市场宣传等专业性工作。《暂行办法》明确,会展管理专业技术人员职业水平评价分为初级、中级和高级三个级别。初级为助理会展管理师,中级为会展管理师,高级为高级会展管理师。《暂行办法》规定,广州市人事局会同广州市协作办公室、广州市会展业行业协会组织拟定会展管理专业技术职业水平考试科目、考试大纲、考试试题,编写考试用书,建立考试题库,统一规划培训等相关工作。

36. 温家宝宣布广交会更名

10月15日,国务院总理温家宝出席第100届广交会开幕式,宣布中国出口商品交易会自第101届起,更名为中国进出口商品交易会。

37. 全国中等职业学校会展专业教材编审工作会议召开

10月28日,电子工业出版社在武汉召开全国中等职业学校会展专业教材编审委员会工作会议。会议讨论通过《会展概论》《会展策划》《会展营销》《会展设计》《会展物流》《会展法律法规》《会展客户服务》等8本教材的编著提纲。

38. 纽伦堡会展(上海)公司设立与发展

10月31日,纽伦堡会展(上海)公司工商注册成立。2007年正式办公。其作为纽伦堡国际博览集团在海外的第一个全资子公司,在中国举办有中国国际精酿啤酒会议暨展览会、中国国际有机产品博览会、中国国际压铸会议暨展览会、中国有色合金及特种铸造展览会、中国国际粉体加工/散料输送展览会与中国国际电动汽车会议。其中,与中国检验检疫科学研究院共同主办的中国国际有机产品博览会,创办于2007年。2019年第13届中国国际有机产品博览会在上海世博展览馆举办,展览面积1.2万平方米,22个国家和地区的391家参展商参展,44个国家和地区的观众参观。

39.《百届辉煌》记载广交会发展历程

10月,由中国对外贸易中心编著的《百届辉煌》经南方日报出版社出版。此书详细记录广交会自1957年创办至2006年的50年间100届的发展历程,以为纪念。

40.《北京会展业发展研究》出版

10月,首都经济贸易大学出版社出版《北京会展业发展研究》(文魁、储祥银主编),收录《北京会展业发展规划(2004—2008)》《北京会展业发展研究报告》及10篇研究论文。

41. 广西玉林国际会展中心建成投用

11月1日,广西玉林国际会展中心建成投用。该建筑四层楼,分为商场和会展场馆两部分。其中,二至四层为会展场馆,提供5000和6000平方米展厅。该项目由玉林华商房地产责任公司投资建设,总投资2.1亿元。

42. 中国纺织服装展首次登陆欧洲

11月5日,中国纺织品服装贸易展览会在德国卡尔斯鲁厄市开幕。此为中国纺织品服装企业以单独组展方式首次登陆欧洲。该展会由中国纺织工业协会、中国国际贸易促进委员会纺织行业分会、中国服装协会和德国卡尔斯鲁厄会展公司联合举办。

43. 国际展览业协会第73届年会在京举行

11月8日,国际展览业协会(UFI)第73届年会在北京开幕。此为该协会年会首次在中国大陆举办。中国展览业的发展趋势研讨列为会议的重要内容。国际展览业协会成立于 1925 年,总部设在法国巴黎,会员包括世界各地展览主办者、展馆经营者、展览行业协会及相关产业服务商。2006 年,协会会员 314 家。其中,中国会员 44 家(包括港澳台地区的会员)。中国经其认证的展会达 58 个。其中,大陆地区 39 个。认证数量位居德国、俄罗斯之后,列第三位。

44. 芜湖国际会展中心建成投用

11 月 8 日,芜湖国际会展中心建成并投入使用。其由芜湖市政府投资并于 2006 年兴建。室内展览面积 3.6 万平方米。

45. 政府主导型展会创新发展论坛在京举办

12 月 8 日,以"运作、创新、提升"为主题的 2006 政府主导型展会创新发展论坛在北京开幕。此为中国会展经济研究会成立后主办的首个论坛。2009 年 10 月,2009 中国城市会展高峰论坛暨第 2 届政府主导型展会创新发展论坛在杭州举行。论坛由杭州市政府、上海世博会事务协调局、中国会展经济研究会联合主办。会议发布《中国的政府主导型展会研究报告》。2010 年 10 月,以"后世博时代城市会展的可持续发展"为主题的 2010 中国城市会展高峰论坛暨第 3 届政府主导型展会创新发展论坛在杭州萧山举行。论坛由杭州市政府和中国会展经济研究会联合主办。2011 年 9 月,2011 年中国城市会展高峰论坛暨第 4 届政府主导型展会创新发展论坛在杭州千岛湖召开。

46. 北京创办文博会

12 月 10 日,首届中国北京国际文化创意产业博览会(北京文博会)在北京中国国际展览中心开幕。由文化部、国家广电总局、国家新闻出版总署、北京市政府联合主办,北京市贸促会承办。来自联合国等 5 个国际组织及 40 多个国家和地区的千余名来宾出席。全国 21 个省(区、市)代表团参加。主场展览面积 3 万平方米,780 多家机构参展。博览会开幕式暨文艺演出在人民大会堂举行,5000 人出席。同期举办 15 场文化创意活动和 10 场专业论坛。2019 年,北京市政府决定将文博会作为文化贸易板块纳入中国国际服务贸易交易会(京交会),举办时间改在每年 5 月底。2019 年 5 月举办的第 14 届,展览面积 3.5 万平方米,800 余家展商参展。

47. 中国民营科技企业新技术新产品博览会在武汉举办

12 月 14 日,首届中国民营科技企业新技术新产品博览会在武汉开幕。24 个省(区、市)组团参展,参展企业逾千家。展会由中国民营科技促进会、武汉市政府、湖北省科技厅主办,武汉市科技局承办。

48.《商务部举办展览会管理办法(试行)》颁布

12 月 15 日,商务部颁布《商务部举办展览会管理办法(试行)》(以下简称《办法》)。《办法》分为总则、展览会分类标准、审批与举办、评价与监督、领导任职与出席、其他六部分共二十九条。该《办法》自 2007 年 1 月 1 日实施。

49. 上海世博(集团)公司与汉诺威展览公司合作主办中国国际工业博览会机床、工业自动化展和新能源展3个专业展项目

12月19日,上海世博(集团)有限公司与德国汉诺威展览公司签订合作协议,同意共同主办中国国际工业博览会旗下机床、工业自动化展和新能源展3个专业展项目。协议约定,双方合作期限为5年。到期后双方如无异议,自动延长5年。上海世博(集团)有限公司是中国国际工业博览会的承办方。其于2011年更名为上海东浩国际服务贸易(集团)有限公司,后与上海兰生集团合并,成立上海东浩兰生国际服务贸易(集团)有限公司。该公司2017年更名为东浩兰生(集团)有限公司。

50. 中国坚果炒货食品节暨全国坚果炒货配料、包装、机械设备展在合肥创办

12月22日,首届中国坚果炒货食品节暨全国坚果炒货配料、包装、机械设备展览会在合肥安徽国际会展中心开幕。300多家客商参展(安徽省客商占三分之一)。展会由中国食品工业协会、安徽省农委和合肥市政府联合主办,安徽中设国际展览集团公司承办。2009年改为每年4月举办。2018年举办的第12届,展览面积4万平方米。

51.《上海市会展管理专业技术水平认证》制度施行

是年,上海市人事局牵头,上海市职业能力考试院、上海世博人才发展中心、上海市会展行业协会共同推出《上海市会展管理专业技术水平认证》制度。该制度将会展管理专业人才分为初级、中级、高级三个级别加以认证。

52. 23所高等院校开设本科会展专业

是年,全国经教育部备案开设本科类会展专业的高等院校共23所。其中,21所院校开设会展经济与管理专业,2所院校开设会展技术与艺术专业。

2007年

1. 南京、厦门、宁波、青岛出台会展业法规文件或促进政策

1月3日,厦门市政府办公厅通知印发《厦门市展览会评估试行办法》。4月9日,南京市政府办公厅通知印发《南京市展览业管理办法》。6月1日,宁波市政府印发《关于进一步推动宁波会展业发展的若干意见》。11月12日,青岛市政府印发《关于加快会展业发展的意见》。

2.《大型出国经贸展览活动管理办法》修订

1月7日,中国贸促会通知印发新修订的《大型出国经贸展览活动管理办法》(以下简称《办法》)。《办法》所指大型出国经贸展览活动,是经贸促会批准有两家或两家以上组展单位参加同一展览会且参展规模较大的出国经贸展览活动。《办法》明确,贸促会展览管理办公室负责组展单位开展大型出国经贸展览活动的监督和管理工作。

3. 劳动和社会保障部将会展设计师列为新职业

1月11日,国家劳动和社会保障部第八批新职业信息发布会在上海召开。会上发布的10类新职业中,"会展设计师"名列首位。

4.《中国会展经济发展报告(2006)》公布国内展览场馆统计数据

1月15日,在上海举办的第3届中国会展经济国际合作论坛(CEFCO)上,中国贸促会发布《中国会展经济发展报告(2006)》(以下简称《报告》)。《报告》首次公布国内展览场馆统计数据。截至2006年底,全国共拥有面积在2000平方米以上的会展中心或展览场馆约170家,可供展览总面积达536万平方米。《报告》指出,展览场馆单位面积收入逐年下降:2002年下降31.3%;2003年下降25.1%;2004—2006年降速有所减缓,但下降趋势依然明显。

5.《"十五"期间(2001—2005)中国展览业发展报告》出版

1月,《"十五"期间(2001—2005)中国展览业发展报告》由经济日报出版社出版。全书分为综合篇、城市篇和行业篇,共65万字。其中,综合篇主要介绍"十五"期间中国展览业的发展概况,包括体制与政策、展览组织者、展览项目、展览场馆、展览市场、展览区域与城市,以及展览理论研究与专业教育等情况;城市篇分别介绍北京、上海、广州、深圳、宁波、大连、杭州、昆明、成都、南京、沈阳、武汉、合肥、成都、西安、东莞16个展览城市的发展情况。该书主编为商务部国际贸易经济合作研究院副院长、中国会展经济研究会常务副会长沈丹阳。

6.《中国经营报》披露中国展馆协会最新统计

2月28日,《中国经营报》在题为《自办展的场馆发展之路》的报道中,披露中国展馆协会的最新统计:中国展览场馆数量已达158个,室内展览总面积达322万平方米,室外展览总面积近222万平方米。其中,北京市室内可供展览总面积约11万平方米,全年场馆利用率约为35%。

7. 温岭创办泵与电机展

3月1日,首届中国(温岭)水泵、空压机展览会在浙江省温岭市体育中心开幕,168家企业参展,展出面积5000平方米,8369人参观。展会由温岭市政府主办,温岭国贸展览公司承办。2010年第4届,中国机电产品进出口商会参与主办。2012年第6届,改称中国(温岭)泵与电机展览会。2019年2月11日在温岭会展中心举办的第15届,参展企业540家,展览面积3万平方米。温岭会展中心2010年投入使用,由温岭市政府投资兴建,展厅面积2万平方米。

8.《2007中国会展经济研究会学术年会论文集》编发

3月10日,《2007中国会展经济研究会学术年会论文集》在东莞举办的中国会展经济研究会第2届年会上发布。论文集由中国会展经济研究会编辑,分为会展经济、会展学科建设两部分,共36篇文章入选。至此,中国会展经济研究会每年编辑论文集成为惯例。至2018年,选入论文集的论文累计667篇。

9. 中国会展经济研究会设立中国会展经济年度大奖

3月10日,中国会展经济研究会第二次理事会会议决定设立"中国会展经济年度大奖"。2006年度大奖授予6个单位,奖项为:"中国第一展"——中国出口商品交易会;"中国会展名镇"——广东东莞厚街镇;"政府型展会的成功运作"——中国华东进出口商品交易会;"会展协会工作的创新发展"——上海市会展行业协会;"城市会展服务体系之首创"——宁波市人民政府会展工作办公室;"首届毕业生就业受欢迎"——北京第二外国语学院会展管理系。

10. 国务院发文要求规范发展会展业

3月19日,《国务院关于加快发展服务业的若干意见》提出大力发展面向生产的服务业。要求规范发展法律咨询、会计审计、工程咨询、认证认可、信用评估、广告会展等商务服务业。

11. 西安曲江国际会展中心建成投用

3月24日,西安曲江国际会展中心建成并投入使用。该中心由西安市政府投资2.3亿元兴建。室内展览面积4.6万平方米。

12. 湖北、浙江成立会展业商会或协会

3月26日,湖北省会展业商会在武汉成立。4月9日,浙江省国际会议展览业协会在杭州成立。

13.《杭州市会展业"十一五"发展规划》印发

4月2日,杭州市发改委、会展办通知印发《杭州市会展业"十一五"发展规划》(以下简称《规划》)。该《规划》分为"十五"期间杭州会展业得到快速发展、杭州会展业面临的机遇和挑战、"十一五"期间杭州会展业发展思路、原则和目标、杭州会展业发展主要任务和杭州会展业发展保障措施5个部分。

14.《2006—2007年中国会展经济发展报告》(会展经济蓝皮书)出版

4月25日,《2006—2007年中国会展经济发展报告》(会展经济蓝皮书)(以下简称《报告》)在上海举行发布会。此书由社会科学文献出版社出版,主编过聚荣(上海交通大学安泰经济与管理学院副教授)。《报告》分为主题篇、区域篇、案例篇、专题篇,共40万字。此书每年出版一本,持续至2013年。

15.《中华人民共和国海关暂时进出境货物管理办法》对入境展览用品关税作出规定

5月1日,《中华人民共和国海关暂时进出境货物管理办法》(以下简称《办法》)施行。

《办法》规定,在境内展会期间消耗、散发的由境外入境的展览用品,由海关根据展览会性质、参展商规模、观众人数等情况,核定其数量和总值,在合理范围内按照有关规定免征进口关税和进口环节税。

16. 中青旅设立博联整合营销顾问公司

5月16日,中青旅国际会议展览公司成立。同年12月,名称变更为中青博联整合营销顾问股份有限公司。该公司是中青旅控股股份有限公司控股子公司。业务涵盖会议与活动管理、目的地营销、奖励活动、展览等。在上海、广东、深圳、江苏、天津、北京、四川、陕西等地设有会议展览的子(分)公司。该公司是北京世园会全球合作伙伴,负责游客服务、场馆管理、贵宾接待、国际竞赛、参展服务、志愿者管理以及票务等业务。

17. 中国商业联合会编制《会展业职业经理人》《会展业职业经理人执业资格条件》标准

5月23日,中国商业联合会发布《会展业职业经理人》标准(CGCC/Z 0003—2007)。12月,国家标准化管理委员会《关于下达2007年第五批国家标准制修订计划的通知》,将中国商业联合会提出的《会展业职业经理人执业资格条件》作为推荐性国家标准纳入其中,标准计划编号为20076489—T—322。

18. 行业协会举办展会实行有偿服务

5月30日,国务院办公厅下发《国务院办公厅关于加快推进行业协会商会改革和发展的若干意见》,明确"行业协会举办展览会、交易会、研讨会、培训等活动可以实行有偿服务"。

19. 北京国际印刷新技术及设备展遭遇骗展

6月6日,《中国新闻出版报》报道,定于6月12日开幕的第4届北京国际印刷新技术及设备展览会遭遇"骗展"。客商反映,展会承办方——北京华港展览公司被北京新港华夏国际展览公司"撞名",有十多个参展企业与"撞名"公司签约参加印刷展。"撞名"公司印刷展的举办地点同在中国国际展览中心,举办时间与第4届北京印刷展览会相同。展会主办方中国印刷技术协会与承办方北京华港展览公司紧急在官网上发表声明,以正视听;同时向公安机关报案。但"骗展"公司携款潜逃,客商追款无果。

20. 长沙建材展创办

6月9日,湖南长沙建筑与住宅节能科技产品博览会暨建筑节能成果展在长沙红星会展中心开幕。212家客商参展,展览面积7500平方米。由湖南省建设新技术推广中心、长沙支点展览策划公司主办。支点公司成立于2005年。博览会自第3届转型为专业展,2013年移址湖南国际会展中心举办。2016年更名为建材新产品招商暨全屋定制博览会。2019年3月在长沙国际会展中心举办的第11届,展览面积10万平方米,参展商超过1600家,到场专业观众达18万人次。同年11月,在泰国举办泰国(东盟)建材家具五金博览会。举办地设于泰中东盟建材创业经贸园。其位于泰国巴吞他尼府叻仑缴县,由支点公司、常德三屹公司与泰国企业合资兴建。

21. 内蒙古国际会议展览中心投用

6月18日,内蒙古国际会议展览中心在呼和浩特落成。作为内蒙古自治区成立60周年重点工程,该工程于2005年7月16日动工。总投资4亿人民币,室内可供展场面积3.2万平方米,会议场地面积1万平方米。

22. 中国纺织企业赴美参展办理签证拒签率上升

6月25日,中国会展经济研究会网站以《中企赴外参展遭遇贸易保护主义》为题发表报道。报道披露,中国纺织品服装贸易展在纽约已举办7年,赴美参展的中国纺织企业逾千家。但中国企业赴美参展办理签证的拒签率却逐年上升:在2000年为10%—20%,2001年为30%,2002年为40%,2005年高达50%。

23. 博罗那展览(上海)公司成立

6月27日,博罗那展览(上海)公司注册成立。注册资本为20万美元。博洛尼亚展览集团是意大利著名展览公司,运营博洛尼亚市、摩德纳市和费拉拉市3个展馆,每年在意大利和海外主办超过75个展览会,涉及化妆品、时装、建筑、艺术、文化、机械多个领域。该集团2005年在中国上海设立办事处。上海公司负责集团在中国内地、香港、澳门和台湾地区的各项业务。

24. 太原市贸促会加挂太原市会展工作办公室牌子

6月28日,经太原市政府批准,中国贸促会太原市分会加挂太原市会展工作办公室牌子,实行"一套机构、两块牌子"的运行体制。

25. 广交会改革与发展专家研讨会在北京召开

7月12日,广交会改革与发展专家研讨会在北京开幕。研讨会由商务部外贸司召集。中国对外贸易中心理事长张志刚、中国会展经济研究会副会长沈丹阳、储祥银及各大进出口商会负责人、会展专家与会。会议就广交会的发展方向和目标,广交会的专业化、市场化、法制化、产业化、国际化,优化广交会组展方式等问题进行研讨。

26. 全国中小企业创新与发展成果展在京开幕

7月19日,国家发改委、中央统战部、科技部、国家工商总局、民建中央和全国工商联共同举办的全国中小企业创新与发展成果展览会在北京展览馆开幕。来自全国的1100余家中小企业展示了1.6万余种产品或技术装备。这是新中国成立以来首次由政府主办的展示中小企业发展成就的展会。

27. 阿里巴巴与科隆展览公司签署合作协议

7月20日,阿里巴巴与科隆国际展览有限公司签署战略合作协议。双方将联手推广中国国际五金工具展览会和中国国际甜食及休闲食品生产技术展览会,致力于提高参展参观客商人数。双方希望在欧洲开展相关合作。

28. 上海市法院宣判展览会不正当竞争诉讼案

7月23日,上海市第二中级人民法院宣判:中国食品添加剂生产应用工业协会立即停止要求其会员单位和参展商从2006年起不再参加亚洲食品配料及技术展览会(FIA),以及对参加FIA的单位不予安排FIC展位的不正当竞争行为。判决被告中国食品添加剂生产应用工业协会立即停止对原告欧洲博闻公司商业诋毁的不正当竞争行为;要求其在本判决生效之日起10日内在其网站首页连续48小时刊登声明,公开消除影响(并明确,声明内容需经上海市第二中级人民法院审核)。原告上海博华国际展览有限公司与被告中国食品添加剂生产应用工业协会不正当竞争纠纷一案,上海市第二中级人民法院于2006年3月1日受理后,依法组成合议庭进行审理。被告中国食品添加剂生产应用工业协会在答辩期内对本案提出管辖权异议,该法院于2006年3月23日裁定驳回其管辖权异议。被告不服,提起上诉。上海市高级人民法院于2006年6月12日裁定驳回上诉,维持原裁定。2006年8月1日,欧洲博闻公司因认为其与本案有利害关系,申请作为原告参加诉讼,本院予以准许。两原告共同诉称,两原告是亚洲食品配料及技术展览会(FIA)的举办单位,展会内容是食品配料、添加剂及设备。被告是中国国际食品添加剂和配料展览会(FIC)的举办单位,FIC与FIA存在竞争关系。自2005年1月起,被告陆续发文,要求其会员单位和参展商不得参加FIA的展出活动,对已经交纳FIA费用但愿退出的,被告可做适当补偿,对于继续参加FIA的单位,FIC将不再分给展位。原告认为,被告的行为实质限制了参展商自由参加展会的权利,剥夺了两原告平等竞争的权利,构成不正当竞争。此外,被告在文件中使用"不择手段""每况愈下""不讲规则""不讲信用""破坏行业发展秩序"等文字对原告进行商业诋毁,亦构成不正当竞争。上述不正当竞争行为损害了原告的合法权利,请求法院判令:确认被告要求其会员单位和参展商从2006年起不再参加FIA,以及对参加FIA的单位不予安排FIC展位的行为是不正当竞争行为;被告停止实施阻碍他人与原告正常交易及商业诋毁的不正当竞争行为,公开消除影响。《上海法治报》于2008年3月10日对此进行报道。

29. 英富曼会展(北京)公司成立

7月25日,英富曼会展(北京)公司经工商登记成立。其在国内先后合资控股5家展览公司,即上海美盛文化传播公司(2012年成立)、上海英业展览公司(2016年成立)、英富曼维纳展览(成都)公司(2016年成立)、广州英富曼意帆展览公司(2017年成立)、英富曼天一展览(成都)公司(2017年成立)。

30. 中国民族商品交易会在呼和浩特举办

8月3日,首届中国民族商品交易会在内蒙古自治区呼和浩特市内蒙古国际会展中心开幕。交易会经国务院批准,由内蒙古自治区政府、商务部、国务院西部开发办公室、中国贸促会联合主办。我国31个省(区、市)及港澳台地区,以及俄罗斯、日本等国家近100个代表团的1500多家企业参展。2015年10月举办的第9届,与中国-蒙古博览会同期举行。

31. 中国会展业官产学研高级研修班在北京结业

8月9日,首期中国会展业官产学研高级研修班在北京结业。来自全国20个省(区、市)的40名学员参加研修。在三天时间里,会展界权威人士应邀授课,通过案例分析促进会展业官产学研深入合作。研修班由中国会展经济研究会主办,全国糖酒会办公室协办。

32. 德国科隆国际展览有限公司与中国合作机构签署《关于合作保护知识产权的谅解备忘录》

8月20日,德国科隆国际展览有限公司与其合作组展的24个中国机构在北京签署《关于合作保护知识产权的谅解备忘录》(以下简称《备忘录》)。文件中明确,签署《备忘录》的中国机构有义务遵守德国相关法规,在组展工作中以及组织中国客商赴科隆参展期间避免发生知识产权侵权行为。根据科隆公司提供的数据,每年赴德国科隆参展的中国企业(包括港澳地区)超过3500家。其中包括五金、家用电器、家具、体育用品、园林生活、食品等展览会,中国客商规模庞大。多年来,针对中国参展客商因知识产权纠纷导致展位查封、扣留展品的事件屡有发生。

33. 中国会展业民营CEO高峰会在三亚举办

8月29日,中国会展业民营CEO高峰会在海南三亚市开幕。中国会展经济研究会邀请北京振威展览公司、深圳优博展览集团、广东现代展览管理公司、厦门会展金泓信展览公司、武汉尚格展览公司、广东英泰展览公司、广州外贸展览公司、厦门国凯国际展览公司、海南共好会议展览公司等民营企业领导与会。会议就会展业市场化发展问题形成八项共识及建议,提请政府主管部门加以重视。

34. 国务院颁布《大型群众性活动安全管理条例》

2007年9月14日,国务院以505号令颁布《大型群众性活动安全管理条例》(以下简称《条例》),自2007年10月1日起施行。《条例》所称大型群众性活动,指法人或者其他组织面向社会公众举办的每场次预计参加人数达到1000人以上的活动。展览、展销活动列入其中。《条例》对于大型群众性活动的安全责任、安全管理、法律责任作出规定。《条例》明确,公安机关对大型群众性活动实行安全许可制度。

35. 日本商品展在广州开幕

9月15日,由日本贸易振兴机构主办的日本商品展览会在广州开幕。来自日本全国43个都、道、府、县的422家企业、37家团体参加展会,大大超出了主办者的预期。

36. 中国(太原)国际煤炭与能源新产业博览会开幕

9月16日,首届中国(太原)国际煤炭与能源新产业博览会开幕。博览会由商务部、科技部、国家能源局和山西省政府共同主办,商务部外贸发展事务局、太原市政府、山西省商务厅、山西省投资促进局承办。博览会设煤焦化工、科技新能源、环保安监物流、电力、大型设备和国际6个展区,展览总面积2万平方米,国内外326家企业或机构参展。2008年后改为两年举办一届,2014年改为网上展会,2016年恢复线下展会。2018博览会设置能源创新、新能源、智慧能源、国际能源合作、能源技术成果交易和山西能源6个展区,展览面积3.6万平方米。

37. 邯郸(永年)紧固件及设备展创办

9月22日,中国邯郸(永年)紧固件及设备展览会在邯郸市永年区五金城园区举办。主办单位为河北省商务厅、工信厅、贸促会和邯郸市政府,承办单位为河北金江会展策划公司。首届参展商150余家,展览面积1万平方米。2019年10月举办的第13届,参展商近300家,展览面积1.2万平方米。永年是国内紧固件制造基地,全区生产企业超过3800家,销量占全国市场份额的40%。长年在外销售紧固件的永年人近10万。

38. 中国国际新型墙体材料及设备展在北京举办

9月24日,全国墙体材料革新成就展览会暨首届中国国际新型墙体材料及设备展览会在北京开幕。全国200多家企业参展,展览面积1万平方米。展会由中国建材工业联合会主办。

39. 海峡两岸(福建)健康家庭用品博览会在高雄举办

9月25日,2007海峡两岸(福建)健康家庭用品博览会在台湾地区高雄市开幕。此是祖国大陆首次到高雄办展。展会由福建省海峡商务交流协会主办、福建福茂对外经济服务贸易公司承办,共组织大陆47家企业、146人赴台。展品分为健康家庭用品、工艺品、礼品、日用品、鞋帽五大类80个展位。展会期间举办了闽台经贸交流座谈会。

40. 全国衡器工业信息中心诉中国衡器协会不正当竞争案

9月29日,《21世纪经济报道》以《行业协会办展争议:独占地位的经营者》为题,报道全国衡器工业信息中心诉中国衡器协会不正当竞争案,沈阳中级人民法院于2007年6月认定中国衡器协会为"具有独占地位的经营者"而败诉。此案缘起中国衡器协会于2006年7月20日向会员单位下发通知,要求"各会员单位每年只参加一次专业性的衡器展览会,其他综合性的展会企业可根据自身需要参加";规定"凡参加中国衡器协会主办的'2006中国国际衡器展览会'以后又参加其他专业性衡器展览会的会员单位,'2007中国国际衡器展览会'将不予安排展位"。全国衡器工业信息中心2006年下半年在沈阳组织的衡器展会因此而受到影响。为此,该中心将中国衡器协会诉至沈阳市中级人民法院。

41. 上海高等教育自学考试新增会展策划与管理专业

10月8日,《每日经济新闻》从上海市教育考试院获悉,上海高等教育自学考试新增"会展策划与管理"(专科)专业,将于2008年4月正式开考。上海市高等教育自学考试委员会指定上海应用技术学院为主考院校。该专业包括会展策划、商务谈判、会议运营管理等15门课程。

42. 上海陆家嘴(集团)有限公司收购上海新国际博览中心公司股权

10月29日,上海陆家嘴(集团)有限公司发布公告,其所属上海陆家嘴展览发展有限公司收购上海新国际博览中心有限公司50%股权。上海陆家嘴展览发展有限公司收购价格为9.46亿元。上海新国际博览中心有限公司于1999年设立,股东为上海浦东土地发展(控股)公司和德国展览集团国际有限公司。德国展览集团国际有限公司由德国汉诺威展览公司、杜塞尔多夫展览有限公司和慕尼黑展览有限公司组成。中德双方各占公司50%的股权。2006年,上海新国际博览中心有限公司营业收入3.68亿元,净利润1.39亿元。上海陆家嘴(集团)有限公司收购后,上海浦东土地发展(控股)公司不再持有上海新国际博览中心有限公司的股权。

43. 中英合资湖北好博塔苏斯展览公司成立

10月29日,湖北好博塔苏斯展览公司在武汉登记注册。合资双方为湖北好博展览公司和英国塔苏斯集团公司。好博公司创办于1996年,总部位于武汉,分支机构于上海、成都、郑州、长沙、合肥等地,拥有医疗器械、机械设备、广告设备、马术马业等主题的专业展会21个。塔苏斯集团是英国证券伦敦交易所上市公司,主营媒体与展览业务。这是中西部地区首家中外合资公司。

44.《上海会展业发展报告》发行

10月,由上海市会展业协会主编的《上海会展业发展报告》(以下简称《报告》)经上海人民出版社出版。《报告》分为上海市会展业发展的历程与环境分析、上海市会展业运行状况分析、上海会展业发展趋势与对策及附录四部分。其中,附录公布上海市会展业统计数据。此为国内首个正式出版的城市会展业发展报告。《报告》每年一本,至2019年连续出版12本。

45. 商务部公告《2008年北京奥运会期间及前后在北京地区举办全国性、国际性展览会的有关规定》

11月1日,商务部公告《2008年北京奥运会期间及前后在北京地区举办全国性、国际性展览会的有关规定》(以下简称《规定》)。《规定》明确,2008年8月1日至9月23日第29届奥林匹克运动会和第13届残疾人奥林匹克运动会期间,将不批准举办与奥运会无关的全国性、国际性展览会。此外,2008年4月30日至7月31日期间,商务部只批准固定展期处于从严控制期间内,且已连续在京举办2届或2届以上的例行展览。2008年4月30日至9月23日期间,凡举办与奥运会有关的全国性、国际性展览会,相关审批部门应书面征求北京奥组委意见,并依据其意见和有关规定进行审批。

46. 慈溪创办中国家电博览会

11月9日,中国慈溪家电博览会在新落成的慈溪家电科技城会展中心举行。博览会源于2002年12月作为西湖博览会的支持项目而举办的慈溪家电博览会,由中国家用电器协会与慈溪市政府合作主办,2005年起每年4月在慈溪举办。2019年第15届展览面积 3 万平方米,国内外近 500 家客商参展,专业观众达 1.5 万人次。浙江省慈溪市作为"中国家电之都",家电品种众多,涉及冰箱、洗衣机、油烟机、饮水机、净水器、电风扇、电吹风、烘烤器、果汁机等系列。其中,饮水机、电熨斗、电暖器、电源连接器等 14 个产品为全国"单打冠军"。

47. 纽伦堡展览(中国)公司收购国际粉体工业/散装技术展

11 月 12 日,据《中国会展经济信息》(中国会展经济研究会秘书处编)第 89 期报道,纽伦堡展览(中国)有限公司上海环球展览公司达成协议,全资收购国际粉体工业/散装技术展览会暨会议。该展会创办于 2003 年,中国颗粒学会、上海环球展览有限公司为其主办方。

48. "三展合并"打造深圳国际汽车博览会

11 月 20 日,深圳国际汽车博览会组委会在广州举行新闻发布会,宣布深圳三个车展——深圳国际汽车展览会、深圳汽车嘉年华暨国际汽车交易会、中国(深圳)汽车文化博览会合并,2008 年共同举办深圳国际汽车博览会。合并后,博览会由深圳市政府、中国机械工业集团公司、深圳会议展览中心支持,深圳市贸易工业局、深圳市汽车经销商商会、中国汽车工业国际合作总公司、深圳市工业经济联合会主办,深圳联合车展管理有限公司具体承办。深圳联合车展管理有限公司成立于 2007 年 3 月,其 4 家股东分别为三个车展的主办方。2008 年 6 月 4 日,三展合并后的首届深圳国际汽车博览会开幕,展览面积达 8 万平方米。

49. "励展中国奖学金"设立

11 月 22 日,英国励展博览集团中国区总裁兰德龙在北京第二外国语学院宣布设立"励展中国奖学金"。此为跨国展览公司在我国首次设立会展学科奖学金。该项奖学金面向北京第二外国语学院会展管理系专业的第一至第三学年的优秀学生。2013 年,励展公司与中国旅游协会教育分会会展教育联合会达成合作协议,在国内多所高等院校会展专业设立"励展中国奖学金"。

50. 上海国际信息化博览会整合三个专业展资源

11 月 22 日,上海市经济与信息化委员会宣布,2008 年 3 月举行的上海国际信息化博览会将整合国际半导体设备与材料展览会、慕尼黑电子展览会、中国国际电子电路展览会同期同馆举办。上海信博会由上海市经济与信息化委员会、上海市浦东区政府联合创办于 2004 年。国际半导体与材料展览会由中国电子商会国际半导体设备与材料协会创办于 1988 年。慕尼黑上海电子展览会由德国慕尼黑展览公司创办于 2002 年。中国国际电子电路展览会由上海颖展商务服务有限公司创办于 1991 年。

51.《北京市展会知识产权保护办法》颁布

11 月 24 日,北京市人民政府以第 201 号令发布《北京市展会知识产权保护办法》(以下简称《办法》)。该《办法》适用于北京市行政区域内举办的展览会、展示会、博览会、交易会、展示会等活动中有关专利权、商标权、版权等知识产权的保护。《办法》规定,展会期间发生知识产权纠纷的,主办方或者主办方设立的投诉机构应当按照事先的约定,在当事人各方自愿的基础上进行调解。经调解达成一致的,有关各方应当执行;不能达成一致的,知识产权权利人或者利害关系人可以向知识产权行政管理部门投诉,也可以直接向人民法院起诉。该《办法》自2008年3月1日起施行。

52. 振威等三家会展企业设立"会展专业学生奖学金"

11月24日,首届全国会展专业人才供需交流会在北京国际会议中心开幕。北京联合大学商务学院分别与国家会议中心、振威展览有限公司、华阳恒通(北京)广告有限公司和品信国际会展有限公司等四家会展企业签订会展专业人才培养的合作协议。协议内容包括振威等三家会展企业设立"会展专业学生奖学金",用于奖励北京联合大学商务学院会展专业优秀学生。会议由《中外会展》杂志社主办。

53. 上海世博局与米兰国际展览中心、米兰理工大学合作培训会展人才

12月20日,上海世博局与意大利米兰国际展览中心、米兰理工大学商学院签署人才培训合作意向书。根据意向书,米兰理工大学商学院将于2008年2月下旬派老师来沪,为上海世博局开设为期十天的培训课程。课程包括会展设计和会展管理两部分,采用英语教学。上海世博局将选拔工作人员赴米兰国际展览中心实训一个月。

54. 商务部印发《关于做好2008年内贸领域重点支持展览会有关工作的通知》

12月28日,商务部办公厅印发《关于做好2008年内贸领域重点支持展览会有关工作的通知》(以下简称《通知》),明确经有关行业协会的推荐,选择21个具有规模和影响力的大型专业展览项目作为2008年商务部内贸领域重点支持的展会。《通知》要求,各地商务主管部门要在职责范围内,协助主办单位做好展览会组织工作,协助解决办展过程中出现的问题,督促有关部门加强展览会的安全管理;主办单位要认真做好展览会的组织工作,主动接受举办地商务主管部门和商务部驻当地特派员办事处的指导和协调,不断提高服务水平。这21个展会是:第90届中国针棉织品交易会,第20届中国丝绸交易会,第101届、102届中国文化用品商品交易会暨中国制笔文具博览会,第101届、102届中国日用百货商品交易会暨中国现代家庭用品博览会,首届(2008)中国电子电器服务节,全国药品交易会,中国·天津第15届贸易投资洽谈会,第100届中国化妆洗涤美容美发商品交易会暨第2届国际化妆品节,第35届、第36届全国制药机械博览会,2008中国畜牧业暨饲料工业展览会,第8届中国塑料交易会,2008年中国零售商大会暨中国商业地产交流交易会,中国·天津啤酒节,第4届中国商业地产博览会,中国(义乌)玩具、儿童用品及礼品博览会,第13届中国五金博览会,第15届中国豆腐文化节,第3届中国(重庆)老年产业博览会,2008中国(绍兴)纺织品博览会,第17届中国食品博览会和第3届中国(南昌)绿色·无公害食品博览会。这是商务部首次发文支持一批内贸展会,而此前是分别发文支持单个内贸展会。

2008 年

1. 商务部公开征求修改经济技术展览会管理法规的意见

1月11日,商务部条约法规司公开征求《在境内举办对外经济技术展览会管理办法》的修改意见。该文件是对《在境内举办对外经济技术展览会管理暂行办法》(外经贸政发〔1998〕325号)和《关于重申和明确在境内举办对外经济技术展览会有关管理规定的通知》(外经贸贸发〔2001〕651号)的修改稿。同月28日,商务部条约法规司公开征求《中国境内对外经济技术展览会评估标准和认证办法(试行)》的修改意见。

2.《展览工程企业暨展览场馆工程部门资质等级标准》颁行

1月16日,在成都举办的第9届中国国际展览和会议展示会("展中展")上,中国展览馆协会展览工程专业委员会宣布颁行《展览工程企业暨展览场馆工程部门资质等级标准》(以下简称《标准》)。该《标准》及《展览工程企业资质等级管理办法》(试行稿)于2007年9月提出。全国21家展览工程企业首批获得展览工程企业资质认证。其中,一级资质企业14家,二级资质企业4家企业,三级资质企业3家。之后,该《标准》在2012年、2014年两次修订。至2018年上半年,全国获得展览工程资质认证的企业超过1000家。

3. "会展·中国-2008CCTV大型电视活动"启动

1月22日,"会展·中国-2008CCTV大型电视活动"在上海举行新闻发布会。中央电视台经济频道从当年4月份开始,分别报道北京、上海、深圳、成都、重庆、澳门、杭州等城市会展业发展状况,介绍场馆设施、宣传品牌展会、凸显会展经济亮点与概览发展前景。此活动旨在配合2008年北京奥运会和2010年上海世博会的举办,服务"大会展时代"。新闻发布会由中央电视台经济频道和中国会展经济研究会联合举办。中国会展经济研究会成立"会展中国专家顾问团",为此次活动出谋划策。

4. 石家庄、合肥颁布会展业法规文件或促进政策

1月22日,《石家庄市会展业管理办法》发布(以下简称《办法》)。《办法》明确,石家庄市商务局是石家庄市会展业主管部门,并明确其12个方面的主要职责。5月29日,合肥市财政局、商务局、会展办联合通知印发《合肥市会展发展专项资金使用管理办法》。

5. 桂林市、吉林省、玉林市成立博览事务局

1月,桂林市博览事务局成立。同年,吉林省博览事务局、玉林市博览事务局成立。

6. 广交会琶洲展馆二、三期建设工程竣工

2月5日,广交会琶洲展馆第二期工程竣工。二期工程建筑总面积约为39万平方米,新增室内展厅面积12.8万平方米。9月13日,第三期工程竣工。项目总占地面积10.05万平方米,由扩建展馆和广交会大厦部分建筑组成。新增室内面积8万平方米。至此,广交会琶洲展馆室内展览总面积达33.8万平方米,共分为37个展厅。

7. 万季飞提议成立全国展览业协会

3月13日,据《中国贸易新闻网》报道,全国政协委员、中国贸促会会长万季飞在第11届全国政协会议上提议,成立全国展览业协会,促进我国展览业健康有序发展。

8. 绍兴别克跃公司德国参展维权

3月26日,杭州日报以《绍兴"别克跃"打算花10万欧元打一场官司》为题,报道绍兴新昌别克跃电动工具公司状告德国凯驰公司一案。3月10日,别克跃公司的汽车清洗机产品参展德国科隆国际五金博览会,当天下午被德国凯驰公司以侵犯知识产权投诉而遭强行撤展。别克跃负责人对此深感委屈和不满,认为自家产品与凯驰公司产品除机壳颜色相近之外,毫无关联。这样撤展严重损害公司声誉,并影响海外销售。3月21日,别克跃公司将德国凯驰公司告上法庭。德国科隆地方法院已受理此案。

9. 中国国际展览中心新馆在北京顺义投入使用

3月28日,位于北京市顺义区的中国国际展览中心新馆(业内称为"新国展")举行开馆庆典。其室内展览面积10万平方米。当日,第16届中国国际服装服饰博览会作为首展开幕。1999年,中国贸促会报送《关于重建中国国际会展中心的请示》。国务院于2001年8月批准,建设工程于2005年12月动工。"新国展"由北京中展投资发展公司投资兴建。至此,该集团在北京拥有两座展馆("老国展"位于北京市朝阳区),室内展览总面积达16万平方米。北京中展投资发展公司由中国国际展览中心集团公司和北京天竺房地产开发公司合资设立(中展集团股权90%,天竺10%),2003年7月注册成立。2004年重新注册后,由中国贸促会资产管理中心、中国国际展览中心集团公司和北京天竺房地产开发公司共同出资。注册资本为1.5亿元,其中,资产管理中心占比23.8%,中展集团占比75%,天竺公司占比1.1%。

10. 中国石家庄(正定)国际小商品博览会创办

4月26日,首届中国·石家庄(正定)国际小商品博览会在石家庄开幕。由河北省政府和中国商业联合会主办,石家庄市政府、河北省商务厅承办,正定县政府执行承办。2019年第12届首次在新落成的石家庄国际会展中心举办,展览面积7万平方米,设置综合、企业精品、正定主题、进口商品等6个展区。25个国家和地区的企业参展。

11. 广交会分三期举办、展览总面积超过100万平方米

4月27日,经商务部批准,(秋季)展期由原来的一届两期调整为一届三期,每期展览时间由6天缩短为5天,撤换展时间为4天。第104届广交会第一期展览时间为10月15日至19日,展出家用电器、电子消费品、电子电气产品、计算机及通讯产品、大型机械及设备、小型机械、五金、工具、自行车、摩托车、汽车配件、建筑及装饰材料、卫浴设施、照明产品、化工产品、车辆、工程机械等产品,另设进口展区。第二期展览时间为10月24日至28日,展出餐厨用具、日用陶瓷、工艺陶瓷、家居装饰品、玻璃工艺品、节日用品、玩具、礼品及赠品、钟表眼镜、家居用品、个人护理用具、浴室用品、编织及藤铁工艺品、家

具、园林产品、铁石制品等展品。第三期展览时间为 11 月 2 日至 6 日,展出男女装、内衣、运动及休闲服、童装、服装饰物与配件、裘革皮羽绒及制品、纺织原料面料、鞋、箱包、地毯及挂毯、家用纺织品、办公文具、土特产品、食品、医药及保健品、医疗器械、耗材、敷料、体育及休闲用品等展品。自第 104 届起,广交会全部展览在琶洲展馆举办,不再使用流花路展馆。广交会展览总面积自第 104 届首次超过 100 万平方米。

12. 广交会处理知识产权侵权投诉案件

4 月 30 日,第 103 届广交会落下帷幕。据广交会新闻发言人介绍,本届广交会受理涉嫌侵犯知识产权投诉案件共 534 宗,被投诉企业 681 家。其中,根据广交会《涉嫌侵犯知识产权的投诉及处理办法》,认定涉嫌侵权的企业 473 家。案件宗数、被投诉企业数量、涉嫌侵权企业数量分别比上届下降 10.3%、22.4% 和 12%。经查,中轻文教体育用品进出口公司连续两届涉嫌侵犯国际著名商标的商标权,已撤销该公司展位,并取消其连续六届的参展资格;青岛瑞基工艺品公司涉嫌侵犯 6 个知识产权权属号,已撤销该公司展位。

13. 北京举办高校会展专业"双师双证"教师培训班

5 月 9 日,首期高等院校会展专业"双师双证"骨干教师培训班在北京举办。《会展业职业经理人执业资格条件》国家推荐标准(讨论稿)研讨会同期举行。培训班及研讨会由中国商业联合会商业职业技能鉴定指导中心主办。

14. 展览企业捐款汶川抗震救灾

5 月 19 日,中国对外贸易中心(广交会承办方及广交会馆经营方)向四川汶川地震灾区捐款 300 万人民币。5 月 16 日,英国励展集团(大中华区)及其在华合资企业——国药励展、励华国际和励展华博等三家合资公司及全体员工向汶川灾区捐款 100 万人民币。据中国会展经济研究会了解,国内众多展览公司及其员工先后捐款支援灾区。

15. 广州市调整会展业营业税目

5 月 27 日,《信息时报》报道,广州市地税局出台《关于广州市会展业营业税征收管理的通知》,为支持会展业发展,明确从 2008 年 4 月 1 日(税款所属期)起,将会展业营业税适用税目从"服务业-租赁业"全额征税调整为按"服务业-代理业"差额征收营业税。广州将从税收征管方面支持本地会展业发展。

16. 全国会展业标准化技术委员会成立

6 月 5 日,全国会展业标准化技术委员会成立暨第一次工作会议在北京开幕。来自国家标准委、商务部、科技部、文化部、教育部、贸促会、行业组织及各地会展协会的代表出席。该委员会主要促进会展业术语、条件、环境、等级、评价、分级、管理领域的标准化工作。国际展览业协会副主席、上海世博会事务协调局副局长陈先进担任主任委员,秘书处工作由上海市标准化研究院承担。2007 年 1 月 7 日,国家标准委员会发布公告,批准筹建"全国会展业标准化技术委员会"。筹建单位为上海市质量技术监督局,秘书处设于上海世博集团公司。2009年12月,由上海市标准化研究院主持起草的首个会展业国家标准《经济贸易展览会术语》,在北京通过审查。

17. 银川国际会展中心建成投用

7月,位于银川市人民广场的银川国际会展中心建成并投入使用。该项目包括会展中心、商业中心、星级酒店三部分。其中,展览中心室内展厅分为三层,展览总面积为3.6万平方米。

18. 青海国际会展中心新馆投用

8月,青海国际会展中心新馆建设工程完工。其展厅面积1.36万平方米。该中心建于2003年,2005年改建。

19. 南京国际博览中心建成投用

8月,位于南京市建邺区的南京国际博览中心建成投入使用。其由南京市河西新城区国有资产经营控股(集团)责任公司投资兴建,美国TVS公司承担建筑设计。二期工程于2015年3月投入使用,室内展览面积达10.5万平方米。三期工程预计2020年完工,室内展览面积将增至15万平方米,其中包括3.2万平方米的单体展厅。在2013年南京亚洲青年运动会、2014年南京青年奥运会期间,该中心临时改为比赛场馆。

20. 中国(西藏)首届民族传统医药博览会举办

9月20日,中国(西藏)首届民族传统医药博览会在拉萨市开幕,主办方为中国民族卫生协会和中国西藏文化保护与发展协会。

21. 商务部建立国内会展业专家库

10月29日,商务部复函全国城市工业品贸易中心联合会,同意组建中国国内会展业专家委员会。同意以任兴洲等35名会展专家为基础成立中国国内会展业专家委员会(以下简称专家委员会)。任兴洲(国务院发展研究中心市场经济研究所所长)任专家委员会主任委员。首批委员为任兴洲、宋伟、力航、马开立、王青山、王明亮、王黎明、丛治渤、刘大可、刘松萍、刘晓华、刘海莹、孙翌伦、朱飞跃、沈广、俞华、李涌、李安平、李葆生、张松才、张效林、陈刚、陈先进、陈雯海、杜中塔、吴则光、罗朝华、范君、杨劲松、孟文慧、胡昆萍、侯金岐、阎志斌、韩云钢、楚玉峰等35人。复函明确"中国国内会展业专家库"专家资格评审办公室改组为专家委员会工作办公室。此前,商务部下发《关于组建中国国内会展业专家库有关事项的通知》(以下简称《通知》)。《通知》明确,专家的职责包括六方面,即开展国内外会展业现状、问题及趋势的分析;编写会展业年度发展报告;参与全国会展业发展规划、促进政策、标准的制订和推广等工作;参与国内会展行业的分等定级工作;参与重点支持类展览会的评价遴选工作;为大中城市发展会展经济提供咨询服务;为举办大型会展活动提供策划和建议;开展本领域内的学术论坛、学术研究合作、国际间的学术交流及培训工作。《通知》规定,专家由会展业学者、会展业主承办机构人员、城市会展业管理者、会展中心管理者、会展业企业管理者等5个方面的人士组成。《通知》规定,专家按推荐、审核、公示的程序产生。《通知》明确,专家资格评审办公室设在全国城市工业品贸易中心联合会秘书处,负责中国国内会展业专家库的征集、审核、公示、发布以及日常组织工作。

22. 广州保利世贸博览馆投入使用

10月,位于广州海珠区的保利世贸博览馆投入使用。其作为广州保利世界贸易中心的配套项目,由保利国贸投资公司兴建。博览馆展厅分为四层(含地下一层),总面积6.6万平方米。

23. 上海博华展览公司设立奖学金

12月2日,上海对外贸易学院(现为上海对外经贸大学)举行颁奖礼,该校会展与旅游学院中德合作会展经济与管理专业的19名学生获颁"博华奖学金"。"博华奖学金"由上海博华国际展览公司设立,用于奖励上海对外贸易学院积极参加会展实践活动且表现突出的会展专业学生。

24. "世博会·会展教育与研究国际会议"在上海举办

12月6日,中国会展经济研究会与上海应用技术学院在上海联合主办"世博会·会展教育与研究国际会议"。与会200余人。其中,有来自13个国家和地区的47位外籍学者。

25. 国务院常务会议部署促进会展消费

12月24日,国务院常务会议研究搞活流通、扩大消费和保持对外贸易稳定增长的政策措施。"大力促进节假日和会展消费"被列为14项措施之一。12月30日发布的《国务院办公厅关于搞活流通消费的意见》提出,大力促进发展节假日和会展消费。

26. 全国大学生会展创意设计技能大赛在杭州举办

12月26日,首届全国大学生会展创意设计技能大赛在浙江经贸职业技术学院开幕。活动由中国会展经济研究会与教育部高职高专旅游管理类专业教学指导委员会联合主办,浙江省会展学会和浙江经贸职业技术学院承办。全国11个省(区、市)的29所高校会展专业组队参赛。

27. 全球金融危机影响出境展增长

是年,因全球金融危机影响,出境展览在本年呈现"前高后低"走势。全年全国赴境外项目1131个,展览面积41.6万平方米,参展企业2.9万家,分别比2017年增长10%、2%和0.3%,但增速明显低于前几年的增长水平。

2009 年

1.《机械行业展览应对外资竞争的策略研究》通过评审

1月7日,《机械行业展览应对外资竞争的策略研究》在中国机械工业联合会通过评审。该课题由中国会展经济研究会根据中国机械工业联合会委托承担研究。

2. 杭州市借助会展活动发放旅游消费券

1月14日,为应对金融危机,促进消费,杭州市委、市政府决定,市、区两级财政拿出资金发放包括旅游消费在内的五种消费券。3月,通过各类会展活动发放6万份旅游消费券。其中,3万份用于市区6城区;3万份用于余杭、萧山以及5个区县市,共计450万元。

3. 香港贸发局拨款鼓励港企东莞参展

1月21日,香港贸发局与东莞市政府签署合作协议,推出12条具体措施,包括香港贸发局拨款8000万港元、吸引国外专业买家等,帮助在莞港资企业提高应对金融危机的能力。香港贸发局2009年将拨款1.2亿港元,用于9场内地展览会和17场香港地区展览会及7场面向中东、东欧、南美、东南亚、非洲等新兴市场的国际展览会。

4. 重庆打造会展之都写入国务院文件

1月26日,国务院《关于推进重庆市统筹城乡改革和发展的若干意见》提出,打造长江上游地区的会展之都、购物之都和美食之都,形成区域商贸会展中心,促进实现流通现代化。

5.《长沙市申办全国性(国际性)展览项目奖励暂行办法》公布

2月2日,长沙市政府通知印发《长沙市申办全国性(国际性)展览项目奖励暂行办法》(以下简称《办法》)。《办法》明确,为长沙市成功申办全国性、国际性市场化运作的巡回展览会、博览会、展示会、订货会、会议、论坛等展览项目,并经市会展办确认的国内外公民、法人和其他组织,可申报申办展览项目奖,获取奖金。

6. 九部门印发《关于加强企业境外参展知识产权工作的通知》

2月10日,国家知识产权局、外交部、工业和信息化部等9个部门联合印发《关于加强企业境外参展知识产权工作的通知》(以下简称《通知》),经国务院同意印发实施。《通知》从预防、援助和协助企业自我维权三方面提出10项应对措施。

7. 商务部出台《关于抓好商贸会展促进消费有关工作的意见》

2月13日,商务部出台《关于抓好商贸会展促进消费有关工作的意见》(以下简称《意见》),对促进会展业发展,发挥会展活动在衔接产需、开拓市场、扩大消费和促进经济发展中的作用提出要求。《意见》提出,一要引导支持品牌展会,带动相关行业消费。二要丰富节庆展销活动,扩大商品消费。三要开展特色餐饮等活动,促进服务消费。四要密切供需,强化促进效应。五要完善服务,强化消费带动效应。六要创新手段,强化消费扩展效应。七要规范秩序,优化会展消费环境。八要转变职能,做好会展引导与服务工作。《意见》明确选择纺织、食品、医药等行业的26个大型展会作为引导支持项目重点培育。1月9日,商务部商贸服务管理司在京召开促进会展消费座谈会。辽宁省商业厅、浙江省经贸委、重庆市商委和有关民间社团负责人应邀出席。中国会展经济研究会副会长任兴洲、副秘书长俞华和理事刘大可作为会展专家参会发言。商贸服务管理司委托研究会撰写座谈会纪要。

8. 四川博览事务局成立

2月17日,经四川省委、省政府批准,省政府办公厅通知印发《四川博览事务局主要职责内设机构和人员编制方案》(以下简称《方案》)。根据《方案》,该局为省政府直属事业单位,由省政府办公厅代管。《方案》明确,该局职责共有9项,包括中国西部国际博览会(以下简称"西博会")的总体策划和中国西部国际合作论坛等重大活动的组织实施,以及受省委、省政府和西博会组委会委托,负责省直有关部门和相关市(州)西博会期间承办或承担的中国(四川)采购商大会、中国西部投资说明会、川商大会等专题活动和项目的统筹安排、协调服务和督促落实工作等。《方案》明确,该局事业编制30名,其中局长1名(由省政府副秘书长兼任)、副局长3名(享受副厅级待遇);内设6个部,领导职数12名(6名正职、6名副职,分别享受正、副处级待遇)。该局组建后,将承担原由省招商引资局、省贸促会以省委、省政府名义举办的会展活动的具体筹办工作。该局于2018年底撤销,并入四川省经济合作局。

9. 中办国办通知要求严控庆典、节会、论坛等活动

2月27日,中办国办发出通知要求各级党政机关厉行节约,反对铺张浪费。通知要求各地要严格控制各种庆典、节会、论坛等活动,经批准举办的要从严控制规模和经费支出,领导干部不得擅自接受邀请参加此类活动。

10. 金融危机导致展会延期

3月2日,据中国贸易报报道,因金融危机影响,2008年诸多展会改期,原定于2008年9月4日至6日在深圳举行的2008南华印刷与包装技术展览会、第6届国际快速印刷设备与技术展览会、首届中国国际数码印刷与图文影像技术展览会延期至2009年举行,但未确定举行的具体时间。主办方(广东省印刷复制业协会、中展集团华港展览公司)称,展会延期举办的原因是"今年中国印刷工业普遍经营不景气"。原定于2008年12月11日在上海举行的上海丝网印刷展览会,因招展未达预期而延期至2009年举行。

11. 中国参展企业知识产权服务站在汉诺威设立

3月3日,由商务部牵头设立的"中国参展企业知识产权服务站",在德国汉诺威信息及通信技术博览会上正式启动。这是商务部首次在海外展会上设立知识产权的官方机构,旨在为中国参展企业的知识产权侵权纠纷提供咨询和调解服务。该站邀请多位中欧

法律界专业人士在现场为中国参展商提供免费服务。

12. 杭州折扣商品热卖会售假被立案调查

3月16日,由杭州市西湖工商分局送至香港古驰(GUCCI)亚太公司检验的35只女式手提包,被确认是假冒产品。3月1日至9日,炫春杭州首届高级成衣大型折扣热卖会在浙江世贸中心举办。西湖工商分局12315的工作人员接到举报电话,称折扣热卖会上的古驰包是冒牌货。工商执法人员来到现场询问代理销售的参展商——上海绒娜商贸公司负责人,其出示了营业执照及销售古驰包授权证明材料,表示都是正品。会展在9日结束,工商执法人员在现场召集浙江中博展览有限公司(展馆经营方)、上海合艺会展服务公司(展会主办方)和上海绒娜商贸公司负责人会商,要求收取"商品质量保证金"25万元,实行"先赔后理",为消费者办理退货退款事宜。其后,消费者退回在扣热卖会上购买的35只古驰包,退款计20余万元,以"商品质量保证金"支付。西湖工商分局随即立案,联系古驰驻上海公司开展调查。

13. 上海举办会展行业人才招聘会

3月21日,上海市会展行业协会和浦东新区就业促进中心在上海浦东展览馆共同主办的2009上海会展行业人才招聘会开幕。招聘会吸引近150家会展企业参加,为应届会展专业毕业生提供会展管理、会展营销、会展设计、搭建制作工程等700多个就业岗位。上海交通大学、上海大学、上海第二工业大学等40多所高校会展相关专业的9000多名应届大学生参加,当场达成录用意向的有600多人。

14. 中国贸促会农业分会发布《农业会展分类认定办法》

3月,中国贸促会农业行业分会发布《中国农业会展分类认定办法(试行)》(以下简称《办法》)、《中国农业会展分类标准(试行)》(以下简称《标准》)。其针对在中国境内举办的,以推动农业发展和农产品贸易为主题的各类展览、展销、会议和节事等活动。其中,以展示产品、促进贸易为功能的农业展会,是该《办法》及《标准》实施的主要对象。在2009年试行工作中,贸促会农业行业分会共收集47个农业展览项目的数据信息:展出总面积80.89万平方米(单个展览面积最大6.7万平方米,最小0.15万平方米),标准展位均价3237.8元/个。经中国农业会展分类认定工作委员会评选,首批推荐优秀农业展览项目20个。其中,一类项目10个,二类项目10个。在20个项目中,综合性展览11个,专业性展览9个。2010年6月,农业部办公厅发出《关于推进农业品牌工作的通知》,明确了农业会展分类认定工作对于打造品牌展会、促进农业会展经济发展的作用。

15. 第105届春季广交会参展商减少

4月15日,第105届广交会开幕。在金融危机影响下,参展企业共22104家,比上届减少237家。这是改革开放以来参展企业首次下滑。为吸引企业参展,A、B、C区展位费降低1000—2000元。往届在展馆前排长队应聘翻译工作的大学生,本届明显稀疏。以往每天200—300元的翻译费,本届150块钱也有人接单。

16. 广交会获"全国展会版权示范单位"称号

5月5日,国家版权局授予广交会"全国展会版权示范单位"匾牌。这是我国展会首次获颁此项称号。

17. 商务部允许香港服务提供者在内地举办经贸展览

5月9日,商务部与香港特别行政区财政司在香港签署《〈内地与香港关于建立更紧密经贸关系的安排〉补充协议六》,允许港澳服务提供者在北京、天津、上海、重庆、广东、浙江、江苏、福建试点举办对外经济技术展览会。2015年11月,双方签订《〈内地与香港关于建立更紧密经贸关系的安排〉服务贸易协议》,允许香港服务提供者以跨境交付方式,在广东省、上海市、北京市、天津市、重庆市、浙江省、江苏省、福建省、江西省、湖南省、广西壮族自治区、海南省、四川省、贵州省及云南省试点举办展览。2019年11月,双方签署《〈内地与港澳关于建立更紧密经贸关系的安排〉服务贸易协议》修订协议,同意对港澳开放会议和展览服务,实行国民待遇。

18. 浙江、宁夏、武汉成立会展行业协会

5月18日,浙江省会展行业协会在杭州成立。10月30日,宁夏会展行业协会成立,首批会员单位77家。12月23日,武汉市会展行业协会成立。首批会员单位43家。

19.《农业部展览工作管理办法》印发

5月22日,农业部通知印发《农业部展览工作管理办法》(以下简称《办法》)。该《办法》于2010年、2014年、2016年修订,名称改为《农业部展会工作管理办法》。农业部展会指农业部主办、各省(自治区、直辖市)政府与农业部共同主办、国务院有关部门与农业部共同主办、农业部直属事业单位(以下简称事业单位)举办、农业部业务主管的社会团体(以下简称社团)举办的各类农业展览、展销和展示活动,包括展览会、博览会、交易会、洽谈会、展示会、展销会、订货会等。《办法》就办展原则、归口管理、申报材料、审批原则与程序作出规定。

20. 网货交易会在广州举办

5月26日,首届网货交易会在广州市流花路原广交会展馆举行。交易会由广东省经贸委、省信息产业厅、广州市政府和阿里巴巴集团联合主办。参展的400多家供应商主要来自服装、箱包、消费电子、3C、饰品、工艺品、厨卫家具和小家电等行业。淘宝网的3万个卖家以及数万余名高校学生及市民参加展会。同年9月,第2届交易会与阿里巴巴第6届网商大会同期在杭州举办。同年12月18日,第3届在成都开幕。第4、5、6届交易会于2010年7月、9月和12月再度分别在广州、杭州和成都举办。

21. 文化部要求加强动漫游戏会展交易节庆等活动管理

5月,文化部下发《关于加强动漫游戏会展交易节庆等活动管理的通知》(以下简称《通知》)。《通知》明确各类动漫游戏会展交易活动的审批程序。其中,涉外和国际性动

漫游戏会展交易活动经主办单位所在省级文化行政部门初审后报文化部审批；其他动漫游戏会展交易活动由主办单位报省级文化行政部门备案；中央国家机关有关部门和省级人民政府以及文化部直属单位主办的涉外和国际性动漫游戏会展交易活动，由主办单位直接报文化部审批；中央国家机关有关部门直属单位主办的涉外和国际性动漫游戏会展交易活动，由其主管部门报文化部审批。《通知》旨在针对动漫游戏会展交易活动过多，增加企业负担，以及一些地方未经批准擅自邀请外国团组和个人参加、个别展示和销售含有违法内容的动漫游戏产品等情况进一步加强管理。

22. 香港工展会移师深圳举办

6月10日，2009香港工展会暨深圳知名品牌产品消费展在深圳会展中心开幕。这是香港工展会首度移师深圳，共设香港名牌、食品饮料、服饰、美容保健、生活家具5个展区。

23. 北京召开会展业营业税说明会

6月26日，北京市国际会议展览业协会组织北京会展业营业税说明会。年初，为应对全球金融危机对会展业造成的重大影响，落实国务院常务会大力促进消费升级的精神，北京市国际会议展览业协会经行业调研，向市政府反映会展经营活动中重复缴纳营业税的情况，就减轻企业税负提出意见，引起北京市政府有关领导的重视，并作出批示。北京市地税局据此下发《关于对代理业征收营业税问题的补充通知》，允许组展机构可在营业收入中扣除实际代付的场租费、展台搭建费和参展商差旅费、展品运输费、展览内容宣传广告费及广告印刷品印刷费之后缴纳营业税；允许承接会议的服务机构依照受托合同或可在营业收入中扣除代付的会议场租费（含会场布置费）、参会人员食宿差旅费之后缴纳营业税。介绍会邀请北京市地税局营业税处负责人到会宣讲此项税收优惠政策。8月4日，召开第二次说明会。两次会议共有400余名会展业者与会。

24. 东莞市政府资助企业出境参展公务费

7月15日，东莞市外经贸局通过市政府网站公布《关于我市企业申报国际市场开拓资金的补充通知》。明确，市内企业出境参展，"境外展览项目的公务费，将按照展会实际举办天数计算，并按50%的比例资助"。

25. 鄂尔多斯会展中心建成投用

7月18日，鄂尔多斯会展中心在康巴什旅游区建成投用。其由会议中心和展厅两部分组成。展厅面积1.59万平方米。该中心由鄂尔多斯市政府投资4亿余元于2007年兴建。

26. 万季飞发表文章呼吁支持展览业发展

7月，2009年第7期《中国会展》发表中国国际贸易促进委员会会长万季飞文章，题为《扶持展览业发展声声急》。文章认为，展览业在应对国际金融危机中可以发挥其积极而又特殊的作用。文章就扶持展览业发展提出加大财政补贴、减税、成立全国展览业协会、编制发展规划、加大中国举办世博会的支持力度等 5 条对策。

27. 多地政府出台会展业法规或促进发展政策

8 月 11 日,南宁市政府发布《南宁市会展业管理办法》(以下简称《办法》)。该《办法》分为总则、会展管理、会展扶持和服务、法律责任和附则五章共三十四条。2015 年,南宁市政府在清理政府规范性文件中,决定废止《南宁市会展业管理办法》。同日,《广州市展会知识产权保护办法》颁布。11 月 16 日,广州市政府常务会议原则通过《关于促进广州市会展业加快发展的若干意见》。2009 年,郑州市政府出台《关于进一步促进郑州市会展业发展的意见》及《郑州市会展业发展专项资金使用管理办法》;哈尔滨市政府出台《关于加快会展经济发展的若干意见》;太原市政府出台《关于加快实施会展业发展的实施意见》;厦门市政府出台《厦门市鼓励会展业发展专项资金使用管理办法》;济南市政府出台《济南市政府关于加快会展业发展的意见》;宁波市政府出台《宁波国际会展之都建设规划》及《关于进一步开拓会展业市场的补充意见》;温州市政府出台了《关于扶持专业展会发展的实施意见》;义乌市政府出台《义乌市会展业发展专项资金使用管理办法》;广州市海珠区经贸局出台《广州市海珠区扶持会展业发展的若干意见》。

28. 杜塞尔多夫(上海)公司成立与发展

8 月 17 日,杜塞尔多夫(上海)公司经工商注册成立。该公司是杜塞尔多夫展览(中国)公司(在香港设立)在中国的全资子公司。其在中国主办的展会包括:中国国际塑料橡胶工业展览会(1985 年创办)、中国国际印刷技术及设备器材展(2003 年创办)、中国国际线缆及线材展览会(2012 年创办)、中国国际房车展览会(2012 年创办)、上海国际零售业设计与设备展览会(2015 年创办)、上海紧固件与技术展展览会(2016 年创办)、包装世界(上海)博览会(2017 年创办)、阀门世界亚洲博览会(2017 年亚洲首展)、医疗器械创新展览会(2018 年创办)。

29. UBM 收购中国国际光电博览会

8 月,亚洲博闻公司(UBM)以 500 万美元收购中国国际光电博览会 70%的股权,成立深圳贺戎博闻展览有限公司经营管理。中国国际光电博览会 1999 年创办于深圳。首届展览面积仅 1000 多平方米,2005 年移址深圳会展中心,展览面积增至 4 万平方米。2019 年 9 月举办第 21 届,展览面积为 11 万平方米,同时举办全球光电大会。

30. 中国旅游产业节在天津举办

9 月 17 日,首届中国旅游产业节在天津开幕。产业节包括展览、峰会等活动,由国家旅游局、天津市政府共同主办。旅游产业博览会包括旅游目的地交易会和旅游用品交易会,展览面积 2.6 万平方米,参加业务洽谈总人数达两万多人次。

31. 上海世博展览馆投入使用

9 月 30 日,位于浦东的上海世博展览馆建设工程竣工。该馆是利用上海世博会"浦东主题馆"改造而成。5 个展馆可供展览总面积为 8 万平方米。

32. 中国(无锡)国际新能源大会暨展览会创办

9月,首届中国(无锡)国际新能源大会暨展览会在无锡新体育中心展馆举行。展会由国家能源局、中国贸促会和江苏省政府主办,无锡市政府承办,无锡市贸促会执行承办。每年举办一届。2010年9月,第2届移址无锡太湖国际博览中心举行。自2011年第3届起,改为每年11月初举行。2017年第七届展览面积达4万平方米。2018年,第10届共有国内外400余家客商赴会参展。无锡是中国新能源产业聚集地。

33. 国家会议中心在北京开业

11月1日,位于北京奥林匹克公园中心区的国家会议中心开业。该建筑在2008年奥运会期间用作击剑馆和国际新闻中心。改为会议中心后,拥有各种类型会议室近百个,展览面积为4万平方米。成为北京市接待会议型展览的场馆。

34. 中组部选派干部到上海世博会挂职锻炼

11月11日,新华网报道,经报中央同意,中央组织部近期从中央国家机关和有关地方选派100名局处级干部到上海世博会挂职锻炼。挂职锻炼干部平均年龄41岁,文化程度较高,许多人外语水平较高,长期工作在新闻宣传、外交外贸、公共安全、旅游会展、项目管理等岗位,是世博会急需的专业人才。选派干部到上海世博会挂职锻炼,体现全国各地对办好世博会的重要支持。

35. 漳州举办海峡两岸现代农业博览会和花卉博览会

11月18日,首届海峡两岸现代农业博览会暨第11届海峡两岸花卉博览会在福建省漳州开幕。由农业部、国台办、国家林业局和福建省政府共同主办,漳州市政府承办。台湾地区所有县市展团和大陆8个省的台湾农民创业园参展,参展企业1157家(其中台湾企业281家)。室内展览面积3万平方米,另安排15万平方米的室外展区。首届海峡两岸花卉博览会于1999年1月在漳浦县闽南花卉市场举办。2004年第6届升格为国台办、国家林业局和福建省政府共同主办。2019年11月在漳州市花博园举办的第11届农博会和第21届花博会,室内面积3.9万平方米,室外面积28万平方米。

36. 国务院要求利用展会平台扩大旅游消费

12月1日,《国务院关于加快发展旅游业的意见》(国发〔2009〕41号)提出,以大型国际展会、重要文化活动和体育赛事为平台,培育新的旅游消费热点,特别要抓住举办2010年上海世界博览会的机遇,扩大旅游消费。

37. 长安汽车公司展台撤展发生垮塌

12月2日,据《南方都市报》报道,参加第7届中国(广州)国际汽车展览会的长安汽车公司,在下午1时许撤展施工时,位于琶洲会展中心2号馆内上千平方米展棚突然垮塌。幸未造成人员伤亡。垮塌是撤展施工时展棚受力不均所致。

38. 世博机遇与会展教育国际学术论坛在沪举办

12月5日,世博机遇与会展教育国际学术论坛在上海大学开幕。论坛由中国会展经济研究会与中国贸易学会共同主办,上海大学承办。来自中国、德国、美国、日本、韩国、澳大利亚等近百名会展教育专家、学者、企业家与会。

39. 海南创办国际热带农产品冬季交易会

12月11日,由海南省委省政府主办、海南省农业厅承办的中国(海南)国际热带农产品冬季交易会,在海口市人民大会堂举行开幕式。展览在海口会展中心举办。2010年第2届主办方调整为农业部、全国供销合作总社、中国贸促会、海南省政府。2019年举办的第20届,其展览面积为8.5万平方米,设36个展馆(区),近2000家企业参展。

40. 中国大陆9998家企业赴德参展

是年,德国展览业协会发布统计,2008年来自中国大陆的展商达9998家,较2007年提高3.6%。在赴德参展的外国企业中,中国大陆展商数仅次于意大利(11125家),居第二位。另据德国展览业协会统计,2008年有4.5万人次中国观众赴德参观经贸展览。

2010年

1. 国务院支持杨凌农业成果博览会办成国际化展示交易平台

1月12日,国务院《关于支持继续办好杨凌示范区若干政策的批复》明确:"支持把中国杨凌农业高新科技成果博览会办成国际化展示交易平台。"2011年,陕西省政府《关于加快会展业发展的意见》提出:"充分发挥杨凌示范区农业科技力量、科研成果、高科技产业密集优势,把杨凌打造成为全国农业会展之都。"中国杨凌农业高新科技成果博览会创办于1994年,由科技部、商务部、农业农村部、国家林业和草原局、国家知识产权局、中国科学院、陕西省政府联合主办。2019年,博览会室内外展览总面积达18万平方米,分为农业种业、农业产业与技术、国际农业合作、脱贫攻坚乡村振兴、农业机械、农业"双创"、现代农业示范园和农产品展销等8个展馆或展区。

2. 会展院校教学信息化交流会在西安举行

1月12日,首届中国会展院校教学信息化交流会在西安开幕。交流会由中国会展经济研究会和陕西省贸促会共同主办、中国会展经济研究会会展教育工作委员会、会展信息工作委员会和西安远华软件公司共同承办。来自全国会展院校的近百人与会。

3. 2019年中央1号文件提出发展农业会展经济

1月31日,《中共中央国务院关于加大城乡统筹发展力度进一步夯实农村农业发展基础的若干意见》提出,发展农业会展经济,支持农产品营销。

4. 塔苏斯(上海)展览公司成立与发展

2月4日,塔苏斯(上海)展览公司经工商注册成立。塔苏斯集团1998年成立于伦敦,2005年在上海设立办事处。其在中国自办的展会有亚洲标签展览会(2003年创办)和中国出境旅游交易会(2005年创办)。自2008年起,先后购并多个展会项目(展览公司),包括湖北好博展览公司、汽车改装服务业展览会(深圳)、深圳国际品牌内衣展览会、上海国展展览中心、深圳国际家纺布艺家居展览会、3D曲面玻璃和触控/柔性显示展览会。至2019年,在武汉、上海、广州、深圳拥有6家合资公司。自行主办和合资主办展会总面积超过100万平方米。

5. 国家发改委调查全国会展场馆状况

2月,国家发改委通知各省(区、市)调查会展场馆现状。通知要求,对于已建成的会展场馆,主要调查场馆数量、总建筑面积、可供展览面积、经营情况、年出租率、年办展次数、年经营收入、年运行成本等情况;对于在建和正在报请审批的会展场馆,主要调查场馆数量、总投资、总建筑面积、可供展览面积、投资者所有制性质、项目批准方式等情况。

6. UBM购并广州国际广告标识展

3月16日,第7届广州国际广告标识展览会在琶洲展馆举办,展览面积为7万平方米,较上届增长三成。该展会由广州信亚展览服务公司创办于2003年。2009年11月,英国亚洲博文公司(UBM)与其合资成立广州信亚展览服务公司。合资公司注册资本为500万人民币,UBM占比70%,广州信亚公司占比30%。2015年,该展会移址上海,更名为上海国际广告标识展览会,在上海新国际博览中心举办,档期调整为9月中旬。2018年,该展会展览面积达15万平方米。

7. 中国会展经济研究会换届

3月21日,中国会展经济研究会年会暨北京会展国际论坛在北京国家会议中心闭幕。本次年会为中国会展经济研究会换届选举大会。霍建国(商务部国际贸易经济合作研究院院长)为新任会长,陈泽炎为常务副会长,李永江为秘书长。

8. 春季全国糖酒会落户成都

3月23日,成都市政府与中国糖业酒类集团公司宣布,春季全国糖酒商品交易会(全国糖酒会)永久落户成都。1987年,春季全国糖酒三类商品交流会首次在成都举行。同年,成都市政府成立商品交易会办公室,专司糖酒会承办服务工作。至1999年,春季全国糖酒会在成都举办累计20次(届)。

9. 四川彭州蔬菜博览会创办

4月8日,四川彭州蔬菜博览会创办。省内外216家企业参展。博览会由农业部、四川省政府主办,成都市政府、四川省农业厅、商务厅承办。彭州市所在川西平原久为蔬菜生产基地,年总产量达1200多万吨,其中外销逾半。四川省农产品交易中心建于该市濛阳镇,年果蔬交易额达 400 多亿元,是农业部支持的全国五大重点批发市场之一。第 9 届菜博会于 2018 年 11 月举办,主会场为彭州市濛阳镇新建的会展中心。

10. 点意空间国际展览集团公司完成上海世博会展示搭建工程

4 月 10 日,点意空间国际展览集团公司完成上海世博会的展示搭建工程,包括 5 个联合馆(中国 31 个省、自治区、直辖市联合馆,欧洲联合馆,加勒比共同体联合馆,非洲联合馆和太平洋岛国联合馆),加蓬、中非、喀麦隆、乍得、刚果(布)、黑山、阿根廷 7 个国家馆,以及新疆、河北馆。北京点意空间展览展示公司成立于 2001 年。2005 年首次承接境外工程项目,在沙特阿拉伯完成中国商品交易会的展示搭建。2006 年,设立点意空间国际展览集团公司。至 2019 年,旗下控股子公司和参股公司共 15 家,分布于北京、上海、广州、深圳、中国香港、天津、珠海、成都、重庆、新疆,以及米兰、法兰克福、首尔、大阪等地。业务范围除经贸展览展示工程和主场服务外,涵盖博物馆、科技馆、规划馆、主题公园展示陈列服务。

11. 多地政府出台发展会展业文件

4 月 27 日,重庆市政府出台《关于加快会展业发展的意见》。2010 年,《广州市会展业发展专项资金管理试行办法》公布;西安市政府出台《关于进一步促进会展业发展的若干意见》;《呼和浩特市大型活动及会展业管理办法》出台;深圳市政府出台《进一步优化办展环境,促进深圳会展业发展的意见》,深圳市科技工贸和信息化委员会颁布《深圳市会展业财政资助专项资金管理办法》;南宁市商务局下发《关于进一步加强南宁市会展业管理的通知》;威海市政府出台《威海市鼓励会展业发展奖励办法》;烟台市政府颁布《关于加快会展业发展的奖励办法》。

12. 甘肃国际会展中心建成投用

4 月 30 日,位于兰州市黄河外滩中心的甘肃国际会展中心竣工。其 4 个展厅可布置 1200 个标准展位。由甘肃投资集团投资兴建,展览面积 8 万平方米。

13.《中国会展业发展报告(2009)》出版

4 月,《中国会展业发展报告(2009)》经由中国商务出版社出版。这是商务部首次以出版物形式发布中国会展业发展报告。该报告由商务部商贸服务管理司、商务部国际贸易经济合作研究院、中国城市工业品贸易中心联合会联合编写,分为综合、会展城市、品牌展会、会展企业、重要事件、典型资料 6 篇。

14. 上海世界博览会开幕

5 月 1 日,上海世界博览会(第 41 届世界博览会)在上海开幕。这是中国首次举办综合类大型国际博览会。4 月 30 日晚,国家主席胡锦涛在上海国际会议中心举行宴会,欢迎前来出席上海世博会开幕式的各国贵宾。胡锦涛在宴会上致祝酒词。上海世界博览会以"城市,让生活更美好"为主题,共有 189 个国家和 57 个国际组织参展。在 184 天时间里,参观人数超过 7300 万人次,创造了世博会参展国家、机构和参观人数之最。1999

年12月,在国际展览局第126次全体大会上,中国政府宣布申办2010年世博会。2000年3月17日,中国政府成立2010年上海世博会申办委员会。2001年5月,中国政府向国际展览局递交举办2010年上海世博会申请函。2002年1月,中国政府向国际展览局递交举办2010年上海世博会申办报告。2002年11月29日,国务院副总理李岚清率中国代表团参加国际展览局第132次全体大会,作申办陈述。国际展览局大会于12月3日投票表决,同意中国举办2010年世博会。上海世界博览会主会场——世博园区,位于上海市南浦大桥和卢浦大桥区域,沿黄浦江两岸布局。园区范围为5.28平方公里。

15. 广饶轮胎展创办

5月9日,中国(广饶)国际橡胶轮胎暨汽车配件展览会在山东东营市创办。展览面积1.2万平方米,来自15个国家和地区的315家企业参展。广饶县是中国橡胶轮胎生产基地,年轮胎产能1.52亿条,占全国总产能的1/4。51家规模以上轮胎企业聚集广饶,其中7家跻身全球75强企业。2018年,广饶县轮胎业工业总产值达302亿元。该展会由中国贸促会、山东省政府主办,山东省贸促会、东营市政府承办,广饶县政府、中融商汇(北京)国际会展公司执行承办。2014年,第5届展会移至新落成的广饶国际博览中心举办。2019年,第10届展会展览面积4.8万平方米,设置轮胎、轮毂、汽车保养维修设备、橡胶轮胎机械设备、橡胶原辅材料、汽车配件6个展区。国内外700余家客商参展。同期举办中国(广饶)国际轮胎日论坛、中国(东营)—东盟轮胎汽配产业投资峰会、国际橡胶轮胎技术发展大会等6场国际性会议。该展会2017年被山东省商务厅认定为省级品牌展会。2018年入选中国贸促会"一省一展"项目。

16. 福州海峡国际会展中心建成投用

5月18日,福州市海峡国际会展中心投入使用。其室内可供展览面积8万平方米;有42间会议厅,总建筑面积为8.6万平方米。第16届海峡两岸经贸交易会作为会展中心接待的首个会展,同日开幕。

17. 成都会展业发展办公室更名成都市博览局

6月3日,成都会展业发展办公室更名为成都市博览局。这是成都市政府会展业主管部门的第二次更名。1987年,成都市设立商品交易会办公室,以筹办全国首届春季糖酒会。2003年,商品交易会办公室更名为成都市会展业发展办公室,与成都市贸促会合署办公。成都市是全国首个设立博览局的副省级城市。2013年10月,成都市政府办公厅通知印发的《成都市加强展会管理服务促进会展业发展的暂行规定》明确,市商务局负责的成都市行政区域内会展业发展的指导监督和管理服务职责交由市贸促会(市博览局)承担。

18. 中纪委等四单位下发《关于对党政机关举办庆典、研讨会、论坛活动开展清理摸底的通知》

6月25日,中央纪委、监察部、财政部、国务院纠风办联合下发《关于对党政机关举办庆典、研讨会、论坛活动开展清理摸底的通知》,要求各地区各部门按照"谁主管谁负责"

的原则,认真开展清理摸底工作,减少过多过滥的庆典、研讨会、论坛活动,为建立健全控制和规范庆典、研讨会、论坛活动的长效机制奠定基础,进一步促进党风政风建设。清理摸底工作分为自查摸底、重点督查、汇总分析三个阶段,从 7 月开始,至 11 月结束。

19. 深圳市会展业营业税改为差额征收

7 月 1 日,深圳市会展业营业税税目从"租赁业"改为"代理业",从全额征收改为差额征收。经此调整,深圳市会展业营业税率由 5.2% 下降为 1.5%。

20. 全国内贸领域会展工作座谈会在呼和浩特召开

7 月 16 日,全国内贸领域会展工作座谈会在呼和浩特开幕。会议由商务部商贸服务管理司主办,内蒙古自治区商务厅、呼和浩特市政府承办。各省(区、市)、计划单列市商务主管部门及全国商贸领域会展主办单位、有关展馆的负责人参加会议。与会代表就会展业转变发展方式、加强会展业标准建设和统计工作以及利用会展、节庆活动推动创意产业发展等问题进行交流和讨论。此次会议是第 4 届中国民族商品交易会的一项配套活动。

21. 贵阳市提出打造中国夏季会展名城

8 月 3 日,贵阳市会展业工作领导小组成立,下设贵阳市会展经济促进办公室。4 日,《贵阳市支持会展业发展专项资金使用暂行管理办法》印发。11 日,《贵阳市人民政府关于促进会展业发展的若干意见》印发,提出"力争用 10 年左右时间将我市打造为西南地区有影响力、国内有特色、与国际会展业融合接轨的中国夏季会展名城。"9 月 3 日,来自全国的 45 位专家出席贵阳市促进会展经济发展座谈会,为打造"中国夏季会展名城"献计献策。

22. 北京国际房车露营展创办

8 月 6 日,北京国际房车露营展览会在北京房车博览中心开幕。十余家参展企业的 40 余辆房车参展。主办方为北京市旅游发展委员会、北京市房山区政府、中国房车露营联盟,承办方为北京房山长阳 CSD 管理委员会、北京市房山区旅游发展委员会、北京房车博览中心和北京露营者房车展览有限公司。每年 3 月、8 月各举办一届。同年设立的北京房车博览中心,位于北京房山区长阳大宁山庄,占地面积 400 亩,时为国内以经营房车及露营活动的大型交易市场。2019 年 8 月举办的第 19 届,其展览面积 8 万平方米,100 多个品牌超过 800 辆汽车参展,观众超过 9 万人,200 多辆房车参加露营活动。

23.《长沙市展会知识产权保护办法》颁布

8 月 12 日,长沙市知识产权局、长沙市会展工作管理办公室、长沙市工商行政管理局通知印发《长沙市展会知识产权保护办法》。

24. UBM 收购上海婴童产品博览会

8 月 12 日,亚洲博闻公司(UBM)宣布收购上海国际儿童、婴儿、孕妇产品博览会,并设立亿百媒会展(上海)公司经营管理。该展会由《婴儿母亲》杂志社(后改称《时尚育儿》)2001年创办于广州。首届以研讨会为主,在白云宾馆举办。2004年第4届进入展馆举办。125家参展商和7500名专业观众在上海光大会展中心参展与会。2019年7月的第17届孕婴童食品展览会(包括童装展、玩具展和全球授权展),同时在国家会展中心(上海)和上海世博展览馆举办,展览总面积超过30万平方米,参展商超过3300家,专业观众超过10万人次。

25. 山东省建立会展业统计报表制度

8月,经山东省统计局批准,《山东省会展业统计报表制度》(以下简称《制度》)颁布。该《制度》由山东省贸促会制定,由总说明、报表目录、山东省会展企业经营情况统计年报表调查表式、主要指标解释和定点统计的典型企业名单(暂定)等内容组成。该《制度》明确,统计对象为山东各市贸促会、会展办、会展业协会、会展组织者、会展场馆和会展服务商;统计内容包括企业法人数量、会展活动单位数量、展览面积等。

26. 沈阳国际展览中心建成投用

8月,位于沈阳市苏家屯区的沈阳国际会展中心建成投入使用。其室内8个展厅的总面积为10.52万平方米。

27.《福建省文化会展业2010—2012年发展规划》出台

9月16日,福建省政府办公厅通知转发《福建省文化会展业2010—2012年发展规划》(以下简称《规划》)。该《规划》由福建省贸促会编制。《规划》提出,到2012年,厦门力争进入全国一线会展城市,福州、泉州、莆田、漳州等市力争进入全国二线会展城市,三明、南平、龙岩、宁德等市要将文化资源优势转化为文化会展产业发展优势,形成沿海率先、山区跟进的产业发展布局。《规划》将全省文化会展业类型分为7类,即民间民俗文化类,如海峡两岸闽南文化节等;历史文化遗产类,如福建土楼文化旅游节、武夷山朱子文化节等;生态旅游休闲类,如海峡旅游博览会等;两岸文化交流类,如海峡两岸(厦门)文化产业博览交易会等;产业文化类,如海峡两岸茶业博览会等;宗教文化类,如中国厦门国际佛事用品展览会等;品牌文化类,包括由本报参与协办的海峡(国际)品牌文化节等。

28. 中国经济网"会展中国"频道上线

9月28日,中国经济网"会展中国"频道上线。中国经济网是经济日报社主办的中央重点新闻网站和国家经济门户网站。会展中国频道开设会展要闻、会展直播、会展城市、品牌展会、展会信息、会展场馆、节庆盛会、会奖旅游、名人堂、论道、会展论坛、会展调查等栏目。

29. 中国会展经济研究会组团考察台湾会展业

10月5日至12日,应台北世界贸易中心邀请,中国会展经济研究会会长霍建国率团赴台湾考察会展业。考察期间参加"两岸会展产业对谈"活动,并走访台湾国际会议展览协会。考察团一行 45 人。

30. 国务院常务会议要求继续做好重要展会知识产权保护工作

10 月 19 日,决定开展打击侵犯知识产权和制售假冒伪劣商品专项行动。要求继续做好重要展会知识产权保护工作。

31. 中国国际林业森林产品博览会及中国林业会展高层峰会在义乌举行

11 月 2 日,中国林业会展高层峰会在义乌开幕。全国各地林业会展组办单位、部分城市会展办负责人以及浙江省各市领导与会展专家、学者参加研讨。该峰会是第 3 届中国义乌国际森林产品博览会的配套活动。11 月 1 日开幕的博览会参展企业达 1200 家,展览面积达 5 万平方米。博览会创办于 2008 年,由国家林业局、浙江省政府主办,义乌市政府承办。2018 年第 10 届博览会展览面积增至 8.5 万平方米,有 33 个国家和地区的 1673 家客商参展,展品涵盖家具及配件、木结构木建材、木竹工艺品、木竹日用品、森林食品、茶产品、花卉园艺、林业科技与装备等门类。

32. 中国展览馆协会发布《展台等临建设施搭建安全标准》

11 月 16 日,中国展览馆协会在京发布《展台等临建设施搭建安全标准》(以下简称《标准》)。《标准》将展会以人流和展览面积区分,由低至高按风险等级划分为 4 类。其中,将日观众流量 3 万人以上,展位面积 5 万平方米以上,参展商 400 家以上的展会,定义为二级以上风险(中上及高风险)。此类展会主安全通道宽度不得少于 5 米,一般安全通道不少于 3 米。《标准》对于临时建筑大于 200 平方米的展厅,规定加装应急照明设备。这是国内首个针对展览行业展台等临建设施搭建的安全管理标准。该标准编研获得北京市公安局治安管理总队大型活动管理处支持。

33. 法院宣判亚洲博闻公司诉中国出版工作者协会游戏出版工作委员会不正当竞争案

11 月 16 日,上海市卢湾区人民法院就亚洲博闻会展有限公司诉中国出版工作者协会游戏出版工作委员会和北京汉威信恒展览有限公司不正当竞争纠纷案一审做出公开宣判:判令被告游戏工委立刻停止要求其会员单位、顾问团成员、参展、参会者不参加原告"GDC China 2009 展会"的不正当竞争行为,并消除影响;判令被告游戏工委立刻停止对原告商业诋毁的不正当竞争行为,并赔礼道歉、消除影响;判令被告游戏工委立刻停止引人误解的虚假宣传并消除影响;判令被告汉威公司共同承担上述侵权责任。判决书称,上述判决是依照《中华人民共和国反不正当竞争法》第二条、第七条、第十四条之规定作出的。

34. 商务部对非商业性境外办展项目承办招标

12 月 4 日,商务部外贸发展事务局下发《关于 2010 年商务部非商业性境外办展项目选择承办单位有关事项的函》,就商务部主办的 9 个非商业性境外办展项目的承办机构进行招标。26 家具有出国(境)办展资格的单位企业参与投标。商务部对于非商业性境外办展项目承办机构的招标工作始于 2004 年。

35. 广西区施行两项地方会展标准

12 月 20 日,广西区地方标准《会展服务规范》《会展场馆安全管理要求》正式实施。此两项标准由广西国际博览事务局、广西标准技术研究院共同制定,是广西区首次发布的会展标准。

36. 宁夏回族自治区博览局成立

是年,宁夏回族自治区博览局经自治区政府批准成立。该局与自治区贸促会合署办公,一个机构、两块牌子。博览局(宁夏回族自治区贸促会)核定全额事业编制 31 个,内设办公室、发展研究处、会务处、会展处、对外联络处 5 个职能处室,主要承担宁夏经贸洽谈会暨中国-阿拉伯国家经贸论坛等重大活动的会务、展务工作。

2011 年

1. 国家标准《经济贸易展览会术语》发布

1 月 4 日,《经济贸易展览会术语》(GBT26165—2001)经国家标准化管理委员会批准正式发布。该标准编制经济贸易展览会基础性术语和关键性术语 61 条,是中国展览业第一个国家标准。2009 年 12 月 9 日,该标准在京通过审查。审查委员会由来自政府部门、科研机构、行业协会、会展企业等方面的 22 名专家组成。该标准由上海市标准化研究院主持、上海国际展览公司参与制定,全国会展业标准化技术委员会负责技术归口管理。

2. 赤峰、鹤壁、安阳、柳州会展中心投用

1 月 5 日,内蒙古自治区赤峰市阿鲁科尔沁旗会展中心竣工。同年,河南省鹤壁市、安阳市会展中心、广西柳州汽车城汽车会展中心先后投入使用。

3. 中国援建的牙买加蒙特哥贝会展中心竣工

1 月 7 日,由中国政府提供优惠贷款建造的牙买加蒙特哥贝会展中心举行竣工仪式。该项目由中国成套设备进出口(集团)公司负责援建。2009 年 2 月 14 日,中国国家副主席习近平与牙买加总理戈尔丁共同出席项目动工仪式。该会展中心包括会议厅、展览厅、宴会厅以及相关配套设施。牙买加总理戈尔丁出席竣工仪式。

4. 贵阳国际会议展览中心开馆运营

1 月 8 日,贵阳国际会议展览中心开馆运营。该工程由贵阳中天城投集团于 2008 年投资兴建。其展厅面积近 8 万平方米。3 月 29 日开幕的贵州国际社会公共安全产品博览会,是该场馆首展。

5. 2010年批准出国展览计划2137项

1月19日,《经济日报》以《未来五年:引导会展经济实现健康可持续发展》为题,发表专访中国贸易促进委员会会长万季飞的报道。报道披露中国贸促会2010年批准出国展览计划2137项(其中,出国单独举办展会67项)。全年107家组展单位出国办展共1316项,展出总面积超过51万平方米,参展企业30000余家,同比增加124项、9万平方米和5000余家。

6. 五家上市网络公司涉足会展服务领域

1月26日,新华网浙江频道发表题为《网盛生意宝宣布成功打造国内最大专业会展网》的报道。报道称,A股中小板电子商务公司网盛生意宝宣布,由旗下网盛会展公司运营的中国行业会展网,经过14个月的运营,已成为中国会展行业最大电子商务服务平台。2010年,与中国行业会展网合作的展会达400个,发布10万余展览资讯。报道介绍,据中国电子商务研究中心发布的《1997—2009:中国电子商务十二年调查报告》显示,包括阿里巴巴、网盛生意宝、慧聪网、环球资源、中国制造网在内的五家上市网络公司涉足会展服务领域。

7. 灵通公司在德国设立子公司

2月3日,由常州灵通展览用品有限公司在德国多马根设立。后更名为灵通展览系统股份有限公司投资的LT-Systems Europe GmbH(LT系统欧洲有限责任公司)。

8. 中国展览馆协会组团赴德法考察

2月25日,中国展览馆协会组织会员单位赴德参观第17届德国杜塞尔多夫空间设计及展示设备展览会。后赴法访问国际展览业协会(UFI)。

9. 全国城贸联成立会展工作委员会

2月,全国城市工业品贸易中心联合会成立会展工作委员会。全国城贸联成立于1992年,是各地工业品贸易企业以及商品流通企业组成的民间社团。

10. 全国工商联向全国政协会议提交《关于打破垄断促进我国会展经济健康发展的建议》提案

3月7日,中国经济网报道,中国经济网记者近日获悉,全国工商联向全国政协十一届四次会议提交《关于打破垄断促进我国会展经济健康发展的建议》的提案。提案建议,鼓励民营企业进入会展领域,推动会展产业更快发展;改革审批制度,推进会展业市场化进程;完善发展机制,引导行业整合和多元化发展。

11. 中华会展精英女性俱乐部成立

3月8日,中华会展精英女性俱乐部在京成立。俱乐部由"中国经济网·会展中国"联合10位女性会展人发起,66位来自大中华区会展界的知名女性组成理事会。

12. 国家《"十二五"规划纲要》提出促进会展业健康发展

3月14日,全国两会通过《中华人民共和国国民经济和社会发展第十二个五年规划纲要》(以下简称《纲要》)。《纲要》提出"促进广告、会展业健康发展"。

13. 贸促会系统北方会展联盟召开年会

3月29日,中国贸促会系统北方会展联盟第3届年会在天津开幕。会议以"整合资源、创新机制、务实合作、共同发展"为主题,16个北方省市贸促分会的代表围绕发展会展业交流经验,洽商业务合作。联盟成立于2009年,已分别在大连、青岛举办两届年会。

14. 新疆国际博览事务局成立

4月8日,新疆国际博览事务局举行揭牌仪式。2010年11月3日,新疆维吾尔自治区政府办公厅公布《新疆国际博览事务局机构编制方案》(以下简称《方案》)。根据《方案》,该局为自治区政府直属正厅级事业单位,为中国-亚欧博览会常设工作机构,对外称中国-亚欧博览会秘书处。同时,撤销乌鲁木齐对外经济贸易洽谈会办公室,其人员整体划入新疆国际博览事务局。

15. 上海理工大学会展专业学生赴英考察

4月,来自上海理工大学中英国际学院会展经济与管理专业的58名中国学生,赴英国展开为期4—6周的海外学习之旅。

16. 天津市大型会展论坛活动办公室成立

5月11日,天津市政府办公厅发文,通知成立市政府大型会展论坛活动办公室,加挂"天津夏季达沃斯论坛筹备办公室"牌子。其职责是负责市大型活动的收集、报审、总体策划和组织实施;负责与相关国际组织、国家部委、兄弟省市及活动主办方、协办方、支持方等单位的沟通联络协调工作;负责市委、市政府领导出席市大型活动的协调服务工作;负责组织协调市相关部门、区县做好活动期间的宣传、安全保卫、交通保障、会务接待等服务保障工作;负责天津夏季达沃斯论坛筹备工作;完成市领导交办的其他事项。

17. 《中国12城市会展合作框架协议》在成都签署

5月20日,《中国12城市会展合作框架协议》在成都签署。成都、重庆、杭州、南京、长春、长沙、西安、济南、沈阳、南昌、青岛、宁波12个城市政府会展主管部门的代表出席签署仪式。协议旨在建立城际合作关系,推动会展业在规划及政策、项目及品牌建设、统计制度、行业协会、人才培育等方面信息交流与资源整合。

18. 灵通公司发布社会责任报告

5月26日,2011中国工业经济行业企业社会责任报告发布会在北京人民大会堂开幕,常州灵通展览用品公司(后更名为灵通展览系统股份有限公司)作为43家发布社会责任报告的企业之一。发布会由中国工业经济联合会主办,中国煤炭、机械、钢铁、石化、轻工、纺织、建材、有色金属、电力、矿业10家全国性工业行业协会(联合会)协办。

19. 无锡市成立会展业发展管理办公室

5月,无锡市政府会展业发展联席会议制度设立,无锡市会展业发展管理办公室成立。会展办作为联席会议常设机构,与无锡市贸促会合署办公,作为会展业管理、协调和服务的职能部门。

20. 四川、河北、合肥、杭州发布"十二五"会展业发展规划

6月13日,四川博览事务局发布《四川省"十二五"会展业发展规划》。8月23日,河北省政府办公厅通知印发《河北省会展业"十二五"发展规划》。同年,《合肥市会展业"十二五"规划》《杭州市"十二五"会展业发展规划》《哈尔滨会展业"十二五"规划》公布。

21. 陈先进当选UFI主席

6月19日,国际展览业协会(UFI)在比利时根特召开执行委员会和董事会会议,一致通过下一届UFI主席团的提名任命,上海世博(集团)公司总裁、党委副书记,市贸会党组副书记,上海世博局副局长陈先进被任命为继任主席,并将在2012年11月召开的第79届UFI大会上自动成为2012年至2013年度UFI主席。陈先进是担任该协会主席的第一位中国人。

22.《中共中央国务院关于深入实施西部大开发战略的若干意见》要求发挥会展平台作用

6月29日,《中共中央国务院关于深入实施西部大开发战略的若干意见》印发。要求充分发挥西部国际博览会、东西部合作与投资贸易洽谈会、中国-东盟博览会等交流平台作用,将乌鲁木齐对外经济贸易洽谈会升格为中国-亚欧博览会,办好欧亚经济论坛,促进东西部地区互动合作和对外开放,实现互利共赢。

23. 袁再青出任中国会展经济研究会会长

6月,经商务部提议,拟由商务部研究院原党委书记兼副院长袁再青出任中国会展经济研究会会长。

24. 海南国际会议展览中心落成

7月8日,海南国际会议展览中心落成。该项目自2009年11月动工,投资概算为13.8亿元,由展览中心和会议中心组成。其中,展览中心3个展厅的面积达7万平方米。

25. 贵州国际绿茶博览会创办

7月8日,第3届贵州国际绿茶博览会在贵阳开幕。由农业部、贵州省政府主办,贵阳市政府、贵州省农业委员会承办。展出面积2.17万平方米。博览会于2009年创办,前两届在遵义举行。2014年后再度回到遵义湄潭县贵州茶博会展中心举办。展会名称变更为中国·贵州国际茶文化节暨茶产业博览会。

26. 法院判定会展中心赔付参观展览如厕摔伤者

7月15日,《文汇报》发表题为《参观者房展如厕滑倒会展场地管理者赔付5.39万余元》报道。2009年12月4日至7日,上海市房地产行业协会、市房产经济学会在展览中心主办第26届上海房地产展示交易会。12月6日下午,前往参观的徐女士去二楼如厕过程中摔倒,导致全身多处骨折。徐女士未接受手术治疗,在医院接受保守治疗。2010年1月4日,徐女士出院,但未痊愈。2011年4月初,徐女士向法院起诉,称参观展会如厕时,厕所里脏乱不堪,无法使用。离开时因地上污水而滑倒致使其骨折。事后,因徐女士与展会主办方未就手术治疗费达成一致,采取保守治疗致骨伤不能愈合,生活不能自理。徐女士要求展会主办方赔偿各类费用10.6万余元。在庭审中,上海市房地产行业协会、市房产经济学会称自己是房展会主办方,对会展中心厕所清洁不存在义务,并认为徐女士并无证据证明厕所地上有积水及污物。会展场地管理方声称厕所地上没有污水,认为徐女士的滑倒不能证明本方负有责任。庭审中,110接警民警表示,当时厕所比较潮湿,但无积水。上海市静安区人民法院认为,涉案房展场地管理方是该场所的所有者,又是公共区域的清洁卫生管理者,应对参观者承担相应的安全保障义务。根据徐女士陈述及接警民警回忆,当时卫生间内比较潮湿,房展参观人流量较大,卫生设施使用频率较高,可能会造成地面潮湿,而房展场地管理方未在该公共区域设置相关的禁止标志,未尽到必要的提醒义务,导致徐女士不慎摔倒受伤。然而,徐女士作为完全民事行为能力人,也应具备适当的注意义务,对自身滑倒亦存在一定的过失,遂判定由展览场地管理方承担70%的责任,赔付徐女士5.39万余元。

27. 国家级林业产业展会工作座谈会在牡丹江召开

7月18日,国家级林业产业展会工作座谈会在牡丹江市召开。山东菏泽、浙江义乌、福建三明、黑龙江省伊春和牡丹江市等五个国内林业会展城市的代表出席。会议由全国木材行业管理办公室主办。会议就深化合作,互相支持,打造林业会展联合体展开交流和探讨。五城市签署了全国林业五大会展城市战略合作框架协议。

28. 商务部召开会展业工作座谈会

7月20日,商务部会展业工作座谈会在北京召开。来自全国会展业界50多位代表出席。会议由商务部服务贸易与商贸服务业司负责人主持。与会者分别介绍本单位情况,并就商务部加强展览业管理问题提出意见和建议。

29. 浙江永康国际会展中心竣工验收

7月25日,永康国际会展中心竣工验收。会展中心由浙江中国科技五金城集团公司投资。2009年3月动工兴建,由杭州市建筑设计研究院设计。其室内展览面积7.56万平方米,分为10个展厅;室外广场面积10万平方米。由永康中国科技五金城会展公司运营(该公司隶属于浙江中国科技五金城集团公司,成立于2006年)。

30. 中国3.6万家企业出境参展

8月4日,全国出国经贸展览工作会议在长沙召开。会议披露,2010年全国出境展览总面积达 51.75 万平方米，参展企业 3.6 万家，比上年增长 21.4% 和 19.3%。中国贸促会系统组织企业赴 21 个国家举办或参加 30 个展览会，展出总面积达 3.02 万平方米，参展企业 1265 家，接待贸易客商 6.5 万家，达成对外经贸合作金额约 5.28 亿美元。

31. 深圳会展中心改造为世界大学生夏季运动会比赛场地

8 月 12 日，第 26 届世界大学生夏季运动会在深圳开幕。用作柔道、跆拳道、击剑、国际象棋四个项目比赛场地的是深圳会展中心的 9 号展馆和五楼会议厅。改造工程从 5 月 23 日开始。其中，9 号馆的改造至汽车博览会结束后的 6 月 9 日才动工。7 月 15 日，场馆改造工程通过验收。改造工程投入 2000 万元。比赛使用的看台、灯具、大屏幕、钢架、座椅等设施或器材为租赁使用。

32. 中国·贵阳国际特色农产品交易会举行

8 月 12 日，中国·贵阳国际特色农产品交易会在贵阳国际会议展览中心开幕。由农业部、贵州省政府主办，贵州省农业委员会、贵阳市政府承办。国内外 888 家客商参展，展出面积 2 万平方米。每年举办一届。

33. 中国（贵州）国际酒类博览会举办

8 月 18 日，中国（贵州）国际酒类博览会暨贵阳投资贸易洽谈会在贵阳市开幕。博览会设 8 个展馆，展览总面积 5.8 万平方米。全球排名前十的烈性酒、葡萄酒和啤酒与国内排名前十的白酒、葡萄酒、啤酒品牌及企业到会展示。2008—2010 年，中国（遵义）酒类博览会连续举办三届。本届易名为中国（贵州）国际酒类博览会，由商务部和贵州省政府共同主办。

34. 中国-亚欧博览会在乌鲁木齐举办

9 月 1 日，首届中国-亚欧博览会在新疆国际会展中心开幕。根据《中共中央国务院关于深入实施西部大开发战略的若干意见》要求，乌鲁木齐对外经济贸易洽谈会升格为中国-亚欧博览会。博览会由新疆维吾尔自治区政府、新疆生产建设兵团与商务部、外交部等 20 多个国家部委联合主办。2018 年 8 月举办的第 6 届，展览面积为 7 万平方米，国内外参展企业超过 700 家。

35. 新疆国际会展中心建成投用

9 月 1 日，位于乌鲁木齐市水磨沟区的新疆国际会展中心建成并投入使用。其室内展览面积为 4.5 万平方米。

36. 天津国际直升机博览会创办

9 月 15 日，中国天津国际直升机博览会开幕。展览总面积达 9 万平方米。其中，室内展览面积为 1 万平方米。共有 19 个国家和地区的 211 企业、20 架直升机参展。博览会由天津市政府、中国航空工业集团公司和中国人民解放军总参谋部陆航部共同主办，时为我国唯一的国家级国际直升机专业展会。博览会每两年举办一届，逢单年举行。

2019年第5届展览总面积达9万平方米。其中,室内展览面积1万平方米。共有19个国家和地区的211家企业、20架直升机参展。天津市政府、中国贸促会、法国BCI国际商务集团曾于2009年联合举办天津国际航空航天贸易展洽会。

37. 吴忠举办中国(宁夏)清真食品、穆斯林用品博览会

9月18日,中国(宁夏)清真食品、穆斯林用品博览会在吴忠市开幕。国内外122家企业参展。

38.《北京会展业报告2011》发布

9月21日,北京市统计局、国家统计局北京调查总队、中国贸促会北京市分会和北京国际会议展览业协会联合编著的《北京会展业报告2011》(以下简称《报告》)在北京国家会议中心举行首发式。来自亚洲展览联盟成员国的新加坡、马来西亚、韩国、印度尼西亚、印度管理机构或会展协会代表、在京会展机构负责人150余人出席,分享《报告》内容,进行行业交流。

39. 四川博览事务局与四川大学签署培育会展人才的合作协议

9月21日,四川博览事务局和四川大学签署协议,四川博览事务局设立总额为150万元的四川博览发展基金,与四川大学合作培育会展人才。

40. 中国塑料制品交易会在台州创办

9月22日,首届中国塑料制品交易会在浙江省台州市路桥区开幕。421家企业参展,展品分为塑料制品、塑料原材料、塑料模具和塑料机械四类,室内外展览面积为2万多平方米。交易会由中国石化集团公司、中国石油天然气股份有限公司、中国塑料加工工业协会、中国塑料机械工业协会和台州市政府主办。塑料产业发展研讨会同期举办。2019年10月在台州会展中心举办的第19届,其展览面积为3.5万平方米,参展企业超过500家。至2018年,台州市塑料生产企业达1.2万余家,从业人数30余万人。

41. 山西国际展览中心建成投用

9月,中国太原煤炭交易中心建成。由山西省煤炭企业共同出资9.4亿元兴建。该工程包括山西国际展览中心项目。其展览面积为3.6万平方米。

42. 多地政府出台会展法规、促进政策

10月1日,《天津市促进会展业发展办法》出台。同年,四川省《四川省加强管理服务促进会展业发展的规定》、南宁市《南宁市展会管理条例》、贵阳市《贵阳市会展业管理暂行办法》、海口市《海口市展览业管理试行办法》、无锡市《无锡市会展业统计管理暂行办法》、遵义市《遵义市会展业管理办法(试行)》、广西壮族自治区政府《关于加快发展会展业工作方案》、成都市《关于加快会展业发展的意见》、南宁市《关于加快会展业发展的意见》、南昌市《关于进一步加快发展会展经济的若干意见》《南昌市会展业发展专项资金使用管理暂行法》、苏州市《关于加快苏州会展业发展的若干意见》、无锡市《关于加快发展

无锡会展业的若干意见》《无锡市会展业统计管理暂行办法》、上海市《上海市浦东新区促进新兴服务业发展的财政扶持的实施细则》、桂林市《桂林市会展业发展资金使用管理暂行办法》、东莞市《促进东莞市会展业发展工作方案》、长沙市《长沙市会展项目扶持资金管理暂行办法》、海口市《海口市会展业发展专项资金使用管理暂行办法》、临沂市《会展业发展专项资金使用管理办法》先后出台。

43. 胡锦涛致信祝贺第110届广交会

10月14日,第110届中国进出口商品交易会(广交会)开幕式暨中国加入世界贸易组织10周年论坛开幕。中共中央总书记、国家主席胡锦涛致信祝贺,指出,55年来,广交会始终致力于服务国家经济建设,积极推动我国企业、产品和品牌走向世界,现已发展成为我国对外开放,特别是对外贸易的重要平台,为促进我国同世界各国经贸合作发挥了重要作用。

44. 中德合资举办中国环博会

10月14日,德国慕尼黑博览集团公司和上海中贸国际展览公司共同宣布投资成立中贸慕尼黑展览(上海)公司,双方各占合资公司50%的股权,并将各自拥有的环保展会合并,共同创立中国环博会。慕尼黑的环保展始办于1966年,中贸公司的环保展始办于2000年。2019年4月在上海举办的第20届中国环博会,国内外2047家客商参展,73097名专业观众参观,展览面积15万平方米。2015年11月10日,合资公司携手广东省环境保护产业协会,创立中国环博会广州展。2019年9月在广州举办的第5届,展览面积为3.8万平方米,超过600家参展商和3.2万人次观众与会。2019年6月,合资公司开办中国环博会成都展。321家客商与19620名专业观众与会。展览面积2.1万平方米。

45. 武汉国际博览中心投入使用

10月15日,位于武汉市汉阳区的武汉国际博览中心开馆暨首展开幕式举行。该中心由武汉城投集团与成都会展旅游集团联合投资兴建。室内展览面积12万平方米。全国汽车配件交易会暨全国汽车配件采购交易会作为首展,展览面积达6万平方米。

46.《中共中央关于深化文化体制改革推动社会主义文化大发展大繁荣若干重大问题的决定》要求发展会展产业

10月18日,中共十七届六中全会通过《中共中央关于深化文化体制改革推动社会主义文化大发展大繁荣若干重大问题的决定》(以下简称《决定》)。《决定》要求,发展壮大出版发行、演艺、会展等传统文化产业,加快发展文化创意、数字出版、移动多媒体、动漫游戏等新兴文化产业。

47. 北流创办陶瓷博览会

10月24日,中国(北流)国际陶瓷博览会在广西北流市开幕。由中国陶瓷工业协会、中国轻工工艺品进出口商会、广西区商务厅、玉林市政府联合主办,北流市政府承办,广西陶瓷商会、广西三环企业集团执行承办。陶瓷博览会设5个展区,安排1220个展位。北流是国内日用陶瓷的集中产地。第7届于2017年4月在北流国际陶瓷贸易城举行。展览面积2万平方米。

48. 青岛即墨区建成青岛国际博览中心

10月29日,位于青岛市即墨区的青岛国际博览中心投入使用。该中心由南山集团所属青岛长基置业公司投资20亿人民币兴建。室内展览面积约12万平方米。第42届全国制药机械暨中国(青岛)国际制药机械博览会(秋季)作为首展开幕,展览面积达9.6万平方米。

49. 4项国家会展标准获准立项

10月,国家标准化管理委员会下达2011年第一批国家标准制修订计划,由全国会展业标准化技术委员会负责技术归口的《会议分类和术语》(20110088—T—469)、《经济贸易展览会数据统计》(20110089—T—469)、《经济贸易展览会分级与评定准则》(20110090—T—469)和《展览会观众管理系统建设规范》(20110091—T—469)等4项国家标准获准立项。

50.《贸促春秋》记载中国贸促会展览管理工作情况

10月,由中国贸促会编著的《贸促春秋》经群众出版社出版。此书反映中国贸促会1952—2008年的发展历程。其中,详细记载了中国贸促会在此期间展览业务发展及其管理工作的情况。

51. 中展集团拉斯维加斯有限公司开业

11月17日,中展集团拉斯维加斯有限公司在美国拉斯维加斯蒙特卡洛酒店举行开业典礼。

52. 天津成立会展场馆消防安保队

11月23日,天津市梅江会展中心消防安保队成立。这是全国首家会展场馆建立的专业消防安保队。

53. 南非商品展在北京开幕

11月24日,南非商品展览会在北京展览馆开幕。展会由商务部与南非工贸部共同举办。展览面积超过3500平方米,近70家南非知名企业参展,展品包括葡萄酒、农产品、矿产品汽车及零配件、通讯技术和电子产品,以及航空、银行等服务业。该展于11月28日移师上海展览中心举办。

54.《北京市大型群众性活动安全管理条例》组织宣贯

12月1日,北京市委、市政府召开宣传贯彻《北京市大型群众性活动安全管理条例》(以下简称《条例》)动员部署会,落实大型活动"谁承办、谁负责"的责任。该《条例》2005年9月经北京市人大常委会审议通过。2010年7月通过修订案。《条例》中的大型群众性活动,是指租用、借用或者以其他形式临时占用场所、场地,面向社会公众举办的文艺演出、体育比赛、展览展销、招聘会、庙会、灯会、游园会等群体性活。《条例》规定,展位总数在2000个以上的展览、展销活动,承办者须向北京市公安机关申请安全许可。

55. 后藏物资交流会在日喀则举办

12月10日,西藏日喀则市首届后藏物资交易会在拉孜县城开幕。日喀则市9县企业展出商品100多类,计800多种。近200余架帐篷作为展台,陈列街头绵延数公里。至2018年,后藏物资交易会连续举办8届。

56. 商务部印发《关于"十二五"期间促进会展业发展的指导意见》

12月22日,商务部印发《关于"十二五"期间促进会展业发展的指导意见》(以下简称《意见》)。《意见》明确"十二五"期间促进会展业发展的指导思想、基本原则、主要任务和保障措施。这是商务部首次发布指导全国会展业发展的文件。

57.《中共中央国务院关于加快推进农业科技创新持续增强农产品供给保障能力的若干意见》提出培育农产品展会品牌

12月31日,《中共中央国务院关于加快推进农业科技创新持续增强农产品供给保障能力的若干意见》提出,举办多形式、多层次的农产品展销活动,培育具有全国性和地方特色的农产品展会品牌。

58. 合肥滨湖国际会展中心建成投用

12月,合肥滨湖国际会展中心建成投入使用。该项目由合肥市政府、滨湖新区建设投资公司、合肥市重点工程建设管理局共同投资25亿元兴建。展厅面积8.8万平方米。

2012年

1. 会展业列为营业税改征增值税试点行业

1月1日,财政部、国家税务总局通知在上海实施《营业税改征增值税试点方案》。包括会展业在内的部分现代服务业试行营业税改征增值税。8月1日,营业税改征增值税试点范围,由上海市分批扩大至北京、天津、江苏、浙江、安徽、福建、湖北、广东和宁波、厦门、深圳11个省市。

2. 四川省汶川、资阳、眉山成立博览局

1月9日,四川省汶川县在成都召开专家评审会,评审发展振兴规划、文化强县、社会管理创新和会展经济四个研究课题。会议提供的《汶川县发展会展经济战略规划》披露,汶川县已设立县博览事务局(后改称投资博览局)。同年,四川省资阳市、眉山市成立博览局。

3. 国务院支持贵州省发展会展业

1月12日,国务院印发《关于进一步促进贵州经济社会又好又快发展的若干意见》,

提出,支持贵州举办国际酒类博览会。大力发展会展业,支持办好中国(贵州)国际酒类博览会。

4. 中国日用百货商品交易会合资经营

1月19日,励展博览集团与中国百货商业协会合作,成立励展华百展览(北京)有限公司,共同举办中国日用百货商品交易会。该展会源于1953年商业部所属中国百货总公司召开的全国百货供应会。合资公司成立后,自第106届开始,每年一届定于上海举办。2019年7月在上海新国际博览中心举办的113届,展览面积达18万平方米,参展商2200余家,观众6万余人。智慧生活博览会同期举办。

5. 第7届世界草莓大会在北京市昌平区举办

2月18日,第7届世界草莓大会在北京市昌平区开幕。同期配套有国际草莓产业展、国际草莓风情展、中国草莓科技展、草莓科普文化展和日光温室草莓产业展等5项展会活动。世界草莓大会由国际园艺学会发起组织,每四年举办一届,前六届先后在意大利、美国、荷兰、芬兰、澳大利亚、西班牙举办。第7届由国际园艺学会、农业部、北京市政府、中国园艺学会联合主办。

6. 广州闻信公司国际广告标识展览会遭遇同主题"搭车展"

2月22日,据新快报报道,广州闻信展览服务公司(英国亚洲博闻公司UBM控股公司)召开媒体通气会称,其2月20日至23日在广州琶洲展馆举办的广州国际广告标识展览会遭遇同主题展会同期"搭车"。该公司已向广州相关政府职能部门及3个行业协会递交"投诉信"。经新快报调研,自2010年广州取消展会工商审批制度后,广州重复办展现象频出。在通气会上,闻信公司高层指出,该公司斥巨资做营销推广,但"搭车展"低价销售展位,且"傍名展"吸引观众,属于不正当竞争行为。广州国际广告标识展览会创办于2004年,2009年合资经营(UBM占股70%)。2016年,该展会移址上海举办。

7. UFI亚洲研讨会在深圳举办

2月23日,以"龙年的亚洲展览会"为主题的2012年UFI亚洲研讨会在深圳举行。这是研讨会自1969年创办以来首次落户中国大陆。18个国家和地区的近200名UFI成员代表与会。研讨会由国际展览业协会(UFI)与深圳市科技工贸和信息化委员会联合主办。据统计,2011年深圳市共举办展会102个,展览总面积达256万平方米。其中,高交会、文博会、安博会、光博会等9个展会获UFI认证。

8. 中国(昆山)品牌产品进口交易会创办

3月29日,中国国际进口产品博览会在江苏省昆山市昆山国际会展中心创办。主办方为商务部、中国贸促会和江苏省政府,承办方为商务部外贸发展局、中国国际商会、江苏省商务厅、苏州市政府、江苏省贸促会、昆山市政府。展览面积5万平方米,46个国家和地区677家客商参展。2013年第2届更名为中国(昆山)品牌产品进口交易会。2014年第4届设置金属加工与自动化、环保与新材料、民航设备和品牌消费品4个展区,展览面积8万平方米。2018年5月举办的第8届,展览面积为5万平方米,15个国家和地区的327家客商参展。

9. 商务部规范展会管理

4月1日,商务部网站发表《举办展会要五个"规范"一个"引入"》的报道,披露商务部根据全国清理和规范庆典研讨会论坛活动工作领导小组办公室《关于调研博览会(展会)举办情况的通知》要求,经对部机关各司局、各直属事业单位和各商会、协会、学会举办展会情况摸底,确定拟继续主办或参与举办的展会45个,且自2012年起不再增加主办或参与主办新的展会。对于保留的展会,商务部服务贸易司提出了五个"规范"和一个"引入"的工作思路,即规范举办单位分工与责任,规范国家领导人和外国政要参会邀请,规范商务部及司局级干部参加展会活动,规范商务部领导在展会中任职及为展会发贺信、贺电、题词、剪彩等行为和规范经费管理。同时,提倡引入展会举办成效评估机制。

10. 中国会展经济研究会发布《中国展览统计报告》

4月7日,中国会展经济研究会《2011年度中国展览数据统计报告》在成都年会上发布。统计数据涵盖展览城市、展览数量、展览面积、展览场馆等方面。此后,该报告每年4月在研究会年会发布。陆续增加出境自办展、展览场馆、主办方百强、分行业展览、高等院校会展专业等统计内容,成为国内统计范围最广、数据量最大的展览业统计报告。

11.《深圳市品牌展会认定办法》印发

4月21日,深圳市经济贸易和信息化委员会、财政委员会通知印发《深圳市品牌展会认定办法》(以下简称《办法》)。此为全国最先颁行的品牌展会认定的地方法规。2017年6月,深圳市经济贸易和信息化委员会颁布修订该《办法》。《办法》明确,申请认定的展会,指在专业展馆定期举办,在一定期限内通过产品、技术或服务的展示,实现产品、服务贸易和信息、技术交流的展览会,包括综合展览会、经济贸易展览会、专业性展览会和博览会(不包括展销会)。《办法》就品牌展会的申请条件、程序、管理与监督等事项做出规定。

12. 商务部公布引导支持展会名单

4月23日,商务部发布《2012年商务部引导支持展会名单的通知》。全国108项展会经各地方商务主管部门和行业联合会推荐,专家委员会评审及网上公示,被确定为2012年商务部引导支持展会。商务部确立引导支持展会名单工作,持续至2015年。

13. 北京、广东、青海、海口、桂林、烟台等地政府颁布会展业法规文件

5月20日,北京市商务委员会、财政局发布《关于促进北京市商业会展业发展的通知》。同年,青海省政府颁布《促进若干经营性服务业加快发展的政策意见》,对于创办或引进展会予以资金支持。《海口市鼓励会展业发展专项资金使用管理暂行办法》《桂林市会展业发展资金使用管理暂行办法》、天津市《滨海新区会展业发展专项资金使用管理办法》颁布。《广东省展会专利保护办法》《烟台市展会知识产权保护办法》颁布。

14. 温家宝出席京交会

5月28日,首届中国(北京)国际服务贸易交易会(京交会)在国家会议中心开幕。国务院总理温家宝出席并发表演讲。作为国家级、国际性、综合型的京交会,展会内容涵盖世贸组织界定的12大类服务贸易领域,包括商务、通讯、建筑及相关工程、金融、旅游与旅行、娱乐、文化与体育、运输、健康与社会、教育、分销、环境和其他服务。展览面积5万平方米,吸引国内外超过4000家客商与会。其中,世界500强企业67家。5天时间内共安排130多场活动。京交会由商务部和北京市政府共同举办,世贸组织、联合国贸发会议、经合组织等国际组织共同支持。中国会展业发展大会作为京交会的配套活动,同日在国家会议中心举行。该活动由商务部服务贸易与商贸服务业司主办,中国会展经济研究会、商务部流通产业促进中心承办。

15. 中国组团赴美参加电子娱乐展

6月5日,由7家中国企业组成的展团参加在美国洛杉矶会展中心举办的电子娱乐展览会(E3)。E3由美国娱乐软件协会创办于1995年,有"全球电子娱乐界奥林匹克"之称。中国展团由文化部委托国家对外文化贸易基地组织。该基地位于上海高桥保税区,2011年11月揭牌,面向所有境内外文化企业提供文化资产保税仓储服务,推动国际艺术品展示交易、综合性文化产权交易服务,同时吸引文化企业入驻。2017年、2018年,北京市新闻出版广电局两度组织北京企业赴美参展。

16. 海口市会展局成立

6月6日,海口市成立会展局。其与海口市贸促会合署办公。2019年3月,市商务局加挂市会展局的牌子,负责海口市会展业监督管理工作,指导产业发展,制定管理服务规范性文件,组织、策划、引进、承办会展活动,落实会展扶持政策。

17. 江苏省召开会展业统计工作视频会议

6月27日,江苏省商务厅和江苏省会议展览业协会在南京召开全省会展业统计工作视频会议,各地市商务局、会展办、会展行业协会和部分会展企业的领导以及会展统计工作人员150多人在13个分会场参加会议。会议通报了全省会展业统计工作情况,并对统计业务进行了培训。会议明确,全省会展业统计工作由省商务厅牵头,各市商务局负责汇总,具体工作委托江苏省会议展览业协会负责。

18. 厦门市会议展览事务局揭牌

7月26日,厦门市会议展览事务局揭牌。该局为厦门市政府直属事业单位,加挂"中国(厦门)国际投资促进中心"和"厦门市对台贸易促进中心"牌子,作为中国国际投资贸易洽谈会(投洽会)、海峡两岸机械电子商品交易会暨厦门对台进出口商品交易会(台交会)、海峡论坛的常设工作机构。主要职责包括:协助做好厦门会展业发展战略研究和会展人才培育工作,促进厦门会展业的发展;接受商务部、国台办、福建省政府的业务指导,负责做好投洽会、台交会各项会务筹备工作,并协助做好海峡论坛各项事务性、技术性、辅助性工作；负责做好投洽会、台交会、海峡论坛各主办、承办、协办单位的联络和协调工作；负责开展国际投资促进和对台贸易交流活动，开展与国际投资促进相关的业务和人才培训工作；承办在厦门举办的旨在促进投资、经贸合作的国际、国内会议展览等。

19. 包头国际会展中心投入使用

8月8日，中国包头稀土产业博览会在包头会展中心开幕，标志该工程建成投入使用。会展中心由包头市政府投资1.25亿元兴建，室内6个展厅总面积为3万平方米。

20. 潍坊鲁台会展中心投入使用

9月1日，潍坊鲁台会展中心投入使用。其室内展览面积为10万平方米，会议面积2万平方米。该中心由潍坊市政府投资兴建。

21. 农业会展品牌建设工作交流及信息发布会在北京召开

9月3日，农业会展品牌建设工作交流及信息发布会在京召开。会议发布《2010—2011年度中国农业会展指南》。统计显示，全国农业展会数量由2004年的122个增至2010年的256个（2009年达368个）。2011年，政府、协会、公司主办的农业展会分别占总数的47.3%、37.5%和15.2%。2011年，全国农业展览平均展览面积为1.98万平方米，但2万平方米以上的项目仅占22.3%；平均参展商数达610家，但参展商不足300家的占63.2%。2011年，综合展占全国农业展会总数的43.4%。其中，食品、饮品综合类展48个，农产品、加工产品综合类展46个，农业生产资料综合类展17个。在细分主题的展览中，茶叶展和畜产品展分别占总数的10.5%和8.6%；而粮油、农机、果蔬、肥料、水产品、种子等主题的展览占比均不足5%。根据2009年发布的《中国农业会展分类认定实施办法（试行）》和《中国农业会展分类标准（试行）》，全国40个农业展会通过了分类认定。其中，综合展和专业展各占一半。有81个农业展会申请认定。其中，20个项目获得AAA认定。会议由中国贸促会农业行业分会主办，中国贸易报社协办。

22. 济南市审计局专项审计调查会展业发展状况

9月14日，《济南日报》刊登《会展行业将进行专项审计调查》报道，为落实《济南市人民政府关于加快会展业发展的意见》，济南市审计局对济南会展业发展状况进行专项审计调查。审计调查以"摸清现状、查找差距、剖析原因、提出建议、促进发展"为思路，采取现场调查、考察会展业先进城市、召开座谈会、咨询专家等形式，重点了解济南会展行业发展状况、发展规划及与会展业先进城市的差距等。2014年2月，济南市审计局就《济南市会展业发展"十二五"规划》实施情况进行专项审计调查，并出具审计报告。

23. 中国加工贸易产品博览会在东莞举办

9月16日，中国（东莞）加工贸易产品博览会（加博会）在东莞市厚街镇广东现代国际展览中心举行。展会由商务部、国家知识产权局、广东省政府共同主办。其前身为创办于2009年的广东外商投资企业产品（内销）博览会。首届加博会设置精品馆、家电电子、文体玩具、家居用品等10个展区，展览面积7.6万平方米，1325家企业参展。2019年4

月举办的第11届,展览面积为5万平方米,国内外698家企业参展。

24. 吴邦国出席第13届中国西部国际博览会

9月25日,第13届中国西部国际博览会当晚在成都开幕。中共中央政治局常委、全国人大常委会委员长吴邦国出席并宣布开幕。56个国家和地区的近4600家企业及各界人士8万余人参展与会,展览面积达20万平方米。博览会创办于2000年,由国家发改委、商务部、科技部、国家市场监管总局、全国友协、中国贸促会、全国工商联和四川省政府联合主办。

25. 郑州汽车后市场博览会合资经营

10月19日,励展博览集团与郑州鑫达实业有限公司合作,合资成立河南励展宏达展览有限公司,共同举办郑州国际汽车后市场博览会。2019年6月在郑州国际会展中心举办的第16届,展览面积近8万平方米,展商近2000家,观众10万余人,同期举办郑州国际汽车养护及改装博览会。

26. 商务部在广州召开会展业统计制度专题座谈会

10月25日,商务部在广州召开会展业统计制度专题座谈会。来自北京、天津、上海、重庆、江苏、浙江、广东、四川、山东、湖北、辽宁、深圳、厦门、成都、广州等省市商务主管部门、会展业协会代表出席会议。与会代表交流了会展业统计工作基本情况,并就商务部服贸司提出的《会展业统计制度(征求意见稿)》展开讨论。

27. 无锡太湖国际博览中心建成投用

10月,无锡太湖国际博览中心二期工程竣工并投入使用。其室内展览面积达6.54万平方米,室外展览面积约2万平方米。工程于2008年12月动工,一期工程于2010年3月竣工。该项目由无锡太湖新城投资兴建,无锡太湖国际会展中心公司负责运营管理。

28. 黑龙江省会展事务局揭牌

11月2日,黑龙江省会展事务局揭牌。该局与哈尔滨经济贸易洽谈会办公室"一个机构、两块牌子",合署办公。其职责为承担哈尔滨经济贸易洽谈会以及省政府交办的会议、展览、论坛等大型会展活动的组织工作,参与黑龙江省会展业的规划、研究和信息搜集、整理、分析工作,为制定会展业政策法规提供依据。

29. 京正展览公司牵头组建北京市孕婴童用品行业协会

11月29日,北京市孕婴童用品行业协会召开成立大会。该协会由北京京正展览公司牵头,联合乐友(中国)连锁公司、婷美集团康美科技发展(北京)公司、北京丽家丽婴童用品公司、北广传媒集团(优优宝贝电视频道)等企业共同发起组建,获北京市商务委员会、北京市民政局批准。

30. 中共中央政治局《关于改进工作作风密切联系群众的八项规定》要求规范会议展览管理

12月4日,中共中央政治局通过《关于改进工作作风密切联系群众的八项规定》。该文件提出,精简会议活动,切实改进会风,严格控制以中央名义召开的各类全国性会议和举行的重大活动,不开泛泛部署工作和提要求的会,未经中央批准一律不出席各类剪彩、奠基活动和庆祝会、纪念会、表彰会、博览会、研讨会及各类论坛。2013年7月,中央办公厅、国务院办公厅印发《关于开展节庆论坛展会摸底普查和规范工作的通知》,要求各级政府清理整顿举办的展览会、论坛、庆典活动,上报精简压缩的意见。2014年8月,全国清理和规范庆典研讨会论坛活动工作领导小组发出《关于省部级党政机关、人民团体举办展会清理规范的通知》,对于精简压缩党政机关、人民团体举办的展会提出具体要求。2015年3月,中共中央办公厅、国务院办公厅发布《党政机关境内举办展会活动管理办法》,对于党政机关境内举办展会做出统一规定。

31. 广东创办中国海洋经济博览会

12月13日,国家海洋局、广东省政府在广州琶洲会展中心创办首届中国海洋经济博览会。第2届移址湛江市于2014年11月举办。2019年10月举办的第7届移址深圳。由自然资源部和广东省政府主办,深圳市政府承办。展览总面积达3.7万平方米,21个国家和地区的455家客商参展。中共中央总书记、国家主席习近平致信祝贺,指出,中国海洋经济博览会旨在为世界沿海国家搭建一个开放合作、共赢共享的平台。

32. 重庆文化产业博览会创办

12月21日,首届重庆文化产业博览会开幕。展览面积1.57万平方米,参展企业109家,2万人次市民观展。博览会由重庆市委宣传部、重庆市文化和旅游发展委指导,重庆日报报业集团主办。2018年9月举办的第7届,展览面积近6万平方米,1100家客商参展,吸引25万人次参观。

33. 天津梅江会展中心建成投用

12月25日,天津梅江会展中心工程竣工并投入使用。其室内展览面积6万平方米,会议面积0.7万平方米。工程分两期建设。一期工程于2010年5月竣工。该项目由天津泰达建设集团公司投资兴建,天津滨腾会展管理公司负责运营管理。

2013年

1. 中国会展教育发展十年论坛在沪举办

1月12日,中国会展教育发展十年论坛暨首届全国会展专业负责人、系主任及学科带头人会议在上海师范大学开幕。据会议首发的全国会展本科专业统计分析报告,全国开设会展专业的本科高校达52所。其中,上海、广东、浙江、北京和天津5个省市有31所。上海9所位居第一。自2004年上海师范大学和上海对外贸易学院会展专业首次招生 145 人后，到 2012 年全国累计招生 13365 人。

2. 多地政府工作报告提出发展会展业

2 月 26 日，中国经济网会展频道以《今年各地政府工作报告规划不约而同聚焦会展业》为题报道，全国有北京、天津、河北、山西、内蒙古、辽宁、吉林、黑龙江、江苏、安徽、福建、山东、湖北、湖南、广东、广西、海南、重庆、四川、贵州、云南、陕西、甘肃、青海、宁夏和新疆等 26 个省（直辖市、自治区）在 2013 年的政府工作报告中，以"大会展"概念，支持举办会展活动，要求加快会展业发展。

3. UBM 收购上海国际品牌服饰展

3 月 8 日，亚洲博闻公司（UBM）宣布与 NOVO Mania 公司签订协议，收购 NOVO Mania 公司拥有的上海国际品牌服饰展览会，UBM 获得该项目 60% 的股权。双方成立合资公司经营管理该项目。NOVO Mania 公司总部设于香港。2010 年创办上海国际品牌服饰展览会。

4. 北京国际智慧农业装备与技术博览会创办

3 月 11 日，首届北京国际智慧农业装备与技术博览会（CWAE）在北京国家会议中心开幕。展览面积 3000 平方米，参展企业 103 家。展会由振威展览股份有限公司主办，中国农业科学院作为支持单位。2019 年 4 月 1 日举办的第 7 届，展览面积为 2 万平方米，超过 600 家企业参展。

5.《国家级林业会展城市合作协议》在义乌签署

3 月 13 日，《国家级林业会展城市合作协议》在义乌签署。在国家林业局及相关省级林业主管部门的组织下，伊春、牡丹江、菏泽、三明及义乌等 5 个城市将加强伊春森博会、牡丹江木博会、山东林交会、海峡两岸林博会和义乌森博会等 5 个国家级林业会展项目的合作。11 月 1 日，在第 6 届义乌森博会上，国家林业局发布《中国重点林业展会统计与发布办法》《中国重点林业展会奖项设置与评奖指导意见》两个文件。

6. 重庆国际博览中心建成投用

3 月 25 日，随着第 13 届中国金属冶金展览会首辆运输展品的汽车驶入，重庆国际博览中心投入运营。该中心位于重庆市两江新区的悦来会展城，其室内展览面积达 20 万平方米。其中包括 2 万平方米的多功能厅，可安排 1.5 万个座位，可以作为演艺和体育赛事的专业场地。该项目投资估算约 74 亿元（总建筑面积 60 万平方米，包含展馆 42.9 万平方米，会议中心 7.7 万平方米，酒店 5.1 万平方米和临江商业设施 4.3 万平方米），由重庆悦来投资发展公司于 2010 年投资兴建。重庆国际博览中心建设工程获 2014—2015 年度"鲁班奖"。

7. 贵州省博览事务局成立

4 月 2 日，中共贵州省委常委会议决定，贵州省贸促会加挂"贵州省博览事务局"牌子。实行"一个机构、两块牌子"体制。

8. 中国电子信息博览会在深圳举办

4月9日,第7届中国电子信息博览会在深圳会展中心开幕。展会由工业和信息化部、深圳市人民政府共同主办。本届博览会以"创新驱动发展,智慧赋能未来"为主题,共设置数字家庭、智慧城市、新型显示、人工智能、智能制造、车联网、物联网、集成电路8个主题展区及25个专业展区。1600多家客商参展,展位总计4100个。首届中国电子信息博览会于2013年在深圳创办。

9. UFI在上海举行执行会全体会议

4月16日至18日,国际展览业协会(UFI)在上海举行执行会全体会议,并配套举办包括教育、信息和运营专题会议在内的UFI上海周活动。会议由UFI 2013年度全球主席陈先进主持。

10. 中国食材电商节在武汉创办

4月17日,首届中国食材电商节在武汉科技会展中心开幕,展览面积0.8万平方米,参展商180余家。其源于2008年创办的中国食材高峰论坛。2016年第4届展会移址武汉国际博览中心,由武汉食和岛网络科技有限公司主办,展览面积增至3万平方米,参展商增至600余家。2019年3月举办的第7届,其展览面积跨越10万平方米,参展商超过1800家,到场专业观众突破13万人次。2016—2019年,成都、青岛、北京、长沙、合肥、广州等地先后举办中国食材节川菜、鲁菜、京菜、湘菜、徽菜、粤菜的菜系连锁展会。

11. 中国国内旅游交易博览会在贵阳举办

4月19日,由国家旅游局、贵州省政府联合主办的中国国内旅游交易博览会在贵阳国际会议展览中心开幕。1500余家企业和机构参展,展览面积4万平方米。

12. 中国(上海)国际技术进出口交易会创办

5月8日,首届中国(上海)国际技术进出口交易会(上交会)在上海国际展览中心和上海世贸商城开幕。中国作为最大的发展中国家,年技术进出口交易总额超过500亿美元,年引进技术1.2万项,市场需求巨大。上交会以"创新驱动发展,保护知识产权,促进技术贸易"为主题,构建国际技术展示交易、国际高新技术推广应用、企业获得国际技术支持和发明创造技术转化四个平台。上交会由商务部、科技部、国家知识产权局和上海市政府共同主办,上海市国际技术进出口促进中心承办。

13. 南京召开会展人才培养"校企对接"工作推进会

5月9日,南京会展人才培养"校企对接"工作推进会召开。江苏东坤展览装饰公司、南京惠通展览用品开发公司、南京思德会展服务公司、南京银都奥美广告公司分别与南京林业大学艺术设计学院、南京林业大学木材工业学院、南京工业大学工业与艺术学院、南京师范大学签署产学研合作协议。推进会由南京市会展办组织。

14. 国务院取消3项经贸展览审批

5月15日,国务院公布《关于取消和下放一批行政审批项目等事项的决定》。国务院决定取消和下放的行政审批项目共计91项。在取消行政审批的71项项目中有3项涉及经贸展览,即取消举办全国性出版物订货、展销活动审批;取消在境外展示、展销国内出版物审批;取消举办全国性经济林产品节(会)活动审批。

15. 中国-南亚博览会在昆明举办

6月6日,首届中国-南亚博览会暨第21届昆明进出口商品交易会在昆明国际会展中心开幕,共有1200多家境内外企业参会,东盟10国和南亚8国以及土耳其、伊朗、法国、意大利等共42个国家和地区的企业参展。博览会前身为已举办5届的南亚国家商品展。2012年10月,国务院批准南亚国家商品展升格为中国-南亚博览会。

16. 重庆市支持微型企业参加展会活动

6月7日,重庆市工商局、财政局下发《关于支持微型企业参加展会活动的通知》,明确,在渝举办的展位在300个以上的展会,重庆微型企业参展可获参展费补助(每次不超过1万元,全年不超过3万元),同时补助交通费;办展机构按参展微型企业每家500元标准补助。

17. 两岸三地会展业合作与发展峰会在宁波举办

6月9日,两岸三地会展业合作与发展峰会在宁波召开。来自港、澳、台及内地的会展业权威人士就会展业发展趋势、各地优势互补合作发表看法。该峰会是第6届中国开放论坛分论坛之一。

18.《中外会展业动态评估研究报告(2012)》蓝皮书出版

6月22日,上海会展研究院在上海大学发布《中外会展业动态评估研究报告(2012)》(以下简称《研究报告》)。上海会展研究院成立于2011年12月,是上海大学联合上海交通大学、华东师范大学、上海工程技术大学、上海社科院和上海图书馆等单位,与上海市商务委员会、上海市会展行业协会共同组建的研究机构。《研究报告》作为社会科学文献出版社的蓝皮书,2013年、2016年、2017年各出版一册。主编为上海会展研究院执行院长、上海大学教授张敏。

19. 文化产业博览交易会创办

6月29日,山西文化产业博览交易会在太原创办。主办方为中共山西省委宣传部、太原市政府、山西省文化厅、广播电影电视局、新闻出版局。室内外展览面积5万平方米,全省11个市、省属6个文化产业集团超过1000家企业的上万种文化产品参展。2019年12月举办的第4届,展览面积超过2万平方米,15个国家和地区、25个省(区、市)的1000多家企业参展。

20. 哈尔滨国际会展中心建成投用

6月,坐落于哈尔滨市经济开发区的哈尔滨国际会展中心建成投入使用。其展厅面积为3.6万平方米。

21. 广州建博会股权转让

7月8日,在第15届中国(广州)国际建筑装饰博览会(中国建博会)开幕当晚,该展会权益转让签约仪式暨新闻发布会举行。该展会由广州博亚展览发展公司于1999年创办,首届展览面积2万平方米。至第15届,展览面积已达32万平方米,是国内规模最大的建材展会。此前,中国对外贸易中心所辖中国对外贸易广州展会总公司与博亚公司达成项目合资协议,双方各持50%股权共同主办该展会。此次博亚公司将本方拥有的该展会50%股权有偿转让中国对外贸易广州展会总公司。

22. 全国出国经贸展览工作会议在北京召开

7月25日,以"新市场·新业态·新增长"为主题的2013年全国出国经贸展览工作会议在京召开。来自全国150余家出国展览组办单位及国内外会展业人士近350人与会。2012年,经贸促会审批,全国108家组展单位共赴64个国家办展1536项,比上年增长11.7%。其中,参加国际展会1466项,单独举办展会70项。全年出国办展展览净面积69.3万平方米,比上年增长14.5%;出国参展企业近5万家,比上年增长18.6%。

23. 上海博华国际展览公司酒店用品博览会与三展联办

8月2日,上海博华国际展览公司与上海景程展览服务公司签署合作协议,宣布自2014年起在上海联合举办上海国际淀粉及淀粉衍生物展览会。该展会由景程公司创办于2006年,展品包括各类淀粉、淀粉糖及其加工设备。同年12月16日,博华公司宣布与上海天盛会展服务公司签署合作协议,自2014年在上海联合举办中国国际自助服务产品及自动售货系统展览会、上海国际数字标牌及触摸技术展览会。自助服务产品及自动售货系统展和数字标牌及触摸技术展由天盛公司分别创办于2004年和2009年。前者展品包括饮料、食品、咖啡、书籍和报纸等商品的自动售货系统。后者展品包括数字标牌、多媒体展示系统、广告展示系统、大屏幕显示终端、触摸技术、高清传输处理及相关解决方案。三展将与博华公司国际酒店用品博览会同期同馆举办。

24. 云南文化产业博览会创办

8月9日,首届云南文化产业博览会在昆明国际会展中心开幕。其前身为2008年举办的昆明(中国)国际民族民间工艺品、文物艺术品暨旅游文化商品博览会,以及2010年更名的泛亚国际民族民间工艺品博览会。博览会由云南省文化产业办公室、文化厅、广电局、新闻出版局、昆明市政府、云南世博旅游控股集团主办,昆明市文化产业办公室、云南信息报社承办。2019年举办的第7届,设置文化融合发展、精品文创、云花云陶、动漫电竞、云南州市文产精品、昆明文产精品、文化产业成就7个展馆。

25. 中国国际咖啡展在北京创办

8月9日，中国国际咖啡展览会在北京中国国际展览中心（朝阳区馆）开幕，展览面积6800平方米，由北京华港展览有限公司主办。2019年8月举办的第7届，展览面积3万平方米，国内外近400家企业参展。嘉年华展区吸引70余家国内外精品咖啡馆到场。展会同期举办咖啡冲煮、咖啡拉花和咖啡师比赛。

26. 中国会展集训营在上海创办

8月10日，首期中国会展集训营与精英论坛在上海举办。其由中国会展经济研究会主办，中英合资好博塔苏斯展览有限公司、米奥兰特国际会展公司、上海联展软件技术公司（后调整为31会议上海八彦图信息科技公司/31会议）联合承办。集训营秉持"学堂＋智库"理念，聘请资深职业经理人授课，以案例分享方式传播会展业专业知识和实操经验，旨在服务会展业管理人士、大专院校教师和有潜质的青年从业者。至2019年8月，先后在苏州、无锡、武汉、长沙、成都、昆明、海口、桂林、石家庄等地举办15期，全国参训学员超过3000名，讲师团成员达48人。中国会展集训营还多次受邀承担多家会展企业的内训工作。

27. 米奥兰特公司在北京举办项目合作洽谈周

8月28日，主题为"共图发展，一路有你"的米奥兰特2014年境外自办项目合作洽谈周分别在北京文化部中外交流中心、中外首工美术馆开幕。15家国家5A级行业协会及北京有影响力的展览机构应邀参加活动。活动由米奥兰特国际会展公司主办，旨在吸引中国客商参加国际市场上的中国自办展。

28. 中办国办部署展会摸底普查和规范工作

8月，中共中央办公厅、国务院办公厅和全国清理和规范庆典研讨会论坛活动工作领导小组印发《关于开展节庆论坛展会摸底普查和规范工作的通知》。全国清理和规范庆典研讨会论坛活动工作领导小组成立于2012年2月。由中共中央纪委、中共中央办公厅牵头，全国人大常委会办公厅、全国政协办公厅、国务院办公厅、中共中央宣传部、监察部、民政部、财政部、审计署、新闻出版总署、国资委、国务院纠风办人员参加，下设办公室于国务院纠风办。

29. 中国（武汉）期刊交易博览会创办

9月14日，中国（武汉）期刊交易博览会在武汉国际博览中心开幕。全世界近5万种期刊在博览会展出。博览会由国家新闻出版广电总局、湖北省政府和中国邮政集团公司共同举办。2014年，第2届移址武汉国际展览中心举办，规模缩小。2016年第4届改为湖北省政府、中国邮政集团公司共同举办，中国期刊协会、中国图书进出口（集团）总公司、中国国际图书贸易集团公司、中国邮政集团公司报刊发行局、湖北省新闻出版广电局、武汉市文化新闻出版广电局承办，湖北中图长江文化会展公司执行承办。第5届后改为每两年举办一次。

30. 中国-阿拉伯国家博览会在银川举办

9月16日,首届中国-阿拉伯国家博览会在银川开幕。其前身为2010年创办的宁夏国际投资贸易洽谈会暨中阿经贸论坛。博览会以中国和阿拉伯国家为主体,由商务部、中国贸促会、宁夏回族自治区政府共同主办。国内外923家企业,共8000余人与会参展。2019年第4届博览会召开,中共中央总书记、国家主席习近平致信祝贺。全球60个国家和地区的1114家企业参展。

31. 黑龙江创办绿色食品产业博览会

9月23日,首届黑龙江绿色食品产业博览会在哈尔滨国际会展中心开幕。室内外展览面积达3.7万平方米。博览会由黑龙江省政府、哈尔滨市政府主办,黑龙江省贸促会(省会展事务局)、农业厅、粮食局和哈尔滨市贸促会承办。2019年10月的第7届绿色食品产业博览会与第2届黑龙江大米节同期举办,展览总面积6.8万平方米,设置绿色食品、农业科技、农业综合服务、食品加工与包装机械、农业机械设备、生物质综合利用、特色食品、进口食品等多个展区,并配套举行金秋粮食交易合作洽谈会。

32. 中国文化博览中心在武汉建成投用

9月25日,第22届中国金鸡百花电影节在中国文化博览中心(武汉客厅)开幕,标志着博览中心建成投入使用。博览中心由卓尔发展公司投资兴建,位于武汉东西湖区,室内展览面积2.5万平方米。

33. 武汉市副市长因服务短板向展会主办方致歉

10月10日,据《湖北日报》报道,在第89届全国糖酒会总结会上,因场馆配套设施、展会服务、政务协调上存在的不到位之处,武汉市副市长邵为民向主办方致歉。第89届全国糖酒会(秋季)在新落成的武汉国际博览中心举办,因周边配套设施滞后,当日展商撤展从上午9时一直延续至下午5时,大量货车堵塞在汉阳区四新南路上形成长龙。展商与外地观众分散下榻于武汉三镇的诸多酒店,导致参展不便。

34. 第8届北京文博会制定节俭办会措施

10月21日,中国网报道,11月6日至10日将在北京举办第8届北京文博会,组委会制定相关措施改进作风,节俭办会。措施包括:简化开幕仪式,不剪彩,不组织文艺演出;不设参观专场,领导参观不清场、不闭馆;精简论坛会议数量,会场布置要简洁朴素,会议用餐采用自助餐;简化内外宾接待程序,严格控制住宿和用餐标准;改进新闻报道,更多运用互联网、微博等新媒体宣传;财政补贴经费全部用于活动,不得挪作他用。

35. 中国纺织品交易会在巴西遭遇示威抗议

10月23日,由中国贸促会纺织分会与巴西中国对外贸易中心在巴西圣保罗联合主办的国际纺织品交易会,遭到上百名巴西纺织业人士在会场外示威游行,抗议中国纺织品出口巴西,导致巴西纺织工厂倒闭、工人失业。

36. 商务部在广州召开会展业座谈会

10月24日,商务部副部长房爱卿在广州广交会场馆内主持展览业专题座谈会。座谈会围绕会展业发展趋势、政府在会展业发展中的职能定位以及全国清理规范展会活动三个议题,听取地方主管部门和会展业者的意见或建议。广东省经信委、天津市商务委、上海市商务委、广州对外贸易中心、中国会展经济研究会负责人与广东省会展公司、会展场馆、会展协会的代表30余人与会。

37. 中国国际矿业大会及展览定址天津举办

11月2日,第15届中国国际矿业大会在天津梅江会展中心开幕。55个国家和地区的7000余名政府官员、矿业界人士、专家学者齐聚天津。其中,国外代表1300余名。同期举办的第8届中国国际矿业设备展览会,参展商470余家,展览面积2.7万平方米。中国国际矿业大会于1999年创办。自2013年起固定在天津举办。2018年10月举办的第20届,由自然资源部、天津市政府支持和指导,中国矿业联合会主办。大会由高峰论坛、矿业博览会和专题活动三部分组成。超过500家国内外客商参展,展览面积3万平方米,分设有矿业项目展示、矿业国家展、自然资源、地勘、地矿局、矿业金融、矿业开采、选冶等展区,展品覆盖包括石油和天然气、煤炭、黑色金属、有色金属、贵金属、非金属、建材、稀有金属、稀土金属、稀散金属等领域。

38. 云南、昆明、哈尔滨、珠海、绵阳、万宁成立会展办、博览局或会展局

11月6日,云南国际博览事务局(云南国际博览事务管理办公室)挂牌成立。至此,全国省一级的博览局共有7个,包括云南国际博览事务局、广西国际博览事务局、四川博览事务局、吉林省博览事务局、新疆国际博览事务局、黑龙江省会展事务局、宁夏回族自治区博览局。6月,哈尔滨市成立会展办,与市贸促会合署办公。7月8日,珠海市设立会议展览局(珠海市航展局)。该局作为珠海市会展行业主管部门,履行会展公共事务管理职能。同时,负责中国(珠海)航展的统筹、协调、指导和服务工作。11月15日,四川省绵阳市成立博览事务局,与市贸促会合署办公。同日,海南省万宁市成立会展局,与市旅游局合署办公。11月19日,昆明市成立博览事务局,与市贸促会合署办公(昆明市博览事务局于2019年撤销)。

39. 高校本科会展专业在校生首次超过万人

11月9日,在绍兴举办的第6届浙江会展经济论坛上,《2013中国会展教育发展报告》(以下简称《报告》)发布。2013年,全国220所高等院校会展专业在校生为37826人(本科在校生达10798人),招收新生(不含会展方向)12966人。在220所高校中,高职院校165所,招收新生9760人,占比均为75%。《报告》认为,经过快速扩张,我国会展教育进入平稳发展期。

40. 广州举办展览工程企业人才招聘会

11月17日,由广州"会展达人俱乐部"举办的广州市首届"会展达人"专场招聘会,在

广东工业大学开场。来自中山大学、广州大学、广东轻工职业技术学院会展专业的数百名应届毕业生,82家展览工程企业参加招聘会。至2019年,招聘会累计举办12场,形式改为在各院校分散举办。

41.《湖南省会展业发展规划(2013—2020)》印发

11月27日,湖南省政府办公厅通知印发《湖南省会展业发展规划(2013—2020)》(以下简称《规划》)。《规划》提出,到2020年将湖南建设成会展产业大省,将长株潭地区建设成中部会展业核心城市区,将长沙建设成全国一流的会展城市,将张家界建设成中国会议、奖励旅游最佳目的地;全省专业展馆室内展览总面积80万平方米;会展活动品牌化、国际化和市场化水平明显提升。

42. 深圳国际工业设计大展创办

11月30日,首届深圳国际工业设计大展在深圳会展中心开幕。由深圳市政府主办,深圳市工业设计行业协会承办,国际工业设计联合会(ICSID)、中国工业设计协会、中国机械工程学会工业设计分会协办。国内外176家工业设计机构和企业参展,展品超过5000件。2015年第5届举办"The Great One"大奖评选活动。2019年举办的第7届,展览面积为1.5万平方米,分为协同创新、设计品牌、设计互联、国际设计、粤港澳大湾区成果、深圳工业设计中心等6个展区,国内外302家客商超过6000件展品参展。

43. ITE集团购并中国国际涂料展

11月,英国ITE展览集团宣布购并中国国际涂料展览会。ITE集团成立于1991年,1998年在伦敦证券交易所上市。2005年设立中国代表处。中国国际涂料展览会原为新展星展览(深圳)有限公司拥有的展会项目。新展星公司成立于2006年,为香港中贸推广国际公司所属全资子公司。每年轮流在上海和广州主办中国国际涂料展览会。

44. 郴州国际会展中心竣工

11月,郴州国际会展中心竣工。其由会展中心、博物馆、图书馆三部分组成。室内展览面积6万平方米。2014年5月,郴州市城投公司与香港笔克中国(东北)公司签约,委托其负责经营管理仪式。

45. 商务部服贸司与UBM主办培训班

12月2日,由商务部服贸司与亚洲博闻公司(UBM)主办、中国会展经济研究会协办的展会营销高级培训班在北京开班。培训主题为"如何利用数据库、互联网和社交媒体技术提升展会的观众招募和体验"。51名学员参训。

46. 英富曼收购中国美容博览会

12月27日,英富曼公司在上海宣布,收购上海百文会展公司拥有的中国美容博览会股权。据英富曼2013年年报,英富曼以2740万英镑收购该展会80%的股份。中国美容博览会由百文会展公司创办于1995年。2019年5月在上海新国际博览中心举办的第24

届,展览面积为 27 万平方米。

47. 多地出台促进发展会展业文件

是年,南京市委市政府办公厅印发《进一步规范管理节庆论坛展会活动的规定》。乌鲁木齐市政府公布《关于加快乌鲁木齐市会展业发展的意见》。西安市财政局、会展办印发《西安市会展业发展专项资金管理办法》。济南市知识产权局、工商局、商务局、文化局联合制定《济南市展会知识产权保护办法(试行)》。宁波市政府出台《关于进一步推进区域性国际会展之都建设的若干意见》以及《宁波市会展业发展专项资金管理办法》。烟台市政发出《关于加快会展业发展政策的通知》。阜阳市政府出台《关于加快会展业发展的意见》。吴忠市出台《会展业管理暂行办法》。东莞市政府出台《东莞市重点会展项目认定办法》。《义乌市会展行业规范(试行)》出台。

2014 年

1. 中国会展经济研究会开展展览陈列工程企业资质等级评审工作

1月1日,中国会展经济研究会启动展览陈列工程企业资质等级评审工作。39家企业申请参评上报的资料。依据规定,经过初审、初审公示、专家评审及实地考察等环节,认定28家企业符合资质等级标准。其中,一级资质企业26家,二级资质企业2家。

2. 国际展览业 CEO 上海峰会创办

1月8日,"建设国际会展之都——国际会展业 CEO 上海专题研讨会"在上海开幕。来自美、德、英以及我国的62位会展企业 CEO 与会。研讨会由上海市会展业促进中心主办。2015年,研讨会更名为"上海会展论坛——国际展览业 CEO 峰会",由上海市会展业促进中心与上海市会展行业协会联合主办。与会人数250余人。2016年,上海市商务委员会在会上聘请11名国际会展界权威人士担任上海市会展业国际顾问。2017年,会议定名为"国际展览业 CEO 上海峰会",改由上海市会展行业协会主办,举办时间改为每年6月。2019年,上海市商务委员会在会上聘请16名国际会展界权威人士担任上海市会展业国际顾问(第二批)。

3. 多地政府出台促进会展业发展法规文件、工作意见或激励政策

1月13日,西安市人民代表大会常委会公告发布《西安市会展业促进条例》。同月,浙江省商务厅、省财政厅通知印发《浙江省国际性展会管理办法(试行)》;绵阳市政府出台《关于加快会展业发展的意见》。6月,厦门市政府办公厅通知印发《关于促进会议展览业加快发展的若干意见》。8月,厦门市商务局、财政局、会展协调办公室下发《厦门市会展业发展专项资金使用管理办法》。同月,河南省商务厅印发《河南省促进会展业发展暂行办法》;湖南省商务厅颁发《湖南省展会审批管理办法(试行)》;陕西省杨凌示范区会展业发展领导小组办公室《杨凌示范区会展业发展专项资金管理办法(试行)》出台。9月,银川市会展办、财政局印发《银川市鼓励会展业发展暂行办法》。11月,《临沂市会展业发

-展专项资金使用管理办法》出台。

4. 中外合资举办中国国际焙烤展览会

1月16日,中外合资北京贝克瑞会展服务有限责任公司工商注册成立。中方为中国焙烤食品糖制品工业协会,外方为国药励展展览公司。双方各持50%的股份。该公司经营管理中国国际焙烤展览会和中国冰淇淋及冷冻食品产业博览会。中国国际焙烤展览会由中国焙烤食品糖制品工业协会1997年创办于成都,首届展位不足百个。后移址上海,每年5月举办。秋季焙烤展是其子展,曾巡回举办,2015年定址上海举办,每年一届。冰淇淋及冷冻食品产业博览会是天津展和上海展于2016年合并而办,定址天津举办,每年一届。

5. 境内外机构认为上海会展环境良好

2月6日,新华网发表《"市场之手"推动上海迈向国际展览中心城市》报道。报道称:上海市会展业促进中心近日对84家境内外会展机构开展的调查显示,九成境内企业和七成境外企业将上海作为中国最重要的展览业务开发市场。75%的境内企业和82%的境外企业认为,上海会展业总体环境良好。

6. 商务部印发《广交会绿色发展计划》

2月18日,商务部办公厅通知印发《广交会绿色发展计划》。通知明确,广交会绿色发展现阶段的主要任务:一是加快推行绿色特装布展,提高绿色特装展位普及率;加快一般性展位展材更新,提高环保材料使用率,争取在2016年第120届广交会全面实现绿色布展、撤展。二是加快组展、现场管理和服务等环节信息化建设,提高无纸化办公水平。三是加快广交会展馆设备设施节能改造,降低水、电、气等资源和能源消耗。通知要求,中国对外贸易中心负责牵头制订绿色计划具体实施方案并组织实施。

7. 中央外事办公室规定国家级、国际性、大型论坛和博览会项目的间隔期

2月,中央外事办公室对12个国家级、国际性、大型论坛和博览会项目的间隔期做出规定:每年举办的有博鳌亚洲论坛、世界经济论坛夏季年会、中国-东盟博览会,逢单年举办的有中国-东北亚博览会、中国-阿拉伯博览会、中国-南亚博览会、中国中部投资贸易洽谈会,逢双年举办的有中国(北京)国际服务贸易博览会、中国-俄罗斯博览会、中国西部博览会、中国国际投资贸易洽谈会、中国-亚欧博览会。

8. 国务院印发《关于加快发展对外文化贸易的意见》

3月3日,国务院印发《关于加快发展对外文化贸易的意见》。提出,推动文化产品和服务出口交易平台建设,支持文化企业参加境内外重要国际性文化展会。

9. 中国会展经济研究会换届

3月28日,中国会展经济研究会会员代表大会在北京顺义开幕。经选举产生研究会第3届理事会。袁再青任会长,储祥银为常务副会长、副会长李永江兼任秘书长。

10. 商务部服务贸易司介绍全国展会清理情况

3月28日,在中国会展经济研究会第9届年会暨中国会展经济发展(顺义)论坛上,商务部服务贸易和商贸服务业司负责人介绍贯彻落实中央"八项规定"、全国清理和规范庆典研讨会论坛活动工作领导小组《关于开展节庆论坛展会摸底普查和规范工作的通知》精神,全国展会摸底普查工作的情况。2013年,全国139个党政机关、人民团体中,70个部门和地级政府共上报展会项目559个。其中,国务院相关部门主办或参与主办的占41%,地方政府主办或参与主办的占65%。其中,经贸类展会占18%,专业类展会占77%,公益类展会占5%。按地区划分,东部地区占49%,中部地区占19%,西部地区占24%,不固定举办地点的占8%。该负责人介绍,根据规定,今后每个省投资贸易洽谈会将不超过1个,具有当地产业特色的展会将不超过3个,行业主管部门主办的展会将不超过5个,外交、商务、贸易促进机构可根据情况适度放宽标准。据介绍,由商务部主办的近50个展会中,已退出6—7个,整合了2—3个,保留的不足30个。

11. 南京移门展创办

5月9日,中国(南京)移门展览会由南京市移门行业协会创办。首届展览面积6000平方米,仅30家客商参展。2015年第2届移址南京国际博览中心举办,展览面积2.4万平方米,展商增至200家。2019年第6届更名为中国系统门窗·全屋定制博览会暨中国(南京)移门博览会,展览面积12万平方米,参展客商超过800家,专业观众超过15万人次。

12. 北方(平乡)国际自行车、童车博览会创办

5月26日,中国北方(平乡)国际自行车、童车博览会在河北省平乡县河古庙镇举办。同年11月在县城举办第2届,明确由平乡县政府主办,邢台鼎亚会展服务公司承办。至2019年累计举办12届。2019年春季展面积为3万平方米,超过600家客商参展。同年初,平乡国际会展中心工程开工建设,预计2020年投入使用。平乡县从事自行车、童车生产的企业超过4800家,年产自行车、童车1.45亿辆。

13. 中国国际实木家具展览会在天津举办

5月29日,中国(天津)国际家具展览会在梅江会展中心举办。由天津市家具行业协会主办。2016年第3届更名为中国国际实木家具展览会。2019年第6届展览面积12万平方米,参展商超过600家。

14. 中俄博览会在哈尔滨创办

6月30日,首届中国—俄罗斯博览会(中俄博览会)在哈尔滨举办。2013年10月,李克强与梅德韦杰夫在中俄两国总理定期会晤中,商定举办中国-俄罗斯博览会。由中国商务部及黑龙江省政府、俄罗斯联邦工业和贸易部、经济发展部联合主办。博览会与哈尔滨出口商品洽谈会(创办于1981年)、中国哈尔滨国际经济贸易洽谈会(1990年创办)同期举行。第3届中国-俄罗斯博览会于2016年7月11日至14日在俄罗斯叶卡捷琳堡

举行。此后,博览会在中国、俄罗斯两国轮流举办。中方固定在哈尔滨举办。第6届中俄博览会暨第30届哈尔滨出口商品洽谈会于2019年6月17日在哈尔滨开幕,74个国家和地区的1764家客商参展,展览面积8.6万平方米。与会中外专业观众2.3万人次(其中,俄罗斯2724人次)。

15. 法兰克福上海汽配展选址成都开办子展

7月21日,由中国贸促会汽车行业协会、法兰克福展览(上海)公司、中国贸促会四川省委员会联合主办的首届成都国际汽车零配件及售后服务展览会在成都世纪城新国际会展中心开幕。展会共吸引了13个国家及地区近600家企业参展。这是上海国际汽车零配件、维修检测诊断设备及服务用品展览会在成都的子展项目。上海展由法兰克福展览公司创办于2004年。成都项目自2015年起改为5月举办。2018年第5届展览面积扩至4.5万平方米,设立供应链采配、汽车用品、快修易损件、商用车、新能源、四川企业展示6个展区。

16. 大连北方国际展览股份有限公司挂牌"新三板"

8月14日,大连北方国际展览股份有限公司在"新三板"挂牌上市。"新三板"指非上市股份有限公司进入北京全国中小企业股份转让系统进行股份转让试点。该系统自2013年12月31日起面向全国接收企业挂牌申请。挂牌后,大连北方国际展览股份有限公司证券简称北展股份,证券代码为831023。《审计报告》显示,该公司2013年度主营业务收入为7826万元。该公司是挂牌"新三板"的首家展览公司。其2009年2月改制设立。2011年1月购并重组上海东博展览有限公司,获得上海东博机床展的经营管理权。

17. 西藏会展中心建成投用

8月25日,随着2014拉萨雪顿节开幕,位于拉萨市东郊江苏大道的西藏会展中心投入使用。该项目2012年4月开工建设,总造价2.9亿元。其展厅面积近1万平方米。

18. 温州举办互联网商品交易会

8月31日,首届温州互联网商品交易会在温州市金州电商城开幕,网商在交易会设摊,清除库存尾货。展品涉及鞋服、箱包、母婴用品、电子设备、酒品等。在参展的100多家客商中,电商占80%,其余既有拟转型为电商的传统企业,也有电商培训、网货拍摄、网站设计等方面的服务商。金州电商城是在7万多平方米旧厂房基础上改造而成。

19. 中国西安丝绸之路国际旅游博览会创办

9月19日,中国西安丝绸之路国际旅游博览会创办。陕西省旅游局主办。2019年3月举办的第5届,由陕西、甘肃、宁夏、青海、新疆及新疆生产建设兵团文化和旅游部门联合举办,"一带一路"沿线43个国家和地区以及国内31个省(区、市)的500余家文化旅游单位和国内外500余名特邀买家参会。

20. 中国西藏旅游文化国际博览会在拉萨创办

9月25日,首届中国西藏旅游文化国际博览会在拉萨开幕。博览会由文化部、国家旅游局、西藏自治区政府共同主办。2018年举办的第四届,参展客商230家,包括来自尼泊尔、印度、马来西亚、泰国、巴基斯坦等国家和地区的96家企业,展览面积2400平方米。

21. 广东21世纪海上丝绸之路国际博览会创办

10月31日,首届广东21世纪海上丝绸之路国际博览会(海博会)在东莞广东现代国际展览中心开幕。海博会集中展示广东家电、家居、礼品、服鞋、食品产品,34个国家共6000多家企业的1.5万多名买手到场采购洽谈。博览会由贸促会广东省分会主办,广东省商务厅、广州市人民政府、东莞市人民政府承办。海博会吸引了25个海上丝绸之路沿线国家、14个非沿线国家以及中国香港、澳门、台湾地区的企业参展;近30位沿线国家或地区政要,18位沿线国家驻广州总领事馆总领事,48家境外商协会的45位会长,10位国内外著名专家学者参会。2019年8月举办的第6届移址广州琶洲展馆。海博会设"一带一路"沿线国家、粤港澳大湾区城市、国内省市3个综合展区,以及先进制造业、现代服务业、海洋经济等专业展区,展览面积近16万平方米,参展企业超过3500家。

22.《人民日报》登载文章《做大做强会展业》

11月17日,《人民日报》登载中国会展经济研究会常务副会长储祥银题为《做大做强会展业》的文章。

23.《人民日报》发表评论文章《打掉车展低俗之风"利益链"》

11月20日,《人民日报》发表署名"诤言"的评论文章《打掉车展低俗之风"利益链"》,该文章指出,车展本是汽车行业新产品、新技术、新设计、新理念的展示会,但近几年国内一些车展却渐渐变了味儿:车模远比新车多,模特越穿越少、越穿越透、越穿越大胆……车展也被老百姓戏称"胸展""硅胶展""人肉展",社会影响很坏,引发了公众反感。文章认为,加强监管、加大舆论监督、呼吁主办方和参展车企践行社会责任等,都是可行之策。文章强调,彻底治愈这个顽疾,还得打掉其"利益链"。

24. 广东会展组展协会举办"国际组展人之声"活动

12月26日,"国际组展人之声"——广珠会展产业升级推介及发展论坛在珠海会展中心开幕。活动由广东会展组展企业协会主办。该协会于同年7月成立,是国内首家以展会组办机构为主体会员的民间社团。2016—2018年,"国际组展人之声"分别在珠海、广州、中山、海口、重庆举办。第6届于2019年12月在杭州举办。

2015年

1. 上海国际车展取消汽车模特展示

1月9日,上海国际车展主办方宣布,2015年上海国际车展将取消汽车模特的展示。2014年北京国际汽车展因模特着装暴露的问题,被首都精神文明建设办公室通报批评。

2. 深圳触摸屏展合资经营

1月13日,励展博览集团与上海扩展展览服务有限公司合作,合资成立上海励扩展览有限公司,共同举办深圳国际全触与显示屏展览会。该展由励扩展览公司2008年创办于深圳。2019年,该展展览面积达6万平方米。

3. 中办国办《关于加快构建现代公共文化服务体系的意见》要求发展会展产业

1月14日,中央办公厅、国务院办公厅印发《关于加快构建现代公共文化服务体系的意见》。该文件提出,积极发展与公共文化服务相关联的教育培训、演艺会展等产业,引导和支持各类文化企业开发公共文化产品和服务,满足人民群众多层次的文化消费需求。

4. 国际汽车改装服务业展由广州移址深圳

1月16日,国际汽车改装服务业展览会(AAITF)移址深圳开幕,面积近10万平方米。该展会由中英合资九州国际会展传媒集团举办。其创办于2003年,前12届在广州举办。

5. 多地出台会展业法规、规划及意见

1月20日,《潍坊市人民政府办公室关于进一步促进全市会展业发展的意见》出台。3月17日,陕西省商务厅编制完成《2015年度陕西省重点会展活动计划》(以下简称《计划》)。83个会展项目列入《计划》。9月25日,云南省大会常委会批准《昆明市会展业促进条例》(以下简称《条例》)施行。《条例》分为五章三十四条。10月8日,海南省政府办公厅印发《海南省会展业发展规划(2015—2020年)》。此为海南历史上首个会展业专项规划。10月27日,《长春市市级会展专项资金管理暂行办法》出台。10月31日,厦门市政府印发《厦门市展会知识产权保护办法》(以下简称《办法》)。《办法》共四章二十九条。11月2日,《沈阳市会展业发展专项资金使用管理办法(试行)》出台。11月4日,河北省政府出台《关于促进展览业改革发展的实施意见》。12月14日,长沙市政府办公厅印发《长沙市会展业促进办法》(以下简称《促进办法》)。《促进办法》分为六章。12月30日,山东省政府印发《关于贯彻国发〔2015〕15号文件加快会展业改革发展的意见》。

6. 农业部公布年度展会计划

1月26日,农业部办公厅印发通知,公布《2015年农业部展会计划》。其中,农业部主办的展会1个,农业部支持的展会20个,农业部按惯例支持的展会4个,农业部事业单位主办的展会13个,农业部直属单位组团参加的境外展会26个。这是中央八项规定后农业部首次公布农业部系统的展会计划。

7. 京津冀会展业协同发展座谈会在廊坊举行

2月4日,河北省廊坊市贸促会举办京津冀会展业协同发展座谈会。中国贸促会、中

国会展经济研究会、中国展览馆协会、京津冀三地展览会、会展骨干企业的代表应邀出席。会议就加快会展资源融合,实现优势互补,联合打造京津冀会展平台事宜进行交流。这是中央提出京津冀一体化发展战略以来,三地展会业界首次聚会研讨。

8. 国务院《关于加快发展服务贸易的若干意见》要求展会支撑服务贸易发展

2月14日,国务院办公厅印发《关于加快发展服务贸易的若干意见》。该文件提出,支持企业赴境外参加服务贸易重点展会;积极培育服务贸易交流合作平台,形成以中国(北京)国际服务贸易交易会为龙头、以各类专业性展会论坛为支撑的服务贸易会展格局;鼓励其他投资贸易类展会增设服务贸易展区。

9. 《国内贸易行业标准会展业节能降耗工作规范》实施

3月1日,由商务部流通中心与灵通展览系统股份有限公司等企业共同起草的《国内贸易行业标准会展业节能降耗工作规范》(以下简称《规范》)正式实施。该《规范》于2014年8月经由国家标准委批准,商务部颁布。

10. 广东省"岭南杯"会展设计技能大赛颁奖

3月2日,中国首届"艺术与科技"高峰论坛暨2014广东省"岭南杯"会展设计技能大赛颁奖典礼在广州琶洲国际展览中心开幕。技能大赛由广东省工业工会、广东省装饰行业协会联合主办,广州美术学院、广东省展示设计专业委员会协办,广交会广告公司承办。技能大赛分为职业组和学生组。职业组一等奖第一名的获得者姚美康获颁"广东省五一劳动奖章",职业组一等奖第一名至第五名的获得者被授予"广东省创新技术能手"称号。

11. "会展"成为多个省市"两会"政府工作报告中的热词

3月4日,中国经济网发表《盘点各省市2015政府工作报告中的"会展"热词》报道,列举广东、海南、河北、山西、辽宁、吉林、浙江、安徽、福建、江西、山东、云南、北京、上海、广州、珠海、东莞、成都、重庆、海口、长春、天津、南京、苏州、郑州、合肥、常州、石家庄、厦门、西安、杭州、哈尔滨等省、市政府2015年工作报告中有关会展业发展的部署,认为"会展"已成为多个省市"两会"政府工作报告中的热词。

12. 三部委发布《推动共建丝绸之路经济带和21世纪海上丝绸之路的愿景与行动》并提出发挥会展平台作用

3月28日,国家发改委、外交部、商务部联合发布《推动共建丝绸之路经济带和21世纪海上丝绸之路的愿景与行动》,提出继续发挥沿线各国区域、次区域相关国际论坛、展会以及博鳌亚洲论坛、中国-东盟博览会、中国-亚欧博览会等平台的建设性作用。支持沿线国家地方、民间挖掘"一带一路"历史文化遗产,联合举办专项投资、贸易、文化交流活动,办好丝绸之路(敦煌)国际文化博览会、丝绸之路国际电影节和图书展。倡议建立"一带一路"国际高峰论坛。

13. 国务院提出促进展览业改革发展意见

4月19日,国务院印发《关于进一步促进展览业改革发展的若干意见》(简称《意见》)。《意见》分为总体要求、改革管理体制、推动创新发展、优化市场环境和强化政策引导5个方面,共提出22条意见。这是1949年以来国务院首次发文就展览业的改革发展提出指导性意见。

14. 深圳易尚展示股份有限公司中小板上市

4月24日,深圳易尚展示股份有限公司在深圳证券交易所中小板上市(公司简称易尚展示,证券代码:002751)。其以10.48元/股的发行价发行1756万新股,募集资金1.55亿元。2015年,公司营收总额5.37亿元,归属于上市公司股东的净利润额0.39亿元,同比分别增长23.71%和11.95%。该公司创立于2004年,主营展览展示策划、设计、施工和3D扫描打印。先后获评"国家高新技术企业""深圳市文化科技型示范企业""深圳市优秀新兴业态文化创意企业"、首届"深圳质量百强企业"称号。2013年,经人力资源和社会保障部全国博士后管理委员会批准,建立"博士后科研工作站"。2014年,经广东省政府产学研结合领导小组办公室授牌,建立中国科学院、科技部、工信部"院士工作站"。

15. 中国国际芳香产业展创办

4月24日,中国国际芳香产业展览会(芳香展)在洛阳会展中心开幕。展览面积1.2万平方米,15个国家及地区和中国的140余家企业参展。展会由谊和永邦(北京)会展公司主办。2016—2018年,展会移址江苏昆山国际会展中心。2019年第五届再度迁址上海光大会展中心举办。展览面积1万平方米,参展商169家,其中国际展商18家,观众2.9万人次。

16. 国务院取消国际科技展览会审批

5月10日,《国务院关于取消非行政许可审批事项的决定》,科技部对于国际科技展览会及其他重大国际科技活动的审批,列入国务院决定取消的非行政许可审批事项目录。

17. 励德漫展移植上海举办

5月16日,英国励展公司在上海跨国采购会展中心举办的上海漫控潮流博览会开幕。此为励德漫展项目首次登陆中国。励德漫展2006年创办于美国纽约,在国际动漫展览中颇具影响力。该展会2017年移植上海世博展览馆。

18. 厦门举办海峡两岸展览业"搭桥"会议

5月19日,海峡两岸展览业"搭桥"第二次会议在厦门市开幕。会议由海峡两岸经贸交流协会、海峡经济科技合作中心、台湾展览暨会议商业同业公会和台湾贸易中心共同主办,厦门市会议展览事务局承办。两岸展览业界专家、学者及展览机构负责人近30人齐聚一堂,围绕台湾及大陆展览业现状、困境、前景、两岸互相组团参展、两岸人才培训合作等议题展开交流研讨。通过此次会议,两岸展览业合作机制基本形成。

19. 中国(湖南)国际矿物宝石博览会定址郴州举办

5月21日,第3届中国(湖南)国际矿物宝石博览会在郴州国际会展中心开幕。博览会由湖南省政府、国土资源部主办,郴州市政府、湖南省国土资源厅承办。其创办于2013年,前两届在长沙市举办。郴州素有"中国有色金属之乡"之称,探明矿产资源7类70多种,钨、铋、钼、石墨的储量居全国之首。湖南省政府决定,该博览会自第3届起定址郴州举办。

20. 贵阳创办国际大数据产业博览会

5月26日,首届中国贵阳国际大数据产业博览会(贵阳数博会)在贵阳国际会议展览中心举行。主办单位包括贵阳市政府、遵义市政府、贵安新区管委会、贵州省经济和信息化委、北京市贸促会和中国互联网协会。国务院总理李克强发来贺信。2017年更名为中国国际大数据产业博览会,主办单位调整为国家发改委、工信部、国家互联网信息办公室和贵州省政府。2018年和2019年,中共中央总书记、国家主席习近平两次致信祝贺。2019年数博会展览面积8.8万平方米,观众约25万人次。

21. 中国-东盟博览会旅游展在桂林创办

5月29日,首届中国-东盟博览会旅游展在广西桂林市开幕。来自泰国、越南、美国、澳大利亚、意大利等50个国家和地区的嘉宾、近800家企业和300多名海外买家参展参会。其中,东盟十国全部参展,文莱为主宾国。该展是中国-东盟博览会在广西首府南宁之外举办的第一个专题展,由中国国家旅游局和广西壮族自治区人民政府共同主办,永久落户桂林。

22.《大型活动可持续性管理体系要求及使用指南》国家标准发布

6月2日,国家质量监督检验检疫总局、国家标准化管理委员会发布《大型活动可持续性管理体系要求及使用指南》国家标准(GB/T 31598—2015)。其对"大型活动"定义为"经策划的、为在一定时间和场所创造某种体验或传递某种讯息的大型聚集行动"。并注明"本标准中的大型活动是指如大型演出、赛事或会展等各类大型活动"。

23. 中国建博会于穗沪两地举办

6月2日,中国国际建筑贸易博览会(中国建博会)在国家会展中心(上海)开幕。博览会由中国对外贸易中心主办,中国对外贸易广州展览总公司承办。中国建博会1999年创办于广州,名称为中国国际建筑装饰建博会。每年一届于7月举办。2015年移植上海,形成穗沪两地一年两展格局。2019年起,中国建博会(上海)由上海中贸美凯龙经贸发展公司操作。该公司2018年12月成立,中国对外贸易广州展览总公司占股60%,上海红星美凯龙展览服务公司占股40%。2019年中国建博会(广州)除满馆使用广交会展馆与保利世贸博览馆外,首次启用南丰国际会展中心。展览面积超过42万平方米,

2000 多家参展企业参展。2019 年中国建博会(上海)展出面积超过了 17 万平方米,共有 600 余家企业参展,84075 人次专业观众入场参观、洽谈,入场观众总数 91747 人次。

24. 中国会展经济研究会研讨贯彻国务院文件精神

6 月 4 日,中国会展经济研究会在北京召开座谈会,贯彻落实国务院《关于进一步促进展览业改革发展的若干意见》(以下简称《若干意见》)。来自会展企业、政府会展业主管机构、会展协会、学会、高校会展专业教师共 70 余人与会,商务部服贸司派员出席并讲话。会议围绕《若干意见》对中国展览业发展的意义、贯彻的重点和实施的建议展开研讨。

25. 昆明滇池国际会展中心投入使用

6 月 16 日,昆明滇池国际会展中心开馆接待第 3 届中国-南亚博览会暨第 23 届中国昆明进出口商品交易会,标志新馆投入使用。该项目于 2012 年 12 月兴建,以展览、会议、旅游、商贸、文化功能为一体的城市大型综合性公共设施为定位,分为国际博览区、国际会议区、会展风情旅游区、会展配套生态社区四大功能区,总投资约 344.62 亿元。其中,国际博览区投资约 59.31 亿元,室内可供展览面积 30 万平方米,分为 23 个展厅,室外展览面积 10 万平方米;另有会议、宴会及相关服务设施 10 万平方米。昆明滇池国际会展中心的投资方为云南新世纪滇池国际文化旅游会展投资有限公司。该公司是云南省城市建设投资集团公司子公司,2012 年 10 月组建。

26. 海南省设立会展局

8 月 13 日,海南省机构编制委员会办公室下发通知,同意在省商务厅增设会展处(海南省会展局),对外以"海南省会展局"名义开展工作。海南省会展局主要职能为拟订会展业发展战略、规划、政策、标准,并组织实施;负责会展行业的统筹协调、促进与管理工作;承担会展业统计、评估、培训和对外宣传推介工作;统筹、指导品牌会展活动、会展企业的引进和培育;负责会展发展专项资金的使用管理;指导会展设施、展馆的规划建设;承担省会展业发展联席会议日常工作。

27. 北京禁止在六个城区新建会展设施

8 月 24 日,北京市发改委、市教委、市经济信息化委等部门联合发布《北京市新增产业的禁止和限制目录(2015 年版)》(以下简称《目录》)。该《目录》规定东城、西城、朝阳、海淀、丰台和石景山 6 个城区以内禁止新建会议及展览类设施。

28. 国务院同意建立促进展览业改革发展部际联席会议制度

9 月 30 日,国务院《关于同意建立促进展览业改革发展部际联席会议制度的批复》下发,同意建立由商务部牵头的促进展览业改革发展部际联席会议制度。《展览业改革发展部际联席会议制度》作为该批复的附件,在主要职责、成员单位、工作规则和工作要求四个方面做出规定。联席会议由商务部、发展改革委、教育部、科技部、公安部、财政部、海关总署、税务总局、工商总局、质检总局、新闻出版广电总局(版权局)、统计局、知识产权局、贸促会14个部门和单位组成,商务部为联席会议牵头单位。文件提出,商务部主要负责同志担任联席会议召集人,分管负责同志担任副召集人,其他成员单位有关负责同志为联席会议成员。联席会议办公室设在商务部,承担联席会议日常工作。联席会议设联络员,由各成员单位有关司局负责同志担任。这是新中国成立以来国务院首次建立有关展览业的部际联席会议制度。

29. 浙江云栖国际会展中心投入使用

10月14日,随着2015杭州云栖大会召开,位于杭州市西湖区云栖镇的云栖国际会展中心投入使用。云栖镇是浙江省首批创建的十个特色示范产业小镇之一。会展中心包括容纳6000人规模的会议中心和1.2万平方米的展览场地。此项目投资2亿元,建设工期仅为85天。其二期工程于2017年10月完工,主要是会展中心功能完善及配套设施建设。

30. 贵州省粮油精品展示交易会在遵义举行

10月16日,贵州省粮油精品展示交易会在遵义市凤凰山会展中心开幕。该交易会于2016—2018年分别在黔东南州凯里市、黔南州都匀市、黔西南州兴义市举行。

31. 上海国家会展中心投入使用

10月20日,位于上海虹桥的国家会展中心落成后,迎来第一个展会——中国国际汽车商品交易会。此展面积为10万平方米,当日展商与观众流量达6.6万人次。国家会展中心以"中国博览会会展综合体"的项目名称,于2012年7月开工建设,总投资为150亿—200亿元(建筑总面积147万平方米,拥有40万平方米的室内展厅和10万平方米的室外展场,配套15万平方米商业中心、18万平方米办公设施和6万平方米五星级酒店)。成立于2011年7月的国家会展中心(上海)有限责任公司是该项目业主,由中国对外贸易中心(集团)和上海东浩兰生国际服务贸易(集团)合资组建,注册资本75亿元。其中,中国对外贸易中心(集团)持股60%,上海东浩兰生国际服务贸易(集团)持股40%。

32. 中国-蒙古国博览会创办

10月22日,商务部、内蒙古自治区人民政府和蒙古国食品农牧业和轻工业部联合主办的首届中国-蒙古国博览会在呼和浩特开幕。投资贸易洽谈、会议论坛、展览展示和文化交流四个单元共32项活动同期展开。国家主席习近平和蒙古国总统额勒贝格道尔吉分别致贺信。博览会每两年举办一届。第3届于2018年9月在乌兰察布市举办,展览面积11.4万平方米。

33. 安顺创办国际石材博览会

10月29日,首届贵州(安顺)国际石材博览会在安顺市多彩万象旅游城开幕。展览面积3万平方米。同时举办全国石雕石刻设计大赛。主办方包括贵州省经信委、国土资源厅、商务厅、住房和城乡建设厅、投资促进局和博览事务局、安顺市政府、中国石材协会和中国建材工业规划研究院,每年举办一届。2019年8月在镇宁县中国(安顺)石材城举办的第 5 届,国内外 300 多家企业参展。

34. 意大利米兰世博会中国馆接待观众超过 300 万人次

10 月 31 日,意大利米兰世博会自 5 月 1 日开幕以来,半年期间中国馆累计接待观众超过 300 万人次。这是中国首次以自建馆形式参加世博会。中国馆包括中国国家馆、中国企业联合馆和万科馆,中国国家馆的造型犹如层层起伏的麦浪耸立于一片黄色花海之中。

35. 广州大学会展专业创办校园展

11 月 3 日,广州大学会展专业 2012 级 1 班师生们在校园内创办广州青年创新创业展(青创展)。此后成为会展专业实训活动,每年举办,要求毕业班所有学生参与其中。广州市青年就业创业服务中心、荔湾区团委、天河区团委等机构先后参与合作主办。青创展于 2017 年获"广州高校创新创业教育特色活动项目"称号。

36. 成都举办全球创新创业交易会

11 月 9 日,第 10 届欧洽会暨 2015 成都全球创新创业交易会在成都新会展中心开幕。150 家欧盟企业和来自美国、法国、德国等 30 个国家的政府部门、机构代表,以及国内外知名高校代表汇聚蓉城,提出全球创新创业的"成都共识"。交易会由成都市人民政府主办,并获国家多个部委支持。

37. 浙江经贸职业技术学院组队参加亚洲会展业青年挑战赛

11 月 12 日,由亚洲展览会议协会联盟主办的 2015 年首届亚洲会展业青年挑战赛,在马来西亚吉隆坡开幕。中国、新加坡、泰国、马来西亚等国家的 17 所高校代表队参赛。浙江经贸职业技术学院代表队获得季军。2018 年 6 月,"2018 中韩会展业青年挑战赛"在韩国首尔举办。主办方为中国贸促会商业行业分会与韩国翰林大学。来自中国、韩国的 17 所高校组队参赛。浙江经贸职业技术学院代表队获得冠军。

38. 习近平致信祝贺世界机器人大会开幕

11 月 23 日,2015 世界机器人大会在京开幕。中共中央总书记、国家主席习近平致信祝贺。国务院总理李克强作出批示。大会由中国科学技术协会、工业和信息化部、北京市政府主办。12 个机器人国际组织、58 家国内科研机构人员参与大会。来自 10 多个国家及中国港澳台地区的 100 多名专家学者应邀出席论坛并发表报告。国内外 100 多家企业参加机器人博览会。16 个国家和地区的 145 支青少年代表队参加为期两天的世界青少年机器人邀请赛。

39. 天津振威展览股份有限公司挂牌"新三板"

11 月 24 日,天津振威展览股份有限公司(834316)在"新三板"挂牌。振威公司创立于 2000 年,2007 年完成股份制改造。2001 年,公司在北京创办中国国际石油石化技术装备展览会。后在天津、北京、上海、广州、成都、西安、乌鲁木齐、海口等地创办工业装备、能源、农业、建筑、海洋科技、生物科技、人工智能等多个领域的展览项目。2015年后，应邀承办多个政府展览、会议项目。先后在广州、北京、新疆、成都、西安设立子公司，并参股新疆亚欧国际博览公司。2018年，"新三板"公布公司营业收入2.48亿元，净利润0.5亿元。2019年主办、承办展览项目的总面积达218万平方米。其中，自有展览项目总面积118万平方米。

40. 阿里巴巴与亚洲博闻公司合作

12月10日，阿里巴巴集团旗下的批发贸易平台阿里巴巴B2B事业群（包括Alibaba.com以及1688.com）与亚洲博闻公司在杭州签署战略合作协议。亚洲博闻公司将在贸易展会上引进阿里巴巴B2B的线上交易和商贸平台，双方将在市场营销、商贸配对和客户开发方面合作，致力打造全渠道的商贸交易流程。

41. 习近平参观互联网之光博览会

12月16日，中共中央总书记、国家主席习近平在乌镇考察第2届世界互联网大会并参观互联网之光博览会。博览会由国家互联网信息办公室、工业和信息化部、科技部和浙江省政府联合举办，分为互联网＋传媒文化、商务、金融、城市与服务、技术与设施、网络安全等专题，共有98家中外企业参展。

42. 北京黑油数字展览股份有限公司挂牌"新三板"

12月21日，北京黑油数字展览股份有限公司（835058）在"新三板"挂牌。该公司成立于2008年2月，从事展览展示工程。2014年营业收入1288万元，净利润121万元。

43. 国家会议中心获第7届北京"十大影响力企业"称号

12月22日，"同在蓝天下——2015年第7届北京影响力颁奖晚会"各大奖项揭晓，国家会议中心获颁"十大影响力企业"称号。此为大型公益活动，由北京电视台、北京日报、北京晚报、北京人民广播电台、北京青年报等十余家首都主流媒体共同主办，支持单位包括北京市委宣传部、市国资委、市发改委等多个部门。

44. 北京北辰会展集团成立

12月23日，北辰会展集团宣布成立。该集团是北京北辰实业股份有限公司全资子公司。北辰实业股份有限公司成立于1990年8月，前身为第11届亚运会运动员村服务中心。其以房地产开发、会展及配套物业经营为主营业务，是北京市属大型国有独资公司。旗下的北京国际会议中心于1990年开业，是国内第一个专业的国际会议中心。2009年开业的国家会议中心，曾作为奥运场馆。新成立的会展集团将立足于场馆管理输出、会展项目主办和承办、会展业信息化及研究咨询、会展教育培训四大业务，力图发展成为中国集团化、专业化的大型会展企业。

2016 年

1. 灵通展览系统股份有限公司建设产业园

1月8日,由灵通展览系统股份有限公司投资3亿元,占地180亩,总建筑面积12万平方米的国家广告产业园灵通基地正式开园。公司迁入办公。灵通公司源自1986年兴办的常州展示装饰材料厂,是国内最早从事展览器材开发、研制和生产的民营企业。1990年,该厂与江苏省贸促会、江苏省国际展览公司合资,成立常州国际展览用品厂。1994年,该厂与德国奥克坦姆公司、上海现代国际展览公司合资组建常州奥克坦姆有限公司。1998年,德方股份转让于香港道奇国际企业,公司更名为常州灵通展览用品有限公司。1998年后,公司陆续投资设立广告标识材料、展览篷房、轻便展示系统、面料科技等控股子公司,组合建立灵通投资集团有限公司,形成集团公司架构。2005年,公司以1988年在中国申请的展具用三卡连接件专利,在美国内华达州法院阻击德国公司类似产品的专利诉讼案。又在北京高级人民法院、南京中级人民法院分别胜诉德国公司提起诉讼的商标侵权和专利侵权案。2010年,成为上海世博会设备租赁类推荐服务供应商及援助项目指定服务供应商。2011年,在德国设立全资子公司。同年,灵通商标被国家工商总局评定为"中国驰名商标"。2012年,公司更名为灵通展览系统股份有限公司,完成企业的股份制改革。截至2019年9月,灵通公司累计申请专利311项,并制定经国家技术监督局批准备案的产品技术标准,公司产品出口全球103个国家和地区。

2. 三家会展公司登陆"新三板"

1月19日,北京蓝色方略整合营销顾问股份有限公司登陆"新三板"。公司主要在中国境内提供除房地产行业以外的活动营销服务,包括企业策划、组织文化艺术交流活动、会议及展览服务,以及销售工艺美术品、日用品、文具用品、五金交电、电子产品、机械设备。其2015年营业收入达6610万元,净利润679万元。7月27日,广州西码展览股份有限公司挂牌"新三板",证券简称为西码股份;证券代码为838185。该公司成立于2005年。主营业务为展览、会议活动及广告公关服务和展览展示工程。其2015年、2016年营业收入分别为8189万元、15075万元,净利润分别为1135万元、2094万元。8月30日,中智商展(北京)国际会议展览股份公司(838738)挂牌"新三板",股票简称:中智商展。该公司2005年4月成立,主营业务为境内外会议、展览、培训及商务考察、会议现场服务和活动或赛事策划及推广。其2015年度营业收入为1.84亿元,净利润为541.83万元。

3. 农业部修订《农业部展会工作管理办法》

1月22日,农业部通知印发新修订的《农业部展会工作管理办法》。新版《农业部展会工作管理办法》共十八条,强调贯彻中央八项规定精神,依据党中央、国务院有关党政机关办展办会规定制定。农业部展会是指农业部主办、各省(自治区、直辖市)政府与农业部共同主办、国务院有关部门与农业部共同主办、农业部直属事业单位(以下简称事业单位)举办、农业部业务主管的社会团体(以下简称社团)举办的各类农业展览、展销和展示活动,包括展览会、博览会、交易会、洽谈会、展示会、展销会、订货会等。农业部自2010

年颁布《农业部展会工作管理办法》，2014年进行修订。此为第二次修订。

4. 上海万耀企龙展览公司参与收购新加坡国际水族展、成立中外合资公司

1月25日，上海万耀企龙展览有限公司与UBM新加坡展览公司宣布，对于新加坡国际水族展览会的收购案业已完成。新加坡国际水族展览会于1989年创办，两年举办一届，是全球知名观赏鱼及器材的专业展会。万耀企龙公司将全面接手展会经营。第十五届国际观赏鱼及水族器材展览会移址广州，于9月22日在琶洲展馆开幕。这是中国主办方首次参与海外展览项目的收购，并移址国内举办的案例。1月26日，万耀企龙展览公司宣布与英国极速新闻有限公司合资成立上海万耀科迅展览公司，双方将发挥各自优势，联手主办亚洲3D打印、增材制造展览会。该展会于2015年由双方合作创办。

5. ITE收购中国国际紧固件工业博览会

1月26日，ITE（亚洲）展览公司宣布收购中国国际紧固件工业博览会所属上海紧固件展和广州紧固件专业展70%的股份。中国国际紧固件工业博览会由上海上搜展览公司即华人螺丝网创办，其上海展与广州展分别创办于2010年和2013年。ITE公司于1991年成立于英国伦敦，1998年在伦敦交易所上市。被ITE公司收购后，上海上搜展览公司改制为中外合资公司。

6. 四川、江西、无锡成立会展业协会

1月28日，四川省会议展览协会成立仪式在成都举行。协会由四川国际会展公司、成都新东方展览公司、成都世纪城新国际会展中心公司发起设立，首批84家会员来自会展主办、场馆运营、会展服务、酒店和会展教育等方面。同年，江西省会议展览业协会、无锡市会议展览业协会成立。

7. 山东省政府召开会展业发展联席会议

1月，山东省政府会展业发展联席会议召开第一次会议。6月，山东省商务厅发文，布置全省会展业发展情况的调查工作。10月，山东省商务厅与中国会展经济研究会签署战略合作协议，共同建立专家库，在会展业规划编制、政策制定、标准建立等方面展开合作。同时，在济南举办全省会展服务能力提升培训班。

8. 商务部总结2015年展览业发展成绩

2月2日，商务部网站发表《2015年商务工作年终综述之十九：有效规范政府办展促进展览业优化升级》文章，总结2015年展览业发展成绩。文章披露，政府新办展会数量得到有效控制。自对党政机关主办展会开展清理规范以来，全国省级以上党政机关举办展会将在五年之内由559个展会减至每年200个，降幅达到64.2%。文章认为，展览业发展势头持续向好。据中国会展经济研究会调查统计，我国全年举办5000平方米以上展览8009场，展览面积总计10276万平方米，首次突破1亿平方米大关，同比增长均超过9%。据测算，全国展览业直接经济产值可达4183.5亿元，带动全国就业2905万人

次。办展主体日益多元。企业办展约占45%,行业协会办展约占29%,党政机关和人民团体办展约占26%(党政机关和人民团体办展比全国清理规范前下降15%)。从展会属性看,综合类展会2284场,占比42%;专业性展会3080场,占比约57%;其余为公益性展览。从展会分类看,投资类190个,占3.5%;科技类754个,占14%;文化类737个,占14%;农林渔类120个,占2%;工业类1878个,占35%;服务类1529个,占28%;其他类182个,占3%。国际认证项目增多。截至2014年年底,国际展览业协会(UFI)中国会员共86个,较2013年增加2个。其中,北京27个,上海22个,深圳11个,广州8个(此4个城市合计占全国会员总数的79%)。UFI认证的中国展览项目75个,比2013年增加9个。其中,上海24个,北京17个,深圳11个,广州8个(此4个城市合计占全国认证总数的80%)。

9. 国务院取消省级商务主管部门对于地方境内举办对外经济技术展览会的审批

2月3日,《国务院关于第二批取消152项中央指定地方实施行政审批事项的决定》,取消省级商务主管部门负责的地方境内举办对外经济技术展览会办展项目的审批事项。

10. 浙江省召开全省展览业工作会议

3月10日,浙江省展览业工作会议在杭州召开。会议由省商务厅组织,全省各市商务局、省展览业协会、学会、研究会负责人和展览企业代表出席。此为浙江省首次召开全省展览业工作会议。2015年12月28日,浙江省政府办公厅印发《关于进一步促进展览业发展的实施意见》。

11. 商务部通知做好取消部分展览项目行政审批事项后续衔接工作和展览业管理信息系统试运行工作

3月16日,商务部办公厅在商务部官方网站上发布《关于切实做好取消部分展览项目行政审批事项后续衔接工作和试运行展览业管理信息系统的通知》,要求各地商务主管部门贯彻落实《国务院关于进一步促进展览业改革发展的若干意见》,做好取消省级商务主管部门负责的境内举办对外经济技术展览会办展项目审批后续衔接工作。同时,要求加强展览业管理信息统计工作。

12. 四川省设立会展业主管机构

4月8日,四川省博览局、商务厅在《2015年度四川省会展业发展报告》中记载:2015年年底,成都、泸州、绵阳、遂宁、内江、宜宾、眉山、资阳共8个市成立博览局。其中,成都、宜宾、绵阳博览局与贸促会合署办公,遂宁、眉山博览局与商务局合署办公,资阳博览局与投资促进局合署办公,内江博览局隶属于商务局,泸州博览局隶属于投资促进局。成都市所辖都江堰市、青白江区、温江区、蒲江县、汶川县和阿坝州的九寨沟县,分别成立博览局或会展办。

13. "演艺北京"博览会举办

4月12日,2016"演艺北京"博览会在北京中华世纪坛开幕。该项目由北京宏道大略管理咨询公司旗下机构道略演艺产业研究中心主办,获得北京市文化局、中共海淀区委宣传部支持。近 100 家行业机构参展,展览分为话剧、音乐剧、儿童剧、剧场、互联网和综合展区。开幕当天,台湾地区 10 家演艺团体与北京剧院运营机构或服务平台对接,800 余位行业人士与会。主办方在活动现场发送《2016 中国演出产业指南》。

14. 财政部通知免征中西部地区国际性展会留购展品的进口关税

4 月 18 日,财政部下达《关于"十三五"期间中西部地区国际性展会留购展品免征进口关税的通知》,明确中国-东盟博览会、中国-东北亚投资贸易博览会、中国-俄罗斯博览会、中国-阿拉伯国家博览会、中国-南亚博览会暨中国昆明进出口商品交易会、中国(青海)藏毯国际展览会、中国(湖南)国际矿物宝石博览会等 7 个展会在展期内销售的合理数量的进口展品(国家禁止进口商品、濒危动植物及其产品和国家规定不予减免税的 20 种商品及汽车除外)免征进口关税,进口环节增值税和消费税照章征收。

15. 柏林消费电子展登陆深圳

4 月 20 日,柏林国际消费电子产品展览会(简称柏林展)中国分展在深圳会展中心开幕,展出面积 1.5 万平方米。柏林展至 2016 年已有 92 年历史,是世界三大消费电子展之一。该项目由深圳经贸中心引进。自 2005 年以来,其连续 12 年组团参加柏林展。中国分展将由德国柏林国际展览公司与深圳经贸中心合作举办。首届展览分为消费电子、智能家居、家用电器和电子配件展区。国外展商参展面积超过 50%。

16. 岭南园林股份有限公司收购上海德马吉展览公司

4 月 28 日,岭南园林股份有限公司(公司简称:岭南股份,股票代码:002717)发布公告,拟以 3.75 亿元收购上海德马吉国际展览有限公司 100% 股权。7 月,该项收购通过中国证监会审批。德马吉公司创立于 2004 年,2015 年获评上海市高新技术企业。其主营展览展示工程以及品牌宣传活动的组织,可在全球 40 个国家的 120 个城市提供相关服务。德马吉公司承诺,2016—2018 年度实现净利润分别不低于 2500 万元、3250 万元、4225 万元。

17. 多地政府出台促进会展业发展政策

5 月 5 日,上海市政府通知印发《关于促进本市展览业改革发展的实施意见》。同年,《四川省人民政府关于进一步促进展览业改革发展的实施意见》印发;湖南省政府办公厅印发《关于促进展览业改革发展的实施意见》;山西省政府发布《关于促进会展经济发展的若干意见》;《宁夏回族自治区会展业发展专项资金管理办法(暂行)》发布;山东省商务厅出台《山东省会展业转型升级实施方案》;南京市政府办公厅印发《南京市会展发展专项资金管理办法》;郑州市政府下发《关于加快国家区域性会展中心城市建设意见》;《海口市扶持会展业发展若干规定》发布;《昆明市会展业发展专项资金管理试行办法》出台;《贵阳市会展业"十三五"发展规划(2016—2020)》印发;厦门市政府印发《关于大力推动会展业改革创新发展的实施意见》;《广州市海珠区扶持会展业发展实施方案》公布;北京市怀柔区政府印发《促进区域经济转型发展专项资金支持政策》;《广州市海珠区扶持会展业发展实施方案》出台;《洛阳市会展业发展专项资金管理暂行办法》印发;《南平市促进旅游产业发展扶持政策》出台;佛山市《顺德区会展业发展专项资金管理办法》出台;《汉阳区促进会展业发展扶持政策的实施意见(试行)》出台。

18. 国务院促进展览业改革发展部际联席会议首次召开

5月13日,国务院促进展览业改革发展部际联席会议在商务部召开。会议根据《国务院关于进一步促进展览业改革发展的若干意见》精神,分析"十三五"时期展览业发展趋势,部署下一步工作。商务部部长高虎城主持会议。国家发展改革委、教育部、科技部、公安部、财政部、海关总署、税务总局、工商总局、质检总局、新闻出版广电总局(版权局)、统计局、知识产权局和中国贸促会等联席会议全体成员参加会议。

19. 中国绿色会展联盟成立

5月28日下午,商务部流通产业促进中心会同52家会展行业相关机构,共同倡议成立了中国绿色会展联盟。会议选举商务部流通产业促进中心为理事长单位,中国连锁经营协会、中国农业机械流通协会、法兰克福展览(上海)有限公司、重庆国际博览中心、灵通展览系统股份有限公司等5家单位为副理事长单位,以及11家理事单位和47家成员单位。该联盟将致力于推动我国会展业绿色发展,搭建绿色会展交流平台,充分发挥龙头企业的先行示范效应。

20. 中德学者合著《出国参展指南》

5月,蓝星与罗尔夫·米勒-马丁合著的《出国参展指南——国际参展成功之道》,经中国旅游出版社出版。该书介绍根据国际惯例,出国参加贸易展览的流程,为中国参展商提供指南。蓝星是上海对外经贸大学教师,米勒-马丁是该校特聘的德籍教师。

21. 兰州体育用品博览会创办

6月2日,首届兰州体育用品博览会暨体育产业论坛在甘肃国际会展中心开幕。博览会作为兰州国际马拉松赛的配套活动,与马拉松赛同期举行。2019年第4届由中国西部研究与发展促进会、甘肃省体育局、兰州市政府共同主办,设置"新产品、新技术""智慧体育及体育服务""全民健身及户外用品""场馆建设"4个展区,展览面积2万平方米。

22. 杭州顺网科技股份有限公司收购上海汉威信恒展览有限公司股权

6月3日,杭州顺网科技股份有限公司发布《关于收购上海汉威信恒展览有限公司股权公告》(以下简称《公告》),称以5.75亿元现金收购上海汉威信恒展览有限公司51%的股权。顺网科技股份有限公司创立于2005年,是网吧平台服务商。其2010年在深圳证券交易所上市,简称顺网科技(300113)。上海汉威信恒展览有限公司成立于2012年,是世界移动游戏大会及展览会、中国国际数码互动娱乐展览会、中国国际动漫及衍生品授权展览会、中国游戏商务大会、中国游戏开发者大会等会展活动的主办方。汉威信恒公司2004年创办的中国国际数码互动娱乐展览会(英文简称China Joy),是全球规模第二大的数码游戏行业展会。公告披露,汉威信恒公司2015年营收总额为4937万元,净利润为2535万元。《公告》说明,汉威信恒公司承诺,本次收购完成后,其2016年、2017年、2018年实现净利润数分别不低于6700万元、8000万元、9300万元。

23. 居然之家等机构创办北京国际家居展览会

6月15日,首届北京国际家居展览会在北京中国国际展览中心新馆开幕。展览面积达12万平方米。4月29日,北京居然之家投资控股集团公司、中国国际展览中心集团公司、北京中装建筑展览公司、北京中装伟佳展览策划公司宣布达成战略合作,以"高端、绿色、创新、精品"定位创办北京国际家具展。2018年3月13日,该公司在京举行新闻发布会,宣布德国"红点设计大奖"作品展落户该展会。素有"工业设计界奥斯卡"的"红点设计大奖",是国际公认的工业设计行业顶级奖项。"红点设计大奖"作品展的展览面积预计1000平方米,将展示符合北京国际家装建材智能家居展定位的获奖作品。

24. 深圳创办无人机展

6月22日,首届深圳国际无人机展览会在深圳会展中心开幕。由中国电子信息行业联合会、工业和信息化部政府采购中心、中国科学院无人机应用与管控研究中心、深圳市南山区政府和深圳市无人机行业协会主办,深圳安博会展公司承办。展览面积1.5万平方米,参展商110余家。2017年第2届同期举办世界无人机大会。2019年6月举办的第4届,其展览面积为3万平方米,国内外400余家企业及机构的1000余架无人机参展,50多个国家和地区超过2.1万多名专业观众参展与会。

25. 天津、上海冰淇淋展合并举办

6月27日,天津冰淇淋冷食加工技术与设备展览会与中国冰淇淋产业展览会(上海)宣布合作,并合资成立天津贝克企隆展览服务公司。天津企隆展览服务公司的展会创办于1998年。中国焙烤糖制品工业协会的展会创办于2004年。中国焙烤糖制品工业协会在合资公司的股东为北京贝克瑞会展服务公司(协会与国药励展合资设立)。是年,展会更名为中国冰淇淋及冷冻食品产业博览会,第19届于10月在天津举办。2019年第22届在天津梅江会展中心举办,展览面积达4.2万平方米。

26. 阿里巴巴创办"淘宝造物节"

7月22日,首届"淘宝造物节"在上海世博展览馆开幕。在3万平方米的活动现场,围绕科技、艺术、原创力(TAO)三个主题布置展览并组织多项活动,将游戏、购物、演艺融为一体,旨在适应"90后"和"00后"年轻人对于时尚潮流的消费需求。入场券72元/张。活动由阿里巴巴集团主办。第2届于2017年7月在杭州国际博览中心举办,活动现场按"潮人玩家、脑洞神店、治愈美好、独立设计"四个单元呈现,108家淘宝店参展。2018年9月在杭州西湖风景区举办的第3届"淘宝造物节",分为奇市、萌市、宅市、宝市、文市、夜市6个市集和森林音乐会、科技馆、淘宝博物馆、造物者说等活动。2019年9月举办的第4届,移址杭州锅炉厂文化创意园区,共设科技、国风、潮流、设计、美食和创造力广场6个展区。入场券200元/张。

27. 郑州市公布会展业黑名单

8月14日,《郑州日报》报道,郑州市会展办接到举报,调查郑州享亚会展服务公司涉嫌虚假宣传行为。经查,该公司承办的2016郑州中华幼教用品博览会(2016第8届郑州享亚孕婴童产品博览会),冒用河南省教育厅作为支持单位,虚构河南幼教商会、河南民办幼儿园协会作为主办单位,印制宣传资料进行招展活动。该公司2015年办展过程中也发生虚假宣传问题,曾被市会展办约谈并要求整改。鉴于该公司连续出现违规行为,市会展办按照相关规定,责令其停止虚假宣传,向被冒用名义的单位书面道歉,并决定将其列入郑州市会展行业"黑名单"。

28. 遵义举办辣椒博览会

8月18日,由遵义市政府、贵州省农业委员会(后为农业厅)、中国蔬菜流通协会联合主办的中国·遵义国际辣椒博览会,分别在遵义市(新浦)国际会展中心和绥阳县开幕。博览会每年举办一届。2019年第4届标准展位100多个,170余家国内外企业或科研院所参展。遵义辣椒种植面积超过200万亩,从业者达70万人。辣椒出口80多个国家和地区。

29. 中国(长春)秸秆产业博览会创办

9月2日,首届中国国际秸秆产业博览会在长春市农业博览园开幕。由国家秸秆产业技术创新战略联盟、中国农业风险管理研究会、全球吉商联合会主办,长春市农业农村局、长春市农业博园、秸秆控股集团承办。展区总面积3.2万平方米。2019年9月举办的第4届,展区面积为5万平方米,汇集全国20多个省(区、市)数百家企业以秸秆为原料的近千种产品,包括秸秆肥料、饲料、基料、制炭、建材、工艺品等及最新科研成果。

30. 中国国际食品餐饮博览会在长沙举办

9月9日,中国国际食品餐饮博览会(食餐会)在长沙开幕。展览面积4万平方米,设置全国综合、进口、湖南综合、酒饮及乳制品、餐饮、特色食品及调味品配料、设备用品及技术区、企业服务等10个展区,800余家企业参展。食餐是商务部在内贸领域的申办制展会,由连续举办了10届的中国食品博览会和中国餐饮业博览会(3届)合并而成。2015年,湖南省在10个申办省份中脱颖而出,获得2016—2019年联合主办权。食餐会由商务部、湖南省政府主办,商务部流通产业促进中心、湖南省商务厅、经信委、粮食局、长沙市政府承办。2019年食餐会与第11届湘菜美食文化节、第2届湘菜博览会和第4届长沙国际食品展览会同期举办,展览面积超过8万平方米,海内外1600余家客商参展。

31. 南宁国际会展中心扩建工程投用

9月11日,南宁国际会展中心扩建的新馆正式供第13届中国-东盟博览会使用。扩建后的A、B区建筑面积约24万平方米,共有2层展馆,展厅面积约3万平方米,可容纳约1500个标准展位。此外,3600平方米的多功能厅可接待2500人规模的会议。与此同时,新闻中心、餐饮区及地下停车场的设施也得到完善或扩大。

32. 汉诺威展览公司托管经营潭洲国际会展中心

9月12日,广东潭洲国际会展中心正式启用。其位于佛山市顺德区新城区,首期工程总建筑面积约11.7万平方米,包括展厅、会议中心等设施。其中,展厅可供展览面积4.5万平方米。4月26日,顺德区政府新城开发公司与汉诺威展览公司在德国汉诺威签约,汉诺威展览公司接受委托,负责广东潭洲国际会展中心的经营管理。

33. 阿里巴巴乡村文化节暨县域文化博览会在昆明举办

9月23日,阿里巴巴乡村文化节暨县域文化博览会在昆明滇池国际会展中心开幕。展会由阿里巴巴乡村事业部与云南省商务厅联合主办,包括县域文化博览会、县域文化发展高峰论坛和全国广场舞总决赛三个主题活动。展会展位面积超过3万平方米,20个省(区、市)的150多个县和130余家企业参展,展品包括特色农产品、特色手工艺品、乡村旅游线路等内容。

34. 英富曼公司收购成都美博会

10月20日,英富曼公司宣布收购成都美博会60%的股份。这是英富曼公司继2013年收购中国美容博览会之后再次收购美容展会。而且,中国美容博览会创始人桑敬民以自然人身份参与此次收购。成都美博会创办于1997年,每年春秋各办两届。收购后,股东方成立英富曼维纳展览(成都)有限公司,负责经营成都美博会。

35. 中国城市会展业竞争力指数在成都发布

10月21日,《2015年度中国城市会展业竞争力指数排行榜》在成都首次发布。该指数是中国会展经济研究会成都会展研究中心(设于成都大学)的研究成果。其以会展城市整体环境、会展专业水平、会展教育水平和会展行政服务水平为一级指标,再分为10个二级指标及29个三级指标,综合评价城市会展业竞争力。其以中国社科院《中国城市竞争力年度报告》、中国会展经济研究会统计工作委员会《中国城市展览业发展综合指数年度报告》、中国会议酒店联盟《中国会议统计年度分析报告》、中国会展经济研究会教育工作委员会《中国会展教育年度报告》的统计数据作为基础,以国内会展专家参与的问卷调查为参考,通过加权核算得出结论。2015年度全国纳入会展业竞争力指数评估的城市为93个。到2018年,全国纳入此项评估的城市增至130个。

36. 上海国际会展产业园在青浦区设立

10月28日,上海国际会展产业园在上海国家会展中心洲际酒店揭牌。产业园位于上海市青浦区徐泾镇。其毗邻虹桥商务区、国家会展中心,面积8万平方米,会展机构年底可入驻。揭牌仪式上,中国会展经济研究会与青浦区徐泾镇宣布,在上海国际会展产业园联合设立产业会展促进中心。

37. 无锡举办世界物联网博览会

10月30日,中国国际物联网博览会在无锡开幕,由工业和信息化部与江苏省政府共同主办,每年一届。2016年,更名为世界物联网博览会。由江苏省工业和信息化厅与无锡市政府承办。2019年博览会展览面积6万平方米,设置物联网通信、智能制造与传感器、AIoT(人工智能物联网)与消费物联网、智慧交通与车联网、智慧城市、智慧教育6个专业展区,展览面积2万平方米。

38. 中山市"一镇一品一展会"形成特色

10月,《中山市进一步促进展览业改革发展的实施方案》出台。要求在"一镇一品一展会"的基础上提高发展水平。中山市是广东省重要的展览城市,2008年建成展览面积为4万平方米的会展中心。其古镇灯饰展、黄圃小家电展、港口游戏设备展、小榄轻工机械展、沙溪服装展等在国内县域展会中颇为著名。

39. 运城创办国际果品交易博览会

11月7日,首届国际果品交易博览会在山西省运城市农业会展中心开幕。展会由中国果品流通协会与运城市政府联合主办。运城市果品种植面积超过500万亩,是国内果品的重要产区。其中,干果180万亩,水果328万亩,年产量60亿公斤。苹果作为主要水果品种,种植面积214万亩,年产量40亿公斤。

40. 长沙国际会展中心开馆运营

11月8日,长沙国际会展中心一期工程竣工开馆。其位于长沙县黄兴镇浏阳河东岸,占地面积约800亩,总投资约57.8亿元,总建筑面积约44.5万平方米。12个展馆可供展览面积为17.75万平方米。中国(长沙)住宅产业化与绿色建筑产业博览会作为开馆首展,于11月9日开幕。

41. 国际展览业协会年会在上海举办

11月10日,国际展览业协会(UFI)第83届年会在上海国家会展中心开幕。开幕式上,还举行了国际展览业协会在上海设立常设机构的合作备忘录签字仪式。国际展览业协会主席谢尔盖·阿列克谢耶夫和上海市商务委副主任钟晓敏在备忘录上签字。来自50多个国家和地区的595位代表参加本届年会。

42. 米兰国际家具展在上海举办子展

11月19日,首届米兰国际家具(上海)展览会在上海展览中心开幕。来自意大利的56个家具领军品牌企业参展。被称为世界三大家具展之一的米兰国际家具展,是首次在海外举办子展。

43. 贵州(铜仁)国际天然饮用水博览会创办

11月19日,贵州(铜仁)国际天然饮用水博览会在铜仁市开幕。270余家企业参展,达成意向项目47个,总投资117.8亿元;签约贸易类项目231个,签约资金31.7亿元。该展会每两年举办一届。

44. 南昌绿地国际博览中心投入运营

11月22日,南昌绿地国际博览中心投入运营。该中心位于南昌市红谷滩新区九龙湖新城,占地约2500余亩,总建筑面积约400万平方米,规划为展览会议、行政中心、风情小镇、文化旅游、商务、商业和居住七位一体的综合性商业建筑,由绿地控股集团股份公司投资近100亿元建设。该项目于2014年3月启动建设。其中,博览中心30万平方米(室内可供展览面积14万平方米,由上下两层共14个展厅组成)、酒店、会议中心6万平方米,写字楼9万平方米。南昌绿地国际博览中心由绿地集团委托北辰会展集团运营管理。

45. 湖南(长沙)装配式建筑与工程技术博览会创办

11月28日,湖南(长沙)装配式建筑与工程技术博览会于长沙国际会展中心创办,展览面积4.2万平方米。主办方为长沙市政府、湖南省住建厅。2019年10月举办的第4届,展览面积6万平方米,设置装配式建筑、绿色建筑、建筑高新技术、城乡建设管理与人居环境、全装修与内装工业化、绿色建材等展馆。

46. 世界智能制造大会在南京创办

12月6日,经国务院批准,"让制造更聪明"为主题,以"全球视野、中国战略、江苏探索"为特点的2016世界智能制造大会在南京国际博览中心开幕。大会由工信部、江苏省政府、中国工程院、中国科协联合主办。大会展览面积5万平方米,设立智能制造模式与创新、智能制造装备与控制、行业应用与区域实践3个主题馆,以及人才信息发布、解决方案洽谈、南京智造探索与实践、机器人表演和室外大型装备展示5个功能版块。来自全球12个国家的200多家企业参展。工信部在大会期间发布国家《智能制造"十三五"发展规划》。

47. 厦门举办中国马拉松博览会

12月30日,首届中国马拉松博览会在厦门国际会展中心开幕。展会由中国田径协会主办,厦门市体育局、厦门文广传媒集团公司承办。展览面积1.5万平方米,分为赛事、主场、全产业链以及配套服务机构、跑者互动四个展区。国内70余家马拉松赛事组委会、10余家赛事运营机构、30多家体育品牌商和众多赛事服务商参展与会。

2017年

1. "拉斯维加斯中国之夜"助力中国企业利用国际展会资源

1月6日,在美国拉斯维加斯电子消费展览会(CES)期间,中国驻旧金山总领事馆与美国内华达州长经济发展办公室、拉斯维加斯市政府共同举办"拉斯维加斯中国之夜"活动。该活动旨在帮助中国企业特别是中小企业利用国际展会资源。国内外消费电子领域200多位企业家报名参加活动。1月5日开幕的第49届拉斯维加斯电子消费展览会,在3800余家参展企业中中国企业超过三分之一。

2. 沈阳新世界博览馆投入使用

3月1日,沈阳新世界博览馆投入使用。博览馆展览面积为2.4万平方米,会议及宴会面积为0.4万平方米(包括17间会议室)。该项目由香港新创建集团有限公司投资兴建,其管理机构为新创建集团下属的沈阳新世界博览馆管理有限公司。

3. 多地出台发展会展业政策、法规、规划

3月6日,福州市政府办公厅印发《福州市展会发展专项资金管理办法》。3月9日,株洲市政府办公室印发《关于加快株洲会展业发展的实施意见》,提出5至10年形成现代会展业体系。3月17日,石家庄市政府办公厅印发《会展业发展专项资金管理办法》。3月29日,《中共贵阳市委、贵阳市人民政府关于进一步促进会展业改革发展的实施意见》印发。同时配套出台《贵阳市会展业管理办法》和《贵阳市支持会展业发展专项资金使用管理办法》。4月5日,厦门市会议展览事务局印发《关于进一步促进会议展览业发展的扶持意见》。4月24日,《武汉市汉阳区会展业"十三五"规划》批准实施。4月25日,太原市政府公布《关于促进会展业发展的实施意见》。4月27日,山西省财政厅、山西省商务厅印发《省级会展业发展专项奖补资金管理办法》。5月9日,珠海市会议展览局、财政局印发《珠海市会展业扶持资金使用管理暂行办法》。5月12日,宁波市政府会展工作办公室印发《宁波市会展业发展专项资金管理办法》。5月17日,厦门市思明区人民政府出台《思明区会展业发展扶持奖励若干意见》。5月19日,《杭州市会展业发展"十三五"规划》发布。5月28日,无锡市会展业发展办公室、财政局联合印发《无锡市服务业(节会)资金管理实施细则》。6月20日,东莞市政府办公室印发《东莞市促进会展业发展专项资金管理办法》。7月13日,四川省政府办公厅印发《四川省"十三五"会展业发展规划》。7月11日,成都市财政局、博览局印发《成都市会展业发展专项资金管理办法》。7月25日,天津市人民政府办公厅发布《关于进一步促进会展业改革发展的意见》。8月8日,山东省商务厅印发《山东省品牌展会认定办法(试行)》。8月9日,上海市浦东新区商务委员会印发《浦东新区会展产业"十三五"发展规划》。8月28日,《琼海市会展业发展专项资金管理暂行办法》出台。9月30日,浙江省第十二届人民代表大会常务委员会第四十四次会议批准《杭州市会展业促进条例》。10月18日,新修订的《即墨市扶持会展业发展专项资金管理办法》出台。11月7日,《河南省人民政府办公厅关于进一步促进展览业改革发展的实施意见》发布。12月7日,广州市商委印发《广州市商务发展专项资金会展事项实施细则》。12月29日,北京市发布《关于进一步促进展览业创新发展的实施意见》。12月29日,《杭州市萧山区会展奖励实施办法(试行)》发布。

4. 中德合资经营中国国际门窗幕墙博览会

3月13日,北京中德建联国际会展公司在北京香格里拉饭店召开新闻发布会,宣布与慕尼黑博览集团合资成立中联慕尼(北京)国际会展公司,共同经营中国国际门窗幕墙博览会。此展源于2003年中国建筑金属结构学会和欧洲门窗协会在北京创办的中国国际门窗幕墙展览会。2018年10月在北京中国国际展览中心(顺义区馆)举办的博览会,

展览面积超过10万平方米,国内外656家客商参展,专业观众超过10万人次。

5. 陕西宝鸡举办中国钛谷国际钛产业博览会

4月24日,中国钛谷国际钛产业博览会在宝鸡会展中心开幕。博览会由宝鸡市市政府和中国钛锆铪协会联合主办。博览会设置军民融合、国际产品、西北院研发产区和网上交易四大展区,涵盖军工、航天、船舶、石油、医疗、汽车制造、生活用品等钛材应用领域。宝鸡钛产业基础雄厚,钛材及钛制品产量占全国60%,占全球20%,相关企业达500余家。

6. 绿色搭建展示活动推广周在上海举办

4月26日,绿色搭建展示活动推广周在上海新国际博览中心举行开幕式。该活动由上海博华国际展览公司、上海新国际博览中心和灵通展览系统股份有限公司联合发起,长三角地区会展业者近300人出席。在2000平方米的展区中,灵通公司提供的展览器材旨在展示特装展位"标准化、模块化、成品化"的设计运用。

7. 上海世博会博物馆对外开放

5月1日,位于上海世博会浦西园区的上海世博会博物馆正式对外开放。其2013年12月开工建设,占地面积约4万平方米。该馆除反映中国2010年上海世博会盛况外,同时介绍1851年以来世博会历史及2010年以后各届世博会情况。

8. 习近平宣布举办中国国际进口博览会

5月14日,中共中央总书记、国家主席习近平在"一带一路"国际合作高峰论坛开幕式主旨演讲中宣布,中国将在2018年举办中国国际进口博览会。6月26日,中共中央全面深化改革领导小组第三十六次会议审议通过了《中国国际进口博览会总体方案》。会议指出,举办中国国际进口博览会是党中央着眼推进新一轮高水平对外开放作出的一项重大决策,是中国主动向世界开放市场的重大举措。会议提出,要坚持政府引导、市场运作、企业经营,加强同世界各国和国际组织的合作,调动部门、地方、企业积极性,努力办成国际一流的博览会。8月24日,国务院副总理汪洋主持召开中国国际进口博览会筹备委员会。11月2日,国务院新闻办公室召开中国国际进口博览会筹备进展情况发布会,披露中国国际进口博览会的执行机构——中国国际进口博览局已在上海设立。

9. 佛山警方破获流窜展会作案盗窃团伙

5月17日,佛山市公安局高明分局新闻发布会通报,破获一个由13人组成的盗窃团伙。该团伙流窜于广东、重庆、广西、福建、河南多地,专挑展览会盗窃作案。

10. 中国国际茶叶博览会在杭州创办

5月18日,首届中国国际茶叶博览会在杭州国际博览中心开幕,中国茶业国际高峰论坛同时举行。该展会由农业部联合浙江省政府主办,属国家级茶叶展览会。中共中央总书记、国家主席习近平致信祝贺。习近平指出,中国是茶的故乡。茶叶深深融入中国人生活,成为传承中华文化的重要载体。从古代丝绸之路、茶马古道、茶船古道,到今天丝绸之路经济带、21世纪海上丝绸之路,茶穿越历史、跨越国界,深受世界各国人民喜爱。希望你们弘扬中国茶文化,以茶为媒、以茶会友,交流合作、互利共赢,把国际茶博会打造成中国同世界交流合作的一个重要平台,共同推进世界茶业发展,谱写茶产业和茶文化发展新篇章。全球47国客商、我国20个茶叶主产省及国内外1700余家专业客商参展赴会。

11. 上海对外经贸大学获评上海市中外合作办学示范性项目称号

5月26日,上海对外经贸大学会展专业获评上海市中外合作办学示范性项目。该活动由上海市教委举办。在全市7所获评的高校专业中,该校是唯一获评的会展本科专业。该校与德国奥斯纳布吕克应用技术大学合作举办的会展经济与管理专业,2004年经教育部批准,是国内首个中外合作的会展本科教育项目。

12. 商务部发布《中国展览业发展统计分析报告2016》

5月31日,商务部网站发布《中国展览业发展统计分析报告2016》。此为商务部建立《展览业统计监测报表制度》之后首次发布官方年度统计分析报告。

13.《2016广东省展览业发展白皮书》印行

5月,《2016广东省展览业发展白皮书》(以下简称《白皮书》)印行。《白皮书》由广东省贸促会编著,分为广东省展览业发展数据、发展分析、发展趋势三个部分。《白皮书》每年一册。2018年《白皮书》分为广东省展览业回顾、发展概况、粤港澳大湾区展览业战略发展思考三个部分。

14. 中国光谷科技会展中心在武汉投用

6月3日,中国光谷科技会展中心以接待第2届"中国光谷"国际生物健康产业博览会的方式宣布投入使用。以"光立方"理念造型的会展中心,位于武汉市东湖新技术开发区,建筑总面积8.4万平方米。其中,室内展厅面积达2.12万平方米,会议场地面积达0.85万平方米,最大的会议室达0.32万平方米。该项目由武汉市东湖高新区政府投资兴建。至此,武汉已有4座会展中心。

15. 中国西部国际博览城在成都投入使用

6月7日,第18届成都家具展在中国西部国际博览城开幕,此举标志着位于成都市天府新区的中国西部国际博览城正式投用。该项目于2012年9月28日奠基,占地1600亩。展示中心展览面积30万平方米,其中,室内展馆面积20万平方米、室外展场面积10万平方米。项目业主——四川天府国际会展有限公司,由成都天府新区投资集团有限公司与四川国际会展有限公司合资组建。预计总投资200亿元。

16. 习近平参观阿斯塔纳专项世博会的中国国家馆

6月8日,正在哈萨克斯坦访问的中共中央总书记国家主席习近平,在哈萨克斯坦总统纳扎尔巴耶夫陪同下,参观阿斯塔纳专项世博会的中国国家馆。

17. 潜江创办虾博会

6月9日,首届中国(潜江)国际龙虾·虾稻产业博览会(虾博会)在湖北省潜江市开幕。博览会以"寻虾源·品虾·稻"为主题,搭建技术交流、成果发布、商业合作平台,服务养殖、繁育选育、冷链运输、餐饮、电商、深加工及产业文化的龙虾产业链。吸引国内外400多家企业参展,包括业界人士在内共有20多万人次参与相关活动。

18. 南亚东南亚国家商品展暨投资贸易洽谈会在昆明举办

6月12日,首届南亚东南亚国家商品展暨投资贸易洽谈会在昆明滇池国际会展中心开幕。洽谈会由中国国际商会、南盟工商会、中国-东盟中心、南博会昆交会秘书处共同主办,云南国际博览事务局、云南省商务厅、云南省招商合作局、贸促会云南省分会、云南省对外友好协会共同承办。洽谈会展览面积约18万平方米,设有南亚、东盟、旅游、大健康与海洋生物制药、制造业、国际产能合作、高原特色农业、石艺、木土文化、国际友城、台湾等主题展馆。86个国家和地区代表参展参会,其中包括"一带一路"沿线33个国家和地区。

19. 中国"鹘鹰"亮相巴黎航展

6月19日,第52届巴黎国际航展在巴黎开幕。中国企业参展展位总面积约1893平方米。中国航空工业集团携第五代单座双发隐形战斗机"鹘鹰"战机模型首次参展。中国展品涉及军机、民机、机载设备三类共15项产品。除"鹘鹰"外,L15高级教练机、"翼龙"系列无人机、武直-10ME、武直-19E、运9E军用运输机等5项产品首次亮相巴黎航展。

20. 《云南省会展产业"十三五"发展规划纲要》发布

7月8日,云南省政府办公厅通知印发《云南省会展产业"十三五"发展规划纲要》(以下简称《规划纲要》)。《规划纲要》提出,到2020年,将云南省建设成为在国内有较大影响力、在国际上有较高认知度的重要会展举办地,成为中国会展经济强省;将昆明建设成为面向南亚东南亚的区域性国际会展中心城市和会展及配套产业集聚区。

21. 商务部主办发展中国家会展业发展与管理研修班

7月8日,发展中国家会展业发展与管理研修班在北京国际会议中心开班。研修班由商务部主办,商务部国际商务官员研修学院、中国商业股份制企业联合会承办。至2019年10月第3期,累计有20余个发展中国家负责会展业的官员或商会负责人共计125人来华研修。2018年参加第2期研修班的15个国家近60名官员集体赴湖北考察。

22. 仲刚当选国际展览业协会亚太区主席

7月11日,国际展览业协会(UFI)公布2017—2020年任期换届选举结果,来自中国的仲刚(上海万耀企龙展览有限公司总裁)当选亚太区主席。

23. 国际植物学大会专业展览在深圳举办

7月23日,第19届国际植物学大会专业展览在深圳会展中心开幕。15个国家和地区的117家客商参展,展品包括仪器设备、药物及试剂、园林绿化、软件、教育科研机构、专业期刊。中国生物多样性保护公益展览和古生物化石展览同时举办。中共中央总书记、国家主席习近平致信祝贺大会召开。

24. 工信部、贸促会支持中小企业参与"一带一路"建设专项行动的国内外展销活动

7月27日,工业和信息化部与中国贸促会发布《关于开展支持中小企业参与"一带一路"建设专项行动的通知》,该通知提出,创新中国国际中小企业博览会办展机制,推进国际化、市场化、专业化改革,重点邀请沿线国家共同主办,设立"一带一路"展区;鼓励中小企业参与工业和信息化部、中国贸促会举办的境内外展会和论坛活动;支持各地中小企业主管部门与贸促会分支机构合作开展专门面向沿线国家中小企业的展览活动,帮助中小企业特别是"专精特新"中小企业展示产品和服务,为中小企业搭建展示、交易、合作、交流的平台。

25. 中国国际数码互动娱乐展览会引入展台搭建监理公司

7月27日,中国国际数码互动娱乐展览会(China Joy)在上海开幕。主办方特聘上海汇山建筑装饰设计公司(会展城)担任监理机构,从特装展位施工的图纸审核、工厂预搭建检查到现场监察,以加强特装展位搭建的安全监管。此前,主办方在京召开展位搭建专题会议,指定搭建商与监理公司与会。会议明确特装展位搭建安全管理的相关要求。

26. 国际建筑遗产保护与修复博览会在上海举办

8月10日,第2届国际建筑遗产保护与修复博览会在上海展览中心开幕。博览会由中国古迹遗址保护协会、中国文物保护技术协会中国城市科学研究会历史文化名城委员会主办,上海建为企业(集团)公司、北京点意空间国际展览集团承办,并获上海市文物局等单位支持。博览会以"保护、修复、利用"为主题,包含材料工展、装备产业、数字化应用、旅游文展、保护工程、科研成果、专业媒体等版块。来自俄罗斯、意大利、尼泊尔、土耳其和中国的81家建筑遗产保护与修复机构参展。博览会同期举办"工业遗产保护与利用""遗产活化与旅游文创"等主题的国际学术论坛以及文化遗产体验活动。该博览会2015年8月在上海创办。

27. 北京东恒公司、浙江三博公司挂牌"新三板"

8月15日,北京东恒会展服务股份有限公司(简称:东恒会展;证券代码:871805)挂牌"新三板"。该公司成立于2000年4月。主营会议、展览现场服务、中高端会展业务提供整体视听技术解决方案。其2015年、2016年营业收入分别为7264.14万元、7735.93万元,净利润分别为612.38万元、759.08万元。9月5日,从事境外展会代销业务的浙江三博会展股份有限公司挂牌"新三板"。其代理境外的展览项目超过90个,涉及纺

织、汽配、照明、五金、医疗、消费品等行业。同时,其还从事国内纺织展会的展位代销业务。公司 2015 年、2016 年营业收入分别为 6904 万元和 6473 万元,净利润分别为 170 万元和 174 万元。

28. 中国会展行业三项绿色会展标准研讨会在北京召开

8 月 22 日,商务部流通促进中心组织的三项绿色会展标准研讨会在北京召开,来自中国绿色会展联盟的会长和副会长单位以及部分省市的会展场馆、展览工程、设计、服务企业的代表等多位企业代表和专家参加了会议。专家代表对《绿色展览示范基地评定标准》《绿色展馆设计及服务指南》《环保型展台设计制作指南》等三项绿色会展标准进行了认真深入的研讨,为下一步对标准的深化和修改明确了思路和方向。

29. 贵阳创办会展经济发展论坛

9 月 10 日,由贵州省政府、中国国际商会主办的国际会展经济发展峰会在贵阳开幕。2018 年更名为会展经济发展论坛。在 2019 年 9 月举办第三届。

30. 国家职业资格目录已无会展策划师

9 月 12 日,人力资源社会保障部通知公布国家职业资格目录。会展策划师已不在目录之中。

31. 重庆沪渝国际展览有限公司揭牌

9 月 27 日,重庆沪渝国际展览有限公司在重庆国际博览中心揭牌。该公司由上海市国际展览有限公司与重庆国际博览中心有限公司合资组建。首期注册资本金为 1000 万元,双方各占 50% 股份。重庆与上海两家国有会展企业的紧密合作,旨在优势结合,服务长江经济带建设。

32. 海南省政府专题会议研究会展业发展

9 月 28 日,海南省省长沈晓明主持召开省政府专题会议,研究会展业发展问题。强调高度重视会展业在海南全局发展中的作用,进一步增强信心,发挥优势,加强顶层设计,强化统筹协调,充分发挥市场主体的作用,加快推动特色化、品牌化、国际化发展,让会展业从海南十二个重点产业中脱颖而出,加快推进国际旅游岛建设。

33. 四川国际航空航天展览会在广汉举办

10 月 3 日,为期 5 天的 2017 四川国际航空航天展览会在德阳广汉中国民航飞行学院落下帷幕。这是四川首次举办航展。航展共有 200 余家国内外知名航空航天及相关产业企业参展。其中,航空器静态展示 78 架,动态展示 42 架。观展人数达 30 余万。航展期间,世界一流的五支特技飞行表演队每日轮番上演"空中芭蕾"。

34. 上海风语筑展示股份有限公司 A 股上市

10 月 20 日,上海风语筑展示股份有限公司登陆上海证券交易所 A 股主板(股票简称:风语筑;股票代码:603466)。发行公告显示,公司以 16.56 元的发行价公开发行 3600 万新股。其前身为成立于 2003 年的上海风语筑广告有限公司,2008 年更名为上海风语筑展览有限公司,2015 年更改为现名。公司主营展览展示设计、影视动画、互动科技、互动多媒体、室内外装潢设计、企业形象设计、平面广告设计、建筑模型设计制作、舞台灯光设计、室内外装潢工程等。其 2015 年、2016 年营业收入分别为 10.19 亿元和 12.27 亿元;净利润分别为 0.65 亿元和 1.12 亿元。

35. 厦门举办国际会展周

11 月 5 日,第 3 届厦门国际会展周开幕。由厦门市会展局发起,携手香港贸易发展局、澳门贸易投资促进局、台湾展览暨会议同业公会、国际大会及会议协会、中国会展经济研究会等单位共同举办的厦门国际会展周,创办于 2015 年。本届包括海峡会展合作论坛、金砖国家暨中外会展合作论坛、亚洲高校会展教育合作论坛和中国(厦门)会展产学系列活动四大板块共 26 项活动。厦门市会展业品牌形象标识"金砖鹭"在会展周上发布。

36. 大陆台资企业产品展销会在南京举办

11 月 7 日,首届大陆台资企业产品展销会在南京国际博览中心开幕。展销会由两岸企业家峰会和全国台湾同胞投资企业联谊会主办,展览面积 3.6 万平方米,由发展成就展和企业产品展销两部分组成。发展成就展分为"法律保障政策护航""敢为人先努力打拼""互利双赢共同发展"三部分。在大陆的近 700 家台企的数千种产品参加展销,涵盖农业、电子产品、建材、家居、文创、金融 6 大领域。

37. 中拉国际博览会在珠海举行

11 月 9 日,首届中拉国际博览会在珠海开幕,展览面积 3 万平方米。博览会由中国国际商会主办,珠海市人民政府、广东省商务厅、广东省贸促会、中国(广东)自由贸易试验区珠海横琴新区片区承办。61 个国家和地区的 523 家企业与会。其中,拉丁美洲和加勒比地区的国家 24 个,"一带一路"沿线国家 30 多个。博览会举行了广东自贸区珠海横琴新区中拉经贸合作园开园及首批入驻企业签约仪式。

38. 全国新农民新技术创业创新博览会在苏州举办

11 月 10 日,首届全国新农民新技术创业创新博览会暨首届新农民新技术创业创新大会在苏州市开幕。博览会由江苏省政府主办,31 个省(市)、自治区的 1038 个企业参展,参观人数 5.6 万人次。博览会期间的配套活动包括全国信息进村入户工程交流会、全国农民手机达人大赛、全国农村创业创新项目创意大赛(总决赛)等。

39. 中法合资经营北京国际汽车维修检测设备及汽车养护展

11 月 10 日,法兰克福展览(香港)公司与北京通联新里程国际展览公司在上海签署合资协议。双方协定合资成立名为法兰通联展览(北京)有限公司,法兰克福展览(香港)有限公司居控股地位。合资公司将经营北京国际汽车维修检测设备及汽车养护展览会。

中国汽车保修设备行业协会和中国汽车维修行业协会作为展会联合主办机构,支持合资办展。该展会创办已逾30年,目前是国内规模位居前列的汽车维修养护行业的专业展会,每年春季在北京举办。

40. 河南省博览局成立

11月25日,河南省商务厅通知成立河南省博览局。该局经河南省机构编制委员会批准设立,与河南省博览事务中心合署办公。其负责承办中国(河南)国际投资贸易洽谈会、承担河南省组团参加国家级经贸展会的组织工作,同时会同有关单位做好广交会以及省商务厅承办的博览会、展览会及论坛的协调服务工作,负责全省会展业发展战略的调研、人才培训工作。

41. 中国工业设计展在武汉举办

12月1日,首届中国工业设计展览会在武汉国际博览中心开幕。展会由工业和信息化部、武汉市政府指导,工业和信息化部国际经济技术合作中心、武汉市经济和信息化委员会共同主办。展会展览面积3万平方米,设置综合、地方和创客三个展区。全国30多个省、市的500多家企业和工业设计机构参展,集中展示了我国近年来工业设计所取得的最新成果。2019年第3届展览会面积达3.3万平方米,国内外超过500家机构参展。

42. 中国国际足球产业博览会在京举办

12月8日,首届中国国际足球产业博览会在北京中国国际展览中心(朝阳区馆)开幕。博览会由中国国际展览中心集团公司和意大利罗马展览公司联合主办,并获北京市足球运动协会支持。2018年11月举办的第2届博览会,超过100多家客商参展,展览面积达1.36万平方米。其中,境外参展商31家,分别来自巴西、德国、西班牙、意大利、阿根廷等10个国家。

43. 浙江出口商品交易会在12个国家举办

12月8日,浙江出口商品交易会在缅甸仰光开幕。至此,2017年由浙江省商务厅主办的浙江出口商品交易会,先后在墨西哥、沙特、俄罗斯、土耳其、越南、塞尔维亚、日本、伊朗、捷克、马来西亚、印度、缅甸12个国家举办。

44. 海关总署公布《中华人民共和国海关暂时进出境货物管理办法》

12月8日,海关总署公布《中华人民共和国海关暂时进出境货物管理办法》(以下简称《办法》)。该《办法》对于在展览会、交易会、会议以及类似活动中展示或者使用的货物作为暂时进出境货物的管理做出新规定。新规定列明免征进口关税和进口环节税的参展参会物品。明确中国国际贸易促进委员会(中国国际商会)是我国ATA单证册的出证和担保机构,负责签发出境ATA单证册,向海关报送所签发单证册的中文电子文本,协助海关确认ATA单证册的真伪,并且向海关承担ATA单证册持证人因违反暂时进出境规定而产生的相关税费、罚款。2007年3月1日海关总署令第157号公布的《中华人民共和国海关暂时进出境货物管理办法》、2013年12月25日海关总署令第212号公布的《海关总署关于修改〈中华人民共和国海关暂时进出境货物管理办法〉的决定》同时废止。

45. 广州举办文化产业交易会

12月12日,首届广州文化产业交易会在广州大剧院开幕。到12月24日,作为文化产业交易会组成活动的第22届广州国际艺术博览会、第3届广州国际文物博物馆版权博览会、中国(广州)国际演艺交易会、中国文创产业大会·天河峰会、中国(广州)国际纪录片节等会展节事活动次第举行。交易会由文化部、广东省政府联合主办,广东省文化厅、广州市政府承办。其中,国际艺术博览会12月21日至24日在琶洲展馆举行,展览面积3万平方米,来自38个国家和地区的390家艺术机构原创的油画、影像艺术、国画、雕塑、版画、工艺美术、非物质文化遗产等作品共2万余件参展。演艺交易会有包括美国、法国、加拿大、俄罗斯及我国港澳台地区在内的30多个国家和地区的232家机构427名代表与会。

46. 重庆南岸区政府联合企业设立会展专项资金

12月13日,重庆渝开发股份有限公司("渝开发")发布公告,公司与重庆市商委、重庆南岸区政府、重庆城投公司共同出资设立"重庆市(南岸)会展专项资金"。重庆市商委和南岸区政府于2017年11月8日审议通过《重庆市(南岸)会展专项资金管理实施办法》(以下简称《办法》),同意自2017年起对在重庆国际会议展览中心举办的展会予以补贴,该专项资金实施暂定四年。《办法》规定,每年专项资金总额不超过2000万元。其中,重庆城投公司每年出资不超过200万元,"渝开发"每年出资不超过300万元。重庆国际会议展览中心经营管理公司为"渝开发"的全资子公司。重庆国际会议展览中心位于重庆市长江南岸,2005年建成投用,2007年划归"渝开发"。室内可使用展览面积4.5万平方米。

47. "中国-中东欧国家贸易便利化国检试验区"在宁波揭牌

12月22日,"中国-中东欧国家贸易便利化国检试验区"在宁波国际会展中心揭牌。试验区围绕宁波保税区、宁波国际会展中心、宁波经济技术开发区现代国际物流园区、梅山保税港区和中东欧(宁波)工业园"五大核心区块"开展规划和建设,旨在扩大中东欧商品进口种类和规模。宁波国际会展中心被定为中国-中东欧国家投资贸易博览会的永久举办场馆。

48. 商务部公布第一批展览业重点联系企业名单

12月26日,商务部办公厅通知公布展览业重点联系企业名单,337家展览企业获选,成为商务部第一批重点联系企业。商务部此举旨在贯彻《国务院关于进一步促进展览业改革发展的若干意见》(国发〔2015〕15号)及《展览业统计监测制度》(商服贸函〔2016〕944号)文件,以期畅通政企沟通渠道,把握产业动态,为展览业布局和决策管理提供科学依据。企业筛选工作始于年初,全国有788家企业申报。商务部组织专家进行评审,并予以公示。在获选的企业中,展览组织机构182家,展览场馆经营机构114家,展览服务机构 41 家。

49. 北京市顺义区将商务会展业列为全区支柱产业

12月27日,北京市顺义区发布政府工作报告。报告提出,将高端商务会展业作为全区四大支柱产业之一。未来北京中国国际展览中心新馆(新国展)每年将创造132亿元直接产值和1200亿元间接产值。

50. 苏州新时代文体会展集团公司成立

12月29日,苏州新时代文体会展集团公司揭牌成立。该集团由苏州文化博览中心公司和苏州工业园区体育产业发展公司合并组建。该公司所辖艺术中心、博览中心、体育中心3大建筑面积超100万平方米,资产规模超100亿元。

2018 年

1. 多地出台发展会展业计划、法规或实施意见

1月2日,《南京市政府关于推进改革创新打造会展品牌的实施意见》出台。1月5日,北京市商委、市发展改革委、市公安局、市财政局、市规划国土委、市旅游委、市统计局、市知识产权局、市贸促会联合印发《关于促进展览业创新发展的实施意见》。1月31日,长沙市政府办公厅印发《会展业发展三年行动计划(2018—2020年)》。江苏省昆山市昆山开发区党政办印发《关于加快昆山开发区会展业发展的实施意见(试行)》。2月1日,《武汉市会展业发展专项资金管理办法》印发。3月7日,青岛市西海岸新区管委会出台《青岛西海岸新区会展业扶持意见》。3月16日,吴忠市政府办公室印发《关于促进会展业发展的政策措施》。3月31日,济南市出台《济南市会展业发展三年行动计划》。4月2日,济南市政府办公厅印发《济南市促进会展业发展若干措施》。4月13日,《淮南市加快展览业改革发展实施方案》印发。5月9日,《洛阳市人民政府关于促进会展业转型发展的实施意见》印发。6月4日,《杭州市重大会展活动备案办法》发布。6月28日,石家庄市政府办公厅发布《关于促进会展业快速发展的意见》。7月14日,烟台市政府办公室印发《烟台市会展业发展奖励办法(试行)》。7月16日,《江门市关于推动会展行业发展的若干措施》出台。7月17日,《海南省会展业发展专项资金管理暂行办法(修订)》出台。7月18日,合肥市政府办公厅通知印发《合肥市促进会展业规范发展办法》。7月,四川省《广元市市级会展会展销活动经费管理办法》出台。8月21日,杭州市政府出台《杭州市加快推进会展业发展三年行动计划(2018—2020年)》。9月4日,上海市商务委员会发布《上海市建设国际会展之都专项行动计划(2018—2020年)》。此系国内首次提出的建设国际会展之都计划。9月27日,南昌市政府出台《关于进一步促进南昌市会展业健康快速发展的实施意见》。9月28日,海南省《三亚市会展业扶持专项资金管理办法》出台。10月19日,青岛市政府办公厅印发《关于支持会展业发展若干政策措施的意见》。12月27日,杭州市财政局、发展会展业协调办公室出台《杭州市会展业发展扶持资金管理办法(试行)》。

2. 英国"梦想家生活方式展"在上海开幕

1月9日,英国"梦想家生活方式展"在上海世博展览馆开幕。该展1908年创立于伦敦,累计吸引参观者超过7000万人次。此次在上海的展览设立6个互动体验区,包括梦想家改造、梦想家居、梦想家智能、梦想时尚、舌尖上的梦想和摩登家庭。超过20个国家的150个品牌和数千款商品参展。展会主办方为英资十媒(上海)会展公司。

3. 嘉诺展览公司获评浙江省高新技术企业

1月9日,杭州嘉诺展览公司收到由浙江省科技厅、财政厅、浙江省国家税务局及地方税务局颁发的高新技术企业证书。嘉诺公司2005年8月创办于杭州。2007年主营业务由代理国外展会销售调整为专业服务汽车摩托车配件行业的境外展览。2014年,公司自主开发网上展会操作系统,集展会销售、品牌展示、出展服务等功能于一体,适应企业展会预定、商旅服务、展示设计等需求。

4. UFI中国地区会议在青岛召开

1月10日,国际展览业协会(UFI)中国地区特别全员会议在青岛开幕。截至2017年11月,UFI亚太地区共有280家会员单位。其中,中国大陆116家。已获得UFI认证的中国大陆地区的展会数量达84个。2017年,中国大陆地区新增会员17家,新增认证展会13个。

5. 四川省及成都市出台维护展会知识产权文件、法规

1月19日,四川省知识产权局、商务厅通知印发《关于完善电商和展会专利执法维权机制工作方案》(以下简称《方案》)。《方案》提出,展会期间发生的专利违法行为,由展会举办地管理专利工作的部门管辖。展会结束时案件尚未处理完毕的,案件的有关事实和证据可经展会主办方确认,在15个工作日内移交有管辖权的管理专利工作的部门依法处理。《方案》明确,管理专利工作的部门可应展会主办方请求入驻展会举报投诉机构,提供专利保护指导,宣传相关法律法规政策。对参展商的违法行为,指导展会主办方责令其撤出涉案展品、销毁或者封存相应的宣传材料、更换或者遮盖相应的展板。11月20日,成都市知识产权局、成都市博览局印发《成都市展会专利保护暂行办法》(以下简称《办法》)。该《办法》共十八条。

6. 德国慕尼黑博览集团ISPO入驻"天猫"购物平台

1月28日,在德国慕尼黑举办的国际体育用品博览会(ISPO)上,慕尼黑博览集团与阿里巴巴集团联合宣布,ISPO和"天猫"购物平台达成战略合作,ISPO将在"天猫"开设品牌馆,销售体育用品。ISPO是全球体育用品及运动时装行业规模最大的展会。其子展2005年进入中国。ISPO上海展2017年入驻"天猫",直播展会活动获得8500万个点赞,网友评论超过11万条。

7. 国际精品咖啡博览会在普洱举办

1月29日,首届普洱国际精品咖啡博览会在云南普洱市的普洱交易中心开幕。展会

获云南省农业厅、商务厅、国际博览局、云南省贸促会、普洱市委市政府支持,商务部流通产业促进中心主办,云南国际咖啡交易中心承办。云南是中国咖啡主产区之一。成立于2016年12月的云南国际咖啡交易中心,是全球继伦敦、纽约之后的第三大咖啡交易中心。该展会展览面积1万平方米,按咖啡种植、加工、消费产业链设置展览范围。20多个国家和地区的200余家企业、众多采购商及咖啡爱好者参展参会。

8. 北京市朝阳区环保局处罚导致环境污染的展览工程公司

2月27日,北京市朝阳区环保局向北京新意时创展览展示公司开出行政处罚决定书。决定书称:2018年1月15日,你单位位于北京市朝阳区东晓景甲1号2号院的打印车间在进行产生含挥发性有机物废气的生产活动,未按照规定安装、使用污染防治设施。决定书认为,此行为违反了《中华人民共和国大气污染防治法》第四十五条的规定,决定处以2万元罚款。

9. "重新发现活动"论坛在上海举办

3月1日,由上海八彦图信息科技公司主办的"re:EVENT重新发现活动",在上海浦东假日酒店举行。八彦图公司成立于2009年,2010年创建"31会议"服务品牌,从事数字化会展服务。此活动于每年3月1日举办。

10. 国家会展中心(上海)公布中国国际进口博览会特装施工服务商名单

3月7日,国家会展中心(上海)公司公布上海国际进口博览会特装施工服务商名单,49家企业签约入围,即深圳市卡司通展览股份有限公司、武汉瑞美展览股份有限公司、上海普朗广告有限公司、上海励展览设计工程有限公司、上海依木展览服务有限公司、德马吉国际展览有限公司、上海司马展览建造有限公司、上海现代国际展览有限公司、北京钓鱼台会展有限公司、上海贸促展览展示有限公司、北京笔克展览展示有限公司、北京中展国际展览工程有限公司、上海景和国际展览有限公司、上海亚海恒欣会展有限公司、北京华毅东方展览有限公司、广州交易会广告有限公司、北京盛世永信展览展示有限公司、德展(北京)国际展览有限公司、北京展立方企业公关策划有限公司、广州裕飞展览策划有限公司、上海意桥营销策划有限公司、金麦田(天津)展览科技有限公司、北京逸格天骄国际展览有限公司、上海思马展览服务有限公司、广州蜂艺展览有限公司、一展天下(北京)国际会展有限公司、广州艺森会展服务有限公司、上海蓝冰装饰设计工程有限公司、壹麦尚品装饰设计(北京)有限公司、北京鼎汉展览展示有限公司、广州天际展览工程有限公司、上海意点会展服务有限公司、纳奇展览工程(上海)有限公司、北京北方金矩展览有限公司上海分公司、北京艺千秋国际会展有限公司、上海视博文化传播有限公司、安宝示展览展示工程(上海)有限公司、上海启诗录品牌策划有限公司、广州市华毅展示设计有限公司、上海千岁会展有限公司、广东美刻会展服务有限公司、上海捷鼎建设工程有限公司、上海景桥会展服务有限公司、上海灵硕会展服务有限公司、广州市晶石展览服务有限公司、上海弛度会展服务有限公司、广州叁达展示设计工程有限公司、北京中泰联广展览服务有限公司、上海观图展览展示服务有限公司。2017年12月19日,国家会展中心(上海)公司发布公告,以竞争性谈判方式公开招标。其条件是:具有独立法人资格的单位,营业执照范围包括室内装修或展览装修工程服务;公司在3年内(2014年12月1日至2017年11月30日)每年特装展台搭建面积在5000(含)平方米以上的,或每年特装展台搭建合同总金额800万元(含)以上的,且无违规记录或出具相关承诺书;具备一支专业的技术队伍,有固定的从事展览工程业务的人员,具体为:拥有2名及以上建筑设计工程师或室内装修设计师、1名及以上机电(强电、弱电、给排水)类技术人员。竞投人需承诺参加进口博览会特装布展施工的所有特殊工种(含电工、焊工、给排水等)必须具备特殊工种上岗证或其他专业资格证书(管理人员除外,但管理人员不得超过所有施工人员数量的10%)。

11. 中展集团会展产业园项目落地曹妃甸

3月7日,中国国际展览中心集团会展产业园项目落户曹妃甸签约仪式,在唐山市曹妃甸区举行。该项目规划面积2千亩,分为会展产业聚集区、会展文化项目区、会展产业服务区三个空间,计划投资40亿元,分两期建设。此项目是中展集团首次建设产业园。12月18日,中展集团公司与曹妃甸区政府在京举行"京冀会展业协同发展(唐山)项目"签约仪式。双方同意,未来十年,中展集团将与唐山文旅集团组建合资公司,并负责唐山南湖国际会展中心的运营管理。

12. 中贸展览与红星美凯龙合作上海家具展、建材展

3月18日,第41届中国(广州)国际家具博览会在广州琶洲广交会展馆开幕。中国对外贸易广州展览总公司在开幕介绍会上宣布,已与红星美凯龙家居集团达成合作协议,将共同运营中国(上海)国际家具博览会和中国国际建筑贸易博览会(上海)。中国(上海)国际家具博览会和中国国际建筑贸易博览会(上海)分别是中国(广州)国际家具博览会和中国国际建筑贸易博览会(广州)的姊妹展。前者2016年创办,后者于2019年创办,展览地点均在国际会展中心(上海)。2018年9月10日举办的中国(上海)国际家具博览会,展览面积达40万平方米。

13. 杭州市改革国有会展企业管理体制

3月30日,杭州市会展办公室与杭州市商旅集团划转企业交接仪式在杭州西博会博物馆举行。市会展办公室将其下辖的杭州西湖国际博览公司、杭州世界休闲博览会公司和杭州西博文化传播公司划转杭州市商旅集团公司管理,实现"事企分开"。此3家公司分别成立于2002年、2003年和2009年,分别承担杭州西湖国际博览会、世界休闲博览会、世界文化遗产大会等杭州市政府会展项目的运营管理工作。3月29日,杭州市政府出台《关于会展业管理体制改革的实施意见》,要求抓住杭州"后峰会""前亚运"时代的发展机遇,加快政府职能转变,创新管理方式,发挥市场在会展业资源配置中的决定性作用,培育壮大会展市场主体,打造国际会展之都。

14. 中国针棉织品交易会举办百届

4月11日,第100届中国针棉织品交易会(中针会)在上海新国际博览中心开幕。展览面积2.3万平方米,参展商300家,观众3万余人次。其始于1956年商业部在上海召

开的全国针棉织品订货会。交易会由中国纺织品商业协会主办。2013年举办的第94届分为中国内衣服饰展览会和中国家纺家居展览会两个专业展。

15. 法国AUBE欧博设计公司承接中国会展中心建筑设计

4月19日,绍兴国际会展中心建筑设计项目开标,由AUBE欧博设计公司承接。该公司1997年创立于巴黎,次年进入中国。先后承接安徽国际会展中心、贵阳国际会议展览中心、菏泽展览中心、西安丝路会展中心和深圳国际会展中心的建筑设计。

16. 中装华港、伟士佳合、泰格尔三公司宣布合并

4月20日,北京中装华港建筑科技展览有限公司、北京伟士佳合展览策划有限公司和北京中装泰格尔展览有限公司召开新闻发布会,宣布合并成立中展众合(北京)国际展览有限公司。合并后,原属各公司举办的三个展会,即中国(北京)国际墙纸墙布窗帘及家居软装展览会(北京墙纸展)、中国(北京)国际建筑装饰及材料博览会(北京建博会)、中国国际供热通风空调卫浴及舒适家居系统展览会(中国供热展),将由新公司统一经营管理。北京中装华港建筑科技展览公司成立于2006年,由中展集团北京华港展览公司与北京中装建筑展览公司合资组建。北京伟士佳合展览策划公司成立于1998年。北京中装泰格尔展览公司由北京中装华港建筑科技展览公司和北京泰格尔展览有限公司于2007年合资组建。

17. 中国会展经济研究会换届

4月21日,中国会展经济研究会会员代表大会在昆明召开,选举第四届理事会。理事会选举袁再青为会长,储祥银为常务副会长,陈敬文为驻会副会长。

18. 中国国际低碳科技博览会在上海举办

4月22日,首届中国国际低碳科技博览会在上海世博展览馆开幕。博览会由工信部中小企业发展促进中心、环境保护部环境认证中心、中国电子信息产业研究院、中国科学院上海高等研究院、中国电子节能技术协会、中国质量认证中心、中国低碳经济发展促进会联合主办,设气候变化主题和低碳技术与装备、绿色制造、低碳物联网、建筑节能、低碳城市和国际成果7个展区,另有主题论坛和6个分论坛配套举办。100多家国内外参展企业展示500多项低碳的先进技术与产品。此为国内首个以低碳科技为主题的展会。

19. 习近平致信祝贺数字中国建设峰会开幕

4月22日,中共中央总书记、国家主席习近平致信祝贺首届数字中国建设峰会开幕。首届数字中国建设成果展览会在福州市海峡国际会展中心与首届数字中国建设峰会同期举办,本次峰会由国家网信办、国家发改委、工信部和福建省人民政府共同主办。展会面积超过4万平方米,分为数字福建、电子政务、数字经济、数字社会体验等4个展馆,其集中展示我国电子政务和数字经济发展最新成果。阿里巴巴、腾讯、华为、百度、京东等293家企业参展,观展人数超过12万人次。

20. 石家庄国际会展中心建成投用

4月26日,位于正定县的石家庄国际会展中心建成投用。接待的首个大型展会是第11届中国石家庄(正定)国际博览会。该中心主体工程采用钢结构装配式建造体系,采用自然通风、智能遮阳、光导光纤照明等30余项绿色建筑技术和塑料金属复合管、生物乳胶漆等60余种绿色建筑材料。室内可供展览面积为16万平方米。项目由中建钢构有限公司所辖中建浩运有限公司投资兴建,总投资约45亿元。5月15日,中建钢构有限公司与北京北辰实业集团有限责任公司在深圳签署战略合作协议。根据协议,石家庄国际会展中心委托北京北辰集团所辖北辰会展集团有限公司经营管理。

21. 广州成立琶洲会展知识产权保护中心

4月26日,广州琶洲会展知识产权保护中心揭牌。该中心依托于广州琶洲会展经济促进会,获得广州市及海珠区知识产权局支持。其以"知识产权局＋主办方＋专家/律师"为架构,从事会展业知识产权信用评估,逐步建立参展企业"黑名单"制度。广州市知识产权局负责人在揭牌仪式上披露,广州市2017年接到展会期间专利侵权的投诉超过1300件;2018年一季度接到的展会期间专利侵权的投诉达140件。

22. 杭州会展环境推介会在香港举办

4月26日,杭州会展环境推介会暨杭港会展业合作交流会在香港举办。活动由杭州市发展会展业协调办公室主办、杭州市会议展览业协会和杭州西湖国际博览公司承办。两地会展业者进行对话交流。杭州市会议展览业协会与香港展览会议业协会签订《友好合作备忘录》。

23. 广东柏堡龙股份有限公司意向收购法国展览公司股权

5月2日,广东柏堡龙股份有限公司与法国PERFECTIS TRANOI签订意向书,拟以不高于800万欧元价格收购对方持有的TRANOI DEVELOPENENT公司30％的股权。TRANOI DEVELOPMENT 是法国顶级买手展会 TRANOI 的策展公司。TRANOI展会由三大活动组成,包含3月和10月女装系列、1月和6月男装系列以及1月和6月女装系列。广东柏堡龙股份有限公司成立于2006年,是一家专注于服装设计,并根据客户要求对设计款式提供配套组织生产的企业。

24. 中国自主品牌博览会在上海开幕

5月10日,首届中国自主品牌博览会于"中国品牌日"当天在上海展览中心开幕。展会由国家发展改革委、中宣部、工业和信息化部、农业农村部、商务部、国家市场监督管理总局、国家知识产权局和上海市政府共同举办。展会设中央、地方、品牌服务三个展区,展览面积2.5万平方米。来自全国600余种知名品牌企业参展。

25. 海南省评定展览会等级

5月10日,海南省商务厅发布《关于开展展览会等级划分与评定工作的通知》。此次评定工作依照海南省《展览会等级划分与评定》标准,以组织方、参展商、展览面积、观众、展览的连续性及附加项等6项内容作为展览会等级评定的基本条件及评定指标。参与评定的展览会被划分为三个等级(由高到低依次为:AAAAA级、AAAA级、AAA级),评定结果在新闻媒体上公示。2017年12月11日,海南省质量技术监督局批准发布实施由海南省商务厅牵头制定的《展览会等级划分与评定标准》(DB46/T446—2017)。

26. 广州巴斯特与汉诺威米兰合作广州物流装备与技术展

5月15日,汉诺威米兰展览(上海)有限公司宣布,公司与广州市巴斯特会展有限公司达成合作协议,联手举办中国(广州)国际物流装备与技术展览会。该展会创办于2009年。2017年第8届展览面积达5万平方米。

27. 世界制造业大会在合肥举办

5月25日,2018世界制造业大会和中国国际徽商大会在合肥开幕。世界制造业大会由全球中小企业联盟、联合国工业发展组织、中国人民对外友好协会、安徽省人民政府共同主办。与会嘉宾超过4000位,包括100多位境内外世界500强高管、近500家国内外制造业领军知名企业负责人、30多位两院院士及专家学者。大会展览面积4万多平方米,设置综合展、国际智能制造展、国内智能制造展、安徽进出口商品精品展、金融服务业展、安徽人力资源展6个展区。

28. "渝洽会"更名"西洽会"

5月25日,第21届中国西部国际投资贸易洽谈会(简称"西洽会")在重庆国际博览中心开幕。西洽会原为中国(重庆)国际投资暨全球采购会(简称"渝洽会"),更名后仍由商务部、水利部、中国贸促会和重庆市政府共同主办,并延续渝洽会届数。更名旨在搭建服务西部、服务全国、服务"一带一路"、服务全球的国家级展会平台。本届西洽会展览面积11万平方米,设国际展、"一带一路"沿线国家展、中国品牌展、新时代中国经济展、西部合作展和渝博展6个主题展。

29. 13家会展企业入围北京商务服务业百强企业榜单

5月28日,"2017北京商务服务业自主品牌百强企业(组织)榜单"在北京市商务委员会举办的新时代北京商务服务业国际化、品牌化发展高峰论坛上发布。百强企业(组织)由北京市品牌协会和北京国际会议展览业协会等9家行业协会评选,涉及综合管理、法律、咨询与调查、人力资源、安全保护服务、会议及展览服务等领域。13家会展企业入围榜单,即中国机械国际合作股份有限公司、北京北辰会展集团有限公司、北京展览馆集团有限公司、中国国际展览中心集团公司、中国机床工具工业协会、北京笔克展览展示有限公司、北京雅森国际展览有限公司、北京振威展览有限公司、北京天施华工国际会展有限公司、北京京正国际展览有限公司、北京中铸世纪展览有限公司、北京演艺展业广告有限公司和北京中汽四方会展有限公司。

30. 国际展览业发展(北京)论坛举办

5月29日,在第5届中国(北京)国际服务贸易交易会期间,2018国际展览业发展

(北京)论坛在北京国家会议中心举行。论坛旨在促进"一带一路"倡议和京津冀协同发展战略,以"产业联动·融合发展"为主题,商务部服贸司、京津冀商务主管部门领导、UFI亚太区负责人、部分国家驻华使馆商务处代表和国内外展览机构代表近300人出席会议。论坛由北京市商务委员会、天津市商务委员会、河北省商务厅联合主办。

31.《2017湖南省会展业发展报告》发布

6月5日,由中国贸促会湖南省分会发布《2017湖南省会展业发展报告》(以下简称《报告》)。《报告》显示,2017年全省举办展览及会议、节庆活动846个,较上年增加86个,同比增长11.32%;会展实现直接经济收入近30亿元,同比增长15%。其中,大型展览会410个,全国性以及国际性会议277个,重大节会159个,分别较上年增加47个、11个和28个。全省会展业"一中心四板块"即以长沙为中心,长株潭、洞庭湖、湘南和大湘西地区协调发展的格局初步呈现。

32. 宁波"三会"首次联袂举办

6月7日,第4届中国-中东欧国家投资贸易博览会、第20届中国浙江投资贸易洽谈会、第17届中国国际日用消费品博览会在宁波国际会展中心联袂开幕。"三会"一改以往各自运作、分别举办的状况,首次实行统一招商,统一现场服务,并将配套活动整合为会议论坛、投资洽谈、贸易展览、人文交流四个版块。"三会"均由商务部、浙江省政府主办,浙江省商务厅、宁波市政府承办。包括来自57个国家和地区的境内外嘉宾、客商共2万余人参展与会。2019年,中国-中东欧国家投资贸易博览会更名为中国-中东欧国家博览会暨国际消费品博览会,由商务部和浙江省政府联合主办,更名后首届于2019年6月8日在宁波开幕。

33. 国家会议中心举办开放日活动

6月10日,"首都国企开放日"主题活动在北京国家会议中心开幕。作为"北京服务"20家特色路线直播对象之一,国家会议中心向前来参加活动的市民全方位地展示会展服务的特色,受到好评。为提升服务质量,国家会议中心累计订立411项服务标准,详细到会议室桌椅间距、会议桌用笔朝向等细节。活动现场演示了会议摆台、餐饮摆台及茶水服务过程。"首都国企开放日"由北京市委宣传部、首都文明办、北京市国资委等单位联合主办,国家会议中心已连续两届参加该活动。

34. 上海博华国际展览有限公司与伊比逊会展有限公司签署合作协议

6月17日,上海博华国际展览有限公司与上海伊比逊会展有限公司在上海签署合作协议。伊比逊公司成立于2005年。其每年分两届在上海主办国际连锁加盟展览会。两公司合作始于2017年。2018年,博华公司的上海国际酒店用品博览会(二期)与伊比逊公司的国际连锁加盟展览会于11月同期在上海新国际博览中心举行。双方还将在成都合作办展。

35. 杭州会展业界组团赴英考察培训

6月17日,杭州市会展业界19人组团前往英国参访学习。此行经国家外国专家局批准,由杭州市发展会展业协调办公室牵头,市会议展览业协会配合组织,旨在培训国际型会展人才。代表团先后在伦敦、伯明翰考察,并接受英国专家培训。

36. UFI 中国会展精英会成立

6月20日,UFI China Club 成立大会暨 UFI 认证圆桌会议在上海举行。UFI 中国会展精英会经国际展览业协会(UFI)总部批准成立。此次会议以"UFI 认证与展会专业化、国际化"为主题,宣介展会 UFI 认证的申请、审核及批准流程。近 200 位业内人士出席。精英会在筹备阶段,先后在南京、青岛、海口举办交流活动。截至 2019 年 10 月,UFI 中国会员(含港澳台地区)共 180 家(其中,中国大陆会员 145 家),中国大陆被认证的展会项目共 122 个。

37. 商务部公布《环保展台评定标准》

6月20日,国家商业行业标准《环保展台评定标准》(SB/T 11217—2018)由商务部审核公布,于 2019 年 4 月 1 日起实施。该标准由商务部流通产业促进中心牵头、灵通展览系统股份有限公司负责起草。

38. 国际(眉山)竹产业交易博览会在青神县创办

6月28日,国际(眉山)竹产业交易博览会在四川省眉山市青神县国际竹艺中心开幕。博览会由中国轻工工艺品进出口商会主办,国际竹藤组织为战略合作机构,四川省眉山市人民政府、四川省林业厅、四川省委文化厅、四川省博览事务局联合承办,青神县政府执行承办。2019 年 9 月举办的第 2 届,其展览面积为 1.3 万平方米,设置国际竹产业、竹创意设计、竹工艺美术、竹生活用品、竹科技运用、竹食品食材等多个展区。国内外 405 家客商参展。眉山市竹林面积达 108 万亩,由竹编、竹纸、竹钢、竹桶产品组成的竹产业年综合产值达到 65 亿元。

39. 习近平要求山东及青岛总结"办好一次会,搞活一座城"的经验

7月3日,新华社报道,中共中央总书记、国家主席、中央军委主席习近平日前对上合组织青岛峰会成功举办作出重要指示。习近平强调,举办上合峰会,为青岛、为山东的发展带来了新的机遇,希望认真总结"办好一次会,搞活一座城"的有益经验,推广好的做法,弘扬好的作风,放大办会效应,开拓创新、苦干实干,推动各项工作再上新台阶。

40. 杭州国际博览中心通过五套国际标准体系认证

7月5日,杭州国际博览中心获得环境管理体系标准(ISO14000)和职业健康安全管理体系(OHSMS18000)两项国际标准认证。这是继质量管理、食品安全管理、危害分析与关键控制点管理体系认证后,该中心再次获得国际标准认证。杭州国际博览中心由此成为全国唯一通过五套国际标准体系认证的场馆。

41. 南京溧水建设会展小镇

7月13日,江苏省发改委在南京召开第四次全省特色小镇创建工作推进会。溧水空

港会展小镇入选第二批省级特色小镇。南京溧水空港会展小镇项目规划用地3.49平方公里,建设内容包括空港国际会展中心、五星级酒店、会议中心及其他相关配套和市政设施等。2017年11月,南京市溧水区政府与华夏幸福基业股份有限公司及法国智奥会展集团签署建设南京空港会展小镇合作协议。该项目规划用地3.49平方公里,核心区2.37平方公里,以会展业为主导产业,相应配套会展商务、会展文创、酒店居住、医院学校等设施。该项目总投资达80亿元。

42. 厦门加强会展业信用体系建设

7月18日,厦门市会展局成立社会信用体系建设工作领导小组,并印发《关于加强厦门市会展业信用体系建设的若干意见(试行)》(以下简称《意见》)。《意见》指出,完善信用体系制度标准,强化系统平台支撑和信息应用服务,推动信用信息共享应用,加强会展业诚信建设。

43. 浙江在印度主办以医疗器械为主的商品交易会

7月27日,浙江出口商品交易会在印度钦奈的贸易中心开幕。交易会由浙江省商务厅主办。此为该省首次在印度举办以医疗器械产品为主题的展会。来自杭州、宁波、温州、台州、嘉兴、金华等地的56家企业参展。展品包括诊断仪器和设备、医用材料及消耗品、专用器材、医院设备以及康复用品等。

44. 杭州市政府成立会展业发展领导小组

7月30日,杭州市政府办公厅通知成立杭州市会展业发展领导小组。小组成员包括市委组织部、宣传部、发改委、财政局、经信委、旅发委、科委、建委、卫计委、城管委、公安局、交通运输局、贸促会、会展办以及相关城区(县)政府共52个单位组成。领导小组下设办公室于市会展办。8月27日,杭州市政府办公厅通知成立杭州市参与首届中国国际进口博览会领导小组。

45. 国家统计局《新产业新业态新商业模式统计分类(2018)》列入会展业

8月14日,国家统计局通知印发《新产业新业态新商业模式统计分类(2018)》,以界定新产业新业态新商业模式(即"三新")范围。该统计分类以《国民经济行业分类》(GB/T 4754—2017)为基础,重点反映先进制造业、互联网+、创新创业、跨界综合管理等"三新"经济活动的规模、结构和质量状况。该统计分类将科技会展服务、旅游会展服务、体育会展服务、文化会展服务和其他会议、展览及相关服务分别列入"现代商务服务"(中类)的"其他现代商业服务"和"数字创意与融合服务"两个小类之中。

46. 重庆举办中国国际智能产业博览会

8月23日,首届中国国际智能产业博览会在重庆国际博览中心开幕。博览会由重庆市人民政府、科学技术部、工业和信息化部、中国科学院、中国工程院、中国科学技术协会联合主办,以"智能化:为经济赋能,为生活添彩"为主题,分设综合展区、大企业展区、创新展区、专题展区和智慧体验广场5个展区,展览面积达18万平方米。展会期间,共有2

场主题会议、9场高端论坛、7场专业峰会、5大赛事,以及近100场系列发布会、项目洽谈签约等活动配套举办。参展企业537家,总观展人数超过50万人次。"智博会"前身为中国重庆国际汽车工业展和中国(重庆)国际云计算博览会,2018年5月经国务院正式批准合并,并更为现名。

47. 厦门会展集团股份有限公司与福建思尔福会展服务有限公司成立合资公司

8月28日,厦门会展集团股份有限公司与福建思尔福会展服务有限公司在厦门签订协议,合资设立厦门会展思尔福展览有限公司,厦门会展集团控股。作为国有企业的厦门会展集团股份有限公司,成立于2000年,旗下拥有多家全资或控股子公司,管理厦门国际会展中心、福州海峡国际会展中心、厦门国际会议中心和厦门中国钢琴音乐厅,同时经营组展、广告、展览工程等业务。思尔福会展服务有限公司成立于2017年,从事人工智能、区块链、生态环保领域的会展业务。2017年12月,双方在厦门国际会展中心合作举办首届中国国际人工智能零售暨无人店产业博览会。

48. 意大利展览集团、荷兰皇家展览集团、万耀企龙展览有限公司宣布进驻成都

8月29日,意大利展览集团、荷兰皇家展览集团、上海万耀企龙展览有限公司宣布进驻成都。未来五年,三家公司将在成都举办亚洲宠物展览会、国际建筑工业化展览会、环保产业博览会以及以"城市建筑""美好生活""现代农业""未来工业"为主题的展会。其中,中国(成都)国际旅游交易会于2018年9月5日至7日在中国西部国际博览城举办。当天,万耀企龙展览有限公司与成都天一展览服务有限公司签约合作举办成都亚洲宠物展,意大利展览集团与四川新中联展览有限公司签约合作举办中国成都环保产业博览会。

49. 万耀企龙与昆明东方环球成立合资公司、与意大利展览集团成立合资公司

8月31日,云南省委书记陈豪在昆明会见国际展览业协会(UFI)亚太区主席、上海万耀企龙展览集团总裁仲刚一行。仲刚向云南省委省政府领导介绍国际展览协会工作情况以及新设立的昆明东方环球万耀企龙展览有限公司的发展规划。该公司是上海万耀企龙展览集团与昆明东方环球国际会展公司组建的合资公司,其设立于2018年7月24日。这是万耀企龙展览集团进驻成都之后,继续布局西南市场的战略举措。3月6日,上海万耀企龙展览有限公司(VNU)和意大利展览集团(IEG)在意大利驻上海总领事馆举行签约仪式,宣布正式成立上海万耀华意展览有限公司。意大利展览集团执行董事Corrado Facco、上海万耀企龙展览有限公司总裁仲刚分别担任董事会正副主席。合资公司将以上海世界旅游博览会和中国(成都)国际旅游交易会为奠基项目,致力于中国及亚洲地区的业务发展。

50. 汉诺威米兰与广州巴斯特成立合资公司

8月31日,汉诺威米兰公司宣布与广州巴斯特公司合资成立汉诺威米兰佰特展览

(广州)有限公司。2019年,新公司主办第10届中国(广州)国际物流装备与技术展览会。

51. 商务部支持中国商协会和企业赴非参展办展

9月6日,商务部在例行新闻发布会上宣布,中方将创立中国-非洲经贸博览会,打造对非经贸合作的新窗口。商务部将支持中国有关商协会和企业赴非洲举办中国自主品牌商品展,同时支持非洲国家在华举办各类贸易促进活动。

52. 第10届国际发明展览会在佛山开幕

9月13日,第10届国际发明展览会暨第3届世界发明创新论坛在佛山潭洲国际会展中心开幕。本届展览面积4万平方米,设置国际、军民融合、全国发明创新、粤港澳大湾区、青少年发明创新等展区,上千家机构的4000多个项目参展。展会由发明者协会国际联合会(IFIA)联合主办,佛山市政府承办。国际发明展览会由中国发明协会于1988年创办。每四年举办一届。2015年后改为两年一届。先后在北京、长春、香港、上海、苏州、昆山等地举办。

53. 澳门会议展览业协会组团赴杭州考察

9月13日,澳门会议展览业协会青年委员会与贸促局代表一行20人赴杭州考察。杭州市会议展览业协会以"杭州-澳门会展业交流主题沙龙"形式,组织9家会员企业负责人与澳门代表团开展交流。

54. 中国乡村产业博览会在长沙举办

9月27日,首届中国乡村产业博览会暨中国乡村振兴产业高峰论坛在长沙开幕。博览会设有全国优质农产品、全国优秀家庭农场、美丽乡村与休闲农庄、大学生村官扶贫成果等展区,展览面积2.2万平方米,来自全国的1000多家展商参展,6000多家经销商、采购商以及全国知名大型农贸市场、大型超市采购人员参会。休闲农业与乡村旅游论坛、原产地农产品推介对接会、美丽乡村建设联盟沙龙及现场直播日、大学生村官扶贫宣传主题日、优秀家庭农场和特色小镇展示、优质农产品直购主题日、媒体专访台和网络直播平台7个主题活动贯穿其中。博览会由团中央网络影视中心、湖南省循环农业产业发展协会主办,中国青年网及远欧(北京)会展有限公司承办。

55. 海南省经营范围涉及会展服务的企业超过3.5万户

10月14日,海口网报道,截至6月底,海南省全省工商注册经营范围涉及会展服务的企业超过3.5万户,比2015年末增长近3倍。其中,年营业收入超亿元的会展企业由2015年的3家增至5家。2017年,全省1993家会展业纳税户纳税总额6967万元。全省1120家活跃会展企业就业人数约16万人。

56. 李克强在荷兰参观高新技术展

10月16日中午,国务院总理李克强与荷兰首相吕特在荷兰海牙市立博物馆共同参观荷兰高新技术展,并同企业家座谈交流。

57. 世界智能网联汽车大会暨中国国际节能与新能源汽车展在京举办

10月18日,世界智能网联汽车大会暨第6届中国国际节能与新能源汽车展览会在北京国家会议中心开幕。展会由工业和信息化部和北京市政府主办,中国贸促会机械行业分会承办,北京中汽四方会展有限公司协办。大会以"开启汽车新时代"为主题,展会内容涉及汽车、智能交通、互联网、通讯、微电子、人工智能、新能源等产业领域,展览面积3.5万平方米,180余家国内外企业参展,观众人数超过8万人次。

58. 李曼中国养猪大会暨世界猪业博览会举办

10月19日,第7届李曼中国养猪大会暨2018世界猪业博览会在郑州国际会展中心开幕。展览面积4万平方米,国内外超过500多家客商参展。李曼养猪大会(Leman Swine Conference)是由美国明尼苏达大学兽医学院动物医学继续教育计划主任李曼博士(Allen D. Leman)创办于1985年。2012年,由世信朗普国际展览(北京)有限公司引进中国,11月在西安举办首届,由明尼苏达大学主办,西北农业科技大学协办,世信朗普展览公司承办。此后每年一届,先后在南京、西安、郑州等地举办。2016年,与会议配套的展览开始在展馆举办。

59. 苏州举办金鸡湖国际会展周活动

10月26日,首届苏州金鸡湖国际会展周在苏州金鸡湖国际会议中心开幕。主办方为苏州工业园区经济发展委员会。5A级旅游景区的金鸡湖,位于苏州工业园区核心区域,是苏州市会议和展览设施聚集区。2014—2017年,展览158个,展览面积317.91万平方米,观众近700万人次。累计举办100人以上规模会议661个,500人以上大型会议342个。

60. 国家会展中心(天津)建设工程启动

11月2日,国家会展中心(天津)有限责任公司与天津市津南区国土资源分局签署天津国家会展中心一期工程土地出让协议。此举标志着天津国家会展中心建设正式启动。该项目由商务部与天津市政府共同建设。其选址于天津市津南区海河中游南岸,用地2.2平方公里,建筑总面积134万平方米,室内展览面积40万平方米,室外展览面积10万平方米。项目分两期建设。一期建设16个展厅和综合配套区,室内展览面积20万平方米,预计2021年建成投入使用。

61. 习近平出席首届进博会开幕式并发表主旨演讲

11月5日,首届中国国际进口博览会(进博会)在国家会展中心(上海)开幕。中共中央总书记、国家主席习近平出席开幕式并发表主旨演讲。展会由商务部、上海市政府主办,中国国际进口博览局、国家会展中心承办。博览会除国家馆以外,企业展分为七大展区,即消费电子及家电、服装服饰及日用消费品、汽车、智能及高端装备、食品及农产品、医疗器械及医药保健和服务贸易。共有172个国家、地区和国际组织参会,3600多家企业参展,展览面积达30万平方米,超过40万名境内外采购商到会参观,洽谈采购。

62. 绿地集团投资会展业

11月6日,绿地控股公司董事长、总裁张玉良在中国国际进口博览会期间中国会展业国际经贸论坛的演讲中披露,未来三年公司将新增400亿元投资会展业。绿地公司在上海、南昌、西安、郑州、济南、苏州等多地投资的会展场馆项目已达12个(含规划拟建项目),建筑总面积超过470万平方米,展览面积超过250万平方米。其中,已建成投用的项目有"绿地全球商品贸易港"(中国国际进口博览会常年进口商品展示交易平台)和"南昌绿地国际博览中心"。12月17日,绿地集团宣布与巴塞罗那展览中心合资成立绿地巴塞罗那会展公司,以引进国际先进水平的展馆运营。

63. 中国国际进口博览会参展商联盟成立

11月6日,中国国际进口博览会参展商联盟在国家会展中心(上海)正式成立,成员为参展首届进博会并已签约参加第2届的外国企业。美国通用电气集团当选主席单位,杜邦公司、安永会计师事务所、JBS公司、强生公司、欧莱雅集团、三星集团、丰田汽车公司当选副主席单位,阿斯利康制药等20家企业当选理事会成员,霍尼韦尔等49家企业成为联盟成员。联盟旨在服务参展各方,优化经贸合作成果,成为参展企业交流合作的平台。

64. 多个城市出台促进会展业发展的资金扶持政策

11月9日,《三亚市会展业扶持专项资金管理办法》出台。是年,全国包括共有12个城市或城区政府先后出台或修订促进会展业发展的资金补贴政策,即《北京市外经贸发展资金支持北京市外贸企业提升国际化经营能力实施方案》《武汉市会展业发展专项资金管理办法》《济南市促进会展业发展若干措施》《长沙市会展业发展专项资金管理办法》《三门峡市鼓励会展业发展奖励补助办法》《佛山市重点品牌展会认定扶持办法》《廊坊市会展业发展专项资金管理办法》《烟台市会展业发展奖励办法(试行)》《贵阳市工业和信息化委员会关于进一步实施黔药出山支持医药企业参加专业展会规范资金使用管理办法(试行)》《青岛西海岸新区会展业扶持意见》和《淄博市张店区关于进一步加强招商引资工作的意见》。

65. 中国国际消费电子通信产业博览会暨手机零配件展在南昌开幕

11月9日,首届中国国际消费电子通信产业博览会暨手机零配件展览会在南昌绿地国际博览中心开幕。展会由南昌市政府、中国通信工业协会共同主办。展会设南昌主题、OPJ成品、VR体验等10个主题展区。展览面积2万平方米。来自全国400余家企业参展。电子通信产业是南昌市四大支柱产业之一。此展旨在服务该行业发展。

66. 四川省经济合作局整合四川博览局管理职能

11月12日,四川省经济合作局举行挂牌仪式。作为省政府直属机构,其整合了四川省相关机构的外商投资促进与管理(包括港澳台地区经贸合作职能)及省政府主办展会的管理等项职能。四川博览局管理职能划归该局。

67. 仲刚应邀出席 IAEE 演讲

11月13日，UFI亚太区主席、上海万耀企龙展览有限公司总裁仲刚作为演讲嘉宾，应邀赴美出席2018国际展览与项目协会（IAEE）年会。其演讲题目是《中外合作办展成功之道》。IAEE创建于1928年，是美国及国际会展经理人组成的国际性民间社团。

68. 中国泡菜食品国际博览会在眉山举办

11月13日，第10届中国泡菜食品国际博览会与第16届中国食品安全年会在四川省眉山开幕。此为眉山会展中心（眉山中国泡菜城展示中心）投入使用后承接的首个会展项目。展览面积为2500平方米的中国泡菜博物馆，设于会展中心，有300多家泡菜食品企业参与展销。博览会由中国食品土畜进出口商会、中国食品工业协会主办，中国食品安全报社、四川省农业厅、眉山市人民政府承办。博览会创办于2008年，每年一届，定址于眉山举办。眉山是中国泡菜之乡，泡菜产量占四川省50%以上，年销售收入超过180亿元。

69. 云南城投中止收购成都环球会展旅游公司股权

11月15日，云南城投置业股份有限公司发布公告称，因相关问题需进一步落实和完善，无法及时回复证监会，决定申请中止收购成都环球世纪会展旅游集团有限公司100%股权。云南城投于2017年11月宣布拟收购成都环球公司100%股权。拟收购的主要标的物为成都世纪会展中心及其配套酒店、商业（含世界最大的单体建筑——环球中心、成都黑龙潭等开发项目），资产预估值达240亿元。云南城投于2018年8月收到《中国证监会行政许可项目审查一次反馈意见通知书》。通知书要求说明此次收购在发行价格调整机制、资金募集、收购目的、对赌协议等44个问题。

70. 上海知识产权法院受理展会知识产权案件

11月15日，《人民法院报》发表题为《上海知识产权法院：加强展会知识产权保护促进会展业健康发展》报道。报道称：至2018年9月，上海知识产权法院共受理各类涉展会（博览会）知识产权案件133件。其中，2015年50件，2016年40件，2017年36件，2018年1月至9月7件；一审案件93件，占69.93%；二审案件35件，占26.32%；诉前证据保全5件，占3.76%。共审结各类知识产权案件126件，判决结案119件，撤诉5件，调解结案1件，不予受理1件。已判决结案的案件中，法院认定构成侵权的92件，不构成侵权的27件。权利人胜诉率达77.31%。报道分析，案件主要特点包括：案件来源以权利人起诉为主、案件涉及的主体以权利人和参展商为主、案件类型主要是侵权纠纷和不正当竞争纠纷和侵害专利权的案件数量占比过半。

71. 华侨商品进口博览会暨青田进口葡萄酒交易会在青田创办

11月17日，首届华侨商品进口博览会暨青田进口葡萄酒交易会在浙江青田开幕。由浙江省商务厅、省侨联和丽水市政府主办，丽水市商务局、外侨办、侨联和青田县政府承办。70多个国家万余种葡萄酒和5万多种纺织品、母婴用品、食品、化妆品参展。展览面积6.5万平方米。意大利为博览会主宾国。

72. 全国会展业标准化年会在厦门召开

11月25日,以"新时期·新机遇·新作为"为主题的第2届全国会展业标准化技术委员会(以下简称"会展标委会")2018年年会暨2018会展业标准化年会在厦门开幕。会议审议并通过了《绿色展览运营指南》《展览展示工程设计服务基本要求》《会议管理导则》等一批国家标准建议项目。国家市场监督管理总局标准技术管理司、上海市质量技术监督局、厦门市会议展览事务局有关领导出席会议。

73. 慕尼黑博览集团与中国西部国际博览城签署合作协议

11月28日,慕尼黑博览集团与中国西部国际博览城在成都签署长期战略合作协议,宣布全球最大环保展IFAT的中国西部子展落户成都。慕尼黑IFAT展始办于1966年,每两年一届在慕尼黑举办。2019年6月,首届中国环博会成都展在中国西部国际博览城举办。

74. 成都召开推进绿色会展工作会

11月28日,成都市推进绿色会展工作会召开。为减少展会垃圾,构建绿色会展新生,助力建设宜居城市,会展场馆、主办、搭建服务商、主场服务商签署《成都绿色会展倡议书》。会议由成都市博览局组织召开。

75. 中国会展经济研究会纪念改革开放40周年

12月1日,主题为"四十年·改革开放·智能化·创新发展"的中国会展经济研究会年会在杭州举办,以纪念改革开放40周年。全国会展业者共400余人出席。大会印发《中国会展业改革开放40周年纪念文集》(以下简称《文集》)。该《文集》收录来自学者、专家、企业家、政府官员共76人的纪念文章或论文,总计50万字。中国经济网会展频道制作的专题片《大国平台——中国会展业在改革开放四十年》获中国会展经济研究会颁发的特别成果奖。

76. 上海汽车制造技术展合资经营

12月4日,励展博览集团与上海恒进展览有限公司合作,成立合资公司励进展览(上海)有限公司,共同举办上海国际汽车制造技术与装备及材料展等系列展会。该展会由恒进公司于2004年8月创办。2019年7月在上海新国际博览中心举办的展会,展览面积达到10万平方米,国内外参展企业超过600家。

77. 长沙市会展引进项目招商对接会在北京召开

12月9日,长沙市政府在北京举办长沙市重点会展引进项目招商对接会。在京的百余家著名会展组织机构包括协会、商会、学会和公司的代表应邀与会。

2019 年

1. 多地政府出台扶持会展业政策、计划

2月12日,天津市商务局、财政局公布《2019年天津市支持会展经济加快发展项目申报指南》。2月22日,陕西省政府印发《关于大力发展"三个经济"的若干政策》鼓励引进全国性品牌展会项目。3月12日,《临沂市会展业发展专项资金使用管理办法》出台。4月3日,重庆市政府发布《重庆市会展业创新提升行动计划(2018—2020年)》。5月7日,北京发布《关于促进我市商业会展业高质量发展的若干措施(暂行)》。6月13日,南京市政府通知印发《市政府关于推进改革创新打造会展品牌的实施意见》;南京市贸促会(会展办)、财政局下发《关于进一步加快会展业高质量发展的若干政策措施的通知》。6月18日,青岛市《即墨区扶持会展业发展专项资金管理办法》出台。7月2日,《哈尔滨市支持第三产业(会展业)发展补贴资金管理暂行办法》出台。10月18日,《海口市扶持会展业发展若干规定》(修订)出台。11月11日,《厦门市关于进一步促进会议展览业发展的扶持意见》出台。12月13日,成都市政府办公厅通知印发《关于促进会展产业新经济形态发展的实施意见》。

2. 《粤港澳大湾区发展规划纲要》提出发展会议展览业

2月18日,中共中央、国务院印发《粤港澳大湾区发展规划纲要》(以下简称《纲要》)。《纲要》提出构建现代服务业体系。其中要求,聚焦服务业重点领域和发展短板,促进商务服务、流通服务等生产性服务业向专业化和价值链高端延伸发展,健康服务、家庭服务等生活性服务业向精细和高品质转变,以航运物流、旅游服务、文化创意、人力资源服务、会议展览及其他专业服务等为重点,构建错位发展、优势互补、协作配套的现代服务业体系。

3. 上海市展览面积达10万平方米以上的展会共42个

2月20日,上海市会展行业协会发布统计信息,2018年上海市展览面积达10万平方米以上的展会共42个,展览总面积达801.14万平方米,分别占全市展会总数的5.8%和展览总面积的42%。

4. 中展集团与法国智奥成立合资公司

2月28日,中国国际展览中心集团与法国智奥会展集团在北京举行签约仪式,宣布法国智奥集团入股中展众合(北京)国际展览有限公司。中展众合公司是中展旗下全资子公司——华港展览公司与15家民营企业合资设立,注册于2018年2月。该公司主营建材、门业、家居软装和暖通卫浴等领域展会,包括中国(北京)国际建筑装饰及材料博览会、中国(北京)国际墙纸布艺窗帘暨家居软装展会、中国国际门业展览会暨中国国际集成定制家居展览会、中国国际供热通风空调、卫浴及舒适家居系统展览会北京展。法国智奥集团入股该公司后,股东减少为华港、智奥两家,智奥居控股地位。

5. 上海国际广告印刷包装纸业展举办第 27 届

3月5日,第27届上海国际广告印刷包装纸业展览会(上海广印展)在国家会展中心(上海)开幕,30多个国家和地区超过2000家企业参展,126个国家和地区的20.97万人次的专业观众参观,展览面积达20万平方米。展会由上海现代国际展览有限公司创办于1993年,第1—9届先后在上海商城、上海展览中心、上海国际展览中心和上海世贸商城举办。2002年第10届移址上海新国际博览中心举行,展览面积4万平方米。上海现代国际展览有限公司于2016年收购北京华展博览展览有限公司50%的股权,共同主办北京华展广告展(2003年创办),形成南北呼应之势。2018年,由中共上海市委宣传部、上海市工商行政管理局、中国广告协会指导,上海市广告协会、上海现代国际展览有限公司联合主办的首届上海国际广告节,与第26届广印展同期举行。上海国际广告节被上海市委市政府列入"打响上海四大品牌"的三年行动规划。

6. 中国国际农用化学品及植保展举办第 20 届

3月7日,第20届中国国际农用化学品及植保展览会、第20届中国国际农化装备及植保器械展览会、第9届中国国际新型肥料展览会在上海新国际博览中心落幕。植保展由中国贸促会化工行业分会创办于1999年。30个国家和地区的1336家企业参展,展览面积7.8万平方米,专业观众达3.7万人次。

7. 深圳坪山燕子湖国际会展中心投入使用

3月8日,深圳坪山燕子湖国际会展中心投入使用。该中心由深圳市坪山区政府投资兴建,是会议、展览、酒店综合体。其中,展厅面积2.1万平方米,会议室面积1.78万平方米。

8. 中国国际食品添加剂和配料展举办第 23 届

3月20日,第23届中国国际食品添加剂和配料展览会暨第29届全国食品添加剂生产应用技术展示会在上海国家会展中心开幕。33个国家和地区的1568家企业参展,展览面积达14万平方米,分为国际,综合,香精香料调味料和天然产品,提取物、功能性配料及保健品,机械设备及食品安全检测仪器等展区。展会由中国食品添加剂和配料协会、中国贸促会轻工行业分会创办于1990年。

9. 杭州与台湾会展业者交流

3月22日,"杭州-台湾会展业合作交流主题沙龙"在杭州西湖博览会博物馆举办,杭台两地会展协会和企业代表约50人出席。杭州市会议展览业协会与台湾中华国际会议展览协会签署《友好合作备忘录》。

10. 中国北方国际自行车电动车展举办国际采购接洽会

3月22日,第19届中国北方国际自行车电动车展览会在天津梅江会展中心开幕。展览面积超过10万平方米,参展客商超过600家。"走出去"国际采购接洽会在3月22

日下午举办,30个国家的百多位采购商与会,现场成交热络。天津是国内自行车、电动车产业的重要产地,产量分别占全国总产量的一半和三分之一。该展会由天津市自行车电动车行业协会创办于2001年。同年,注册设立天津华轮展览有限公司,作为展会承办机构。

11. 绿地会展携手汉诺威成立合资公司

3月26日,绿地控股集团公司与德国汉诺威国际会展公司在上海宣布成立中德合资的绿地汉诺威会展有限责任公司,并举行揭牌仪式。合资公司将利用双方在品牌价值、管理经验、场馆资源和多元产业发展方面的优势,共同拓展国内外展览市场。

12. 商务部、海关总署取消四种境内举办涉外经济技术展览会审批

4月2日,商务部、海关总署发出公告(2019年第15号)称:为贯彻落实《国务院关于进一步促进展览业改革发展的若干意见》(国发〔2015〕15号)和《国务院关于取消和下放一批行政许可事项的决定》(国发〔2019〕6号)要求,加强事中事后监管,深化展览业"放管服"改革,自本公告发布之日起,商务部不再实施四种境内举办涉外经济技术展览会办展项目审批,保留两种境内举办涉外经济技术展览会办展项目审批。

13. 1400家中国企业参展汉诺威工业博览会

4月5日,德国汉诺威工业博览会闭幕。来自75个国家和地区的6500家参展企业中,中国企业超过1400家,仅次于东道主德国。在超过21.5万名参观者中,来自中国的参观者约7200人,在外国参观者中数量第一。

14. 世界大健康博览会在武汉创办

4月7日,以"科技引领、健康未来"为主题的首届世界大健康博览会在武汉开幕,展览面积12万平方米,设置国际医养、医疗器械、医疗科技、生物医药、传统医药、健康金融、医疗美容、运动健康等十余个展区。26个国家超过300名嘉宾出席,近2000家企业参展。博览会期间共举办40场专场活动。此为中国首个以大健康为主题的展会,由武汉市政府主办,湖北省楚商联合会承办。博览会期间,武汉市政府与泰康保险集团共同发起设立"武汉大健康产业基金"。

15. 郑州开建雁鸣湖国际会议小镇

4月23日,郑州雁鸣湖国际会议会展小镇项目签约暨开工仪式举行。该项目由雅居乐集团投资100亿元建设,包括国际展览中心、会议中心、酒店、文化艺术体验街区、国际文化创新港等子项目。

16. 北京世界园艺博览会开园

4月28日,国家主席习近平在中国北京世界园艺博览会开幕式上发表题为《共谋绿色生活,共建美丽家园》讲话。以"绿色生活 美丽家园"为主题的北京世界园艺博览会,是国际园艺生产者协会批准、国际展览局认可,由中国政府主办、北京市承办的A1级国际

园艺博览会。博览会园区设于北京市延庆区,总面积 960 公顷,建设 41 个室外展园(包括 34 个独立展园和 7 个联合展园)。86 个国家和 24 个国际组织、120 个非官方组织、全国 31 个省(区、市)参展。博览会举办时间自 2019 年 4 月 29 日至 10 月 9 日,共 162 天,参观人数达 934 万人次。

17. 中建公司建设的巴拿马国家会展中心投用

5 月 1 日,中国建筑集团公司所属美国南美公司承建的巴拿马国家会展中心项目竣工投用。该中心建筑总面积 6.5 万平方米,分为宴会厅、展厅和大厅三个区域,是中美洲面积最大、功能最齐全的会展中心。该项目于 2016 年 1 月动工。

18. 大运河文化旅游博览会在扬州创办

5 月 3 日,首届大运河文化旅游博览会在扬州开幕。由中共江苏省委宣传部、江苏省文旅厅、文联、扬州市政府共同主办。相关国际友好城市、国内大运河沿线城市参展。展览面积 1.8 万平方米。

19. 中法合资经营深圳国际服装供应链博览会

5 月 8 日,深圳鹏城展览策划公司与法国智奥会展集团合资签约仪式在深圳市会展中心开幕。双方宣布合资成立深圳智奥鹏城展览有限公司,共同经营深圳国际服装供应链博览会。此展创办于 2001 年。2018 年第 20 届展览面积达 10 万平方米,超过 1600 家客商参展。

20. 中国-东盟博览会在缅甸、印尼、越南、柬埔寨举办境外展

5 月 10 日,中国-缅甸产品展览会在缅甸仰光财富中心开幕,展览面积 6000 平方米。7 月 11 日,中国-东盟博览会印尼展在印尼雅加达国际展览中心开幕,展览面积 3000 平方米。11 月 27 日,中国-东盟博览会越南机电展在越南胡志明市会展中心开幕,展览面积 1 万平方米。12 月 15 日,中国-东盟博览会柬埔寨展在柬埔寨金边钻石岛会议暨展览会展中心开幕,展览面积 4000 平方米。以上展会作为中国-东盟博览会的境外项目,均由中国-东盟博览会秘书处与举办地国家政府商务机构联合主办,广西国际博览集团公司负责承办。

21. 红岛国际会议展览中心在青岛开馆

5 月 15 日,位于青岛市红岛高新区的红岛国际会议展览中心投入使用。该中心由青岛国信集团投资 67 亿元兴建,其室内展览面积 15 万平方米,设 14 个展厅。室外展览面积 20 万平方米。

22. 东光纸箱机械国际博览会举办第 12 届

5 月 18 日,《人民日报》刊登题为《老熟人采购新机器》新闻报道。报道印度客商参加东光纸箱机械国际博览会洽谈贸易的情况。博览会 2008 年创办于河北省东光县,由中国包装联合会、河北省贸促会、京津冀包装产业联盟主办,东光县政府、沧州市贸促会承

办。首届参展商 44 家,展览面积 5600 平方米,专业观众 800 余人。2019 年的第 12 届博览会展览面积 3.3 万平方米,观众超过 2 万人,331 家企业展出纸板生产线、纸箱纸盒印刷成型设备、印后设备和配件耗材四个系列的设备 1142 台(套)。其中,专利产品 260 台(套)。东光县有千余家企业从事纸箱包装机械生产,从业者达 3.5 万人,年销售收入近 90 亿元。产品出口 126 个国家和地区,年出口交货值近 4 亿美元。

23.《潍坊市会展业促进条例》颁布施行

5月31日,《潍坊市会展业促进条例》(以下简称《条例》)经山东省人大常委会批准,自 2019 年 9 月 1 日起施行。该《条例》2018 年由潍坊市会展办公室会同市政府有关部门起草,经市政府常务会议讨论通过,提交市人大常委会审议。该《条例》分为总则、促进与扶持、服务与管理和附则四章共四十二条。

24. 中国国际玻璃工业技术展举办第 30 届

5月22日,第 30 届中国国际玻璃工业技术展览会在北京中国国际展览中心顺义新馆开幕。展览面积达 10.68 万平方米。来自中国、美国、德国、英国、法国、意大利、日本、韩国、西班牙、瑞典、瑞士、比利时等 28 个国家的 905 家企业参展(其中,国外厂商 240 家)。34329 名专业观众(境外 4050 名)参观。此展由中国硅酸盐学会于 1986 年创办,每年在上海和北京各办一届。

25. 京交会更名并与北京多个展会同期举办

5月28日至6月1日,中国(北京)国际服务贸易交易会(京交会)更名为中国国际服务贸易交易会后首次举办。北京国际文化创意产业博览会(文博会)、北京国际金融博览会(金博会)、北京国际旅游博览会(旅博会)、北京香港经济合作研讨洽谈会(京洽会)等展会与京交会同期举办,形成"一主多辅"的办展新模式。21 个国际组织、137 个国家和地区参展参会,展览总面积达 16.5 万平方米。

26. 医药、食品及包装等五展 2020 年在上海联合展出

6月13日,上海博华国际展览有限公司与上海华印展览服务有限公司签署战略合作协议。双方同意,将于 2020 年 6 月联合举办上海国际瓦楞展览会和上海国际容器加工展览会。在 6 月 19 日召开的新闻发布会上,博华公司执行董事王明亮介绍,2019 年 6 月 19 日在上海开幕的上海国际食品加工与包装机械展览会,包括了第 25 届上海国际加工包装展览会(中国食品和包装机械工业协会主办)和第 19 届上海国际食品加工与包装机械展览会(博华公司主办)、制药机械、包装设备与材料中国展,展览总面积增长 40%。

27. 美国黑石公司收购"设计上海"和"设计中国北京"

6月18日,美国私募基金黑石集团旗下活动公司 Clarion Events 宣布收购英国展会公司 Media 10 旗下"设计上海"(Design Shanghai)和"设计中国北京"(Design China Beijing)两个展览项目。2014 年 2 月,"设计上海"(上海国际设计创意博览会)在上海展览中心举行,历时四天。全球超过 150 个知名设计品牌参展,90%的品牌是首次来华。

展会主办方——英国十媒(Media10 Limited)公司,创立于2003年,是英国知名传媒及会展公司。每年举办30多个展会及活动,并主办众多业内杂志,主题涵盖流行时尚、生活设计、室内装饰设计等领域。擅长创办高端消费品展会和活动。2018年3月14日在上海展览中心开幕的"设计上海",是创办以来规模最大的一届,展览面积达2.5万平方米,设置当代设计、精典设计、限量设计、厨卫设计和办公设计5个展区,来自30多个国家及地区的400个品牌和设计艺廊参展,现场发布1000多件全新设计作品。同年9月,首届"设计中国北京"展会将在全国农业展览馆举办。2019年6月,"设计上海"与"设计中国北京"项目由美国私募基金黑石集团旗下的活动公司 Clarion Events 收购。Clarion Events 创始于1947年,是英国著名的活动公司。

28. 上海会展产业股权投资基金设立

6月19日,上海会展产业股权投资基金在"国际会展业 CEO 上海峰会"上宣布设立。该基金由东浩兰生集团公司联合上海瑞力投资基金管理有限公司作为投资者和发起方,携手上海市黄浦区政府投资基金、华麟资本等投资方共同出资设立。投资领域涵盖会议展览、活动赛事、商贸旅游、文化创意、体育健康、科技应用等行业。此为全国首支服务于会展产业的股权投资基金。

29. 中津防务车辆装备展在天津举办

6月26日,中津防务车辆装备展览会在国家会展中心(天津)开幕。展会由天津市国防科技工业协会、国家会展中心(天津)有限责任公司共同主办,获中国兵工学会、中国汽车工程学会越野车分会、中国惯性技术学会等单位支持。展会设1.5万平方米静态展区和4万平方米防务车辆实景动态演示区,展品包括军用车辆、警用车辆、紧急救援车辆及其相关装备。

30. 5G覆盖上海世界移动通信大会展馆

6月26日,2019上海世界移动通信大会在上海新国际博览中心开幕。5G信号覆盖7万平方米展馆。110个国家和地区的550家企业参展,6万名专业人士与会。大会由全球移动通信系统协会主办,东方福泰(北京)国际会展有限公司协办。

31. 中非经贸博览会在长沙举办

6月29日,首届中国-非洲经贸博览会暨中非经贸合作论坛在长沙开幕。该展会暨论坛由商务部和湖南省政府共同主办,每两年一届,固定在长沙举办。53个非洲国家以及联合国工发组织、粮食计划署、世贸组织、非洲联盟等国际组织参加,展览面积4万平方米。53个非洲国家和我国28个省(区、市)组团设展,60多家央企和700多家民企参展。超过1万人次参展与会。其中,外宾超过1600人。

32. 英富曼在成都设立华西总部

7月11日,英富曼公司宣布在成都设立华西总部。10月在中国西部国际博览城举行的世界信息安全大会,将作为华西总部设立后的第一个项目。

33. 上海东浩兰生国际服务贸易(集团)有限公司与德国汉诺威展览公司合作在深圳、成都举办工业展

8月8日,上海东浩兰生国际服务贸易(集团)有限公司与德国汉诺威展览公司在上海世博展览馆召开新闻发布会,宣布自2020年起,双方在深圳和成都合作主办华南国际工业博览会和成都国际工业博览会。双方合作办展始于2001年的第3届上海国际工业博览会。

34. 慧聪家电交易会在广州举办

8月9日,慧聪网主办的智能家电及消费电子(广州)交易会,在广州保利世贸博览馆开幕。此为慧聪网首次在广州举办展会。展览面积3万平方米,超过600家企业参展,近4万名专业观众参观。1992年慧聪网创立。2003年广州慧聪网络科技公司成立。2014年公司在港交所上市。其2000年创办慧聪家电交易会,每年分别在广东的中山、顺德,浙江的余姚、慈溪巡回举办。

35. 山东国际会展中心建成投用

8月16日,随着第19届金诺国际家具博览会开幕,位于济南市槐荫区的山东国际会展中心投入使用。该中心展厅面积10万平方米。由济南西城投资开发集团公司投资59.41亿元兴建(包括配套设施)。

36. 北京国际广播电影电视展举办第28届

8月21日,第28届北京国际广播电影电视展览会在北京中国国际展览中心开幕。526家广播影视生产厂家和运营机构展出4K/8K超高清制播技术、5G传输及发展趋势、媒体融合新发展、县级融媒体中心建设解决方案、人工智能、云计算、大数据、物联网、全IP化网络制播技术、3D音频技术等产品、设备与技术参展。展览面积5万平方米。1987年,首届展会在新落成的中央电视台演播大厅举办,展出面积不足1000平方米,40多家客商参展。

37. 湖南中医药与健康产业博览会开幕

8月23日,湖南中医药与健康产业博览会开幕。设置中药材种植基地示范县(园区)、知名品牌企业、国医及中医院、中药材、医疗器械与健康服务等多个展区,近500家机构参展。展会由长沙市政府、中国医药物资协会、中南出版传媒集团联合主办。第2届世界中医药服务贸易大会同期举行。国内外5000多名代表赴会。首届世界中医药服务贸易大会于2018年京交会期间举办。

38. 中国展览净面积占亚洲近60%

8月27日,国际展览业协会(UFI)发布《亚洲贸易展览会研究报告》(以下简称《报告》)第15版,涵盖大中华区、东南亚、澳大利亚、柬埔寨、日本、韩国、印度、缅甸和巴基斯坦等17个国家和地区。《报告》显示,至2018年12月31日,亚洲贸易展净面积达2340万平方米,较2017年增长4.8%。其中,中国净面积1370万平方米,占亚洲总面积的

59%。中国净面积较 2017 年增长 5.5%。UFI 统计报告基于会员提供的数据。

39. 杭州钱江世纪会展产业园设立

8月31日,在"2019中国会展业高层发展论坛"开幕式上,杭州钱江世纪会展产业园宣布挂牌设立。产业园位于杭州国际博览中心B座,项目总投资2亿元,建筑面积28280平方米。其将以建设会展集聚区为目标,吸引商贸、旅游、演艺、赛事等方面机构入驻。

40. 部分省市撤销会展办、博览局

8月,据《中国会展》杂志以《地方会展主管部门"存废"引发业界热议》为题的报道,在新一轮政府机构改革中,杭州、南昌、西安、昆明、宁波、义乌等地相继撤销会展办或博览局。另据媒体报道,四川省博览局、武汉市会展办撤销。这些撤销机构的管理职能或归于商务局,或转入新设立的服务业发展局(委)。其中,南昌市在撤销会展办之后,在市商务局加挂市会展博览局的牌子。

41. 中国国际复合材料展览会举办第25届

9月3日,第25届中国国际复合材料展览会在上海世博展览馆开幕,展览面积5.3万平方米,666家企业参展,专业观众2.5万人次。主办方为中国复合材料集团公司。

42. 米奥兰特公司深交所创业板上市

9月5日,中国证监会第十八届审核委员会第118次会议正式审核通过浙江米奥兰特商务会展股份有限公司(简称米奥兰特)在深交所创业板上市,成为A股2019年过会的第66家企业。10月22日,米奥兰特挂牌创业板,股票代码为300795,成为中国会展主办机构上市第一股。该公司创立于2010年,是中国自办出境展的展览公司。2019年,在波兰、土耳其、巴西、南非、约旦、哈萨克斯坦、埃及、阿联酋、印度、墨西哥、伊朗、尼日利亚12个国家主办经贸展会24场,为中国企业提供境外贸易交流服务,助力"一带一路"建设。2018年,公司营业收入4.37亿元,净利润6837.45万元。

43. 北辰集团会展研究院发布《中国展览指数报告》

9月10日,北京北辰集团会展研究院首次发布《中国展览指数报告》(以下简称《报告》)。《报告》分为展会、场馆、政府机构及政策、城市会展发展指数四篇。其中,展会篇注重展览面积在3万平方米以上的展会的统计分析。

44. 内蒙古自治区文化产业博览交易会举办

9月20日,第4届内蒙古自治区文化产业博览交易会在内蒙古国际会展中心开幕。博览会由自治区党委宣传部、贸促会主办,展览面积2.8万平方米,设置文化产业、"一带一路"、文旅创意生活、数字科技体验、弘扬蒙古马精神、绣美内蒙、书香文化、工艺美术等展区,另在莫尼山非遗小镇和玉泉区大盛魁文创园设立分会场。

45. 河北省召开县域会展座谈会

9月24日,河北省贸促会(会展办)在石家庄召开河北省县域会展座谈会。特邀专家

与安平丝网、平乡童车、东光纸箱机械、高碑店门窗、清河羊绒、清河汽车零部件、永固紧固件、辛集皮草、大营裘皮、正定小商品10个县域展会的主办机构与会交流。

46. 中国洗染展与亚洲洗衣展联合举办

9月25日至27日,中国国际洗染业展览会与国际纺织品专业处理(洗衣)亚洲展览会同期于上海新国际博览中心举办。洗染业展览会由中国商业联合会洗染专业委员会创办于2000年。纺织品专业处理(洗衣)展由中国轻工机械协会与法兰克福展览(上海)有限公司创办于2005年。

47. 南通国际会展中心竣工验收

9月26日,南通国际会展中心建设工程竣工验收。由南通市中央创新区建设投资公司投资21.5亿元建设,展厅面积2万平方米。

48. 中国国际数字经济博览会在石家庄举办

10月11日,中国国际数字经济博览会在石家庄(正定)国际博览中心开幕。开幕当天,国家主席习近平致信祝贺。博览会由工业和信息化部、河北省政府共同主办。15个省(区、市)组团参展,展览面积4万平方米。27个国家和国际组织的近200位嘉宾参加。

49. 中国国际采矿展览会举办第18届

10月30日,第18届中国国际采矿展览会在北京中国国际展览中心(顺义区馆)开幕。19个国家和地区的640家厂商参展,展览面积超过7万平方米。该展创办于1980年。1987年以后改为每两年举办一届。1998年改由中国煤炭工业协会主办。

50. 深圳国际会展中心迎来首展

11月4日,第5届深圳国际智能装备产业博览会和第4届宝安产业发展博览会在深圳国际会展中心联袂开幕。此为新落成的深圳国际会展中心承接的首展。深圳国际会展中心一期工程于9月建成,室内19个展厅,可供展览面积为40万平方米。深圳国际智能装备产业博览会由深圳市政府主办,深圳市经济贸易和信息化委员会和宝安区政府承办,展览面积4万平方米。展览范围包括展示机器人、工控自动化及集成、表面贴装(SMT)、激光、工业互联网、人工智能等技术及其装备。由深圳市宝安区政府主办的宝安产业发展博览会,是展示宝安区产业的窗口与平台,展览面积4万平方米,设置智能制造、中德合作示范、新兴产业、未来产业、高端服务业、新技术新产品发布推介和宝安形象七个展区。

51. 第2届中国国际进口博览会在上海开幕

11月5日,第2届中国国际进口博览会(进博会)在上海开幕。150多个国家和地区超过3000家企业参展,展览面积36万平方米。与会意向成交额达711.3亿美元,比首届增长23%。国家主席习近平在开幕式上发表主旨演讲。本届进博会闭幕后,其国家综合展在11月13日至20日向社会观众免费开放,观众总数达40万人次。

52. 中国工艺美术博览会创办

11月7日,首届中国工艺美术博览会在南京国际博览中心开幕。由中国轻工业联合会、中国工艺美术协会联合主办。博览会展览面积3.6万平方米,参展单位超过1200家,包括陶瓷、雕刻、织绣、文房四宝、红木家具在内的6万余件工艺美术优秀作品参展。

53. 粤港澳大湾区知识产权交易博览会在广州举办

11月12日,粤港澳大湾区知识产权交易博览会在广州琶洲南丰国际会议中心开幕。博览会由广东省市场监督管理局(知识产权局)、广州市政府、香港特区政府知识产权署、澳门特区政府经济局联合主办,广东省知识产权保护中心、广州市市场监督管理局(知识产权局)、广州开发区管委会承办。国家知识产权局、广东省政府、香港特区政府、澳门特区政府和世界知识产权组织的领导和嘉宾出席开幕式。国内外超过300家客商参展,展览面积近万平方米。设置知识产权交易运营、专利技术交易、商标品牌交易、地理标志产品、版权文化产业交易、国际知识产权6个部分,展示43.01万件知识产权项目和产品涉及专利。博览会于2018年创办,称为广东知识产权交易博览会。

54. 上海市人大公开征求《上海市会展业条例(草案)》修改意见

11月13日,上海市人大常委会办公厅发布公告,称:上海市十五届人大常委会第十五次会议已对《上海市会展业条例(草案)》进行了审议,现将法规草案及相关说明在上海人大网及微信公众号、《解放日报》《上海法治报》、东方网、新民网上全文公布,向社会广泛征求意见,以便进一步研究修改。10月30日,上海市人大常委会组织部分全国人大、市人大代表视察上海世博展览馆,参观在展馆举办的中国国际口腔器材展览会。之后,市人大就提请审议的《上海市会展业条例(草案)》举行座谈会。会上,上海东浩兰生集团负责人反映,上海现行规章缺少对于促进会展业发展的制度安排;大型会展活动需要政府的商务、公安、市场监管等部门协同形成服务保障机制。人大代表认为,"服务""规范""促进"是《上海市会展业条例(草案)》的三个关键词,建议《上海市会展业条例(草案)》应具有一定的前瞻性。12月17日,上海市十五届人大常委会第十六次会议再次听取《上海市会展业条例(草案)》审议结果的报告。

55. 世界米粉大会在南宁创办

11月16日,首届世界米粉大会在南宁国际会展中心开幕。展览面积1万平方米,广西、江西、云南、湖南、广东、四川、贵州等地和马来西亚、新加坡、印尼、泰国等国米粉制品及餐饮、调味品企业参展。展会由中国-东盟博览会秘书处、世界中餐业联合会、中国食品和包装机械工业协会、中国粮油学会米制品分会、广西国际博览集团联合主办。

56. 广州国际玩具展更名移址举办

11月20日,广州国际玩具及教育产品展览会主办方召开通报会,宣布2020年展会移址深圳国际会展中心举办,更名为国际玩具及教育产品(深圳)展览会。该展会由广东省玩具协会与德国法兰克福展览有限公司共同创办于1989年,每年春季在广州举办。

2019 年第 31 届展览面积 10 万平方米,参展商超过 4000 家。

57. 中国国际现代化铁路技术装备展在北京举办

11 月 20 日,第 15 届中国国际现代化铁路技术装备展览会在北京国家会议中心开幕。展览面积 2.2 万平方米,设置国际综合,工程建设,机车车辆、零部件、内饰及材料,通信信号、信息化及安全,基础设施及养护维修五个展区。该展会由中国铁道科学研究院集团有限公司和中国国际贸易中心股份有限公司创办于 1992 年,每两年举办一届。

58. 首届大湾区工业博览会在深圳创办

11 月 26 日,首届大湾区工业博览会在深圳国际会展中心开幕。此为深圳国际会展中心投用后承接的首个展览面积达 20 万平方米的专业展会。展会由香港讯通展览公司主办,国内外 1700 余家客商参展,超过 13 万人次专业观众参观。

59. 湖北省举办会展业职业技能竞赛

11 月 26 日,湖北省会展业职业技能竞赛在武汉职业技术学院开幕。该活动是湖北省 2019 年"工匠杯"42 项省级技能赛事之一,由湖北省人力资源和社会保障厅与湖北省会展业商会联合主办。竞赛分为会展营销和展示工程设计两个项目,参赛选手分为职业组和高校学生组。31 家单位的 61 名选手报名参赛。39 名选手入围决赛。职业组获得一等奖的 3 位选手(其中展示工程设计两人并列第一名),由省人力资源和社会保障厅颁发省级技术能手称号。

60. 全球服务贸易展望委员会探讨服贸会高质量发展途径

11 月 27 日,全球服务贸易展望委员会 2019 年秋季会议在北京雁栖湖国际会展中心举行。会议以"全球服务,互惠共享"为主题,探讨中国国际服务贸易交易会(服贸会)高质量发展之路。包括会展界专家在内的近百位国内外人士与会。该委员会为服贸会组委会发起成立的非官方国际智库,旨在为全球服务贸易的可持续发展和服贸会的高质量发展发挥智囊作用。

61. 融创公司收购成都环球世纪会展旅游集团有限公司 51% 股份

11 月 27 日,融创中国控股有限公司发布公告,宣布收购云南城投集团持有的成都环球世纪会展旅游集团有限公司及成都时代环球实业有限公司各 51% 股权,交易价格约为 152.69 亿元。成都世纪城会展中心隶属于成都环球世纪会展旅游集团有限公司,并在武汉、昆明、长沙会展中心拥有股份。收购后,成都环球世纪会展旅游集团有限公司及成都时代环球实业有限公司重组,更名为环球融创会展文旅集团公司。

62. 上海博华国际展览有限公司与顺丰速运集团(上海)速运有限公司达成合作协议

12 月 2 日,上海博华国际展览有限公司与顺丰速运集团(上海)速运有限公司举行合作协议签字仪式。博华公司选择顺丰公司作为展会物流服务商,提供国内国际展品运输、清关、展会现场机力以及"博华互联网家具在线采购"电商平台送货服务等方面服务。

63. 东浩兰生集团与中展集团合资成立运输公司

12月5日,东浩兰生集团与中展集团在上海世博展览馆举行战略合作签约仪式暨上海依佩克国际运输有限公司揭牌仪式。依佩克运输公司成立于1996年,承办海运、空运、进出口物资运输代理服务,包括揽货、订舱、仓储、展品运输等业务,是东浩兰生集团全资子公司。此次增资扩股后,东浩兰生集团和中展集团分别持有该公司55%和45%股份。

64. 北京国际展览中心转企改制并移交北辰集团管理

12月26日,北京国际展览中心转企改制交接仪式暨北京市贸促会与北京北辰集团战略合作签约仪式在国家会议中心举行。北京国际展览中心有限公司成立揭牌。北京国际展览中心成立于1985年,隶属于北京市贸促会。该中心改制转为国有企业后,归属北京北辰集团管理。

65. 中国91家机构赴73国参展办展

2019年,据中国贸促会《中国展览经济发展报告2019》统计显示,全国91家组展机构赴73个国家参展办展共1766项,展览总面积92.13万平方米,参展企业6.1万家,参展办展项目数量、展览总面积、参展企业数量分别比2018年增长5.6%、11%和2.9%。其中,赴30个"一带一路"沿线国家办展697项,展览总面积41万平方米,参展企业2.6万家。

编 后 说 明

一、《中国展览业大事记(1949—2019)》(以下简称《大事记》)由中国会展经济研究会批准编辑,中国会展经济研究会统计委员会组织实施。《大事记》编辑部设于武汉(武汉晖之石科技信息有限公司)。

二、为体现《大事记》众手成书的编辑特点,中国会展经济研究会于2016年8月同意成立中国展览业大事记编辑委员会。编委会成员由中国会展经济研究会、各地政府会展主管部门、会展行业协会、知名会展机构负责人以及业内专家组成。

三、《大事记》编辑工作始于2016年6月,完成于2020年1月。

四、《大事记》共辑录事件1809条。为方便查阅,所有事件均编写了标题。

五、《大事记》的资料来源包括文献资料、相关单位及个人提供的资料和网络资料三类。其中,文献资料主要来源于地方志、相关图书以及官方媒体报道。

六、《大事记》中许多重要事件的资料收集、史料核实和文字表述,得到当事机构或当事人的帮助或指导,在此表示衷心感谢!

七、《大事记(送审稿)》于2019年11月28日在四川省都江堰市通过编辑委员会评审。

八、《中国展览业大事记(1949—2019)》事件标题索引附录于后,以便阅读者查询检索。

九、参与《大事记》资料收集的编辑部工作人员有张剑、余袁媛、胡弘扬、王治峰、杜缘、袁芳、赵妍、王晨晗、罗佳怡、赵婧楠。

十、《大事记》的编辑出版得到中国会展经济研究会、国际展览业协会中国会展精英会(UFI China Club)的资助,并获得诸多会展机构与业界人士提前预订,在此一并表示衷心感谢!

中国展览业大事记(1949—2019)
事件标题索引

1949 年 ································ (1)
1. 天津举办工业展览会 ·············· (1)
2. 大连举办工业展览会 ·············· (1)
3. 沈阳举办农机具展览会 ··········· (1)

1950 年 ································ (1)
1. 华东区第一次农业展览会在上海开幕 ····································· (1)
2. 新式农具展在北京中南海举办 ································ (1)
3. 武汉举办工业展 ···················· (1)
4. 罗马尼亚展览会在上海、武汉举办 ····································· (2)
5. 华北地区举办城乡物资交流会 ································· (2)

1951 年 ································ (2)
1. 西北经济建设展在西安举办 ····· (2)
2. 中国组团参加莱比锡国际博览会和布拉格国际博览会 ·············· (2)
3. 各地贯彻中共中央《关于召开土产会议推销土产的指示》········· (2)
4. 西南区土产展在重庆举办 ········ (2)
5. 江苏举办物资交流展览会 ········ (3)
6. 西安召开物资交流会 ·············· (3)
7. 中南区土特产品展览交流大会在武汉举办 ··························· (3)
8. 西南工业展在重庆举办 ··········· (3)
9. 东北物资交流展览大会在沈阳举办 ····································· (3)
10. 毛泽东参观华北区城乡物资交流大会 ······························ (3)
11. 华南土特产展览交流会在广州举办 ································ (3)

1952 年 ································ (4)
1. 中国馆在印度、巴基斯坦博览会上亮相 ··························· (4)
2. 中共中央决定在北京、上海建设苏联展览馆 ·························· (4)
3. 政务院财政经济委员会发出《关于必须立即进行生产、恢复交流、活跃经济的指示》··············· (4)
4. 全国各地举办物资交流大会 ····· (4)
5. 中国贸促会设立展览部 ··········· (5)
6. 上海市土产展览交流大会举行 ····································· (5)
7. 中南物资交流大会在武汉举行 ····································· (5)
8. 中国工农业展在蒙古举办 ········ (5)
9. 陕西省、西安市联合举行物资交流大会 ······························ (5)
10. 贵州省举办农业展 ················ (5)
11. 广州举办华南物资交流大会 ··· (5)
12. 中国组团参加普罗夫迪夫国际博览会 ······························ (6)

1953 年 ································ (6)
1. 政务院成立国外来华经济展览委员会 ································ (6)
2. 民主德国工业展在北京举办 ····· (6)
3. 治理黄河展览在北京举办 ········ (6)
4. 中国工农业展在苏联开幕 ········ (6)
5. 中国展团赴莱比锡参加国际博览会 ····································· (7)
6. 波兰经济展在北京举办 ··········· (7)
7. 广州举办工业产品品质规格技术改进展 ·························· (7)
8. 一机部设立产品展览处 ··········· (7)

9. 全国百货供应会在北京召开 …… (7)

1954年 …… (7)
1. 华北区工业品交流会在石家庄开幕 …… (7)
2. 上海举办工业生产展 …… (8)
3. 北京兴建苏联展览馆 …… (8)
4. 党和国家领导人参观苏联展会 …… (8)
5. 波兰经济展在上海举办 …… (8)

1955年 …… (9)
1. 捷克斯洛伐克工业展在武汉举办 …… (9)
2. 上海中苏友好大厦建成 …… (9)
3. 捷克斯洛伐克建设成就展在北京、上海、广州举办 …… (9)
4. 中国组团参加法国里昂国际博览会 …… (9)
5. 匈牙利纺织试验仪器展在北京举办 …… (9)
6. 天津市物资交流大会开幕 …… (9)
7. 中国组团参加大马士革博览会 …… (9)
8. 广州中苏友好大厦建成 …… (9)
9. 苏联建设成就展在广州开幕 …… (10)
10. 广州举办工业产品展 …… (10)
11. 广东举办出口物资展览交易会 …… (10)
12. 中国商品展在东京、大阪举办 …… (10)
13. 匈牙利探矿设备展在北京举办 …… (10)
14. 中国组团参加印度工业博览会 …… (10)
15. 全国糖酒商品交易会发端 …… (10)

1956年 …… (11)
1. 华润公司在香港举办中国出口商品展 …… (11)
2. 上海举办日用工业品质量比较展 …… (11)
3. 广东省举办农业生产展 …… (11)
4. 武汉建成中苏友好宫 …… (11)
5. 中国出口商品展在开罗举办 …… (11)
6. 湖北工农业展在武汉举办 …… (11)
7. 广州举办服装棉被展 …… (11)
8. 苏联建设成就展在武汉举办 …… (11)
9. 中国组团参加巴黎国际博览会 …… (12)
10. 广州举办名菜美点展 …… (12)
11. 苏联原子能科学技术展在北京举办 …… (12)
12. 中国贸促会成立美术工厂 …… (12)
13. 中国商品展在河内举办 …… (12)
14. 中国组团参加伦敦手工艺品展 …… (12)
15. 中国组团参加萨格勒布国际博览会 …… (13)
16. 毛泽东参观日本商品展 …… (13)
17. 中国出口商品展在广州举办 …… (13)
18. 中国科学院科研成果展在京举办 …… (13)
19. 日本商品展在上海举办 …… (13)
20. 中国贸促会派员参加社会主义国家展览技术工作会议 …… (13)

1957年 …… (14)
1. 全国农业展在北京开幕 …… (14)
2. 广交会创办 …… (14)
3. 中国代表团参访参观汉诺威工博会 …… (14)
4. 辽宁省农业展在沈阳举办 …… (14)
5. 中国组团参加马来西亚国际商品展 …… (14)
6. 党和国家领导人参观印度展览会 …… (14)

7. 秋季广交会举办 …………… (15)
8. 民主德国塑料展在北京举行 … (15)

1958 年 ………………………… (15)
1. 日本商品展在武汉举行 ……… (15)
2. 中国出口商品陈列馆在广州竣工
   ………………………………… (15)
3. 毛泽东参观武汉地方工业展 … (15)
4. 周恩来视察第 3 届广交会 …… (15)
5. 罗马尼亚经济展在北京举办 … (16)
6. 毛泽东参观广东省农具改革
   展览会 ………………………… (16)
7. 贵州举办工业交通运输展 …… (16)
8. 广州主办番薯制品展览会 …… (16)
9. 苏东国家产品样本展在上海
   举办 …………………………… (16)
10. 武汉举办工业技术革新展 …… (16)
11. 毛泽东参观机床工具展 ……… (16)
12. 毛泽东参观天津进出口商品陈列馆
    和天津市工业技术革命展 …… (16)
13. 中国馆亮相洛桑国际博览会
    ………………………………… (17)
14. 全国工业交通展在北京开幕
    ………………………………… (17)
15. 周恩来陪同金日成参观第 4 届
    广交会 ………………………… (17)
16. 樟树举办全国药材药品交易会
    ………………………………… (17)
17. 陕西省举办农业展 …………… (17)
18. 湖南省经济建设展在长沙举办……
    ………………………………… (18)
19. 中国农垦展在越南举办 ……… (18)
20. 中国建设展在金边开幕 ……… (18)
21. 第 2 届全国农业展在北京开幕
    ………………………………… (18)

1959 年 ………………………… (18)
1. 全国机械工业土设备土办法展
   在北京举办 …………………… (18)

2. 周恩来批示《国务院关于出国
   经济展览工作的指示》………… (18)
3. "大跃进"导致广交会货源短缺
   ………………………………… (18)
4. 民主德国仪器和电工展在北京举办
   ………………………………… (19)
5. 匈牙利电讯展在北京举办 …… (19)
6. 山东举办三类物资交流大会 … (19)
7. 广交会新馆竣工 ……………… (19)
8. 全国农业展览馆在北京落成 … (19)
9. 第 3 届全国农业展在全国农业
   展览馆开幕 …………………… (20)
10. 江苏省举办工农业展 ………… (20)
11. 湖北省经济文化建设成就展
    在武汉举办 …………………… (20)
12. 中国组团参加维也纳国际博览会…
    ………………………………… (20)
13. 董必武为贵州省 10 年经济建设
    成就展提诗 …………………… (20)
14. 毛泽东参观天津市街道工业展
    ………………………………… (20)
15. 中国组团参加世界农业博览会
    ………………………………… (20)
16. 中国组团参加布达佩斯工业博览会
    ………………………………… (20)
17. 上海设立农业展览馆 ………… (20)

1960 年 ………………………… (21)
1. 广州举办技术革新展览会 …… (21)
2. 1952—1960 年中国贸促会在亚非
   国家办展参展 28 次 …………… (21)
3. 中国组团参加莱比锡春季博览会
   ………………………………… (21)
4. 捷克斯洛伐克摩托车展在上海举办
   ………………………………… (21)
5. 波兰木工机床和柴油机展在上海
   举办 …………………………… (21)
6. 重庆举办技术革新技术革命展览会
   ………………………………… (21)

7. 卡萨布兰卡国际博览会中国馆开幕 ……………………………… (21)
8. 辽宁工业展览馆竣工 ………… (21)
9. 刘少奇参观四川省工业展览会 ……………………………… (22)
10. 捷克斯洛伐克电焊及X光检验设备展在上海举办 …………… (22)
11. 毛泽东参观上海工业技术革新展览会 ……………………… (22)
12. 波兰电工电子仪表展览会在上海举办 ……………………… (22)
13. 捷克斯洛伐克工作母机展在沈阳、武汉举办 ……………… (22)
14. 中国经济建设成就展在伊拉克举办 ………………………… (22)
15. 西藏生产建设成就展在拉萨开幕 …………………………… (22)
16. 中国经济建设成就展在几内亚举办 ………………………… (22)
17. 上海举办物资综合利用展览会 ……………………………… (22)

1961年 …………………………… (23)
1. 中国工农业展在仰光举行 …… (23)
2. 中国以观察员身份参加社会主义国家商会展览部长会议 … (23)
3. 中国经济建设成就展在苏丹举行 …………………………… (23)
4. 中国组团参加莱比锡博览会 … (23)
5. 捷克斯洛伐克首饰展在上海举办 …………………………… (23)
6. 中国经济建设成就展在古巴举办 …………………………… (23)
7. 开罗世界农业博览会中国馆开幕 …………………………… (23)
8. 中国组团参加布达佩斯工业博览会 ………………………… (23)
9. 捷克斯洛伐克医药展在上海举办 …………………………… (24)

10. 波兹南国际博览会中国馆开幕 ……………………………… (24)
11. 中国经济建设成就展在加纳举行 …………………………… (24)
12. 捷克斯洛伐克布尔诺博览会样品展在上海举办 …………… (24)
13. 波兰工业展在北京举行 ……… (24)

1962年 …………………………… (24)
1. 上海举办出口包装质量展 …… (24)
2. 波兰水泵动力机械展在上海举办 …………………………… (24)
3. 沈阳市举办物资交流大会 …… (24)
4. 波兰化工产品及建材工业展在上海举办 …………………… (24)
5. 波兰水利建设成就展在北京举行 …………………………… (24)
6. 万象博览会中国馆开幕 ……… (25)
7. 全国无线电工程制作展在北京举行 ………………………… (25)

1963年 …………………………… (25)
1. 丹麦电子测量仪器展在北京、上海举办 …………………… (25)
2. 全国三类物资交流大会在上海举办 ………………………… (25)
3. 英国塑料、碳料及耐火材料工业展在北京举办 …………… (25)
4. 中国经济建设展在阿尔及利亚举办 ………………………… (25)
5. 日本工业博览会在北京、上海举办 ………………………… (25)
6. 中国经济和贸易展在墨西哥举办 …………………………… (26)
7. 中共中央批示《关于1963年秋季中国出口商品交易会的总结报告》 ……………………………… (26)
8. 中国经济建设成就展在马里举办 …………………………… (26)

1964 年 (26)
1. "九颗红心向祖国" (26)
2. 中国经济贸易展在东京、大阪举行 (27)
3. 中国经贸展在智利举办，中国展团护卫国旗 (27)
4. 英国采矿与建筑设备展在北京开幕 (27)
5. 全国工业新产品展在北京举办 (28)
6. 意大利医疗器材及光学仪器展在北京举办 (28)
7. 中国出口服装交易会在上海举办 (28)
8. 法国技术展在北京举办 (28)
9. 全国电子产品计划调配会议在北京召开 (28)
10. 瑞士精密测量仪器展在上海举办 (28)
11. 英国机械及科学仪器展在北京举办 (28)
12. 中国经济建设展在埃塞俄比亚举办 (28)
13. 中国轻工业品展在平壤举行 (29)

1965 年 (29)
1. 丹麦电子仪器测量展在上海、武汉两地举办 (29)
2. 中国组团参加里昂国际博览会 (29)
3. 瑞典阿特拉斯公司展在北京举办 (29)
4. 民主德国科学仪器展在上海、北京举办 (29)
5. 罗马尼亚经济展在北京举办 (29)
6. 意大利工业展在上海举办 (29)
7. 中国经济建设展览会在布加勒斯特举办 (30)
8. 中国商品展在巴黎举办 (30)
9. 日本工业博览会在北京开幕 (30)
10. 全国农具展在北京举办 (30)
11. 全国农业学大寨展览在北京举办 (30)
12. 法国工业展在北京举办 (30)
13. 中国经济建设展在班吉隆举办 (30)
14. 全国高校科研成果展览会在北京举办 (30)

1966 年 (31)
1. 中国经济和贸易展在卡拉奇举办 (31)
2. 全国农业机械化馆在北京开馆 (31)
3. 全国纺织工业技术革命展在上海举办 (31)
4. 中国组团参加布达佩斯工业博览会 (31)
5. 中国政府组团参加巴黎国际博览会 (31)
6. 全国手工业支援农业展在武汉举办 (31)
7. 民主德国通用机械展在北京举办 (31)
8. 英国科学仪器展览会在天津开幕 (31)
9. 中国经贸展在北九州、名古屋举行 (31)
10. 民主德国机床展在沈阳举办 (32)
11. 比利时工业展在北京举办 (32)
12. 第 20 届广交会接待国内观众参观 (32)
13. 波兰机械设备展在北京举办 (32)
14. 法国电子仪器展在上海举办 (32)

1967 年 ……………………… (32)
1. 中国经济贸易展在科威特举办 ……………………… (32)
2. 丹麦工业展在北京举办 ……… (32)
3. 中国手工艺和艺术品展在金边举行 ……………………… (32)
4. 中央发出《关于开好春季广州出口商品交易会的几项通知》…… (33)
5. 日本科学仪器展在天津举办 … (33)
6. 中国经贸展在桑给巴尔举办 … (33)
7. 中国经济建设展在哈尔格萨举办 ……………………… (33)

1968 年 ……………………… (33)
1. 中国经济贸易展在巴马科举办 ……………………… (33)
2. 中央下发《关于开好1968年春季出口商品交易会的通知》…… (33)
3. 瑞士仪器钟表展在北京举办 … (34)
4. 中国出口机械仪器展在香港举办 ……………………… (34)

1969 年 ……………………… (34)
1. 日本工业展在北京举办 ……… (34)
2. 法国机床及公共工程器械展在北京举办 ……………………… (34)
3. 中国经济建设成就展在地拉那举办 ……………………… (34)

1970 年 ……………………… (34)
1. 中国社会主义建设成就展在日本举办 ……………………… (34)
2. 周恩来要求办好广交会 ……… (35)
3. 全国县农机厂设备展在北京举办 ……………………… (35)
4. 贵州省展览馆启用 …………… (35)
5. 武汉举办"四新"展览会 ……… (35)

1971 年 ……………………… (35)
1. 中国社会主义建设成就展在布加勒斯特举办 ……………… (35)
2. 匈牙利医疗器械和药品展在北京举办 ……………………… (35)
3. 阿尔及尔国际博览会中国馆开幕 ……………………… (35)
4. 中国社会主义建设成就展在萨格勒布举办，被迫提前闭馆………… (35)
5. 罗马尼亚工业展在北京举办 … (36)
6. 中国经济建设成就展在赞比亚开幕 ……………………… (36)
7. 民主德国机床展在沈阳举办 … (36)
8. 南斯拉夫工业展在北京举办 … (36)

1972 年 ……………………… (36)
1. 保加利亚药品展在北京举办 … (36)
2. 中国经济建设成就展在秘鲁举办 ……………………… (36)
3. 周恩来陪同尼克松参观上海工业展览会 ……………………… (36)
4. 丹麦工业展在北京举办 ……… (36)
5. 日本机床展在上海举办 ……… (37)
6. 瑞典工业展在北京举办 ……… (37)
7. 全国电影工业展览会在北京举办 ……………………… (37)
8. 中国成药药酒展在新加坡举办 ……………………… (37)
9. 匈牙利机械车辆工业展在天津举办 ……………………… (37)
10. 加拿大贸易展在北京举办…… (37)
11. 中国经济贸易展在意大利举办 ……………………… (37)
12. 意大利工业展在北京举办…… (37)
13. 中国经济贸易展在尼日利亚举办 ……………………… (38)
14. 中国经济贸易展在挪威举办 ……………………… (38)
15. 周恩来批示广交会组织工作

16. 中国经济贸易展在黎巴嫩举办 …………………………………… (38)
17. 法国科技展在北京举办 ………… (38)
18. 中国经济贸易展在科威特举办 …………………………………… (38)
19. 波兰建筑、采矿设备展在北京举办 …………………… (38)

1973 年 ………………………… (38)
1. 中国经济贸易展在也门举办 … (38)
2. 波兰药品展在北京举办 ………… (39)
3. 挪威康斯贝尔格工厂展在北京举办 …………………………… (39)
4. 中国经济贸易展在埃塞俄比亚举办 …………………………… (39)
5. 英国工业技术展在北京举办 … (39)
6. 中国工艺、轻工业品展在冰岛举办 …………………………… (39)
7. 中国经济贸易展在墨西哥举办 …… …………………………… (39)
8. 邓小平考察第33届广交会 …… (39)
9. 中国经济贸易展在也门举办 … (39)
10. 民主德国机床展在上海举办 …………………………………… (39)
11. 日本自动化电子仪器设备和医疗器械展在北京举办 …… (40)
12. 中国经济贸易展在丹麦举办 …………………………………… (40)
13. 法国测量和科学仪器展在北京举办 ………………………… (40)
14. 陈云考察第34届广交会 …… (40)
15. 荷兰工业技术展在北京举行 …………………………………… (40)
16. 中国工业和手工艺品展在荷兰举办 ………………………… (40)

1974 年 ………………………… (40)
1. 浙江手工艺品展在喀麦隆举行 …………………………………… (40)
2. 中国经济贸易展在曼谷防范反华势力破坏 ……………… (41)
3. 奥地利工业展在北京举办 …… (41)
4. 第35届广交会迁址流花路新馆 …………………………………… (41)
5. 加拿大电子科学展在上海举办 …………………………………… (41)
6. 法国工业科学技术展在北京举办 …………………………… (41)
7. 瑞士工业技术展在北京举办 … (41)
8. 瑞典生物医学座谈和展览会在北京举办 ………………… (41)
9. 墨西哥经济贸易展在北京举办 …………………………………… (42)
10. 波兰机电设备展在天津举办 …………………………………… (42)
11. 中国经济贸易展在新西兰举办 …………………………………… (42)
12. 丹麦电子展在北京举办 ……… (42)
13. 澳大利亚展览会在北京举办 …………………………………… (42)
14. 中国经济贸易展在澳大利亚举办 …………………………… (42)
15. 日本农林水产技术展在北京举办 …………………………… (42)

1975 年 ………………………… (42)
1. 中国地毯交易会在天津举办 … (42)
2. 中国经济贸易展在牙买加举办 …………………………………… (43)
3. 英国机床和科学仪器展在上海举办 ………………………… (43)
4. 意大利电子和科学仪器展在天津举办 ……………………… (43)
5. 比利时工业展在北京举办 …… (43)
6. 罗马尼亚工业展在北京举办 … (43)
7. 日本电子工业和计测仪器展在上海举办 …………………… (43)

8. 中国经济贸易展用门票收入抵付科隆展馆租金 …………… (43)
9. 中国经贸展在厄瓜多尔举办 …………… (44)
10. 联邦德国技术展在北京举办 …………… (44)
11. 中国展览会在朝鲜举办 ……… (44)
12. 中国经济贸易展在墨西哥举办 …………… (44)
13.《中华人民共和国海关对出口展览品监管办法》颁布 …… (44)
14. 日本工业技术展在北京举办 …………… (44)

1976 年 …………………………… (44)
1. 中国日用品展在英国多地举办 …………… (44)
2. 法国工业、科学仪器和电信展在北京举办 …………… (45)
3. 中国展览会在泰国举办 ……… (45)
4. 南斯拉夫工具展在北京举办 … (45)
5. 德意志民主共和国电子、自动化和科学仪器展在上海举办 …… (45)
6. 陕西省科技成果汇报展览举办 …………… (45)
7. 中国经济贸易展在马尼拉举办 …………… (45)
8. 日本环保、液压技术展在北京举办 …………… (45)
9. 意大利包装机械、医疗器械展在上海举办 …………… (45)
10. 瑞典运输设备展在北京举办 …………… (46)
11. 匈牙利仪器展在北京举办 …… (46)
12. 瑞典家具灯具室内装饰展在北京举办 …………… (46)
13. 英国广播、雷达和仪器展在北京举办 …………… (46)
14. 中国经济贸易展在巴林举办 …………… (46)

1977 年 …………………………… (46)
1. 中国经贸展在尼日尔举办 …… (46)
2. 中国羽绒制品交易会在上海举办 …………… (46)
3. 中国经贸展在冈比亚举办 …… (46)
4. 中国工艺品、首饰展在香港举办 …………… (46)
5. 阿尔及利亚经济建设成就展在北京举办 …………… (47)
6. 荷兰菲利浦公司电子和分析仪器展在北京举办 …………… (47)
7. 中国经贸展在荷兰举办 ……… (47)
8. 全国工业学大庆展览在北京举行 …………… (47)
9. 全国玩具展在北京举办 ……… (47)
10. 中国经贸展在加蓬举办 ……… (47)
11. 中国展览会在日本举办 ……… (47)
12. 日本造船工业展在上海举办 …………… (47)
13. 广交会出口成交额在全国占比过半 …………… (47)

1978 年 …………………………… (48)
1. 中国农业展在牙买加举办 …… (48)
2. 中国经贸展在菲律宾举办 …… (48)
3. 上海举办工业品质量展会 …… (48)
4. 对日出口服装交易会在上海举办 … (48)
5. 日本金属加工和建材工业技术展在北京举办 …………… (48)
6. 全国轻工业新产品展销会在北京举办 …………… (48)
7. 日本横滨工业展览会在上海举办 … (48)
8. 外国农业机械展在北京举办 … (48)
9. 波兰机械展在上海举办 ……… (49)
10. 中国经贸展在迪拜举办 ……… (49)
11. 英国科学仪器展在北京举办 …………… (49)

12. 法国石油、天然气和石油化工技术展在北京举办 …… (49)
13. 西门子公司电子、电气技术展在上海举办 …… (49)

1979 年 …… (49)

1. 中国羽绒制品交易会在上海举办 …… (49)
2. 春季服装出口交易会在上海举办 …… (49)
3. 杭州举办展销会处理积压物资 …… (50)
4. 日本机床展在上海举办 …… (50)
5. 意大利塑料工业展在武汉举办 …… (50)
6. 瑞士机床展在上海举办 …… (50)
7. 法国乐器展在北京、上海举办 …… (50)
8. 天津举办国外样品与出口商品对比展 …… (50)
9. 江苏省贸促会举办多个展会 …… (50)
10. 天津举办商品交易会、津洽会创办 …… (51)
11. 英国能源展在北京举办 …… (51)
12. 全国医疗器械展在北京举办 …… (51)
13. 江苏省轻工"四新"产品展销会在南京举办 …… (51)
14. 农机部举办畜牧业机械展 …… (51)
15. 安徽省举办安徽轻工业、手工业产品展 …… (51)
16. 农用电子仪器展在北京举办 …… (51)

1980 年 …… (52)

1. 广交会常设机构企业化 …… (52)
2. 广东省进出口商品展在香港开幕 …… (52)
3. 电子产品、摄影器材及技术交流会在广州举行 …… (52)
4. 上海举办对港澳服装交易会 …… (52)
5. 物资综合展销调剂会在广州举办 …… (52)
6. 中国家用电器和建材出口交易会在上海举办 …… (52)
7. 英国医疗技术展在北京举办 … (52)
8. 英国航空设备展在上海举办 … (53)
9. 上海举办机电产品内外展销会 …… (53)
10. 日本自动化工业技术展在天津举办 …… (53)
11. 上海物资交易会开幕 …… (53)
12. 美国先进医疗设备科技交流会在广州举办 …… (53)
13. 城市机电产品交易会在广州举办 …… (53)
14. 国产计算机系列产品展销会在北京、成都举办 …… (53)
15. 全国猪皮制革新产品展销会在北京开幕 …… (53)
16. 工具机床展在广州举办 …… (53)
17. 中国出口服装洽谈会在上海举办 …… (54)
18. 广州日用工业品展销会在昆明市举办 …… (54)
19. 美国电子工业展在广州举办 …… (54)
20. 皮革制品出口交易会在上海举办 …… (54)
21. 机电产品交易会在长沙举办 …… (54)
22. 棉、化纤、纱布外贸交易会在上海举办 …… (54)
23. 北京、上海、广州三市轻工业局联合举办展销会 …… (54)
24. 中国经济贸易展在美国举办

25. 北京举办综合物资交易会……(54)
26. 中国商品展销活动在纽约举办
 ……(55)
27. 全国社队企业产品展销会在成都
 开幕……(55)
28. 全国农垦农工商联合企业产品展
 销会
 在北京举办……(55)
29. 全国有色金属材料展销会在北京
 开幕
 ……(55)
30. 全国书市、全国图书交易博览会创办
 ……(55)
31. 美国经济贸易展在北京举办……
 ……(55)
32. 中国经济贸易展在纽约开幕……
 ……(56)

1981 年 ……(56)
1. 国外汽车技术交流展在广州举办
 ……(56)
2. 春季中国出口服装洽谈会在上海举办
 ……(56)
3. 国外印刷器材展在广州开幕
 ……(56)
4. 中国商品展在曼谷举办 ……(56)
5. 英国科学仪器展在上海举行 …(56)
6. 中国抽纱制品专业交易会在南京
 开幕……(56)
7. 中国丝绸交易会在上海举办 …(56)
8. 中国经贸展在巴拿马城开幕 …(56)
9. 六一儿童用品展销会在北京举办
 ……(56)
10. 中国产品赴美参加激光和电子
 光学展……(57)
11. 天津举办集体和个体经济商品
 交易会……(57)
12. 出口服装选料订货会在上海举办

 ……(57)
13. 中国针棉织品名牌优质产品展在
 广州举办……(57)
14. 上海举办太阳能科技成果展……
 ……(57)
15. 武汉、上海举办科技成果交易会
 ……(57)
16. 20 个城市轻纺产品展销会在天津
 举办……(57)
17. 全国新号型服装展在北京举行……
 ……(57)
18. 全国稀土推广应用展销会在北京
 举办……(57)
19. 儿童游艺器材展销会在京举办
 ……(58)
20. 上海举办科技成果展览……(58)
21. 北京天坛商品交易会开幕……(58)
22. 广州举办近海工程展……(58)
23. 全国农机产品订货会在合肥举办
 ……(58)
24. 纺织机械展在广州举办……(58)
25. 西藏山南地区举办物资交流会
 ……(58)
26. 国际海事技术学术会议和展览会
 在上海创办……(58)
27. 全国摩托车及配件展示交易会
 创办……(59)

1982 年 ……(59)
1. 机械仪表工业产品扩大服务领域
 新产品展在北京举办 ………(59)
2. 美国轻工业展在北京举办……(59)
3. 春季呢绒交易会在上海举办 …(59)
4. 国际塑料和橡胶工业技术展在天津
 举办……(59)
5. 国外皮革工业展在广州开幕 …(59)
6. 广州举办国际皮革工业展 ……(59)
7. 上海举办中国裘皮及制品洽谈会
 ……(59)

8. 新中国首次参加世界博览会 … (60)
9. 全国商业机械产品展销会在徐州举办 … (60)
10. 美国俄亥俄州贸易展在武汉举办 … (60)
11. 广州举行日用工业品交流会 … (60)
12. 广州举办全国复印机及消耗材料展销会 … (60)
13. 全国搪瓷制品、保温瓶、玻璃器皿新产品展销会在京举办 … (60)
14. 中国经贸展在爱尔兰举办 … (60)
15. 国务院发文要求加强出展来展的统筹管理 … (60)
16. 全国少数民族用品、轻纺产品和中药材展销会在京举办 … (61)
17. 日本仪器展在京举办 … (61)
18. 山东省出口商品洽谈会在青岛举办 … (61)
19. 中国机床总公司在汉举办机床工具产品展 … (61)
20. 湖南省工业品下乡看样订货会在长沙举办 … (61)
21. 天津市经济贸易展在突尼斯举行 … (61)
22. 商业部在凤阳举办工业品下乡展销会 … (62)

1983年 … (62)
1. 中国毛衫展销会在港举办 … (62)
2. 天津举办新产品、新技术成果展 … (62)
3. 全国工艺品交易会巡回举办 … (62)
4. 上海举办中国工业品交易会 … (62)
5. 意大利工业设计展在上海举办 … (62)
6. 多国仪器仪表展在上海创办 … (62)
7. 北京科技成果交流交易会举办 … (62)
8. 全国工业新产品展在北京举办 … (63)
9. 五省市服装鞋帽展销会在北京举办 … (63)
10. 天津举办儿童用品展销会 … (63)
11. 中国出口商品展在土耳其举办 … (63)
12. 上海举办对外贸易洽谈会 … (63)
13. 汽车展在北京创办 … (63)
14. 多国食品机械展览会在北京开幕 … (63)
15. 北京举办旅游工艺品展销会 … (64)
16. 中国经贸展在利比亚举办 … (64)
17. 日本自动化工业技术展在沈阳举办 … (64)
18. 全国电子工业新产品展在北京举办 … (64)
19. 河南省出口商品展在香港举办 … (64)
20. 商业部发布《全国三类废旧物资交流会商品成交办法》 … (64)
21. 全国轻工业科技成果、新产品展在北京举办 … (64)
22. 全国农垦农工商联合企业产品展销会连续四年举办 … (64)
23. 原子核科学技术应用展在北京举办 … (65)
24. 全国建筑机械新产品展在武汉举办 … (65)
25. 吉林科技交流交易会在长春开幕 … (65)
26. 国家经委在北京举办全国新产品展 … (65)

27. 英美公司在北京主办制造技术、经济合作展 ……………………… (65)

1984 年 ……………………………… (65)
1. 全国中老年服装试销会在北京举办 …………………………………… (65)
2. 中国裘皮革皮服装出口交易会在北京举办 ………………………………… (65)
3. 北京举办办公室自动化技术与设备展 ………………………………………… (65)
4. 邓小平参观上海市微电子技术汇报展览 …………………………………… (66)
5. 全国出口商品生产基地、专厂建设成果展销会在北京举办 ……… (66)
6. 北京多国医疗器械展开幕 …… (66)
7. 福建举办国外技术设备展览会 …………………………………………… (66)
8. 全国商业机械产品展在北京举办 …………………………………………… (66)
9. 河南省在泰国、美国举办展会 …………………………………………… (66)
10. 山西省举办国际经济技术合作洽谈会 …………………………………… (66)
11. 江苏举办家禽展览会 ………… (67)
12. 中国经贸展在加拿大举办 …… (67)
13. 江苏国际展览公司成立 ……… (67)
14. 全国旅游产品内销工艺品展在北京开幕 ……………………………… (67)
15. 澳大利亚科学仪器展在南京举办 …………………………………………… (67)
16. 沈阳举办引进移植外埠科技成果交流交易大会 ……………………… (67)
17. 山西省商品交易会在太原举办 …………………………………………… (67)
18. 北京举办计算机应用展 ……… (67)
19. 国外和香港地区纺织工业展在上海举办 ……………………………… (68)
20. 日本微型计算机展在北京举办 …………………………………………… (68)
21. 中国国际展览中心公司成立 ……… (68)
22. 中国展览馆协会成立 ………… (68)
23. 上海国际展览公司成立 ……… (68)
24. 天津举办国际合作项目展 …… (68)
25. 沈阳举办农村工业品展销会 …………………………………………… (68)
26. 上海国际纺织工业展览会创办 …………………………………………… (69)
27. 武汉出口商品展在日本开幕 ……… (69)
28. 武汉举办秋季商品交易会 …… (69)
29. 广州举办国际渔业及加工展 …………………………………………… (69)
30. 北京举办金属切削机床产品咨询展销会 ……………………………… (69)
31. 电子计算机及应用展在北京举办 …………………………………………… (69)
32. 西安举办医疗器械展览会 …… (69)
33. 青岛举办日本科学仪器展览会 …………………………………………… (69)
34. 广州商品展销会在香港举办 ……… (70)
35. 全国农业、农垦、水利、江苏乡镇企业展销会在北京举办 …… (70)
36. 江苏省乡镇企业展在北京举办 …………………………………………… (70)
37. 广州市举办咸鱼海味商品展销交流会 …………………………………… (70)
38. 国际采矿设备技术交流展在长春举行 …………………………………… (70)
39. 境外机构在青岛举办展会 …… (70)
40. 北京、广东国际印刷技术展创办 …………………………………………… (70)
41. 内蒙古科技成果交易会开幕

42. 厦门举办国际电脑新技术展 ……………………………………… (71)
43. 全国茶叶交易会在郑州举办 ……………………………………… (71)
44. 全国林产品交易会在合肥召开 ……………………………………… (71)
45. 机械工业部新技术、新产品展销会在北京举办 ……………… (71)
46. 全国首届水产加工品展销会在北京开幕 ……………………… (71)
47. 北京国际航空展创办 ………… (71)

1985 年 ……………………………………… (71)

1. 深圳举办国际先进技术设备展 ……………………………………… (71)
2. 全国农副工产品展销会在北京举办 ……………………………… (71)
3. 陕西省举办农村科技市场洽谈会 ……………………………… (72)
4. 运城举办树苗、树种、花卉展销订货会 ……………………… (72)
5. 陕西省举办矿产开发咨询服务展览洽谈会 ………………… (72)
6. 四川举办国际经济技术合作和贸易洽谈会 ………………… (72)
7. 胡耀邦视察广交会 …………… (72)
8. 北京举办残疾人用车展销会 … (72)
9. 中国电子设备展在上海、深圳两地举办 ……………………… (72)
10. 全国公路交通工业产品展在北京举办 ……………………… (72)
11. 航天工业部科技成果展览交易会在北京举办 ……………… (73)
12. 全国技术成果交易会在北京举行 … (73)
13. 荷兰农业展览会在北京举行 ……………………………………… (73)
14. 保加利亚建筑机械展在北京举办 ……………………………… (73)
15. 深圳设立工业展览馆 ………… (73)
16. 上海经济协作区二轻产品交易会在北京举办 ……………… (73)
17. 贵州省举办资源开发展 … (73)
18. 上海国际汽车工业展览会创办 ……………………………………… (73)
19. 山西省在香港、深圳分别举办经济技术合作洽谈会 ……… (74)
20. 全国饲料及加工机械展在北京举办 ………………………… (74)
21. 国际服装加工设备展在沈阳举办 ……………………………… (74)
22. 邓小平为中国国际展览中心题写馆名 ……………………… (74)
23. 中国轻工出口商品洽谈会在深圳举办 ……………………… (74)
24. 全国渔业机械展销会、国际渔业及加工展在杭州举办 …… (74)
25. 海上石油开发设备展在北京举办 ……………………………… (74)
26. 广州个体户自产服装展销订货会在北京举行 ……………… (74)
27. 全国劳动服务公司产品展销会在北京举办 ………………… (75)
28. 中国草柳藤竹编织品交易会在青岛召开 …………………… (75)
29. 全国渔具钓具展销会在北京举办 ……………………………… (75)
30. 航空工业部民品展销会在西安举办 ………………………… (75)
31. 亳州创办中药材交易会、国际中医药博览会 …………… (75)
32. 陕西省技术成果交易会在西安召开 ………………………… (75)
33. 巴伐利亚州在青岛主办工业技术展 ……………………………… (75)
34. 全国中药材秋季交易会在安国举办 ………………………… (75)

35. 中国国际展览中心在北京竣工 …………………………………… (76)
36. 全国烟草技术成果交易会在郑州举办 …………………………… (76)
37. 全国长毛兔交易会在阜阳举办 …… (76)
38. 国际包装学术讨论会及样品展在北京举办 …………………… (76)
39. 西安举办书市 …………………… (76)
40. 全国节能产品技术展在杭州举办 …………………………… (76)
41. 北京国际农业技术展开幕 …… (76)
42. 上海经济区技术信息交易会在芜湖举办 …………………………… (76)
43. 第4届亚太国际贸易博览会在北京举办 …………………………… (77)
44. 北京分析测试学术报告会及展览会举办 …………………………… (77)
45. 日产汽车系统展在北京举办 …………………………………… (77)
46. 轻工业部举办食品工业新成就展览、新产品展销会 ………… (77)
47. 国外纺织机械展在武汉举办 …………………………………… (77)
48. 武汉举办房产交易会 …………… (77)
49. 全国车船节能新技术新产品展览交易会在北京举办 ………… (77)
50. 全国供销合作社加工产品联合展览会在北京举办 …………… (77)
51. 北京市贸促会成立北京国际展览中心 …………………………… (78)

1986 年 …………………………………… (78)

1. 全国春节农副工产品展销会在北京举办 …………………… (78)
2. 国际家具样品及制造设备展在北京举办 …………………… (78)
3. 国际现代化办公设备展在北京举办 …………………………… (78)
4. 国际国防工业展在北京举办 … (78)
5. 国际核能源设备及测试仪器展在北京举办 …………………………… (78)
6. 北京举办福利生产和经济实体产品展销会 …………………… (78)
7. 江苏举办对外经济贸易洽谈会 …………………………… (79)
8. 中国展团以摊位方式参加瑞士巴塞尔样品展 …………………… (79)
9. 国际纺织服装工业展在北京举办 …………………………… (79)
10. 国际石油设备和技术展在北京举办 …………………………… (79)
11. 河南出口洽谈会、展销会在汉堡、东京举办 …………………… (79)
12. 全国医疗器械新产品展在北京举办 …………………………… (79)
13. 境外机构在济南举办展会 …… (79)
14. 国际性启智游乐展在北京举办 …………………………… (80)
15. 全国商品交易会在郑州举办 …………………………… (80)
16. 中国深圳技术交易会举办 …… (80)
17. 国际玩具制造技术及设备展在北京举办 …………………………… (80)
18. 国际电子生产、半导体展在北京举办 …………………………… (80)
19. 杭州举办住宅展销会 ………… (80)
20. 东北技术协作交流交易会在沈阳举办 …………………………… (80)
21. 图书展销会在北京举办 ……… (81)
22. 罗马尼亚工业展在北京举办 …………………………… (81)
23. 天津举办国外先进工业机械电子设备展 …………………………… (81)
24. 郑州举办日本食品工业展 …… (81)
25. 意大利食品加工和包装展在北京

26. 美国航空展在北京举办………… (81)
27. 西藏日喀则举办邻国边贸商品
    交易会………………………… (81)
28. 国际体育仪器器材展在北京举办…
    ……………………………………… (81)
29. 中国国际消防设备技术交流展在
    北京创办……………………… (81)
30. 全国计算机应用展在北京举办……
    ……………………………………… (82)
31. 国际教具展在北京创办…… (82)
32. 全国仪表仪器展销会在深圳举行…
    ……………………………………… (82)
33. 国际焊接技术设备展在北京开幕…
    ……………………………………… (82)
34. 江苏省出口商品展销会在科隆举行
    ……………………………………… (82)
35. 中国国际模具技术和设备展在上海
    创办…………………………… (82)
36. 兵器工业技术与民品交易会在北京
    举办…………………………… (83)
37. 西安举办商品房交易会……… (83)
38. 深圳举办台湾图书展销会…… (83)
39. 中国经贸展在莫斯科举行…… (83)
40. 全国水产养殖、海岛开发技术交易会
    在青岛举行…………………… (83)
41. 全国旅游产品展销会在青岛举办
    ……………………………………… (83)
42. 军办企业出口商品展销会在北京
    举办…………………………… (83)
43. 陕西举办出口新商品展…… (83)
44. 福建乡镇企业产品展销会在
    北京举办……………………… (83)
45. 中国乡镇企业出口商品展在北京
    举办…………………………… (84)
46. 北京国际图书博览创办…… (84)
47. 北京举办秋冬季服装展销会
    ……………………………………… (84)
48. 湖南西部地区商品交易会在怀化
    举办…………………………… (84)
49. 中国国际修船技术交流展在北京
    开幕…………………………… (84)
50. 全国建筑机械新品展暨产品预拨
    订货会在武汉举办…………… (84)
51. 上海经济区杭州商品交易会开幕
    ……………………………………… (84)
52. 浙江省举办新优名特产品展销会
    ……………………………………… (85)
53. 全国茶叶小包装展销会在西安召开
    ……………………………………… (85)
54. 北京国际防务技术展览会举办
    ……………………………………… (85)
55. 全国适用新技术与科技新产品
    交易会在郑州举办…………… (85)
56. 全国社会福利企业产品展销会在
    北京举办……………………… (85)
57. 北京举办国际旅游展销会…… (85)
58. 中国国际环保展览会在北京举办…
    ……………………………………… (85)

1987 年 …………………………… (86)
1. 农副工产品展销会在北京举办 ……
   ……………………………………… (86)
2. 中国裘革服装交易会在北京举办
   ……………………………………… (86)
3. 西安举办乡镇企业产品展销会
   ……………………………………… (86)
4. 国际计量、测量、测绘仪器技术展
   在北京举办 …………………… (86)
5. 山东省举办专利技术展 ……… (86)
6. 广东省利用外资、引进技术成果展
   在京举办 ……………………… (86)
7. 国际煤炭技术设备展在北京举办
   ……………………………………… (86)
8. 北京·埃森焊接与切割展创办
   ……………………………………… (86)
9. 中国国际铸造博览会在北京创办
   ……………………………………… (87)

10. 北京国际林业机械技术展举办 …………………………………………… (87)
11. 全国物流科技成果、技术装备展销会在天津举办 ………… (87)
12. 山东省在慕尼黑举办中国经贸展 … (87)
13. 广州举办计划生育医疗器械药具展会 …………………………… (87)
14. 云南省出口商品展览及经济技术贸易洽谈会在香港举行 …… (87)
15. 黑、吉、辽、内蒙古出口商品交易会在大连举办 ………… (87)
16. 美国伊利诺伊州现代化工业技术样本展在青岛举行 ………… (88)
17. 航空工业部主办民品与技术交易会 …………………………………………… (88)
18. 中国制冷展在北京创办 ………… (88)
19. 全国成套技术、新技术、新产品交易与地区经济技术协作开发洽谈会在北京举办 ………… (88)
20. 江苏省与美国纽约州联合举办商品交易会 …………………………………… (88)
21. 全国服装鞋帽时新产品展销会在北京举办 ……………………………… (88)
22. 中国商品展销会在加蓬举办 …………………………………………… (88)
23. 深圳中外经济技术合作洽谈会举办 …………………………………………… (89)
24. 全国劳动保护、安全生产技术开发展在北京举办 ……………………… (89)

1988 年 ……………………………… (89)
1. 全国轻工机械、衡器展在北京举办 … …………………………………………… (89)
2. 中国渔业技术装备出口交易会在深圳举办 ……………………………… (89)
3. 全国羽绒制品出口交易会在上海举办 …………………………………………… (89)
4. 上海市首次举办房产交易会 … (89)

5. 中国丝绸交易会在杭州召开 … (89)
6. 全国软件技术市场交易会在北京举办 …………………………………………… (89)
7. 外经贸部明确对来华和去国外举办经济贸易展览会的审批管理 … (89)
8. 民主德国出口商品展在北京举办 …………………………………………… (90)
9. 中国机械工业产品博览会在北京举办 …………………………………………… (90)
10. 中国国际展览工程公司在北京成立 …………………………………………… (90)
11. 外经贸部出台来华经济技术展审批规定 …………………………………… (90)
12. 山东举办发明展览会 ………… (91)
13. 山东经贸展在澳大利亚举办 …………………………………………… (91)
14. 云南省进出口贸易洽谈会在纽约举办 …………………………………………… (91)
15. 全国玩具新产品展销会在北京举办 …………………………………………… (91)
16. 中国贸促会五个行业分会成立 …… …………………………………………… (91)
17. 中国国际纺机展在北京创办 ……… …………………………………………… (91)
18. 国家科委、外交部、海关总署发文界定"科技展览" ………………… (92)
19. 深圳出口商品展销及经济技术洽谈会在英国举办 ……………… (92)
20. 机电部、农业部通知加强来华展和出国展管理工作 ……………… (92)
21. 中国馆在加拿大太平洋国家展览会开馆 …………………………………… (92)
22. 大连国际服装博览会创办 …… (92)
23. 广西出口商品展销暨经济技术洽谈会在汉堡举行 ……………… (93)
24. 江苏出口商品展销会在新加坡举办 …………………………………………… (93)
25. 贵州省在美国举办出口商品展

26. 全国分析仪器展在北京举办……(93)
27. 全国老年生活用品展销会在北京举办……(93)
28. 全国轻工业出口产品展在北京开幕……(93)
29. 国家工商管理局、对外经济贸易部下发《关于举办来华经济技术展览会等经营广告审批办法的通知》……(93)
30. 法国城市建设技术工艺展在北京举办……(94)
31. 中国兰花博览会创办于广州……(94)
32. 机械电子产品扩大出口展在北京举办……(94)
33. 全国商业系统新技术、新成果交易和名特优产品展销会在北京举办……(94)
34. 全国乘用汽车展览会在北京举办……(94)
35. 上海市贸促会组团赴境外参展……(94)
36. 首届中国对外技术交易会在深圳举行……(94)
37. 中国对外企业主交易会在深圳举办……(94)
38. 全国星火计划成果展在西安举行……(95)
39. 全国获奖成果推广交易会在武汉举办……(95)
40. 重庆工业品贸易中心承接展会……(95)
41. 中国国际展览中心成为UFI首个中国会员……(95)
42. 国际专利及新技术设备展在广州举办……(95)
43. 中国食品博览会在北京举办……(95)
44. 全国轻工业科技活动周成果展览交易会在北京召开……(95)

1989年……(96)

1. 北京举办对外经济贸易洽谈会……(96)
2. 《北京市生活用品展销会管理暂行规定》发布……(96)
3. 天津国际经济贸易展览中心落成……(96)
4. 深圳安防展创办……(96)
5. 中国国际机床展览会创办……(96)
6. 贵州省在港举办轻纺工业产品展……(96)
7. 深圳建设首座展览中心……(97)
8. 全国计算机与电子产品展览交易会在北京举办……(97)
9. 辽宁省出口商品展在智利举行……(97)
10. 中国东北地区暨内蒙古出口商品交易会在大连开幕……(97)
11. 北京国际博览会举办……(97)
12. 六省(区、市)商品交易会在贵阳召开……(97)
13. 国际医用影像治疗及检查设备展在北京开幕……(97)
14. 中国西部商品交易会在天水创办……(97)
15. 沿黄河各省、区名、优、新、特产品交易会在青岛举行……(98)
16. 广州国际美容美发博览会创办……(98)
17. 海峡两岸图书展在厦门举办……(98)
18. 广州举办侨界企业商品展销会……(98)
19. 重庆举办对外经贸洽谈会……(98)
20. 北京市在东京举办经贸展……(98)

21. 中国北方国际工业技术与贸易展和中国环渤海地区技术专利经济展在天津举办 ……………… (98)
22. 江泽民、李鹏参观中国外商投资企业成果展 ……………… (98)
23. 北京国际水利展在北京开幕 ……………… (99)
24. 中国国际食品加工和包装机械展在北京创办 ……………… (99)
25. 中国(北京)国际工程机械、建材机械及矿山机械展览与技术交流会创办 ……………… (99)
26. 广州国际举办汽车、维修与零部件展 ……………… (99)
27. 陕西省在泰国首都曼谷举行机床展销会 ……………… (99)
28. 全国轻工业优秀新产品展评展销会在北京举办 ……………… (99)
29. 北京国贸国际会展中心建成投用 ……………… (99)
30. 天津国际展览中心建成投用 ……………… (100)
31. 国际化学工程与生物技术展览会移植中国 ……………… (100)
32. 河南省家禽交易会 ……………… (100)

1990 年 ……………… (100)

1. 中国馆亮相第15届世界旅游博览会、中国展团参加第11届伦敦世界旅游博览会 ……………… (100)
2. 江苏省出口商品展销会在科威特举办 ……………… (100)
3. 上海举办科技兴农展览会 ……………… (100)
4. 中国国际农业新技术博览会在北京举办 ……………… (100)
5. 石狮市纺织服装产品赴外地举办展销会 ……………… (101)
6. 全国科技贷款成果展在北京开幕 ……………… (101)
7. 第14届世界采矿大会及国际采矿设备和技术展览会在北京开幕 ……………… (101)
8. 中国国际轴承及其专用装备展创办 ……………… (101)
9. 上海出口商品周在荷兰举办 ……………… (101)
10. 中国国际信息通信展在北京创办 ……………… (101)
11. 哈尔滨国际经济贸易洽谈会创办 ……………… (101)
12. 浙江出口商品展在汉堡举行 ……………… (102)
13. 多国服装加工工艺和设备展在上海举办 ……………… (102)
14. 《展览学概论》出版 ……………… (102)
15. "中国妇女儿童用品40年"博览会举办 ……………… (102)
16. 北京国际汽车展览会创办 … (102)
17. 国务院转发《关于地方对外经贸洽谈会归口经贸部审批的意见》 ……………… (103)
18. 全国纺织新技术新产品展在北京开幕 ……………… (103)
19. 江苏省出口商品展销会在科隆、伦敦举办 ……………… (103)
20. 国际医疗器材及药品展在北京举办 ……………… (103)
21. 国际耐火材料工业展在广州举办 ……………… (103)
22. 中国中医药文化博览会在北京举办 ……………… (103)
23. 中国昆明边境贸易会在瑞丽举行 ……………… (104)
24. 中国电工电子产品展在北京举办 ……………… (104)
25. 山西省出口商品展暨对外经济技术合作洽谈会在新加坡举办 … (104)
26. 全国留学回国人员科技成果展在京

27. 全国乡镇企业适用新技术、新设备
    暨海外产品展在青岛举办 …… （104）
28. 国家科委颁布《技术交易会管理暂行
    办法》……………………………（104）
29. 军转民高技术出口产品展览交易会
    在北京举办 ……………………（104）
30. 全国轻工业博览会在北京开幕
    ……………………………………（104）

1991 年 ……………………………（104）
1. 沪产仪表电子新产品开发成果展
   评会开幕 ………………………（104）
2. 中国医药保健品展销会在福建举办
   ……………………………………（105）
3. 中国组团参加阿布扎比国际博览会
   ……………………………………（105）
4. 华交会在上海创办 ……………（105）
5. 中国高新科技产品参加莱比锡
   春季博览会 ……………………（105）
6. 江泽民参观全国工业企业技术
   进步成就展 ……………………（105）
7. 中国渔业技术装备交易会在福州
   举办 ……………………………（105）
8. 全国机电仪替代进口产品博览
   交易会在西安举办 ……………（106）
9. 全国农业机械新产品、新技术展在
   北京举办 ………………………（106）
10. 北京举办计算机产品展 ……（106）
11. 中国组团参加比利时高技术博览会
    ……………………………………（106）
12. 中国组团参加巴黎博览会 …（106）
13. 宁波馆参展法国鲁昂国际博览会
    ……………………………………（106）
14. 卫生部主办国际先进医疗器械
    设备展 …………………………（106）
15. 上海出口商品展销会在日本举办
    ……………………………………（106）
16. 万里出席中国医疗器械博览会
    ……………………………………（106）
17. 全国计算机中文信息处理展在
    北京开幕 ………………………（107）
18. 山东经贸展在澳大利亚、德国举办
    ……………………………………（107）
19. 中国青年科技成果博览会在北京
    举办 ……………………………（107）
20. 贵州省商品交流会举办 ……（107）
21. 辽宁省组团参加大马士革国际
    博览会 …………………………（107）
22. 国务院办公厅下发《关于加强对
    出国举办经济贸易展览会统一
    协调管理的通知》……………（107）
23. 江苏省举办机械工业名、优、
    特、新产品展销会 ……………（108）
24. 江苏省出口商品展销会在德国举行
    ……………………………………（108）
25. 国际表面处理技术及设备展在广州
    举办 ……………………………（108）
26. 中国对外技术交易会在上海举办…
    ……………………………………（108）
27. 宁夏举办穆斯林食品博览会………
    ……………………………………（108）
28. 北京举办首饰博览会 ………（108）
29. 中国旅游购物节、旅游商品国际
    博览会在厦门举行 ……………（108）
30. 上海科技博览会开幕 ………（109）
31. 李鹏视察第 70 届广交会 …（109）
32. 中国国际电子贸易博览会在北京
    举办 ……………………………（109）
33. 全国星火计划成果博览会在北京
    开幕 ……………………………（109）
34. 四川省技术交易会举办 ……（109）
35. 中国商品展销会在科威特举办…
    ……………………………………（109）
36. 国际维修技术、设备及工具展在
    北京举行 ………………………（109）
37. 上海出口商品周在阿联酋举办
    ……………………………………（109）

38. 中外老年用品博览会在北京举办 ………………………………… (109)
39. 江苏省商业系统名特优新产品展销会在南京举办 ………………… (110)
40. 中国农业展览协会成立 ……… (110)

1992 年 ………………………… (110)
1. 中国外资企业出口商品交易会在厦门创办 ……………………… (110)
2. 福建举办"菜篮子"工程产品展销会 …………………………… (110)
3. 江泽民参观第 2 届全国轻工业博览会 …………………………… (110)
4. 中国工业技术及产品出口交易会在新加坡举办 ………………… (110)
5. 外经贸部批转《关于出国举办经济贸易展览会归口协调审批管理办法》………………………………… (110)
6. 上海出口商品展销会在雅加达举行 …………………………… (110)
7. 中国新技术设备及产品展在曼谷举办 …………………………… (111)
8. 全国女职工新技术产品展在北京开幕 …………………………… (111)
9. 中国新产品新技术博览会在北京举办 …………………………… (111)
10. 中国白酒参加国际酒展获奖 ……… (111)
11. 全国中小企业博览会在北京开幕 …………………………… (111)
12. 湖南省民族名优特新产品展在深圳举办 ……………………… (111)
13. 韩国商品展在北京举办 …… (111)
14. 全国照相影视器材及办公设备博览会在北京举办 ……………… (111)
15. 北京举办国际陶瓷技术及装备展 …………………………… (112)
16. 江泽民参观北京国际汽车工业展览会 …………………………… (112)
17. 西南对外经贸洽谈会在重庆举办 …………………………… (112)
18. 青岛新技术新成果交易会举办 …………………………… (112)
19. 中国国际化工展览会创办 … (112)
20. 华东出口商品交易会在俄罗斯举办 …………………………… (112)
21. 全国煤炭企业多种经营产品展销会在北京举办 ……………… (112)
22. 乌洽会创办 ………………… (112)
23. 全国三资企业生活用品博览会在北京举办 …………………… (113)
24. 上海举办计算机与条码演示会 …………………………… (113)
25. 中国国际电池技术展创办 … (113)
26. 香港贸发局在深圳主办国际机械及工业原料展 ……………… (113)
27. 中国大企业对外开放成果展暨中外经贸技术合作与投资洽谈会在深圳举办 ……………………… (113)
28. 深圳创办房交会 ………… (113)
29. 上海国际展览中心落成 …… (113)
30. 东北三省家禽交易会举办 … (114)

1993 年 ………………………… (114)
1. 上海现代国际展览公司成立与发展 …………………………… (114)
2. 河南省在日本和港澳地区举办经贸洽谈会 …………………… (114)
3. 中国机电仪器商品交易会在深圳举办 ………………………… (114)
4. 深圳礼品展创办与发展 ……… (114)
5. 中国加入国际博览局 ……… (115)
6. 军队院校科技开发成果展示交易会在北京举办 ……………… (115)
7. 江泽民接见出席中国国际服装服饰博览会的国际服装设计大师 …………………………… (115)

8. 中国天津出口商品交易会创办 …………………………………… (115)
9. 中国国际自行车展览会在上海举办 …………………………… (115)
10. 天津举办房地产交易会 …… (116)
11. 国际大型水电站设备和施工机械展在北京举行 ………… (116)
12. 广州博览会举办 …………… (116)
13. 全国职教系统校办企业产品展销会在北京举办 ……………… (116)
14. 中国国际展览中心公司成立 …………………………………… (116)
15. 国际汽车工业产品、用品展在北京举办 …………………………… (116)
16. 中国昆明出口商品交易会创办 …………………………………… (116)
17. 兰洽会创办 ………………… (117)
18. 中国国际广播电视信息网络展创办 …………………………… (117)
19. 全国铁路技术成果交易会在北京开幕 …………………………… (117)
20. 上海商品展在美国举行 …… (117)
21. 郑州中原国际博览中心投入使用 …………………………………… (117)
22. 中国国际家具展在上海创办 …………………………………… (117)
23. 中国国际体育用品博览会创办 …………………………………… (118)
24. 全军企业科技成果交易会在北京举办 …………………………… (118)
25. 外经贸部印发《关于赴港澳地区举办经贸活动的审批办法》 …………………………………… (118)
26. 厦门举办首届海峡两岸包装技术交流会暨展览会 ………… (118)
27. 《广州市举办展销会规定》颁布 …………………………………… (118)
28. 北京举办房地产交易展 …… (119)
29. 上海举办国际计算机软件展 …………………………………… (119)
30. 亚洲地区妇女儿童精品博览会 …………………………………… (119)
31. 上海技术出口交易会赴越南、泰国举办 …………………… (119)
32. 广州国际艺术博览会创办 … (119)
33. 中国制药机械与药品展销会、中国传统医药博览会在印尼举办 …………………………………… (119)
34. 全国汽车配件交易会由订货会转型 ………………………… (120)

1994 年 …………………………… (120)
1. 南非商品展在北京举办 …… (120)
2. 上海博华国际展览公司成立与发展 ………………………… (120)
3. 上海技术展示交流会在汉堡举办 …………………………………… (120)
4. 贵阳举办房地产交易大会 … (120)
5. 中国国际专业音响、灯光、乐器及技术展创办 ………………… (121)
6. 非织造布、产业用布纺织品展在北京举办 …………………… (121)
7. 第5届亚太国际贸易博览会在北京举办 ……………………… (121)
8. 四川名优特新产品博览会举办 …………………………………… (121)
9. 中国在南非举办经贸展 …… (121)
10. 中国电工产品安全认证展在北京举办 ……………………… (121)
11. 鲁台经贸洽谈会及海峡两岸博览会在潍坊创办 …………… (122)
12. 中国国际计算机展在北京举办 …………………………………… (122)
13. 内蒙古满洲里举办对外经济贸易洽谈会 …………………… (122)
14. 中国商品展销会在波兰举办 …………………………………… (122)
15. 海峡两岸经贸交易会在福州兴办 …………………………………… (122)

16. 国际羊绒交易会在河北清河创办 …………………………………… (122)
17. 陕西杨凌农高会创办 ………… (123)
18. 国际民航装备与服务博览会在上海举办 …………………………… (123)
19. 广州航空博览会举办 ………… (123)

1995 年 ……………………………… (123)
1. 西麦克国际展览公司成立与发展 …………………………………… (123)
2. 北京举办国际家用电器展 …… (124)
3. 广州创办华南国际口腔医疗展 …………………………………… (124)
4. "三金"工程暨信息产品展览交易会在北京举办 ………………… (124)
5. 中国冶金、铸造、工业炉展联袂举行 …………………………… (124)
6. 国际医疗仪器设备及药品展在北京举办 ………………………… (124)
7. 义乌创办小商品博览会 ……… (125)
8. 中国国际涂料展创办 ………… (125)
9. 中国国际技术产品展在北京举办 …………………………………… (125)
10. 东亚城市进出口商品交易会在烟台举办 ………………………… (125)
11. 全国个体私营经济名优产品订货会在郑州举办 ………………… (125)
12. 包装、塑胶、模具技术展在北京举办 …………………………… (125)
13. 上海国际加工包装展创办 … (125)
14. 郑州全国商品交易会创办 … (126)
15. 中德合资成立京慕国际展览公司 ………………………………… (126)
16. 沈阳国际经贸洽谈会举办 … (126)
17. 昆明国际花卉展创办 ……… (126)
18. 外经贸部印发《关于出国(境)举办招商和办展等经贸活动的管理办法》 …………………………………… (126)
19. 桂林举办秋季交易会 ……… (127)
20. 全国建材商品展销会在天津举行 …………………………………… (127)
21. 国家中药保护品种展在北京举办 …………………………………… (127)
22. 中国国际纺织面料及辅料博览会在上海、深圳两地举办 ……… (127)
23. 中德联合主办酒、饮料制造技术及设备展 …………………… (127)
24. 中国经济贸易展在洪都拉斯举办 …………………………………… (127)
25. 哈尔滨种业博览会创办 …… (128)
26. 长城国际展览公司成立与发展 …………………………………… (128)
27. 中国经济特区"三资"企业名优产品交易会在厦门举办 ……… (128)
28. 全国 16 毫米影片交易会在郑州举办 …………………………… (128)
29. 中国国内旅游交易会在海口举办 …………………………………… (128)
30. 内贸部印发《各类商品和技术展销交流活动管理试行办法》 …… (128)

1996 年 ……………………………… (129)
1. 大连市成立展览工作领导小组 …………………………………… (129)
2. 泰中贸易展在北京举办 …… (129)
3. 中国北方旅游交易会创办 … (129)
4. 深圳、厦门经济特区产品展在马来西亚举办 …………………… (129)
5. 上海国际游艇展创办 ……… (129)
6. 春季全国日用百货商品交易会在天津举办 ……………………… (129)
7. 新技术和适用技术展在北京举办 …………………………………… (129)
8. 中国国际缝制设备展创办 … (130)
9. 全国贸促会系统展览工作会议召开 ……………………………… (130)
10. 中国国际电梯设备及技术展创办 … (130)

11. 广州举办全国以货易货商品交易会 ……………………………………… (130)
12. 广州举办城市有线电视广告市场交易会 ……………………………… (130)
13. 北京国际电子出版暨多媒体展在北京举行 …………………………… (130)
14. 中国石油化工展在香港举办 …………………………………………… (130)
15. 浙江永康创办中国五金博览会 ………………………………………… (131)
16. 中国国际渔业博览会在青岛创办 ……………………………………… (131)
17. 中国国际航空航天博览会在珠海创办 ………………………………… (131)
18. 虎门服装交易会创办 ……………… (132)
19. 中国实用技术与产品展在荷兰举办 …………………………………… (132)
20. 全国电子新产品新技术展览交易会在北京举办 ……………………… (132)

1997 年 ……………………………… (132)
1. 山东旅游博览会在济南举办 …………………………………………… (132)
2. 广州举办国际旅游展销会 …… (132)
3. 中国国际压铸会议暨展览会创办 ……………………………………… (132)
4. 厦门台交会、工博会创办 …… (133)
5. 日本计量测试新技术及仪器展在上海举办 …………………………… (133)
6. 中国国际包装展在北京开幕 …………………………………………… (133)
7. 中国新疆、天津出口商品展览会在哈萨克斯坦举办 ………………… (133)
8. 全国化妆、洗涤、日用百货商品交易会在北京举办 ………………… (133)
9. 中国装饰建材暨酒店配套设施展在郑州举办 ………………………… (133)
10. 国务院办公厅下发《关于对在我国境内举办对外经济技术展览会加强管理的通知》 …………………… (134)
11. 投洽会在厦门举办 ………… (135)
12. 中国国际眼镜业展在北京举办 ………………………………………… (135)
13. 成都国际会议展览中心（沙湾）建成投用 …………………………… (135)
14. 宁波国际服装服饰博览会创办 ………………………………………… (135)
15. 国家工商行政管理局颁发《商品展销会管理办法》 ………………… (135)
16. 全国资源节约综合利用成果展在北京举办 …………………………… (136)
17. 内蒙古锡林郭勒盟举办肉食品展 ……………………………………… (136)
18. 国际公用工程专用车辆设备暨技术展在京举办 ……………………… (136)
19. 国际海洋资源开发利用和海洋技术设备展览会在北京举办 ………… (136)
20. 中国国际农业机械展创办 … (136)

1998 年 ……………………………… (136)
1. 加拿大公司在广州举办电讯、计算机及办公自动化展 ……………… (136)
2. 福州温泉会展中心建成投用 … (136)
3. 中展集团成立与发展 ……… (137)
4. 德国消费品博览会在上海举行 ………………………………………… (137)
5. 北京国际展览业协会成立 … (137)
6. 广州举办民营企业展示会 … (137)
7. 中国国际照相机械影像器材与技术博览会创办 ……………………… (137)
8. 北京时装节举办展览 ……… (137)
9. 外经贸部颁发《在境内举办对外经济技术展览会管理暂行办法》 ………………………………………… (138)
10. 外经贸部下发《关于举办区域性交易会及有关事项的通知》 ……………………………………… (138)

11. 唐山中国陶瓷博览会创办 …(139)
12. 外经贸部印发《在祖国大陆举办对台湾经济技术展览会暂行管理办法》…………………………………(139)
13. 重庆国际会展中心建成投用………………………………………(139)

1999 年……………………………(139)
1. 《展览知识与实务》出版………(139)
2. 中国国际地面材料及铺装技术展在上海创办……………………(139)
3. 中国（晋江）国际鞋业博览会创办……………………………(139)
4. 东莞创办国际名家具展………(140)
5. 亚洲食品配料中国展在上海创办……………………………(140)
6. 私营企业获准参加广交会…(140)
7. 柯桥创办国际纺织品纺博会………………………………(140)
8. 昆明世界园艺博览会开园……(140)
9. 长春举办国际教育展…………(141)
10. 兰州国际博览中心建成开业………………………………(141)
11. 亚洲宠物展在上海举办…(141)
12. 高交会展览中心在深圳投入使用………………………………(141)
13. 郑州举办旅游展示交易会…(141)
14. 朱镕基参观中国国际金融展………………………………(141)
15. 中国铸造协会在泰国举办铸造冶金展……………………………(141)
16. 上海光大会展中心对外营业………………………………(142)
17. 中国国际高新技术成果交易会在深圳举办………………………(142)
18. 烟台国际果蔬食品博览会创办………………………………(142)
19. 国际电动车会议暨展览会先后在北京、深圳举办……………(142)
20. 中国重庆高新技术成果及产品展示交易会创办……………(142)
21. 上海世贸商城提供展览场地………………………………(143)
22. 上海国际工业博览会创办…(143)

2000 年……………………………(143)
1. "展中展"在上海创办………(143)
2. 厦门会展集团股份有限公司成立……………………………(144)
3. 中国国际石油石化技术装备展创办……………………………(144)
4. 全国五金商品交易会举办 133 届………………………………(144)
5. 寿光创办国际蔬菜科技博览会………………………………(144)
6. PECC 国际贸易投资博览会与天津投资贸易洽谈会同期举办………………………………(144)
7. 立嘉国际智能装备展览会在重庆创办……………………………(145)
8. 广州举办台资企业产品博览会………………………………(145)
9. 厦门市设立会展协调办公室………………………………(145)
10. 中国纺织品服装贸易展览会在纽约创办……………………(145)
11. 青海投资贸易洽谈会创办…(145)
12. 青岛国际会展中心建成投用………………………………(145)
13. 中国国际互联网站展在深圳举办……………………………(146)
14. 中国数控机床展在上海创办………………………………(146)
15. 昆仑亿发科技发展公司创立与发展……………………………(146)
16. 深圳国际珠宝展创办………(146)
17. 中国（武汉）国际机电产品博览会创办……………………(146)

18. 成都国际家具工业展创办 … (146)
19. 厦门国际会议展览中心建成
    投用 ……………………… (147)
20. 杭州举办西湖博览会 ……… (147)
21. 中山创办中国休闲服装博览会……
    ………………………………… (147)
22. 朱镕基、温家宝参观中国国际
    通信设备技术展 …………… (147)
23. 国务院发展研究中心召开会展
    经济发展研讨会 …………… (147)
24. 汉诺威米兰公司在上海创办
    物流展 ……………………… (147)
25. 中电会展与信息传播公司成立
    与发展 ……………………… (148)
26. 海纳会展研究所在重庆创办……
    ………………………………… (148)
27. 深圳国际工业制造技术展览会
    创办 ………………………… (148)

2001 年……………………… (148)

1. 中国贸促会、外经贸部印发
   《出国举办经济贸易展览会审批管理
   办法》………………………… (148)
2. 上海万耀企龙展览公司成立与
   发展 ………………………… (149)
3. 江泽民、卡斯特罗共同参观在
   哈瓦那举办的中国电子工业产品展
   ………………………………… (149)
4. 上海国际酒店用品展创办 …… (149)
5. 中国少数民族和民族地区名优新特
   产品交易会在深圳开幕 …… (150)
6. 新疆国际农业博览会创办 … (150)
7. 国际消费电子博览会在青岛创办 …
   ………………………………… (150)
8. 慕尼黑展览(上海)公司成立与
   发展 ………………………… (150)
9. 世界制药原料中国展在上海创办 …
   ………………………………… (150)
10. 科技部等四部门颁布《国际

    科学技术会议与展览管理暂行办法》
    ………………………………… (151)
11. 北京举办国际展览业务培训………
    ………………………………… (151)
12. 长春国际会展中心建成投用………
    ………………………………… (151)
13. 中国(淄博)国际陶瓷博览会
    创办 ………………………… (151)
14. 中国(齐齐哈尔)绿色食品博览会
    举办 ………………………… (151)
15. 武汉国际会展中心建成投用
    ………………………………… (151)
16. 中国国际科技会展中心在北京
    启用 ………………………… (152)
17. 中国国际五金制品展览会创办……
    ………………………………… (152)
18. 朱镕基视察第90届广交会………
    ………………………………… (152)
19. 安平国际丝网博览会创办 … (152)
20. 上海新国际博览中心开业 … (152)
21. 中国承诺会议展览业属于完全
    对外开放领域 ……………… (153)
22. 天津举办国际汽车贸易展 … (153)
23. 桂林国际会展中心建成投用………
    ………………………………… (153)
24. 外经贸部下发《关于重申和明确
    在境内举办对外经济技术展览会有
    关管理规定的通知》………… (153)
25. 中国国际瓦楞展的创办与发展……
    ………………………………… (153)
26. 法兰克福展览(上海)公司成立与发
    展 …………………………… (153)
27. 中国(厦门)国际石材展创办………
    ………………………………… (154)

2002 年……………………… (154)

1. 中国科协颁布《国际科学技术会议
   与展览管理暂行办法实施细则》……
   ………………………………… (154)

2. 慕尼黑公司创办电子展与电子生产设备展 …………………… (154)
3. 江苏、广东颁布展会知识产权保护工作意见 …………………… (154)
4. 河南经贸投资洽谈会创办 …… (154)
5. 浙江经贸职业技术学院开设会展与广告专业 …………………… (155)
6. 广交会分两期举办 …………… (155)
7. 《中国贸易报》创办"会展周刊" …………………………………… (155)
8. 上海、湖南成立会展业协会 … (155)
9. 中国(阳江)国际五金刀剪博览会创办 …………………………… (155)
10. 中国国际装备制造业博览会在沈阳创办 ………………………… (155)
11. 北京开展会展业统计工作 …… (156)
12. 《国民经济行业分类》增加会议展览服务业 …………………… (156)
13. 安徽国际会展中心投入试运 …………………………………… (156)
14. 博闻(广州)展览公司成立 … (156)
15. 上海国际乐器展创办 ………… (157)
16. 中国(佛山)国际陶瓷博览交易会创办 …………………………… (157)
17. 中国玩具展在上海创办 ……… (157)
18. 济南舜耕国际会展中心建成投用 …………………………………… (157)
19. 慕尼黑公司创办上海工程机械博览会 …………………………… (157)
20. 国务院办公厅复函经济技术展审批事项的请示 ……………… (157)
21. 国家经贸委发布《专业展览会的等级划分及认定》标准 ……… (158)
22. 科隆展览(北京)公司成立与发展 …………………………………… (158)
23. 上海获得2010年世博会主办权 …………………………………… (158)
24. 广州国际会展中心竣工、移交中国对外贸易中心 ……………… (158)
25. 上海国际婚纱摄影器材展览会创办 ……………………………… (158)
26. 华中旅游博览会在武汉创办 ……… (159)

2003年 …………………………… (159)
1. 国务院决定取消展览审批事项 …………………………………… (159)
2. 北京第二外国语学院设立会展管理系 …………………………… (159)
3. 北京市编制会展业发展规划 …………………………………… (159)
4. 北京举办亚洲风能大会暨国际风能设备展 ……………………… (159)
5. 春季广交会防控非典疫情 …… (160)
6. 上海国际车展在非典期间举办 …………………………………… (160)
7. 非典期间全国经贸展会停办 …………………………………… (160)
8. 杭州和平国际会展中心建成投用 …………………………………… (160)
9. 中国国际印刷技术及设备器材展在上海举办 …………………… (160)
10. CEPA明确香港公司可独资在内地从事会展服务 ……………… (160)
11. 浙江省东方会展产业研究所成立 ……………………………… (160)
12. 中国(满洲里)北方国际科技博览会创办 ………………………… (161)
13. 重庆举办全球采购会 ………… (161)
14. 温州举办国际眼镜展 ………… (161)
15. 中国西部(贵阳)信息技术博览会举行 …………………………… (161)
16. 大连兴办中国国际软件和信息服务交易会 ……………………… (161)
17. 宁波会展中心竣工 …………… (161)
18. 台州国际会展中心建成投用 …………………………………… (162)
19. 法兰克福展览公司与广州光亚展览

贸易公司签署合资协议 …… (162)
20. 京正孕婴童产品博览会在京创办…… (162)
21. 英国励展博览集团中国公司成立与发展 …… (162)
22. 上海世博会事务协调局成立…… (162)
23. 杭州西湖博览会博物馆建成开馆…… (163)
24. 中国国际农产品交易会在北京创办 …… (163)
25. 中国畜牧展创办 …… (163)
26. 广州举办性与生殖健康用品展销订货会 …… (163)
27. 吴建民担任国际展览局主席…… (163)
28. 中国会展经济论坛创办 …… (163)
29. 广西国际博览事务局成立 …… (164)
30. 注册会展经理培训引进中国 …… (164)
31. 天津滨海国际会展中心建成投入使用 …… (164)

2004 年 …… (164)

1. 高校会展专业系列教材研讨会在北京召开 …… (164)
2. 商务部颁发《设立外商投资会议展览公司暂行规定》 …… (164)
3. 上海世博(集团)公司成立与发展 …… (165)
4. 上海师范大学、上海对外贸易学院获准开设本科会展专业 …… (165)
5. 江泽民参观中国国际核工业展 …… (165)
6. 第5届世界马铃薯大会及展览在昆明举办 …… (165)
7. 国家统计局明确文化及相关产业分类包括会展业 …… (165)
8. 中德高校在上海合办会展本科专业 …… (166)
9. 中国国际家居博览会落户宁波 …… (166)
10. 广交会移址琶洲新馆 …… (166)
11. 厦门创建会展学院 …… (166)
12. 宁波文具展创办 …… (166)
13. 芜湖创办科普产品博览会 …… (166)
14. 中国(青海)藏毯国际展览会创办…… (167)
15. 泛珠三角区域经贸合作洽谈会举办 …… (167)
16. 《关于发展深圳会展业的意见》印发 …… (167)
17. 广交会制定《特装布展施工单位资质认证管理办法》 …… (167)
18. 亚太地区国际会展教育与培训论坛在上海举办 …… (167)
19. 深圳会展中心建成投用、经营机构整合 …… (167)
20. 国办要求总结推广广交会保护知识产权的经验 …… (168)
21. 齐齐哈尔国际小商品交易会举办…… (168)
22. 莱州举办石材工业展 …… (168)
23. 唐山国际会展中心建成投用 …… (168)
24. 中国景德镇国际陶瓷博览会创办 …… (168)
25. 中国国际中小企业博览会在广州创办 …… (169)
26. 中德合作主办中国国际塑料橡胶工业展 …… (169)
27. 苏州国际博览中心建成投用 …… (169)
28. 中国-东盟博览会在南宁创办 …… (169)
29. 中国(深圳)国际文化产业博览会创办 …… (170)

30. 陈若薇当选国际展览业协会副主席及亚太区主席 …………… (170)
31. 劳动和社会保障部将会展策划师列为新职业 ………………… (170)
32. 上海国际汽配展创办 ……… (170)
33. 成都世纪城新国际会展中心建成投用 ……………… (170)

2005 年 …………………………… (171)
1. 中国贸促会创办中国会展经济国际合作论坛 …………… (171)
2. 中融商汇(北京)国际会展公司成立与发展 ……………… (171)
3. 广州市成立会展业管理领导小组 ……………………………… (171)
4. 慕尼黑公司举办亚洲运动用品与时尚展 ……………………… (171)
5. 《上海市展览业管理办法》发布 ……… (171)
6. 广州市会展行业协会成立 …… (172)
7. 《厦门市鼓励会展业发展专项资金使用管理办法》出台 …… (172)
8. 中国国际铝工业暨上海国际工业材料展创办 ……………… (172)
9. 中办、国办组织调查全国展览业发展情况 ………………… (172)
10. 中国国际动漫产业博览会在杭州开幕 ……………………… (172)
11. 雅森公司创办汽车用品展和改装车展 ……………………… (173)
12. 郑州市政府印发《关于大力发展会展业的意见》……………… (173)
13. 中国会展文化节创办 ……… (173)
14. 上海、广东颁布展会知识产权保护文件 ……………………… (173)
15. 中国(北京)国际商务及会奖旅游展创办 ……………………… (173)
16. 贸促会纺织分会制定展览会知识产权规则 ………………… (174)
17. 国药励展公司成立与发展 … (174)
18. 中德合作在纽伦堡创办亚洲消费品、礼品及家庭用品展会 ……… (174)
19. 中国吉林·东北亚博览会在长春举办 ……………………… (174)
20. 中国家电、五金、汽配及卫浴产品展览会在德国举办 ……… (174)
21. 东北文化产业博览会在沈阳开幕 …………………………… (174)
22. 郑州国际会展中心建成投用 …………………………… (175)
23. 中办、国办发出《关于从严控制奥运会期间及前后在北京地区举办全国性国际性会议和活动的通知》……………………… (175)
24. "中国展览馆经营者最关心的问题"调查 ………………… (175)
25. 中国政府提交《中国2010年上海世界博览会注册报告》……… (175)
26. 《国家知识产权局展会管理办法》颁布 …………………… (175)
27. 东方金运国际物流(北京)公司成立与发展 ………………… (175)
28. 福建省在台举办家庭用品礼品展 …………………………… (176)
29. 《河北省会展业发展规划纲要(2006—2010 年)》印发 …… (176)
30. 济南国际会展中心建成投用 …………………………… (176)

2006 年 …………………………… (176)
1. 《中国会展经济信息(电子版)》首期出刊 ……………… (176)
2. 《北京国际会议展览业协会保护知识产权公约》公布 ……… (176)
3. 商务部发布《展会知识产权保护管理办法》………………… (176)
4. 国际展览管理协会中国区办事处落户深圳 ………………… (177)

5. 中国会展经济研究会成立 …… (177)
6. 胡锦涛要求上海加快发展服务业 …………………………………… (177)
7. 国家"十一五"规划提出发展会展业 …………………………………… (177)
8. 大连、福建、广州、深圳颁布会展业法规文件、发展规划或促进政策 ……………………………… (177)
9. 《陈列展览设计员》出版 ……… (177)
10. 首届中国-东盟会展业国际合作高峰会在南宁召开 …… (178)
11. 鄂尔多斯举办国际煤炭及能源工业博览会 ……………… (178)
12. 中国贸促会在台北举办海峡两岸电子产品展 ……………… (178)
13. 中外合作承办成都汽车展 … (178)
14. 杭州世界休闲博览会开幕 … (178)
15. 欧中协会合作举办纺织机械展 …………………………………… (178)
16. 中国轻工业联合会调查轻工系统展会发展情况 ………… (179)
17. 中国水博会创办 ……………… (179)
18. 中国义乌文化产业博览会创办 …………………………………… (179)
19. 东莞整合展馆资源 …………… (179)
20. 宁港合资会展公司落户南京 …………………………………… (179)
21. 中国贸促会、商务部修订《出国举办经济贸易展览会审批管理办法》 …………………………………… (180)
22. 郑州国际会展中心托管经营 …………………………………… (180)
23. 广州市工商局公示三起违法违规展览处理情况 ………… (180)
24. 东莞举办会展资源开发研讨会 …… (180)
25. 清洁技术与设备博览会与博华公司酒店展共同举办 (180)
26. 北京举办会展业知识产权保护培训班 …………………………… (181)
27. 南光集团与中展集团合资组建会展公司 ……………… (181)
28. 青岛携手CES举办消费电子博览会 ……………… (181)
29. 上海浦东国际展览品监管服务中心揭牌 ……………… (181)
30. 东莞鞋展、鞋机展与杜塞尔多夫展览(中国)有限公司国际GDS鞋展合作 …………………………… (181)
31. 中国·哈尔滨国际科技成果展交会举办 ……………………… (181)
32. 《国家"十一五"时期文化发展规划纲要》明确发展文化会展 …… (182)
33. 北京建材展处理知识产权投诉 …………………………………… (182)
34. 中国中部投资贸易博览会在长沙举办 …………………………… (182)
35. 《广州市会展管理专业技术人员职业水平评价暂行办法》《广州市会展管理专业技术人员职业水平考试实施办法》印发 ……… (182)
36. 温家宝宣布广交会更名 …… (183)
37. 全国中等职业学校会展专业教材编审工作会议召开 ……… (183)
38. 纽伦堡会展(上海)公司设立与发展 …………………………… (183)
39. 《百届辉煌》记载广交会发展历程 …………………………… (183)
40. 《北京会展业发展研究》出版 …………………………………… (183)
41. 广西玉林国际会展中心建成投用 …………………………… (183)
42. 中国纺织服装展首次登陆欧洲 …………………………… (183)
43. 国际展览业协会第73届年会在京举行 ……………………… (183)
44. 芜湖国际会展中心建成投用 …………………………………… (184)

45. 政府主导型展会创新发展论坛在京举办 ………………………… (184)
46. 北京创办文博会 ………………… (184)
47. 中国民营科技企业新技术新产品博览会在武汉举办 …………… (184)
48. 《商务部举办展览会管理办法(试行)》颁布 ………………… (184)
49. 上海世博(集团)公司与汉诺威展览公司合作主办中国国际工业博览会机床、工业自动化展和新能源展3个专业展项目 ………………… (185)
50. 中国坚果炒货食品节暨全国坚果炒货配料、包装、机械设备展在合肥创办 ………………………… (185)
51. 《上海市会展管理专业技术水平认证》制度施行 ……………… (185)
52. 23所高等院校开设本科会展专业 ………………………… (185)

2007年 ………………………… (185)

1. 南京、厦门、宁波、青岛出台会展业法规文件或促进政策 …… (185)
2. 《大型出国经贸展览活动管理办法》修订 ……………………… (185)
3. 劳动和社会保障部将会展设计师列为新职业 …………………… (186)
4. 《中国会展经济发展报告(2006)》公布国内展览场馆统计数据 ………………………… (186)
5. 《"十五"期间(2001—2005)中国展览业发展报告》出版 …… (186)
6. 《中国经营报》披露中国展馆协会最新统计 …………………… (186)
7. 温岭创办泵与电机展 …………… (186)
8. 《2007中国会展经济研究会学术年会论文集》编发 …………… (186)
9. 中国会展经济研究会设立中国会展经济年度大奖 ……………… (187)
10. 国务院发文要求规范发展会展业 ………………………… (187)
11. 西安曲江国际会展中心建成投用 ………………………… (187)
12. 湖北、浙江成立会展业商会或协会 ………………………… (187)
13. 《杭州市会展业"十一五"发展规划》印发 …………………… (187)
14. 《2006—2007年中国会展经济发展报告》(会展经济蓝皮书)出版 …… (187)
15. 《中华人民共和国海关暂时进出境货物管理办法》对入境展览用品关税作出规定 ………………… (187)
16. 中青旅设立博联整合营销顾问公司 ………………………… (188)
17. 中国商业联合会编制《会展业职业经理人》《会展业职业经理人执业资格条件》标准 ………… (188)
18. 行业协会举办展会实行有偿服务 ………………………… (188)
19. 北京国际印刷新技术及设备展遭遇骗展 ………………………… (188)
20. 长沙建材展创办 ……………… (188)
21. 内蒙古国际会议展览中心投用 ………………………… (189)
22. 中国纺织企业赴美参展办理签证拒签率上升 …………………… (189)
23. 博罗那展览(上海)公司成立 ………………………… (189)
24. 太原市贸促会加挂太原市会展工作办公室牌子 ………………… (189)
25. 广交会改革与发展专家研讨会在北京召开 …………………… (189)
26. 全国中小企业创新与发展成果展在京开幕 …………………… (189)
27. 阿里巴巴与科隆展览公司签署合作协议 ……………………… (189)
28. 上海市法院宣判展览会不正当

竞争诉讼案 …………… (190)
29. 英富曼会展（北京）公司成立……
　　…………………………… (190)
30. 中国民族商品交易会在呼和浩特
　　举办 ………………………… (190)
31. 中国会展业官产学研高级研修班
　　在北京结业 ………………… (191)
32. 德国科隆国际展览有限公司与
　　中国合作机构签署《关于合作保护知
　　识产权的谅解备忘录》……… (191)
33. 中国会展业民营 CEO 高峰会在
　　三亚举办 …………………… (191)
34. 国务院颁布《大型群众性活动
　　安全管理条例》……………… (191)
35. 日本商品展在广州开幕 …… (191)
36. 中国（太原）国际煤炭与能源新产业
　　博览会开幕 ………………… (191)
37. 邯郸（永年）紧固件及设备展创办
　　………………………………… (192)
38. 中国国际新型墙体材料及设备展
　　在北京举办 ………………… (192)
39. 海峡两岸（福建）健康家庭用品
　　博览会在高雄举办 ………… (192)
40. 全国衡器工业信息中心诉中国衡器
　　协会不正当竞争案 ………… (192)
41. 上海高等教育自学考试新增会展
　　策划与管理专业 …………… (192)
42. 上海陆家嘴（集团）有限公司收购
　　上海新国际博览中心公司股权……
　　…………………………… (193)
43. 中英合资湖北好博塔苏斯展览公司
　　成立 ………………………… (193)
44. 《上海会展业发展报告》发行
　　…………………………… (193)
45. 商务部公告《2008年北京奥运会
　　期间及前后在北京地区举办全国性、
　　国际性展览会的有关规定》………
　　…………………………… (193)
46. 慈溪创办中国家电博览会 … (193)

47. 纽伦堡展览（中国）公司收购国际
　　粉体工业/散装技术展……… (194)
48. "三展合并"打造深圳国际汽车
　　博览会 ……………………… (194)
49. "励展中国奖学金"设立 … (194)
50. 上海国际信息化博览会整合三个
　　专业展资源 ………………… (194)
51. 《北京市展会知识产权保护办法》
　　颁布 ………………………… (194)
52. 振威等三家会展企业设立"会展
　　专业学生奖学金"…………… (195)
53. 上海世博局与米兰国际展览中心、
　　米兰理工大学合作培训会展人才…
　　…………………………… (195)
54. 商务部印发《关于做好2008年内
　　贸领域重点支持展览会有关工作的
　　通知》………………………… (195)

2008 年 ……………………… (196)
1. 商务部公开征求修改经济技术展览会
　 管理法规的意见 ……………… (196)
2. 《展览工程企业暨展览场馆工程部门
　 资质等级标准》颁行 ………… (196)
3. "会展·中国-2008CCTV 大型电视
　 活动"启动 …………………… (196)
4. 石家庄、合肥颁布会展业法规文件
　 或促进政策 …………………… (196)
5. 桂林市、吉林省、玉林市成立博览
　 事务局 ………………………… (196)
6. 广交会琶洲展馆二、三期建设工程
　 竣工 …………………………… (196)
7. 万季飞提议成立全国展览业协会
　 ………………………………… (197)
8. 绍兴别克跃公司德国参展维权
　 ………………………………… (197)
9. 中国国际展览中心新馆在北京顺义
　 投入使用 ……………………… (197)
10. 中国石家庄（正定）国际小商品
　　博览会创办 ………………… (197)

11. 广交会分三期举办、展览总面积超过100万平方米 ……(197)
12. 广交会处理知识产权侵权投诉案件 ……(198)
13. 北京举办高校会展专业"双师双证"教师培训班 ……(198)
14. 展览企业捐款汶川抗震救灾 ……(198)
15. 广州市调整会展业营业税目 ……(198)
16. 全国会展业标准化技术委员会成立 ……(198)
17. 银川国际会展中心建成投用 ……(199)
18. 青海国际会展中心新馆投用 ……(199)
19. 南京国际博览中心建成投用 ……(199)
20. 中国(西藏)首届民族传统医药博览会举办 ……(199)
21. 商务部建立国内会展业专家库 ……(199)
22. 广州保利世贸博览馆投入使用 ……(200)
23. 上海博华展览公司设立奖学金 ……(200)
24. "世博会·会展教育与研究国际会议"在上海举办 ……(200)
25. 国务院常务会议部署促进会展消费 ……(200)
26. 全国大学生会展创意设计技能大赛在杭州举办 ……(200)
27. 全球金融危机影响出境展增长 ……(200)

2009年 ……(201)
1. 《机械行业展览应对外资竞争的策略研究》通过评审 ……(201)
2. 杭州市借助会展活动发放旅游消费券 ……(201)
3. 香港贸发局拨款鼓励港企东莞参展 ……(201)
4. 重庆打造会展之都写入国务院文件 ……(201)
5. 《长沙市申办全国性(国际性)展览项目奖励暂行办法》公布 ……(201)
6. 九部门印发《关于加强企业境外参展知识产权工作的通知》…(201)
7. 商务部出台《关于抓好商贸会展促进消费有关工作的意见》…(201)
8. 四川博览事务局成立 ……(202)
9. 中办国办通知要求严控庆典、节会、论坛等活动 ……(202)
10. 金融危机导致展会延期 ……(202)
11. 中国参展企业知识产权服务站在汉诺威设立 ……(202)
12. 杭州折扣商品热卖会售假被立案调查 ……(203)
13. 上海举办会展行业人才招聘会 ……(203)
14. 中国贸促会农业分会发布《农业会展分类认定办法》……(203)
15. 第105届春季广交会参展商减少 ……(203)
16. 广交会获"全国展会版权示范单位"称号 ……(204)
17. 商务部允许香港服务提供者在内地举办经贸展览 ……(204)
18. 浙江、宁夏、武汉成立会展行业协会 ……(204)
19. 《农业部展览工作管理办法》印发 ……(204)
20. 网货交易会在广州举办 ……(204)
21. 文化部要求加强动漫游戏会展交易节庆等活动管理 ……(204)
22. 香港工展会移师深圳举办 …(205)
23. 北京召开会展业营业税说明会

24. 东莞市政府资助企业出境参展公务费 …………………………… (205)
25. 鄂尔多斯会展中心建成投用 …………………………………… (205)
26. 万季飞发表文章呼吁支持展览业发展 …………………………… (205)
27. 多地政府出台会展业法规或促进发展政策 ……………………… (206)
28. 杜塞尔多夫(上海)公司成立与发展 …………………………… (206)
29. UBM 收购中国国际光电博览会 ……………………………… (206)
30. 中国旅游产业节在天津举办 …………………………………… (206)
31. 上海世博展览馆投入使用 … (206)
32. 中国(无锡)国际新能源大会暨展览会创办 …………………… (207)
33. 国家会议中心在北京开业 … (207)
34. 中组部选派干部到上海世博会挂职锻炼 ………………………… (207)
35. 漳州举办海峡两岸现代农业博览会和花卉博览会 ……………… (207)
36. 国务院要求利用展会平台扩大旅游消费 ………………………… (207)
37. 长安汽车公司展台撤展发生垮塌 ……………………………… (207)
38. 世博机遇与会展教育国际学术论坛在沪举办 …………………… (208)
39. 海南创办国际热带农产品冬季交易会 …………………………… (208)
40. 中国大陆 9998 家企业赴德参展 ……………………………… (208)

2010 年 ………………………… (208)
1. 国务院支持杨凌农业成果博览会办成国际化展示交易平台 …… (208)
2. 会展院校教学信息化交流会在西安举行 ………………………… (208)
3. 2019 年中央 1 号文件提出发展农业会展经济 ………………… (208)
4. 塔苏斯(上海)展览公司成立与发展 …………………………… (209)
5. 国家发改委调查全国会展场馆状况 …………………………… (209)
6. UBM 购并广州国际广告标识展 ……………………………… (209)
7. 中国会展经济研究会换届 …… (209)
8. 春季全国糖酒会落户成都 …… (209)
9. 四川彭州蔬菜博览会创办 …… (209)
10. 点意空间国际展览集团公司完成上海世博会展示搭建工程 …… (210)
11. 多地政府出台发展会展业文件 ………………………………… (210)
12. 甘肃国际会展中心建成投用 ………………………………… (210)
13. 《中国会展业发展报告(2009)》出版 ……………………………… (210)
14. 上海世界博览会开幕 ………… (210)
15. 广饶轮胎展创办 …………… (211)
16. 福州海峡国际会展中心建成投用 ……………………………… (211)
17. 成都会展业发展办公室更名成都市博览局 …………………… (211)
18. 中纪委等四单位下发《关于对党政机关举办庆典、研讨会、论坛活动开展清理摸底的通知》…… (211)
19. 深圳市会展业营业税改为差额征收 …………………………… (212)
20. 全国内贸领域会展工作座谈会在呼和浩特召开 ………………… (212)
21. 贵阳市提出打造中国夏季会展名城 …………………………… (212)
22. 北京国际房车露营展创办 … (212)
23. 《长沙市展会知识产权保护办法》颁布 ………………………… (212)
24. UBM 收购上海婴童产品博览会

25. 山东省建立会展业统计报表制度 …………………………………… (213)
26. 沈阳国际展览中心建成投用 …………………………………… (213)
27. 《福建省文化会展业2010—2012年发展规划》出台 ………… (213)
28. 中国经济网"会展中国"频道上线 …………………………………… (213)
29. 中国会展经济研究会组团考察台湾会展业 ……………………… (213)
30. 国务院常务会议要求继续做好重要展会知识产权保护工作 …… (214)
31. 中国国际林业森林产品博览会及中国林业会展高层峰会在义乌举行 …………………………………… (214)
32. 中国展览馆协会发布《展台等临建设施搭建安全标准》……… (214)
33. 法院宣判亚洲博闻公司诉中国出版工作者协会游戏出版工作委员会不正当竞争案 ………………………… (214)
34. 商务部对非商业性境外办展项目承办招标 ……………………… (214)
35. 广西区施行两项地方会展标准 …………………………………… (215)
36. 宁夏回族自治区博览局成立 …………………………………… (215)

2011年 …………………………………… (215)
1. 国家标准《经济贸易展览会术语》发布 ………………………… (215)
2. 赤峰、鹤壁、安阳、柳州会展中心投用 ………………………… (215)
3. 中国援建的牙买加蒙特哥贝会展中心竣工 ……………………… (215)
4. 贵阳国际会议展览中心开馆运营 ………………………………… (215)
5. 2010年批准出国展览计划2137项 ………………………………… (216)
6. 五家上市网络公司涉足会展服务领域 …………………………… (216)
7. 灵通公司在德国设立子公司 …………………………………… (216)
8. 中国展览馆协会组团赴德法考察 ………………………………… (216)
9. 全国城贸联成立会展工作委员会 ………………………………… (216)
10. 全国工商联向全国政协会议提交《关于打破垄断促进我国会展经济健康发展的建议》提案 ……… (216)
11. 中华会展精英女性俱乐部成立 …………………………………… (216)
12. 国家《"十二五"规划纲要》提出促进会展业健康发展 ………… (217)
13. 贸促会系统北方会展联盟召开年会 ……………………………… (217)
14. 新疆国际博览事务局成立 … (217)
15. 上海理工大学会展专业学生赴英考察 …………………………… (217)
16. 天津市大型会展论坛活动办公室成立 …………………………… (217)
17. 《中国12城市会展合作框架协议》在成都签署 ………………… (217)
18. 灵通公司发布社会责任报告 …………………………………… (217)
19. 无锡市成立会展业发展管理办公室 ……………………………… (218)
20. 四川、河北、合肥、杭州发布"十二五"会展业发展规划 …… (218)
21. 陈先进当选UFI主席 ……… (218)
22. 《中共中央国务院关于深入实施西部大开发战略的若干意见》要求发挥会展平台作用 ……………… (218)
23. 袁再青出任中国会展经济研究会会长 …………………………… (218)
24. 海南国际会议展览中心落成 …………………………………… (218)
25. 贵州国际绿茶博览会创办 … (218)

26. 法院判定会展中心赔付参观展览如厕摔伤者 …………(219)
27. 国家级林业产业展会工作座谈会在牡丹江召开 …………(219)
28. 商务部召开会展业工作座谈会 …………………………(219)
29. 浙江永康国际会展中心竣工验收 …………………………(219)
30. 中国3.6万家企业出境参展 ……… (219)
31. 深圳会展中心改造为世界大学生夏季运动会比赛场地 …(220)
32. 中国·贵阳国际特色农产品交易会举行 ……………………(220)
33. 中国(贵州)国际酒类博览会举办 …………………………(220)
34. 中国-亚欧博览会在乌鲁木齐举办 …………………………(220)
35. 新疆国际会展中心建成投用 ……(220)
36. 天津国际直升机博览会创办 ……(220)
37. 吴忠举办中国(宁夏)清真食品、穆斯林用品博览会 …………(221)
38.《北京会展业报告2011》发布 …(221)
39. 四川博览事务局与四川大学签署培育会展人才的合作协议 ………(221)
40. 中国塑料制品交易会在台州创办 …(221)
41. 山西国际展览中心建成投用 ……(221)
42. 多地政府出台会展法规、促进政策 …(221)
43. 胡锦涛致信祝贺第110届广交会 …(222)
44. 中德合资举办中国环博会 …(222)
45. 武汉国际博览中心投入使用 …(222)
46.《中共中央关于深化文化体制改革推动社会主义文化大发展大繁荣若干重大问题的决定》要求发展会展产业 ……………………(222)
47. 北流创办陶瓷博览会 ………(222)
48. 青岛即墨区建成青岛国际博览中心 …(223)
49. 4项国家会展标准获准立项 …(223)
50.《贸促春秋》记载中国贸促会展览管理工作情况 …………………(223)
51. 中展集团拉斯维加斯有限公司开业 …(223)
52. 天津成立会展场馆消防安保队 …(223)
53. 南非商品展在北京开幕 …(223)
54.《北京市大型群众性活动安全管理条例》组织宣贯 …………(223)
55. 后藏物资交流会在日喀则举办 …(224)
56. 商务部印发《关于"十二五"期间促进会展业发展的指导意见》……(224)
57.《中共中央国务院关于加快推进农业科技创新持续增强农产品供给保障能力的若干意见》提出培育农产品展会品牌 …………………(224)
58. 合肥滨湖国际会展中心建成投用 …(224)

2012年 …………………………(224)
1. 会展业列为营业税改征增值税试点行业 ………………………(224)
2. 四川省汶川、资阳、眉山成立博览局 …(224)
3. 国务院支持贵州省发展会展业 …(224)
4. 中国日用百货商品交易会合资

经营 …………………………………… (225)
5. 第7届世界草莓大会在北京市昌平区举办 …………………… (225)
6. 广州闻信公司国际广告标识展览会遭遇同主题"搭车展" ………… (225)
7. UFI亚洲研讨会在深圳举办
   …………………………………… (225)
8. 中国(昆山)品牌产品进口交易会创办 ……………………………… (225)
9. 商务部规范展会管理 ………… (226)
10. 中国会展经济研究会发布《中国展览统计报告》………… (226)
11. 《深圳市品牌展会认定办法》印发
    …………………………………… (226)
12. 商务部公布引导支持展会名单……
    …………………………………… (226)
13. 北京、广东、青海、海口、桂林、烟台等地政府颁布会展业法规文件
    …………………………………… (226)
14. 温家宝出席京交会 ………… (227)
15. 中国组团赴美参加电子娱乐展……
    …………………………………… (227)
16. 海口市会展局成立 ………… (227)
17. 江苏省召开会展业统计工作视频会议 …………………………… (227)
18. 厦门市会议展览事务局揭牌
    …………………………………… (227)
19. 包头国际会展中心投入使用
    …………………………………… (228)
20. 潍坊鲁台会展中心投入使用
    …………………………………… (228)
21. 农业会展品牌建设工作交流及信息发布会在北京召开 ………… (228)
22. 济南市审计局专项审计调查会展业发展状况 …………………… (228)
23. 中国加工贸易产品博览会在东莞举办 …………………………… (228)
24. 吴邦国出席第13届中国西部国际博览会 ………………………… (229)

25. 郑州汽车后市场博览会合资经营
    …………………………………… (229)
26. 商务部在广州召开会展业统计制度专题座谈会 ………… (229)
27. 无锡太湖国际博览中心建成投用…
    …………………………………… (229)
28. 黑龙江省会展事务局揭牌 … (229)
29. 京正展览公司牵头组建北京市孕婴童用品行业协会 ………… (229)
30. 中共中央政治局《关于改进工作作风密切联系群众的八项规定》要求规范会议展览管理 ………… (230)
31. 广东创办中国海洋经济博览会……
    …………………………………… (230)
32. 重庆文化产业博览会创办 … (230)
33. 天津梅江会展中心建成投用
    …………………………………… (230)

2013年 ……………………………… (230)
1. 中国会展教育发展十年论坛在沪举办 …………………………… (230)
2. 多地政府工作报告提出发展会展业
   …………………………………… (231)
3. UBM收购上海国际品牌服饰展
   …………………………………… (231)
4. 北京国际智慧农业装备与技术博览会创办 ………………………… (231)
5. 《国家级林业会展城市合作协议》在义乌签署 …………………… (231)
6. 重庆国际博览中心建成投用 ………
   …………………………………… (231)
7. 贵州省博览事务局成立………… (231)
8. 中国电子信息博览会在深圳举办
   …………………………………… (232)
9. UFI在上海举行执行会全体会议
   …………………………………… (232)
10. 中国食材电商节在武汉创办
    …………………………………… (232)
11. 中国国内旅游交易博览会在贵阳

12. 中国（上海）国际技术进出口交易会创办 ……（232）
13. 南京召开会展人才培养"校企对接"工作推进会 ……（232）
14. 国务院取消3项经贸展览审批 ……（233）
15. 中国-南亚博览会在昆明举办 ……（233）
16. 重庆市支持微型企业参加展会活动 ……（233）
17. 两岸三地会展业合作与发展峰会在宁波举办 ……（233）
18. 《中外会展业动态评估研究报告（2012）》蓝皮书出版 ……（233）
19. 文化产业博览交易会创办 ……（233）
20. 哈尔滨国际会展中心建成投用 ……（234）
21. 广州建博会股权转让 ……（234）
22. 全国出国经贸展览工作会议在北京召开 ……（234）
23. 上海博华国际展览公司酒店用品博览会与三展联办 ……（234）
24. 云南文化产业博览会创办 ……（234）
25. 中国国际咖啡展在北京创办 ……（235）
26. 中国会展集训营在上海创办 ……（235）
27. 米奥兰特公司在北京举办项目合作洽谈周 ……（235）
28. 中办国办部署展会摸底普查和规范工作 ……（235）
29. 中国（武汉）期刊交易博览会创办 ……（235）
30. 中国-阿拉伯国家博览会在银川举办 ……（236）
31. 黑龙江创办绿色食品产业博览会 ……（236）
32. 中国文化博览中心在武汉建成投用 ……（236）
33. 武汉市副市长因服务短板向展会主办方致歉 ……（236）
34. 第8届北京文博会制定节俭办会措施 ……（236）
35. 中国纺织品交易会在巴西遭遇示威抗议 ……（236）
36. 商务部在广州召开会展业座谈会 ……（237）
37. 中国国际矿业大会及展览定址天津举办 ……（237）
38. 云南、昆明、哈尔滨、珠海、绵阳、万宁成立会展办、博览局或会展局 ……（237）
39. 高校本科会展专业在校生首次超过万人 ……（237）
40. 广州举办展览工程企业人才招聘会 ……（237）
41. 《湖南省会展业发展规划（2013—2020）》印发 ……（238）
42. 深圳国际工业设计大展创办 ……（238）
43. ITE集团购并中国国际涂料展 ……（238）
44. 郴州国际会展中心竣工 ……（238）
45. 商务部服贸司与UBM主办培训班 ……（238）
46. 英富曼收购中国美容博览会 ……（238）
47. 多地出台促进发展会展业文件 ……（239）

2014 年 ……（239）
1. 中国会展经济研究会开展览陈列工程企业资质等级评审工作 ……（239）
2. 国际展览业CEO上海峰会创办 ……（239）
3. 多地政府出台促进会展业发展法规

文件、工作意见或激励政策 …（239）
4. 中外合资举办中国国际焙烤展览会
　　…………………………………（240）
5. 境内外机构认为上海会展环境良好
　　…………………………………（240）
6. 商务部印发《广交会绿色发展计划》
　　…………………………………（240）
7. 中央外事办公室规定国家级、国际性、大型论坛和博览会项目的间隔期
　　…………………………………（240）
8. 国务院印发《关于加快发展对外文化贸易的意见》…………（240）
9. 中国会展经济研究会换届 …（240）
10. 商务部服务贸易司介绍全国展会清理情况 ………………（241）
11. 南京移门展创办 …………（241）
12. 北方（平乡）国际自行车、童车博览会创办 …………………（241）
13. 中国国际实木家具展览会在天津举办 ………………………（241）
14. 中俄博览会在哈尔滨创办 …（241）
15. 法兰克福上海汽配展选址成都开办子展 …………………………（242）
16. 大连北方国际展览股份有限公司挂牌"新三板" ……………（242）
17. 西藏会展中心建成投用 …（242）
18. 温州举办互联网商品交易会
　　…………………………………（242）
19. 中国西安丝绸之路国际旅游博览会创办 ……………………（242）
20. 中国西藏旅游文化国际博览会在拉萨创办 …………………（242）
21. 广东21世纪海上丝绸之路国际博览会创办 ………………（243）
22. 《人民日报》登载文章《做大做强会展业》………………（243）
23. 《人民日报》发表评论文章《打掉车展低俗之风"利益链"》………（243）
24. 广东会展组展协会举办"国际组展人之声"活动……………（243）

2015 年 ……………………（243）
1. 上海国际车展取消汽车模特展示 …
　　…………………………………（243）
2. 深圳触摸屏展合资经营 ………（244）
3. 中办国办《关于加快构建现代公共文化服务体系的意见》要求发展会展产业 ……………………（244）
4. 国际汽车改装服务业展由广州移址深圳 ………………………（244）
5. 多地出台会展业法规、规划及意见…（244）
6. 农业部公布年度展会计划 …（244）
7. 京津冀会展业协同发展座谈会在廊坊举行 ……………………（244）
8. 国务院《关于加快发展服务贸易的若干意见》要求展会支撑服务贸易发展 …………………………（245）
9. 《国内贸易行业标准会展业节能降耗工作规范》实施 ………（245）
10. 广东省"岭南杯"会展设计技能大赛颁奖 ………………………（245）
11. "会展"成为多个省市"两会"政府工作报告中的热词 …………（245）
12. 三部委发布《推动共建丝绸之路经济带和21世纪海上丝绸之路的愿景与行动》并提出发挥会展平台作用 …
　　…………………………………（245）
13. 国务院提出促进展览业改革发展意见 ……………………………（246）
14. 深圳易尚展示股份有限公司中小板上市 ………………………（246）
15. 中国国际芳香产业展创办 …（246）
16. 国务院取消国际科技展览会审批…
　　…………………………………（246）
17. 励德漫展移植上海举办 …（246）
18. 厦门举办海峡两岸展览业"搭桥"会议 ………………………（246）

19. 中国(湖南)国际矿物宝石博览会定址郴州举办……(247)
20. 贵阳创办国际大数据产业博览会……(247)
21. 中国-东盟博览会旅游展在桂林创办……(247)
22. 《大型活动可持续性管理体系要求及使用指南》国家标准发布……(247)
23. 中国建博会于穗沪两地举办……(247)
24. 中国会展经济研究会研讨贯彻国务院文件精神……(248)
25. 昆明滇池国际会展中心投入使用……(248)
26. 海南省设立会展局……(248)
27. 北京禁止在六个城区新建会展设施……(248)
28. 国务院同意建立促进展览业改革发展部际联席会议制度……(248)
29. 浙江云栖国际会展中心投入使用……(249)
30. 贵州省粮油精品展示交易会在遵义举行……(249)
31. 上海国家会展中心投入使用……(249)
32. 中国-蒙古国博览会创办……(249)
33. 安顺创办国际石材博览会……(249)
34. 意大利米兰世博会中国馆接待观众超过300万人次……(250)
35. 广州大学会展专业创办校园展……(250)
36. 成都举办全球创新创业交易会……(250)
37. 浙江经贸职业技术学院组队参加亚洲会展业青年挑战赛……(250)
38. 习近平致信祝贺世界机器人大会开幕……(250)
39. 天津振威展览股份有限公司挂牌"新三板"……(250)
40. 阿里巴巴与亚洲博闻公司合作……(251)
41. 习近平参观互联网之光博览会……(251)
42. 北京黑油数字展览股份有限公司挂牌"新三板"……(251)
43. 国家会议中心获第7届北京"十大影响力企业"称号……(251)
44. 北京北辰会展集团成立……(251)

2016年……(252)
1. 灵通展览系统股份有限公司建设产业园……(252)
2. 三家会展公司登陆"新三板"……(252)
3. 农业部修订《农业部展会工作管理办法》……(252)
4. 上海万耀企龙展览公司参与收购新加坡国际水族展、成立中外合资公司……(253)
5. ITE收购中国国际紧固件工业博览会……(253)
6. 四川、江西、无锡成立会展业协会……(253)
7. 山东省政府召开会展业发展联席会议……(253)
8. 商务部总结2015年展览业发展成绩……(253)
9. 国务院取消省级商务主管部门对于地方境内举办对外经济技术展览会的审批……(254)
10. 浙江省召开全省展览业工作会议……(254)
11. 商务部通知做好取消部分展览项目行政审批事项后续衔接工作和展览业管理信息系统试运行工作……(254)
12. 四川省设立会展业主管机构……(254)

13. "演艺北京"博览会举办 ……(254)
14. 财政部通知免征中西部地区国际性展会留购展品的进口关税………(255)
15. 柏林消费电子展登陆深圳 …(255)
16. 岭南园林股份有限公司收购上海德马吉展览公司 …………(255)
17. 多地政府出台促进会展业发展政策……………………………(255)
18. 国务院促进展览业改革发展部际联席会议首次召开 (256)
19. 中国绿色会展联盟成立 ……(256)
20. 中德学者合著《出国参展指南》……………………………(256)
21. 兰州体育用品博览会创办 …(256)
22. 杭州顺网科技股份有限公司收购上海汉威信恒展览有限公司股权…………………………………(256)
23. 居然之家等机构创办北京国际家居展览会 ……………(257)
24. 深圳创办无人机展 …………(257)
25. 天津、上海冰淇淋展合并举办……………………………(257)
26. 阿里巴巴创办"淘宝造物节"……………………………(257)
27. 郑州市公布会展业黑名单 …(258)
28. 遵义举办辣椒博览会 ………(258)
29. 中国(长春)秸秆产业博览会创办……………………………(258)
30. 中国国际食品餐饮博览会在长沙举办……………………………(258)
31. 南宁国际会展中心扩建工程投用……………………………(258)
32. 汉诺威展览公司托管经营潭洲国际会展中心 ………(259)
33. 阿里巴巴乡村文化节暨县域文化博览会在昆明举办 …………(259)
34. 英富曼公司收购成都美博会………………………………(259)
35. 中国城市会展业竞争力指数在成都发布 ……………………(259)
36. 上海国际会展产业园在青浦区设立……………………………(259)
37. 无锡举办世界物联网博览会……………………………(259)
38. 中山市"一镇一品一展会"形成特色 ……………………(260)
39. 运城创办国际果品交易博览会……………………………(260)
40. 长沙国际会展中心开馆运营………………………………(260)
41. 国际展览业协会年会在上海举办……………………………(260)
42. 米兰国际家具展在上海举办子展……………………………(260)
43. 贵州(铜仁)国际天然饮用水博览会创办 ……………………(260)
44. 南昌绿地国际博览中心投入运营……………………………(261)
45. 湖南(长沙)装配式建筑与工程技术博览会创办 ……………(261)
46. 世界智能制造大会在南京创办……………………………(261)
47. 厦门举办中国马拉松博览会………………………………(261)

2017 年……………………………(261)
1. "拉斯维加斯中国之夜"助力中国企业利用国际展会资源………(261)
2. 沈阳新世界博览馆投入使用……………………………(262)
3. 多地出台发展会展业政策、法规、规划………………………(262)
4. 中德合资经营中国国际门窗幕墙博览会……………………(262)
5. 陕西宝鸡举办中国钛谷国际钛产业博览会……………………(263)
6. 绿色搭建展示活动推广周在上海

举办 …………………………………(263)
7. 上海世博会博物馆对外开放 ………
　　…………………………………………(263)
8. 习近平宣布举办中国国际进口博览会
　　…………………………………………(263)
9. 佛山警方破获流窜展会作案盗窃团伙
　　…………………………………………(263)
10. 中国国际茶叶博览会在杭州创办
　　 …………………………………………(263)
11. 上海对外经贸大学获评上海市中外合作办学示范性项目称号 …(264)
12. 商务部发布《中国展览业发展统计分析报告2016》………(264)
13. 《2016广东省展览业发展白皮书》印行 …………………………(264)
14. 中国光谷科技会展中心在武汉投用
　　 …………………………………………(264)
15. 中国西部国际博览城在成都投入使用 ……………………………(264)
16. 习近平参观阿斯塔纳专项世博会的中国国家馆 …………………(264)
17. 潜江创办虾博会 ………………(265)
18. 南亚东南亚国家商品展暨投资贸易洽谈会在昆明举办 …………(265)
19. 中国"鹘鹰"亮相巴黎航展 …(265)
20. 《云南省会展产业"十三五"发展规划纲要》发布…………………(265)
21. 商务部主办发展中国家会展业发展与管理研修班 ………………(265)
22. 仲刚当选国际展览业协会亚太区主席 ……………………………(265)
23. 国际植物学大会专业展览在深圳举办 ……………………………(266)
24. 工信部、贸促会支持中小企业参与"一带一路"建设专项行动的国内外展销活动 …………………(266)
25. 中国国际数码互动娱乐展览会引入展台搭建监理公司 …………(266)
26. 国际建筑遗产保护与修复博览会在上海举办 ……………………(266)
27. 北京东恒公司、浙江三博公司挂牌"新三板" …………………(266)
28. 中国会展行业三项绿色会展标准研讨会在北京召开 ……………(267)
29. 贵阳创办会展经济发展论坛………
　　 …………………………………………(267)
30. 国家职业资格目录已无会展策划师
　　 …………………………………………(267)
31. 重庆沪渝国际展览有限公司揭牌
　　 …………………………………………(267)
32. 海南省政府专题会议研究会展业发展 ……………………………(267)
33. 四川国际航空航天展览会在广汉举办 ……………………………(267)
34. 上海风语筑展示股份有限公司A股上市 …………………………(267)
35. 厦门举办国际会展周 …………(268)
36. 大陆台资企业产品展销会在南京举办 ……………………………(268)
37. 中拉国际博览会在珠海举行………
　　 …………………………………………(268)
38. 全国新农民新技术创业创新博览会在苏州举办 …………………(268)
39. 中法合资经营北京国际汽车维修检测设备及汽车养护展 ……(268)
40. 河南省博览局成立 ……………(269)
41. 中国工业设计展在武汉举办
　　 …………………………………………(269)
42. 中国国际足球产业博览会在京举办
　　 …………………………………………(269)
43. 浙江出口商品交易会在12个国家举办 ……………………………(269)
44. 海关总署公布《中华人民共和国海关暂时进出境货物管理办法》
　　 …………………………………………(269)
45. 广州举办文化产业交易会 …(270)
46. 重庆南岸区政府联合企业设立会展

专项资金 …………………（270）
47. "中国-中东欧国家贸易便利化国检试验区"在宁波揭牌………（270）
48. 商务部公布第一批展览业重点联系企业名单 …………………（270）
49. 北京市顺义区将商务会展业列为全区支柱产业 …………………（271）
50. 苏州新时代文体会展集团公司成立 ……………………………（271）

2018 年 ………………………………（271）
1. 多地出台发展会展业计划、法规或实施意见…………………（271）
2. 英国"梦想家生活方式展"在上海开幕 ………………………（272）
3. 嘉诺展览公司获评浙江省高新技术企业 ………………………（272）
4. UFI 中国地区会议在青岛召开 ……………………………（272）
5. 四川省及成都市出台维护展会知识产权文件、法规 ………（272）
6. 德国慕尼黑博览集团 ISPO 入驻"天猫"购物平台 …………（272）
7. 国际精品咖啡博览会在普洱举办 …………………………（272）
8. 北京市朝阳区环保局处罚导致环境污染的展览工程公司………（273）
9. "重新发现活动"论坛在上海举办 …………………………（273）
10. 国家会展中心(上海)公布中国国际进口博览会特装施工服务商名单…………………………（273）
11. 中展集团会展产业园项目落地曹妃甸 ………………………（274）
12. 中贸展览与红星美凯龙合作上海家具展、建材展 …………（274）
13. 杭州市改革国有会展企业管理体制 …………………………（274）
14. 中国针棉织品交易会举办百届 …………………………（274）
15. 法国 AUBE 欧博设计公司承接中国会展中心建筑设计 ………（275）
16. 中装华港、伟士佳合、泰格尔三公司宣布合并 ………………（275）
17. 中国会展经济研究会换届 …（275）
18. 中国国际低碳科技博览会在上海举办 ……………………………（275）
19. 习近平致信祝贺数字中国建设峰会开幕 ……………………………（275）
20. 石家庄国际会展中心建成投用 ……………………………………（276）
21. 广州成立琶洲会展知识产权保护中心 ……………………………（276）
22. 杭州会展环境推介会在香港举办 ……………………………………（276）
23. 广东柏堡龙股份有限公司意向收购法国展览公司股权 …………（276）
24. 中国自主品牌博览会在上海开幕 ……………………………………（276）
25. 海南省评定展览会等级 ……（276）
26. 广州巴斯特与汉诺威米兰合作广州物流装备与技术展 …………（277）
27. 世界制造业大会在合肥举办………（277）
28. "渝洽会"更名"西洽会" ……（277）
29. 13 家会展企业入围北京商务服务业百强企业榜单 ………………（277）
30. 国际展览业发展(北京)论坛举办 ……………………………………（277）
31. 《2017 湖南省会展业发展报告》发布 ……………………………（278）
32. 宁波"三会"首次联袂举办 …（278）
33. 国家会议中心举办开放日活动 ……………………………………（278）
34. 上海博华国际展览有限公司与伊比逊会展有限公司签署合作协议 ……………………………………（278）
35. 杭州会展业界组团赴英考察培训

............................（278）
36. UFI 中国会展精英会成立 …（279）
37. 商务部公布《环保展台评定标准》
............................（279）
38. 国际（眉山）竹产业交易博览会在青神县创办 ………………（279）
39. 习近平要求山东及青岛总结"办好一次会，搞活一座城"的经验
............................（279）
40. 杭州国际博览中心通过五套国际标准体系认证 …………（279）
41. 南京溧水建设会展小镇 …（279）
42. 厦门加强会展业信用体系建设……
............................（280）
43. 浙江在印度主办以医疗器械为主的商品交易会 …………（280）
44. 杭州市政府成立会展业发展领导小组 …………………（280）
45. 国家统计局《新产业新业态新商业模式统计分类（2018）》列入会展业
............................（280）
46. 重庆举办中国国际智能产业博览会
............................（280）
47. 厦门会展集团股份有限公司与福建思尔福会展服务有限公司成立合资公司 ………………（281）
48. 意大利展览集团、荷兰皇家展览集团、万耀企龙展览有限公司宣布进驻成都 …………（281）
49. 万耀企龙与昆明东方环球成立合资公司、与意大利展览集团成立合资公司 ………………（281）
50. 汉诺威米兰与广州巴斯特成立合资公司 …………………（281）
51. 商务部支持中国商协会和企业赴非参展办展 …………（282）
52. 第 10 届国际发明展览会在佛山开幕
............................（282）
53. 澳门会议展览业协会组团赴杭州考察 …………………（282）
54. 中国乡村产业博览会在长沙举办
............................（282）
55. 海南省经营范围涉及会展服务的企业超过 3.5 万户 ………（282）
56. 李克强在荷兰参观高新技术展
............................（282）
57. 世界智能网联汽车大会暨中国国际节能与新能源汽车展在京举办……
............................（283）
58. 李曼中国养猪大会暨世界猪业博览会举办 …………（283）
59. 苏州举办金鸡湖国际会展周活动 …
............................（283）
60. 国家会展中心（天津）建设工程启动
............................（283）
61. 习近平出席首届进博会开幕式并发表主旨演讲 …………（283）
62. 绿地集团投资会展业 …（284）
63. 中国国际进口博览会参展商联盟成立 …………………（284）
64. 多个城市出台促进会展业发展的资金扶持政策 …………（284）
65. 中国国际消费电子通信产业博览会暨手机零配件展在南昌开幕………
............................（284）
66. 四川省经济合作局整合四川博览局管理职能 …………（284）
67. 仲刚应邀出席 IAEE 演讲 …（285）
68. 中国泡菜食品国际博览会在眉山举办 …………………（285）
69. 云南城投中止收购成都环球会展旅游公司股权 …………（285）
70. 上海知识产权法院受理展会知识产权案件 …………（285）
71. 华侨商品进口博览会暨青田进口葡萄酒交易会在青田创办 …（285）
72. 全国会展业标准化年会在厦门召开
............................（286）

73. 慕尼黑博览集团与中国西部国际博览城签署合作协议 ……（286）
74. 成都召开推进绿色会展工作会…… （286）
75. 中国会展经济研究会纪念改革开放40周年 …………………………（286）
76. 上海汽车制造技术展合资经营 ……（286）
77. 长沙市会展引进项目招商对接会在北京召开 …………………（286）

2019 年 ………………………………（287）
1. 多地政府出台扶持会展业政策、计划 ………………………………（287）
2. 《粤港澳大湾区发展规划纲要》提出发展会议展览业…………（287）
3. 上海市展览面积达10万平方米以上的展会共42个 ……………（287）
4. 中展集团与法国智奥成立合资公司 …………………………………（287）
5. 上海国际广告印刷包装纸业展举办第27届 ……………………（288）
6. 中国国际农用化学品及植保展举办第20届 ……………………（288）
7. 深圳坪山燕子湖国际会展中心投入使用 ……………………………（288）
8. 中国国际食品添加剂和配料展举办第23届 ……………………（288）
9. 杭州与台湾会展业者交流……（288）
10. 中国北方国际自行车电动车展举办国际采购接洽会 ……………（288）
11. 绿地会展携手汉诺威成立合资公司 ………………………………（289）
12. 商务部、海关总署取消四种境内举办涉外经济技术展览会审批 ………………………………（289）
13. 1400家中国企业参展汉诺威工业博览会 ……………………（289）
14. 世界大健康博览会在武汉创办 ………………………………（289）
15. 郑州开建雁鸣湖国际会议小镇 ………………………………（289）
16. 北京世界园艺博览会开园 …（289）
17. 中建公司建设的巴拿马国家会展中心投用 ……………………（290）
18. 大运河文化旅游博览会在扬州创办 ………………………………（290）
19. 中法合资经营深圳国际服装供应链博览会 …………………（290）
20. 中国-东盟博览会在缅甸、印尼、越南、柬埔寨举办境外展……（290）
21. 红岛国际会议展览中心在青岛开馆 ………………………………（290）
22. 东光纸箱机械国际博览会举办第12届 ……………………（290）
23. 《潍坊市会展业促进条例》颁布施行 ………………………………（291）
24. 中国国际玻璃工业技术展举办第30届 ……………………（291）
25. 京交会更名并与北京多个展会同期举办 …………………………（291）
26. 医药、食品及包装等五展2020年在上海联合展出 ……………（291）
27. 美国黑石公司收购"设计上海"和"设计中国北京" …………（291）
28. 上海会展产业股权投资基金设立 ………………………………（292）
29. 中津防务车辆装备展在天津举办 ………………………………（292）
30. 5G覆盖上海世界移动通信大会展馆 ………………………（292）
31. 中非经贸博览会在长沙举办 …（292）
32. 英富曼在成都设立华西总部………（292）
33. 上海东浩兰生国际服务贸易（集团）有限公司与德国汉诺威展览公司合作在深圳、成都举办工业展 ………………………………（293）

34. 慧聪家电交易会在广州举办 ……（293）
35. 山东国际会展中心建成投用 ……（293）
36. 北京国际广播电影电视展举办第28届 ……（293）
37. 湖南中医药与健康产业博览会开幕 ……（293）
38. 中国展览净面积占亚洲近60% ……（293）
39. 杭州钱江世纪会展产业园设立 ……（294）
40. 部分省市撤销会展办、博览局 ……（294）
41. 中国国际复合材料展览会举办第25届 ……（294）
42. 米奥兰特公司深交所创业板上市 ……（294）
43. 北辰集团会展研究院发布《中国展览指数报告》……（294）
44. 内蒙古自治区文化产业博览交易会举办 ……（294）
45. 河北省召开县域会展座谈会 ……（294）
46. 中国洗染展与亚洲洗衣展联合举办 ……（295）
47. 南通国际会展中心竣工验收 ……（295）
48. 中国国际数字经济博览会在石家庄举办 ……（295）
49. 中国国际采矿展览会举办第18届 ……（295）

50. 深圳国际会展中心迎来首展 ……（295）
51. 第2届中国国际进口博览会在上海开幕 ……（295）
52. 中国工艺美术博览会创办 ……（296）
53. 粤港澳大湾区知识产权交易博览会在广州举办 ……（296）
54. 上海市人大公开征求《上海市会展业条例（草案）》修改意见 ……（296）
55. 世界米粉大会在南宁创办 ……（296）
56. 广州国际玩具展更名移址举办 ……（296）
57. 中国国际现代化铁路技术装备展在北京举办 ……（297）
58. 首届大湾区工业博览会在深圳创办 ……（297）
59. 湖北省举办会展业职业技能竞赛 ……（297）
60. 全球服务贸易展望委员会探讨服贸会高质量发展途径 ……（297）
61. 融创公司收购成都环球世纪会展旅游集团有限公司51%股份 ……（297）
62. 上海博华国际展览有限公司与顺丰速运集团（上海）速运有限公司达成合作协议 ……（297）
63. 东浩兰生集团与中展集团合资成立运输公司 ……（298）
64. 北京国际展览中心转企改制并移交北辰集团管理 ……（298）
65. 中国91家机构赴73国参展办展 ……（298）